Gerhard Schweizer

Syrien verstehen

Geschichte, Gesellschaft und Religion

Klett-Cotta

Klett-Cotta
www.klett-cotta.de

© 2015 by J. G. Cotta'sche Buchhandlung
Nachfolger GmbH, gegr. 1659, Stuttgart
Alle Rechte vorbehalten
Printed in Germany
Umschlag: Rothfos & Gabler, Hamburg
Karten: Rudolf Hungreder, Leinfelden
Gesetzt von Kösel Media GmbH, Krugzell
Gedruckt und gebunden von CPI – Clausen & Bosse, Leck
ISBN 978-3-608-94908-7

Zweite Auflage, 2015

Das vorliegende Buch ist die überarbeitete, korrigierte und ergänzte
Neuausgabe des Titels von Gerhard Schweizer: »Syrien. Religion und
Politik im Nahen Osten«, Stuttgart, Klett-Cotta 1998.

Bibliografische Information der Deutschen Nationalbibliothek:
Die Deutsche Nationalbibliothek verzeichnet diese Publikation in der
Deutschen Nationalbibliografie; detaillierte bibliografische Daten
sind im Internet über <http://dnb.d-nb.de> abrufbar.

Für meine Frau Brigitte
und meinen Freund
Walter M. Weiss

Inhalt

Auch Feindbilder wandeln sich

Ein Umbruch mit unabsehbaren Folgen

Anhang

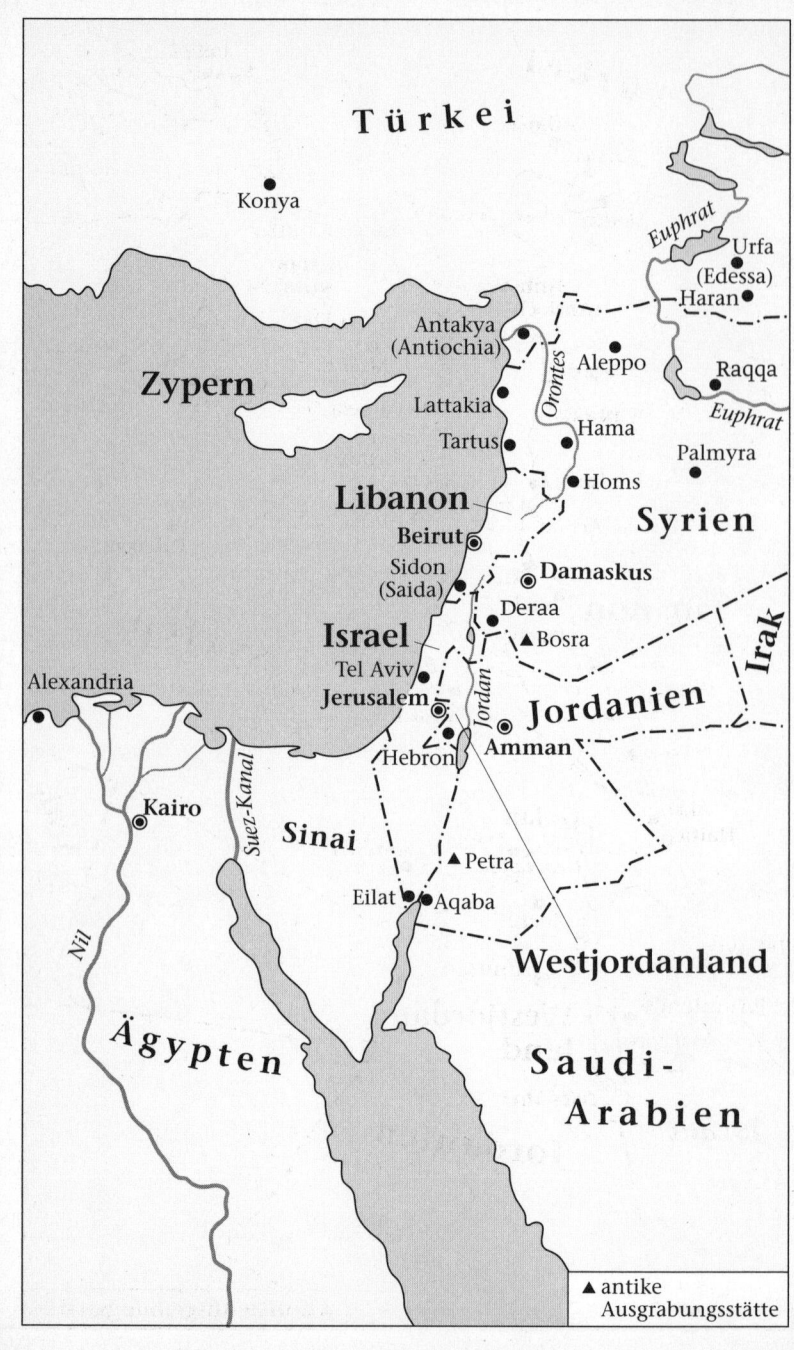

Türkei

Adana
Tarsus
Mersin
Iskenderun

Atatürk-
Stausee

Urfa
(Edessa)

Haran

Euphrat

Simeon-Kloster ▲

Antakya
(Antiochia)

Aleppo
(Haleb)

▲ Ebla

Ma'arra

Raqqa

Assad-
Stausee

Euphrat

Orontes

Ugarit ▲
Lattakia

▲ Apameia

Hama ●

Tartus
Arwad

Craq des
Chevaliers

Homs ●

Palmyra ▲

Libanon

Tripoli
Biblos
Beirut
Baalbek ▲

Syrien

Maalula ●
Sednaya ●
◉ Damaskus

Sid Zeynab

Sidon
Tyros

Akko
Haifa

Golan
See
Genezareth

Deraa ●

Suweida ●

▲ Bosra

Jordan

Jerash ●

◉ Amman

Irak

Tel Aviv

Jerusalem ◉
Mar Saba ●

**Westjordan-
land**

Israel

Totes Meer

Jordanien

▲ antike Ausgrabungsstätte

Vorwort
Das Pulverfass im Nahen Osten

Diese Bilder gingen um die Welt: Tausende Menschen, Männer, Frauen, Kinder, bewegen sich in kilometerlangen Schlangen entlang von Autobahnen, über Feldwege in hitzeflimmernder Ebene, lagern zu Hunderten auf überfüllten Bahnsteigen, drängen in ohnehin schon überfüllte Züge … Es sind Bilder, die uns im September 2015 in einer Intensität wie nie zuvor erreichen. Es sind Szenen, die sich unmittelbar an der Grenze zu Österreich abspielen. An manchen Tagen überqueren bis zu 20 000 Menschen die Grenze, pro Woche sind es zuweilen zwischen 100 000 und 150 000. Keine Polizei, kein Zaun kann sie aufhalten auf ihrem Weg in die EU, vor allem nach Deutschland. Es sind Flüchtlinge aus von Bürgerkriegen erschütterten Ländern der islamischen Welt wie auch Schwarzafrikas. Aber der Großteil von ihnen kommt im Herbst 2015 aus Syrien.

Wieder rückt Syrien machtvoll in die Schlagzeilen der Weltpresse – und diesmal auf sehr bedrängende Weise: Syrien ist nicht mehr nur distanziert aus der Ferne zu betrachten, Syrien kommt im wahrsten Sinn des Wortes zu uns, mit vielen Tausenden, gar Hunderttausenden Menschen innerhalb weniger Wochen. Ganz neu stellt sich so die Frage: Was für ein Staat ist Syrien?

Diese Bilder gingen ebenfalls um die Welt: Die traditionsreiche Handelsmetropole Aleppo im Norden Syriens ist eine durch Bomben und Straßenkämpfe zerstörte Stadt. Gerade der weit ausgedehnte Basar, einer der schönsten des islamischen Orients, ein »Weltkulturerbe«, besteht nur noch aus geschwärzten Ruinen. Und eine Reihe anderer syrischer Städte bietet genauso einen Anblick, der an die Trümmerlandschaften Deutschlands unmittelbar nach dem Ende des Zweiten Weltkriegs erinnert; kilometerweit nur noch durch die Luftwaffe des Assad-Regimes zerbombte Häuser.

Und schließlich gingen auch diese Bilder um die Welt: Rauchsäulen über der antiken Tempelstadt Palmyra, einem viel besuchten Touristenziel und »Weltkulturerbe« wie die historisch gewachsene Altstadt von Aleppo. Radikale »Gotteskrieger« des sogenannten »Islamischen Staates« sprengten vorislamische Heiligtümer als verabscheuungswürdige Zeugnisse eines »heidnischen Götzendienstes«.

Wie hat es in Syrien zu einem derartigen Bürgerkrieg kommen können, der nicht nur den Nationalstaat selbst, sondern sogar Nachbarländer in den Strudel dieses Konflikts reißt?

Ich hatte Syrien Mitte der 1990er-Jahre zwei Mal bereist. Fasziniert von der kulturellen Vielfalt dieses Landes und der Aufgeschlossenheit seiner Bewohner, aber irritiert durch die damals schon prekäre politische Krisensituation, verfasste ich 1998 ein Buch mit dem Titel *Syrien. Religion und Politik im Nahen Osten.* Dem einleitenden Kapitel gab ich die Überschrift *Erste Eindrücke: Syrien ein Pulverfass?* Diese Überschrift mutet aus heutiger Sicht prophetisch an. Allerdings glaubte ich damals, dass die untergründigen Spannungen im Verlauf der folgenden Jahre gemeistert würden – in dieser Meinung einig mit vielen anderen westlichen Beobachtern. Ich versah daher die Überschrift mit einem Fragezeichen.

Die Unruhen des sogenannten »Arabischen Frühlings« seit dem Januar 2011 veränderten abrupt und nachhaltig die Situation. Das Fragezeichen in meiner Überschrift hat sich erübrigt, das Pulverfass ist explodiert – und dies ausgerechnet in einem Staat, der lange Zeit als wesentlich stabiler galt als etwa der Libanon, der Irak, das Westjordanland.

Syrien verdient jedoch, abgesehen von der aktuellen katastrophalen Situation, ohnehin weltweite Aufmerksamkeit. Denn Syrien ist nicht nur eine Schlüsselmacht im Nahen Osten, wo tief gehende Veränderungen stets Folgen für die ganze Region zeitigen. Syrien ist wesentlich mehr. Zwar ist der Nationalstaat mit seinen heutigen politischen Grenzen erst im 20. Jahrhundert entstanden, aber Syrien als Kulturraum ist über 3000 Jahre alt: eine Drehscheibe östlicher und westlicher Kulturen mit überragenden Zeugnissen aus antiker, frühchristlicher und islamischer Zeit. Einst war der syrische Raum eine geistige Hochburg des frühen Christentums, dann ein Kernland des Islam, für beide Weltreligionen ein Zentrum entscheidender geistiger Weichenstellungen. Syrien war der hauptsächliche Schauplatz auch der Kreuzzüge, deren verhängnisvolle Nachwirkungen in den Emotionen von Muslimen wie Christen bis heute zu spüren sind und immer wieder erneut politisch instrumentalisiert werden. Syrien war zudem einer der maßgebenden Brennpunkte, in denen sich die Religionsspaltung in Sunniten und Schiiten entwickelte. Und Syrien ist bis heute eine Region mit einer besonders großen religiösen Vielfalt – zum einen mit der Herausforderung, Toleranz zu leben (was über viele Jahrhunderte gelungen ist), zum anderen mit der Gefahr eskalierender Konflikte (was gerade die Gegenwart signalisiert).

Syrien ist darüber hinaus der Ursprungsort des arabischen Nationalismus und damit eines der ersten islamischen Länder, in denen der Konflikt zwischen säkularen Nationalisten und muslimischen Fundamentalisten eine explosive Dynamik entfaltete. Diese Auseinandersetzung kulminierte schließlich unter der Herrschaft des Assad-Regimes mit den inzwischen unabsehbaren Folgen; unter Hafis al-Assad, der von 1970 bis 2000 regierte, und seither seinem Sohn Baschar al-Assad.

Im vorliegenden Buch ziehe ich eine Verbindungslinie von weit zurückliegenden Umbrüchen bis hin zu den tief gehenden Verwerfungen in unserer Gegenwart, um zu zeigen, dass die Krise von heute Wurzeln in früheren Jahrzehnten, ja früheren Jahrhunderten hat. Und mehr noch: dass der Kulturraum Syrien schon in der Vergangenheit schwerwiegende Umbrüche meistern musste – Umbrüche, die einerseits Zerstörung zur Folge hatten und andererseits Aufbrüche zu neuen, zukunftsweisenden Lebensformen bedeuteten.

Erste Eindrücke:
Syrien ein Pulverfass?

Tradition und Umbruch

Es war ein bemerkenswertes Hotel. Alle Zimmer mündeten mit ihren Türen in einen Vorraum, in dem eine Vielzahl Teppiche ausgelegt war – Gebetsteppiche. An die weißgetünchte Stirnwand hatte eine etwas ungelenke Hand die Kaaba sowie die Hauptmoschee von Mekka gepinselt, dazu einige arabische Schriftzeichen. Zusätzlich war dort auf Englisch zu lesen: »Mecca on this direction«. Der internationale Hinweis auf die Gebetsrichtung galt für nichtarabische Muslime, besonders für Türken, Geschäftsreisende, von denen etliche nahe meinem Zimmer wohnten. Manche der Betenden waren jung und westlich gekleidet, ältere Syrer dagegen trugen meist den Keffiye, das rotweiß gewürfelte Kopftuch mit schwarzem Kamelhaarring, einige noch den weiten Umhang.

Ein bemerkenswertes Hotel auch in den Kontrasten. Seitlich über den Betenden hingen zwei große Kunstdrucke in lackierten Holzrahmen, wie man sie bei uns in Kaufhäusern erstehen kann. Die Bilder zeigten schneebedeckte Berge, Blumenwiesen, weidende Kühe, dazu sehr österreichisch wirkende Almhütten. Ohne Zweifel können solche Bilder im sommerlich heißen Syrien exotische Sehnsüchte wecken. Es waren Kunstdrucke, wie ich sie mit nahezu gleichen Motiven später auch immer wieder in Teestuben entdecken sollte. Im Nebenraum dröhnte zeitweise ein Fernsehapparat. Als ich mich das erste Mal dort in einem der plastiküberzogenen Sessel niederließ, flimmerte über die Mattscheibe ein Fußballspiel Tunesien gegen Zaire.

Eine Woche wohnte ich in diesem Hotel, einem traditionellen Funduk, der von außen so unscheinbar wirkte wie die anderen verwinkelten Häuser entlang der Marktstraße. Direkt unter meinem Balkon wälzte sich ein bunter Menschenstrom, der erst während der späten Abendstunden verebbte, rumpelten gemüsebeladene handgezogene Karren, bahnten sich schrill hupende Autos einen mühsamen Weg. Den Ausblick hatte ich auf Kuppelbauten, ein ornamentverziertes Minarett, in der Ferne Betonwohnblocks, massig die historisch gewachsene Altstadt überragend. Ich befand mich in der nordsyrischen Handelsmetropole Aleppo. Hier, nahe der türkischen Grenze, trifft der aus Europa kommende Reisende erstmals auf eine Großstadt mit auffälligem syrisch-arabischem Flair. Aber bereits hier sollte ich anschaulich erleben, wie schroff in Syrien die politischen und religiösen Gegensätze aufeinanderprallen.

Ich saß mit anderen Gästen des Funduk bei den Abendnachrichten. Unruhen der Palästinenser im israelisch besetzten Westjordanland ... Besuch des amerikanischen Außenministers in Damaskus bei Syriens Staatspräsident Hafis al-Assad ... Kongress der regierenden Baath-Partei ... Dieses dritte Thema beherrschte den Bildschirm. In nervtötender Ausführlichkeit glitt die Kamera über die Versammelten im Saal hinweg, die sich Reihe für Reihe von ihren Plätzen erhoben, rhythmisch in die Hände klatschten und in Jubelrufe ausbrachen. Sie hatten sich einem Podium führender Parteimitglieder zugewandt, über dem erdrückend groß das Monumentalporträt des Staatspräsidenten Assad auf die Versammelten herabsah: ein schmales, kantiges Gesicht mit harten, strengen Augen. Die Kamera verweilte geduldig auf Beifall klatschenden Kongressteilnehmern, deren hochgehaltene Transparente Porträts eines gönnerhaft lächelnden Staatspräsidenten zeigten, mit flammend roten Herzen umrahmt.

Der Inszenierungsstil erschien wie aus einer anderen Zivilisation importiert. Europäer fühlen sich an ähnliche Propaganda in den ehemaligen Ostblockstaaten erinnert, so die Choreographie der Beifallskundgebungen, der Personenkult, die Details der Kameraführung. Ein Zufall? Im Gegenteil, Syriens Baath-Sozialisten haben sich ganz bewusst an Vorbildern des Ostblockfernsehens orientiert.

Ich beobachtete die Zuschauer. Sie begannen, kaum nachdem die ersten Szenen des Baath-Parteitags den Bildschirm füllten, miteinander zu plaudern. Ihre Gebärdensprache verriet deutlich das mangelnde Interesse. Einer rief fingerschnipsend den Kellner und bestellte nach ausführlichem Palaver schließlich Tee, andere drehten dem Fernsehapparat den Rücken zu. Bei zwei älteren Männern, traditionell mit Keffiye und weitem Umhang bekleidet, konnte ich deutlich Gesten der Verdrossenheit erkennen, sie erhoben sich aus den Plastiksesseln und schlurften zu ihren Zimmern.

Hizb al-Baath al-Arabi al-Ishtiraki, »Sozialistische Partei der arabischen Wiedergeburt« ... Wie fremd muss jedem orthodoxen Muslim der Inszenierungsstil, der Parteiname erscheinen?

Die Frage wird vollends brisant, wenn wir uns vergegenwärtigen, dass die Baath-Partei zwar von einem Syrer, nicht aber von einem Muslim begründet wurde. Der 1910 in Damaskus geborene Michel Aflak war Christ, er entstammte einer Minderheit, die um die zwölf Prozent der syrischen Bevölkerung ausmacht und eine beachtliche Wirtschaftsmacht bildet. Aber mehr noch: Aflak war linksorientierter Nationalist, der in Paris studierte und sich dort ausgiebig mit nationalistischen und sozialistischen Ideologien des Westens auseinandergesetzt hatte. So nimmt es nicht wunder, dass in seiner Ideologie auch kommunistische Elemente zu finden sind. Bereits im Ansatz widersprach er dem Selbstverständnis orthodoxer Sunniten wie Schiiten. Baath, »Wiedergeburt«, bezieht sich auf die

»Araber«, nicht auf die Muslime. Aflak sah in der »Nation« das entscheidende Bindeglied, das Muslime und Christen gleichberechtigt verbindet, nicht im Islam. Ein dem traditionellen Denken ebenso fremd erscheinender Begriff ist »Ishtirakiya«, »Gemeinsamkeit des Besitzes«, im übertragenen Sinn »Sozialismus«; das Wort hat sich erst während des 19. Jahrhunderts – in der Auseinandersetzung mit westlichen Ideen – bei Türken und Arabern herausgebildet.[1]

1943 war die Partei entstanden, 1963 hatten sich die Baath-Sozialisten in Syrien an die Macht geputscht und sich im Verlauf parteiinterner Flügelkämpfe noch radikalisiert. 1970 schließlich war Hafis al-Assad durch einen Putsch gegen die eigene Parteiführung Staatspräsident geworden. Damit hatte sich die politische Situation in Syrien noch einmal zugespitzt, denn Assad gehört zur schiitisch-arabischen Sekte der Alawiten. (Sie ist religiös eng verwandt mit den schiitisch-türkischen Aleviten.) Diese Glaubensgemeinschaft wird von orthodoxen Sunniten wie Schiiten als »ketzerisch« angesehen, ja von nicht wenigen Muslimen als »halbislamisch« oder gar als »ungläubig« abgelehnt. Ungefähr elf Prozent der Syrer sind Alawiten, rund vier Prozent Schiiten orthodoxer Richtungen, rund drei Prozent Drusen, aber rund 70 Prozent Sunniten. Welch eine politische Konstellation: Ein Christ begründet die Partei, eine kleine schiitische Minderheit regiert seit zweieinhalb Jahrzehnten!

Wie hat es zu einem derartigen Umbruch kommen können in einem Land, in dem ein Großteil der Muslime noch traditionalistisch lebt und denkt?

Die Frage gewinnt eine weitere Dimension, wenn wir uns klarmachen, dass die Baath-Partei auch im benachbarten Irak Fuß fassen konnte. Dort putschten sich die Baathisten 1968 an die Macht und können seither ihre Position ebenfalls gegen alle Widerstände orthodoxer Muslime halten. Mehr noch: Die Ideologie des syrischen Christen Aflak hat als Vorbild auch für andere moderne Nationalbewegungen der arabischen Welt gedient.

In Syrien sind die Spannungen explosiver geworden, seit die Baath-Partei unter dem Alawiten-Führer Assad regiert. Gerade auch in Aleppo. In dieser Stadt, einer Hochburg sunnitischer Orthodoxie, hatten sich während der siebziger Jahre eine Reihe von Demonstrationen gegen die Herrschaft der »ungläubigen« Alawiten und Baath-Sozialisten formiert, bis hin zum offenen Aufruhr. 1979 schossen radikal-islamische Gegner in einer Artillerieschule von Aleppo über zweihundert Kadetten, vorwiegend Alawiten, nieder. Die Regierung antwortete ebenso brutal, ließ Tausende mutmaßliche Feinde des Regimes einsperren und foltern, etliche Hundert sofort hinrichten. 1980 erschoss die Polizei bei einer Protestkundgebung in Aleppo über dreihundert Demonstranten auf offener Straße. Zu Beginn der achtziger Jahre war ganz Syrien von Unruhen erfüllt, die in einen Bürgerkrieg auszuufern drohten – ähnlich, wie er seit 1992 in Algerien zwischen »sozialistischen« Machthabern und islamischen Fundamentalisten tobt.

»Ikhwan al-Muslimun«, Syriens Muslim-Bruderschaft, rief 1982 gar zum landesweiten Aufstand auf, mit der Parole, eine »Islamische Republik« zu errichten. Mehr als 30 000 Aufständische verloren allein in der mittelsyrischen Stadt Hama innerhalb weniger Tage ihr Leben, als sie bis zur letzten Patrone gegen den Belagerungsring der Regierungstruppen Widerstand leisteten. Das Blutbad von Hama, das zu den schlimmsten Massakern in der neueren Geschichte des Nahen Ostens zählt, hat weder in arabischen noch westlichen Zeitungen große Schlagzeilen gemacht. Denn 1982 war die Aufmerksamkeit der Medien auf die sich zuspitzende Krise im Libanon konzentriert, wo Israel in den Bürgerkrieg zwischen Sunniten, Schiiten und Christen eingriff und den Südteil des Landes vorübergehend besetzte. Dabei sind in Syrien zu Beginn der achtziger Jahre bei bürgerkriegsähnlichen Unruhen mehr Muslime durch Muslime getötet worden, als Syrer insgesamt in sämtlichen Kriegen gegen Israel gefallen sind.

Syrien ist – wie ohnehin die ganze islamische Welt – von einer religiösen und geistigen Einheit weit entfernt. Aber in Syrien summieren sich auf engstem Raum ideologische und religiöse Gegensätze wie sonst kaum im Nahen Osten. Hier stehen nicht nur »säkulare« Nationalisten gegen Fundamentalisten (die seit 1982 allerdings in den Untergrund gedrängt sind), hier lebt auch eine weitgehend orthodoxe Mehrheit der Sunniten neben einer schiitischen Minderheit. Hinzu kommen »ketzerische« Sekten wie die der Alawiten und Drusen, die beide von orthodoxen Sunniten und Schiiten abgelehnt werden. Eine solch konfliktgeladene Vielfalt macht Syrien zum exemplarischen Schauplatz, wenn sich die Frage aufdrängt: Wie kommen Muslime unterschiedlicher Glaubensrichtungen miteinander aus? Wie gehen sie mit Christen, wie mit anderen Minderheiten um? Und wie verschieden reagieren die einzelnen Gruppen auf die Herausforderungen der Moderne?

Syriens religiöse und kulturelle Vielfalt – gerade mit ihren konfliktreichen Gegensätzen – waren für mich Anlass, 1994 und 1995 das Land zu bereisen. Es wurden Entdeckungsreisen weit über die tagespolitische Aktualität hinaus. Denn Syrien ist ohnedies seit vielen Jahrhunderten ein exemplarischer Schauplatz kultureller Wechselbeziehungen gewesen. Nicht zuletzt zeugen davon die zahlreichen Baudenkmäler aus antiker, frühchristlicher und islamischer Zeit unmittelbar nebeneinander. Das multikulturelle Syrien hat sogar zu Beginn der islamischen Geschichte eine Schlüsselrolle eingenommen, die wir kennen müssen, wenn wir die Voraussetzungen für den Aufstieg des Islam zur Hochkultur verstehen wollen. Und im 20. Jahrhundert ist Syrien letztendlich zu einem wichtigen Land in der Auseinandersetzung mit dem Westen geworden, zu einer Keimzelle des arabisch-antiwestlichen Nationalismus wie des islamischen Fundamentalismus.

Diese Entwicklungsprozesse sind zentrale Weichenstellungen auch aus unserer westlichen Sicht und sie eröffnen uns neue Perspektiven, um die aktuellen Probleme des Nahen Ostens in größeren Zusammenhängen zu erfassen. Trotzdem ist Syrien für uns ein nahezu unbekanntes Land geblieben. Was verbinden wir mit Syrien? Zwar begreifen wir Syrien heute als eine Schlüsselmacht im Nahostkonflikt, aber unsere Medien berichten meist nur selektiv über stockende Friedensverhandlungen mit Israel. Spätestens seit den Kriegen mit Israel hat Syrien bei uns ein düsteres Image bekommen: ein Staat, lange im Bündnis mit dem kommunistischen Ostblock, im Bündnis auch mit dem radikal-islamischen Mullah-Regime des Iran; eine Schutzmacht für eine Reihe antiwestlicher Terrorgruppen; eine Diktatur, strikt darauf bedacht, das Land vor der Neugier von Journalisten und Einzelreisenden abzuschirmen ... All das hat dazu beigetragen, Syrien trotz seiner Bedeutung ins Abseits zu rücken.

Umso neugieriger, aber auch umso angespannter reiste ich 1994 in Syrien ein. Es war zu jenem Zeitpunkt, als die Baath-Regierung nach dem Zusammenbruch der Sowjetunion zögernd Dialogbereitschaft mit westlichen Staaten signalisiert hatte – und in diesem Zusammenhang zögernd die Grenzen auch wieder dem Tourismus öffnete. Wie würden die Syrer auf Fremde aus dem bisher offiziell verfemten »Westen« reagieren?

Zunächst war ich auf Syriens unmittelbare Gegenwart konzentriert, die zahlreichen kleinen Begegnungen im Alltag.

Jenseits der Feindbilder

Im Souk von Damaskus beobachte ich einen alten Mann, wie er prüfend eine Orange in der Hand wiegt und schließlich mit dem Händler feilscht. Leicht scheint ihm der Kauf nicht zu fallen, anscheinend verlangt der Händler zu viel. Endlich lässt er aber doch zwei der Früchte in seinen Einkaufskorb fallen.

Mich fasziniert sein biblisch schönes Gesicht mit der scharf gebogenen Nase, den klugen Augen und dem silbergrauen Bart, umrahmt vom traditionellen Keffiye-Kopftuch. Unsere Blicke begegnen sich. Er lächelt, ich lächle. Da geschieht das Überraschende: Er greift in seinen Einkaufskorb und schenkt mir eine der beiden mühsam erstandenen Orangen. Mir, dem Nichtmuslim, den er nie zuvor gesehen hat und mit dem er auch kaum etwas reden kann! Im ersten Moment zögere ich, die Orange anzunehmen. Sein rotweiß-gewürfeltes Kopftuch und der Umhang sind mehrfach geflickt; ein eher armer Mann? Wir unterhalten uns mehr in Zeichensprache als mit Worten. »Ana almani«, ich sei Deutscher, kann ich arabisch auf seinen fragenden Blick gerade noch antworten. Er scheint zufrieden, nickt mir noch einmal lächelnd zu und verschwindet in der Menschenmenge.

Solche Begegnungen hatte ich viele in Syrien. Es sind unvergessliche Eindrücke gerade in ihrer Beiläufigkeit. So auch ein Soldat. Er kommt aus einer Bäckerei heraus, sieht mich, bricht den gerade gekauften Kuchen entzwei und gibt mir die Hälfte. So auch eine Bauernfamilie. Sie lädt mich, den Vorbeigehenden, am Feldrand während einer Arbeitspause ein, mit ihnen das ohnehin karg bemessene Mittagessen, Linsen und Brotfladen, einzunehmen. So auch ein junger Bursche. Er weist mir im Busbahnhof, wo die Aufschriften nur in Arabisch gehalten sind, den Weg zum richtigen Schalter, ja besorgt mir noch die Fahrkarten, um mir die Verständigungsprobleme mit dem Schalterbeamten zu ersparen, und verabschiedet sich, höflich lächelnd ein Trinkgeld zurückweisend. Es sind oft Menschen, die keine Fremdsprachen beherrschen, bei denen allein der Augenkontakt, die spontan empfundene Sympathie zählt.

Dann die meist englisch geführten Gespräche in Teestuben, Restaurants, die unvoreingenommene Neugier auf Auskünfte über Europa, den Westen, bei Gebildeten das Interesse an Diskussionen über arabische Kultur, den Islam ...

Solche Begegnungen über alle trennenden Unterschiede hinweg ergeben sich oft zufällig, zwanglos, nebenbei. Es scheint zu genügen, als Nichtmuslim den Eindruck zu erwecken, dass man die heimische Kultur, Lebensform und Religion respektiert.

Die Syrer seien von ihrer Tradition her schon immer offen zu den Fremden gewesen, erklärt mir wortreich ein Basarhändler, schließlich habe der Handel mit dem Ausland stets eine große Rolle gespielt. Ob Kaufleute es sich leisten könnten, sich gegen Fremde abzuschirmen? Er lacht über die selbstgestellte Frage. Die Syrer würden einen Unterschied zwischen der Politik und den einzelnen Menschen machen, mit denen sie es im Alltag zu tun hätten.

Wie sollte ich eine solche Antwort einschätzen?

Es sind Eindrücke, deren Gegensätze zunächst einmal nur widersprüchlich erscheinen.

»Reden wir nicht über Politik!«

Syrien scheint sich Mitte der neunziger Jahre von den religiösen und politischen Erschütterungen erholt zu haben, so signalisiert zumindest der erste Eindruck beim Streifzug durch die Städte. An den Einfahrtsstraßen von Damaskus, Aleppo, Homs, Hama und Lattakia wiederholt sich die gleiche Szenerie: Neubausiedlungen ziehen am Autofenster vorbei, serienweise gereihte Betonwohnblocks, viele Häuser noch mit Baugerüsten umgeben. Ein Bauboom hat das ganze Land erfasst, dessen Anfänge in die achtziger Jahre zurückreichen und dessen Ende nicht abzusehen ist. Grellbunte Propagandaplakate lassen keinen Zweifel daran, wem dieser Bauboom allein zu verdanken sein soll: der Baath-Partei. Auch hier dominieren in der Bilderflut Assad-Porträts. Manche Plakate präsentieren einen Staatspräsidenten, dessen segnend geöffneten Händen wie aus einem Füllhorn Geschenke an das Volk entströmen: Betonhochhäuser, Kraftwerke, Staudämme, Hochspannungsmasten. Fortschritt und Partei haben identisch zu sein, genauer noch: Fortschritt und der Präsident.

Der moderne Umbruch, der Syrien erfasst hat, ist älter als die Macht der Baath-Partei, aber er beschleunigt sich zusehends unter der Regierung der Baathisten. Es ist ein ebenso unvermeidlicher wie auch problematischer Umbruch. Seit den sechziger Jahren stieg die Lebenserwartung der Syrer dank besserer Ernährung und medizinischer Versorgung von durchschnittlich 53 auf 68 Jahre. Entsprechend ist jedoch die Einwohnerzahl nach oben geschnellt, ohne dass eine Geburtenregelung bisher die Entwicklung hätte steuern können: Innerhalb dreier Jahrzehnte wuchs die Bevölkerung von 4,5 auf nahezu 18 Millionen. Dies ließ die Landflucht lawinenartig anwachsen. Nahezu die Hälfte aller Syrer lebt bereits in Städten,[2] dies in einem Staat, der bis in die sechziger Jahre überwiegend auf die Landwirtschaft ausgerichtet war. Die Städte wachsen sprunghaft wie auch in vielen anderen Ländern der sogenannten Dritten Welt. Allein Damaskus vergrößerte sich von 1965 bis 1995 von 500 000 auf nahezu vier Millionen Einwohner. Mit welchen Folgen?

Als ich Mitte der neunziger Jahre nach Syrien kam, lag die letzte größere Wirtschaftskrise mehr als ein Jahrzehnt zurück. Syrien erlebte schon das vierte Jahr eines beachtlichen Wachstumsbooms. Nirgends entdeckte ich ausgedehnte Hüttensiedlungen aus Brettern, Wellblech und Plastikplanen, nirgends Slums mit jenem schreienden Elend, wie ich sie zur Genüge in Ägypten, Algerien, Marokko, dem Iran, ja selbst in der Türkei kennengelernt hatte – nirgends gärende Unruhezonen sozial Entwurzelter, die, herausgerissen aus ihren gewohnten Traditionen, besonders anfällig sind für die Parolen islamischer Fundamentalisten. Hat es Syriens Baath-Partei demnach verstanden, das Massenelend auf Dauer zu besiegen? Und ist es der Regierung tatsächlich gelungen, die »fundamentalistische

Gefahr« zu bannen? Auf den ersten Blick sieht es so aus. Für den Nahen Osten wäre es die herausragende Ausnahme.

Je länger ich aber in Syrien unterwegs war, desto mehr sollte ich spüren, wie brüchig der soziale Fortschritt, wie ungesichert der religiöse Frieden auch hier ist.

Syrer bestätigen allerdings meinen Eindruck prompt und geschmeichelt, es gebe in ihrem Land auffallend wenig Slums und kaum Bettler. Auf meine Frage, ob sie das für eine Leistung ihrer jetzigen Regierung hielten, stimmen manche vage zu. Andere aber erklären bei weiteren Nachfragen, sie könnten von ihrem geringen Einkommen nicht leben, sie müssten noch in allerlei Nebenjobs arbeiten, um die Familie einigermaßen ernähren zu können. Wie ihnen ergehe es vielen.

Die meisten lenken rasch zu einem anderen Thema über, sobald ich die Baath-Partei oder Assad erwähne. Manche raunen mir zu, ich solle keine Namen nennen, weder den der Partei noch den des Staatspräsidenten, das sei nicht gut. – Wieso das? – Wir würden beobachtet, es gebe recht neugierige Leute; die wenigsten verstünden zwar Englisch, aber bei bestimmten Namen würden sie hören, dass wir über Politik redeten, überhaupt sollten wir über etwas anderes sprechen. Sie fragen mich nach »Germany« und lassen sich nicht mehr so rasch von diesem Thema abbringen. Sie geben jedoch bereitwillig Auskunft über Syrien, soweit ich etwas über Sehenswürdigkeiten, die Kultur und den Islam wissen will.

Ich habe mich bald an die Sprachregelung gewöhnt: Statt Baath-Partei sage ich »die jetzt regierende Partei«, statt Assad »der amtierende Staatspräsident«. Doch auch dann bleiben viele Syrer nervös, so als ob die englisch formulierten Begriffe trotzdem noch von dem einen oder anderen Passanten erfasst werden könnten. Zu viele neugierige Leute ... Ein solcher Hinweis mit vieldeutigem Blick beendet jedes Gespräch über Politik.

In Tartus, einer überschaubaren Kleinstadt, bekomme ich erstmals anschaulich vorgeführt, wovor die Bürger Angst haben. Ich sitze bei Sonnenuntergang in einem der Cafés direkt am Meer, wo das gleichmäßige Wellenrauschen die Worte schon auf kürzere Entfernung undeutlich werden lässt. An meinen Tisch haben sich zwei Lehrer gesetzt. Mit ihnen habe ich bereits einige Minuten über die sozialen Verhältnisse in Syrien geredet, wobei die Lehrer erstaunlich offen davon berichten, dass die Stromversorgung in den Städten wegen Netzüberlastung immer wieder zusammenbreche. Sie fragen mich nach meinem Beruf. Ich habe mir in solchem Fall längst angewöhnt, etwas vage mit »Historiker« oder »Archäologe« zu antworten, um alle Bedenken zu zerstreuen. Aber hier in scheinbar abhörsicherer Umgebung bin ich neugierig, wie die sympathisch-kritischen Gesprächspartner auf meine Antwort reagieren werden. Ich sage, ich schreibe kulturhistorische und auch politische Bücher. Sie starren mich an, schweigen. Dann lacht der eine etwas verkrampft. »Political books?« Er scheint verblüfft, dass ich das so offen sage, verblüfft auch, dass ich anscheinend ungehindert in Syrien reisen kann. In dem Moment erschrecke ich selber über meine Unvorsichtigkeit.

Plötzlich lachen beide. Der eine weist mit einer nur vage erkennbaren Kopfbewegung einen Tisch nach hinten und sagt gedämpft, mit ironischem Augenzwinkern: Ich solle, was ich eben gesagt habe, doch bitte mit etwas größerer Lautstärke wiederholen, damit der da hinten das verstehe. Der sei ein Spitzel. – Ob der Englisch verstehe, frage ich ebenfalls gedämpft. – Nein, das nicht, aber dem sei schon verdächtig, dass wir miteinander redeten. Wir sollten besser das Thema wechseln. Es wimmle hier nur so ... Er verdreht die Augen, beide lachen. Ich sehe kurz zu dem Beobachter an dem hinteren Tisch, einem Mann mit Anorak und Schirmmütze. Die Lehrer getrauen sich immerhin, diesem Beobachter durch zweideutiges Gelächter zu demonstrieren, dass sie in der überschaubaren Kleinstadt hier ohnehin seine Funktion kennen. Wir reden nun ganz allgemein über Sehenswürdigkeiten in Tartus. Den Lehrern scheint es darauf anzukommen, ihrem Beobachter außerdem zu demonstrieren, dass sie bei der Unverfänglichkeit der Themen kein schlechtes Gewissen zu haben brauchen.

Ja, es gebe zur Genüge Geheimpolizei, bestätigt mir noch am selben Abend ein syrisch-orthodoxer Christ. Wir haben uns in einem Restaurant beim Abendessen kennengelernt und gehen auf dem Heimweg ein Stück gemeinsam durch die nächtlichen Straßen. Die Geheimpolizei sei allgegenwärtig, erklärt er, manche Spitzel kenne er schon, Tartus sei schließlich eine kleine Stadt, manche Spitzel aber ... Seine Stimme bleibt gedämpft, als ob er sich sogar auf der menschenleeren Straßenkreuzung beobachtet und belauscht fühlen müsste. Gar nicht weit von hier, nur drei Häuserblocks weiter, habe ein Mann in Zivil einen Flüchtigen erschossen. Der Flüchtige, ein Muslim, habe auf offener Straße aus Eifersucht seine Frau niedergestochen, aber er sei nur zwei- bis dreihundert Meter weit gekommen, dann habe sich ihm der Geheimpolizist in den Weg gestellt. Jeder müsse jederzeit damit rechnen, dass so einer sehr schnell zur Stelle sei. – Das seien ja sehr unsichere Verhältnisse, kommentiere ich. – Unsicher? Wieso unsicher? Nein, im Gegenteil, antwortet der syrische Christ zu meiner Überraschung, gerade weil es so viel Polizei gebe, sei Syrien ein sicheres Land. Die Regierung habe alles unter Kontrolle, die Regierung schütze die Bürger. In Syrien herrsche Ordnung, Syrien sei ein äußerst stabiles Land ...

Ausgerechnet ein Christ verteidigt das Spitzelsystem der Baath-Sozialisten! Vielleicht weil Michel Aflak, der Begründer dieser Partei, Christ war? Vielleicht, weil Aflak besonders dafür eingetreten war, dass Muslime und Christen gleichberechtigt als »Araber« in einer »arabischen Nation« leben sollen? Im Verlauf meiner Reisen 1994 und 1995 sollte ich entdecken, dass relativ viele Christen sich demonstrativ zum Baath-Regime bekennen, denn der »jetzt amtierende Staatspräsident« verteidige mehr als seine Vorgänger die Rechte der Christen gegen die Forderungen radikaler Muslime.

Noch eindeutiger loben lediglich die Alawiten das Baath-Regime, sie, die ein paar Jahrzehnte früher sich noch vor Anfeindungen orthodoxer Sunniten und Schiiten fürchten mussten.

Die meisten Syrer aber weichen jedem Gespräch über Politik sichtlich unangenehm überrascht aus. Gerade die gebildeten Muslime. Zugänglich erweisen sie sich nur, sobald ich mit ihnen über die Verhältnisse in Europa rede. Oder sobald ich Interesse zeige, mit ihnen ganz allgemein über Religion, über Islam, über Christentum zu diskutieren. In solchen Gesprächen lerne ich eine Reihe orthodoxer Muslime kennen. Und gerade Gespräche mit ihnen sollten über die tagespolitische Aktualität der Republik Syrien hinausführen.

Standpunkt eines orthodoxen Muslim

In Damaskus sitze ich bei einem Glas Tee nahe der Omayaden-Moschee, wo ein Dutzend Tische mit ziselierten Messingplatten ins Freie gestellt sind. Den Blick genieße ich in einer belebten Gasse auf Häuser mit Holzbalkonen im türkischen Stil sowie ein Minarett.

Neben mir hat sich ein älterer weißhaariger Mann niedergelassen, penibel in Anzug, Weste und Krawatte gekleidet; er könnte vom Habitus her ein Ministerialbeamter aus einer mitteleuropäischen Metropole sein. Mit ihm, der zu meiner Überraschung relativ gut Deutsch beherrscht (und nur zwischendurch englische Formulierungen einfließen lässt), komme ich in ein längeres Gespräch. Der Wortwechsel verdient es, ausführlich wiedergegeben zu werden, denn der Syrer äußert Gedanken, die als modellhaft zumindest für eine gebildete Oberschicht orthodox gläubiger Muslime gelten können. Anfangs sprechen wir nicht über Religion, doch selbst schon die Einleitung ist aufschlussreich.

Aus welchem Land ich komme, wie mir Damaskus, wie mir

Syrien gefalle, stellt er die ersten Fragen noch auf Englisch. Ich antworte, Syrien sei historisch wie kulturell ein besonders interessantes Land, vor allem imponiere mir Damaskus als Zentrum islamischer Kultur. Er nickt beifällig, lächelt. Ich sage: Viele der alten Bauten seien noch recht gut erhalten, das sei nicht selbstverständlich. Er lächelt nachsichtig. Nun ist ihm mein Lob anscheinend etwas zu zweideutig ausgefallen. Ob ich es hier nicht sehr schmutzig finde, fragt er mit leichtem Misstrauen in der Stimme. Manches sei renovierungsbedürftig, antworte ich.

Er schweigt für Momente, sieht an mir vorbei. Ungewollt habe ich ihm anscheinend gerade mit meiner Höflichkeit bestätigt, dass die islamische Welt von heute den westlichen Entwicklungsstandards doch erheblich unterlegen sei.

Er lässt kurz den Blick an den gegenüberliegenden Hausfassaden entlanggleiten, wo doch, so kann ich aus seinem Gesicht ablesen, für jedermann genug Nachteiliges zu entdecken sei: Risse in den Mauern, bröckelnder Verputz; ein durch Wellblech nur mühsam verdecktes Loch in einem Ziegeldach; ein Abfallhaufen nahe einem Haustor, der dort wohl schon seit Wochen verrottet. Mir scheint, als schämte er sich auch für die traditionell gekleideten Araber mit Keffiye oder Turban an den Nachbartischen, Männer aus einfachen Volksschichten, die vermutlich in übervölkerten, vernachlässigten Altstadtquartieren wohnen. Dass er selber westlich gekleidet ist, gilt ihm wohl weniger als Nachahmung fremder Lebensart, eher empfindet er sich mit diesem Habitus im Gegensatz zu den einfachen Leuten als »zivilisiert«. Er selber wohnt sicherlich nicht in der Altstadt. Weshalb er trotzdem hier in der Teestube sitzt? Er scheint meinen Seitenblick zu erraten, denn ungefragt erklärt er, er liebe hier besonders den Blick auf die Moschee.

Er wisse, dass in Deutschland die Straßen viel sauberer, die Häuser viel moderner seien. Er selber sei öfter in Deutschland gewesen, auch in Frankreich und England. Er sei Geschäftsmann, habe aber schon vor Jahren den Betrieb seinen beiden Söhnen übergeben, auch reise er jetzt kaum noch. Dagegen lese er viel. Deutschland habe ihn sehr beeindruckt. Die Bevölkerung dort sei im Durchschnitt gut gebildet, die medizinische Versorgung sei ausgezeichnet, der wissenschaftliche Standard sehr gut. Syrien habe da noch viel aufzuholen, ja alle arabischen Staaten. – In Syrien gebe es weniger Slums als in jedem anderen arabischen Land, auch hätte ich fast nie Bettler gesehen, sage ich. Er nickt, aber in seinem Gesicht zeichnet sich zum zweiten Mal jenes nachsichtige Lächeln ab zum Zeichen, dass er meine Antwort wieder um eine Spur zu höflich findet.

Der Ruf der Muezzine von der nahe gelegenen Omayaden-Moschee unterbricht unser Gespräch. Mein Gesprächspartner lauscht zurückgelehnt. Ich beobachte, dass einige Männer von ihren Tischen aufstehen und in Richtung Moschee gehen, die meisten aber sitzen bleiben. Die Passanten in der lebhaften Gasse bewegen sich ohne besondere Reaktion weiter, auch unterbricht keiner der Handwerker in seinem Gewölbe die Arbeit. Dass Muslime zur Gebetszeit massenhaft in die Moschee strömen oder reihenweise auf der Straße in Richtung Mekka niederknien, habe ich bisher nur in Kairo gesehen; in den meisten anderen islamischen Großstädten sind solche Szenen nicht mehr vorstellbar. Auch mein Gesprächspartner bleibt sitzen.

Noch während der Lautsprecherruf von Minarett zu Minarett wandert, dreht sich der Syrer wieder mir zu und bringt das Gespräch auf Religion. Wie ich über den Islam denke, will er wissen. – Es gebe sehr viel Gemeinsamkeiten mit dem Christentum, antworte ich. Er nickt, sichtlich erfreut. Anscheinend ist er auf eine solche Antwort nicht gefasst. Deutet ein Europäer eine Verwandtschaft zwischen beiden Weltreligionen an, löst dies bei Muslimen meistens Überraschung aus. Viele scheinen eher zu erwarten, dass das Trennende betont werde.

Wir sprechen über Mohammed. Mein Gesprächspartner betont die »endgültige« Wahrheit der islamischen Offenbarung.

Ohne Übergang fragt er mich, wie viele Jahre nach dem Tod Jesu die Evangelien geschrieben worden seien. Diese Frage habe ich von gebildeten Muslimen schon mehrmals gehört, deshalb ahne ich, auf welche Weise sich dieses Gespräch entwickeln wird. Ich antworte, wie ich das schon öfters getan habe: Das Evangelium des Markus sei als Erstes etwa 40 Jahre nach dem Tod Jesu verfasst worden, und während der folgenden zwei bis drei Jahrzehnte seien die Evangelien des Matthäus, Lukas und Johannes entstanden.

Der Syrer hört mit hochgezogenen Augenbrauen zu. Vier Autoren hätten also Gottes Offenbarung niedergeschrieben, wiederholt er. Vier verschiedene Menschen, 40 bis 70 Jahre nach dem Tod Jesu. Die Zahlen betont er. Ob einer der Autoren Jesus persönlich gekannt habe, fragt er nun schon mit lauerndem Gesichtsausdruck. – Nein, wohl kaum. – Und wie viele Jahre später sei das Neue Testament in seine endgültige Fassung gebracht worden, fragt er suggestiv und demonstriert damit, dass er erstaunlich gut über die Quellenproblematik biblischer Überlieferung informiert ist.

Meine Antwort lässt ihn zufrieden lächeln. Ich sage: Die endgültige Fassung hätten Theologen und Bischöfe ungefähr dreihundert Jahre nach dem Tod Jesu festgelegt. – Aber, so ergänzt der Syrer nun mit plötzlicher Heftigkeit, es habe noch viel länger gedauert, bis die Bischöfe in Konzilien die endgültige Fassung ein für alle Mal festlegten, nicht wahr. – Ja. – Wie lange dagegen, fragt er mit blitzenden Augen, habe es gedauert, bis der Koran in seiner Endfassung vorgelegen habe?

Der Syrer lässt mir keine Zeit für eine weitere Antwort, er erklärt nun mit einem Sturzbach von Worten: Der Koran habe schon zu Lebzeiten Mohammeds in seiner endgültigen Form vorgelegen. Das sei nicht wie bei den Christen, wo drei Jahrhunderte bis zur Endfassung der Heiligen Schrift hätten vergehen müssen. Drei Jahrhunderte! Und vier Autoren, die über das Leben des Propheten Jesus, über seine Predigten, über seine

Visionen geschrieben hätten. Wie viele Ungenauigkeiten, wie viele Verfälschungen und Entstellungen hätten sich doch da eingeschlichen. Beim Koran sei das anders. Gott allein sei der Autor des Koran, Gott habe die Botschaft Wort für Wort seinem Propheten eingegeben, und Mohammed habe sie Wort für Wort, unabänderlich, so verkündet. Das Neue Testament liege den Christen ja nicht einmal in der ursprünglichen Sprache, dem Aramäischen, vor, wie es Jesus gesprochen habe, sondern nur auf Griechisch und Latein. Der Koran dagegen sei schriftlich in jener Sprache festgehalten, in der Gott seine Botschaft dem Propheten verkündet habe: auf Arabisch. Keine Übersetzung verstelle den Zugang zum Urtext. All diese Tatsachen würden den Koran unangreifbar machen und den Beweis liefern, dass der Koran die einzige unverfälschte Offenbarung Gottes sei.

Ich widerspreche ihm: Es habe immerhin zwei Jahrzehnte nach Mohammeds Tod gebraucht, bis der Koran in endgültiger Fassung vorgelegen habe. Mohammed selber habe ja nichts schriftlich hinterlassen. Gläubige hätten das Gehörte mitgeschrieben und erst später geordnet. Für eine quellenkritische Wissenschaft gebe es da genug Anhaltspunkte, Unregelmäßigkeiten und subjektive Abweichungen der schriftlichen Fixierung nachzuweisen.

Er widerspricht mir: Zwar habe er großen Respekt vor den Leistungen der Wissenschaft, aber wenn im Westen die Wissenschaftler auch noch anfingen, die Religion auf ihre Wahrhaftigkeit zu untersuchen, dann überschätzten sie ihre Möglichkeiten. Er könne mir genau sagen, weshalb im Westen heute die Religion – und mit ihr die moralische Ordnung – so sehr an Kraft verloren habe: durch den Zweifel. Zu wundern brauche das gar nicht. Ein Christ müsse ja, sofern er kritisch genug sei, zwangsläufig die unumstößliche Wahrheit seiner Heiligen Schrift bezweifeln. Dadurch, dass die Bibel nur Menschenwerk sei und Gottes Botschaft nicht unverfälscht wiedergeben könne, habe sie stets Angriffsflächen für Zweifler geboten. Die geistig-religiöse Krise sei im Westen geradezu vorprogrammiert. Naturgemäß drohe im Westen viel stärker als bei den Muslimen die Gefahr des Unglaubens bis hin zum Atheismus.

In Syrien gebe es anscheinend solche Tendenzen nicht, unterbreche ich in fragendem Ton. – Syrien sei ein islamisches Land, entgegnet er knapp. – In Syrien gebe es aber doch eine westlich beeinflusste Bildungsschicht, beharre ich. – Ja, die gebe es, natürlich gebe es die. Er selber habe, und er könne das nur betonen, großen Respekt vor der westlichen Zivilisation, er bewundere die Leistungen der westlichen Techniker und Mediziner. Aber die Muslime müssten kritisch unterscheiden zwischen dem, was im Westen gut und was schlecht sei. Er habe nichts gegen ein Auto aus Amerika, aus Deutschland, aber gegen dekadente Philosophie aus dem Westen. Manche Muslime würden leider dazu neigen, viel zu viel westliches Denken zu übernehmen, und gerade damit würden sie die geistige Krise des Westens in die islamischen Länder transportieren.

Aber verwestlichte Muslime gebe es in Syrien doch auch, sage ich. Oder etwa nicht, frage ich in sein Schweigen hinein. Er mustert mich prüfend von der Seite. Ja, antwortet er knapp. – Auch in der politischen Führungsschicht? Ich frage betont beiläufig. Er zieht erschrocken die Augenbrauen hoch, sieht mich missbilligend an. »Lassen wir die Politik«, raunt er und blickt verstohlen zu den Nachbartischen. Was für ein vorsichtiger Blick. Dabei spricht der Syrer doch deutsch und muss kaum befürchten, von Zuhörern verstanden zu werden.

Die Zukunft der Menschheit entscheide sich an der religiösen Frage, sagt er wieder in voriger Lautstärke. Ein Volk, das sich von der Religion abwende, habe keine Zukunft. Er wisse, wovon er spreche. In seiner Jugend sei er kaum einmal in die Moschee gegangen, er habe Alkohol getrunken, den Ramadan nicht eingehalten, wie etliche seiner Freunde in Damaskus auch. Heute gehe er regelmäßig in die Moschee, trinke keinen Tropfen Alkohol mehr, halte sich strikt an die Fastengebote des Ramadan. Wie viele seiner Freunde auch. Ihm sei klar geworden, dass er nur unkritisch fremde Lebensweise nachgeahmt habe. Es möge mir vielleicht seltsam erscheinen, aber diese Einsicht sei ihm im Westen gekommen. Je mehr er in westlichen Ländern gereist sei, umso mehr habe er gespürt, dass dort etwas fehle. Die letzte Sicherheit fehle den Menschen dort. Die eigentliche Schwäche der Muslime bestehe darin, dass sie sich vom materiellen Standard des Westens blenden ließen. Wo bleibe der letzte Bezugspunkt, der letzte Halt? Viele Menschen im Westen seien ohne Orientierung, ohne tiefere Orientierung.

Der Syrer redet sich in Erregung. Aber je länger er redet, desto selbstbewusster mustert er mich. Jetzt ist nichts mehr zu merken von jener Unsicherheit, mit der er anfangs gefragt hat, wie mir Syrien gefalle; nichts mehr von jener Verlegenheit, mit der er sich für den Schmutz und die Rückständigkeit der Damaszener Altstadt nahezu entschuldigt hat; nichts mehr von jenem untergründigen Minderwertigkeitsgefühl, mit dem er etwas zu übertrieben, wie mir vorkommt, den höheren Standard des Westens gelobt hat. Jetzt scheint er mit jedem Wort das dahinter verborgene Argument zu unterstreichen, das ich immer wieder in unterschiedlichsten Ländern zu hören bekam: Wir Muslime mögen gegenwärtig zwar dem Westen materiell und technologisch unterlegen sein, aber das ist nur eine vorübergehende Krise. Ihr im Westen habt dagegen mit einer sehr viel tiefer gehenden, nämlich religiösen Krise zu kämpfen, und deshalb werdet ihr bald auch wieder den ökonomischen und technologischen Vorsprung eingebüßt haben.

Es ist ein strikt orthodoxer Standpunkt, der in solchen Argumenten gebildeter Muslime zum Ausdruck kommt. Ein solch orthodoxer Glaube darf nicht schon mit fundamentalistischer Überzeugung gleichgesetzt werden. Islamische Fundamentalisten grenzen sich entschieden radikaler vom »Westen« ab.

Andererseits finden sich unter den Muslimen auch Gebildete, die wesentlich freizügiger das Problem der absoluten Wahrheit ihrer Religion diskutieren. Über Liberale ihres Typs werde ich an anderer Stelle ausführlich berichten.

Das Besondere an Syrien

Minarett und Kreuz:
bemerkenswerte Verbindungen

Eine Überraschung erwartet mich im Khan al-Hazir, dem Haus des Wesirs.

Ich bin in die traditionsreiche nordsyrische Handelsstadt Aleppo gekommen, um wie alle westlichen Besucher einen der größten Souks des Orients kennenzulernen. Stundenlang bin ich durch die überdachten Ladenstraßen geschlendert, vorbei an farbenfreudigen Auslagen von Teppichhändlern, Schneidern, Kupferschmieden, Juwelieren, Gewürzhändlern. Die Gassen sind überdacht mit Kreuzgrat- und Kuppelgewölben in faszinierendem Wechsel, dazwischen immer neue Ausblicke aus Karawansereihöfen zum Himmel, in dessen Blau ein Minarett, eine Kuppel, eine ornamentverzierte Wand ragt.

Weniger interessant erscheint mir anfangs das Haus des Wesirs. Der Torbogen gibt den Blick frei in den Innenhof mit Bretterverschlägen, einer niedergebrochenen Balustrade, einem Brunnengehäuse, mit Wellblech halb zugedeckt, ringsum Gerümpel. Ich wäre wohl noch ein drittes Mal gleichgültig an der schwarzweiß gestreiften Fassade vorbeigegangen, hätte mich nicht ein junger Syrer hereingewinkt. Der Händler, der fließend Englisch spricht, besitzt unter Arkaden ein Warenlager, eines der wenigen, die im sonst völlig vernachlässigten Innenhof bereits restauriert sind. Er fängt mit mir zu plaudern an, ohne die Absicht, mir etwas verkaufen zu wollen. Ihn scheint eher die Neugierde auf Ausländer zu bewegen, wo doch Touristen im Frühjahr 1994 erst spärlich nach Syrien kommen. Er erklärt mir, noch sei hier alles verwahrlost, jahrelang habe der Innenhof nur als Ablage für Baumaterial gedient, aber jetzt plane die Stadtverwaltung, den Khan nach alten Plänen wieder sorgfältig zu restaurieren und ein Touristenhotel daraus zu machen. Die Glanzzeit des Khan al-Hazir sei vor zwei- bis dreihundert Jahren gewesen: Damals habe das Handelshaus als einer der wichtigsten Umschlagplätze des Großhandels und des Bankenkreditgewerbes gegolten, hier hätten sich Kaufleute aus aller Welt getroffen, hier seien wichtige Abschlüsse getätigt worden, hier sei auch Politik gemacht worden ... Ich höre ihm interessiert zu. Aber wirklich überrascht bin ich, als der Händler auf die Portalfassade deutet. Dort entdecke ich über den benachbarten Fenstern, von Arabesken umrahmt, zwei kunstvoll eingemeißelte Symbole: über dem rechten Spitzbogen ein Minarett, über dem linken – ein Kreuz.

»Was bedeutet das?«

Hinter dem Fenster mit dem Minarett, erklärt der Händler, habe sich der Gebetsraum der Muslime befunden, hinter dem Fenster mit dem Kreuz hätten sich die Christen zur Andacht versammelt. Die eingemeißelten Symbole seien auch darüber hinaus bedeutsam gewesen, denn sie hätten die Machtverhältnisse der Stadt gespiegelt. Im 17. und 18. Jahrhundert sei Aleppo von muslimischen und christlichen Wesiren gemeinsam verwaltet worden, die Stadtoberen hätten die Ämter auf Angehörige beider Religionen verteilt.

»Und das ging ohne Probleme?«

In der Politik gebe es immer Probleme, antwortet der Händler lächelnd, aber grundsätzlich habe das System funktioniert. An der Spitze der Regierung habe allerdings immer ein Muslim gestanden. Ob ich schon al-Djdeide, das Christenviertel, besucht hätte? Es sei ein großes Viertel mit zahlreichen Kirchen. In Aleppo gebe es auch heute noch viele Christen, ungefähr zehn Prozent der Einwohner. Vor 30, 40 Jahren hätten die Christen noch ein Viertel der Bevölkerung ausgemacht und vor hundert Jahren seien es noch mehr gewesen. Geändert habe sich das, weil während der letzten 30 Jahre sehr viele Muslime aus Dörfern in die Stadt eingewandert seien. Er sei 1965 geboren, damals habe Aleppo gerade 500 000 Einwohner gezählt, heute seien es über zwei Millionen. Die Muslime hätten auch eine viel höhere Geburtenrate als die Christen.

Ob er mit Christen befreundet sei, frage ich. – Das nicht, antwortet er zögernd, das sei nicht üblich, auch von deren Seite nicht. Aber er habe gute Geschäftskontakte zu christlichen Kaufleuten, sehr korrekten, sehr angenehmen Partnern. Er könne sich über die Christen nicht beklagen.

Minarett und Kreuz in trauter Eintracht unmittelbar nebeneinander ... Und das in Aleppo! Das in jener Metropole, von der aus die Muslime während des 13. Jahrhunderts den Abwehrkampf gegen die Kreuzritter begonnen hatten. In Aleppo, das über viele Jahrzehnte für den christlichen Angreifer gefährlicher gewesen sein soll als jede andere islamische Stadt. Ein unerschütterliches Bollwerk gegen die »Ungläubigen«.

Und doch auch eine Stadt Abrahams. Aleppo, angeblich einer der ältesten ständig besiedelten Orte der Menschheit, ist legendär mit jenem Propheten verbunden, der den Juden wie Christen und Muslimen gleichermaßen als Ahnvater ihrer Religion heilig ist. Abraham – der »Vater vieler Völker«, so die mythenträchtige Bedeutung seines Namens[1] – soll mit seinem Nomadenstamm unterwegs durch den Nahen Osten auch eine Zeit lang an jenem Berg gewohnt haben, auf dem sich heute die Zitadelle befindet. Dort habe Abraham seine Schafe und Ziegen gemolken und die Milch an die Armen verteilt. »Ibrahim halab! Abraham hat gemolken!«, mit diesem Ruf habe er über Monate die Armen vor seinem Zelt versammelt. Halab (oder Haleb) lautet bis heute der offizielle arabische Name der Stadt, der auf besagte Ereignisse zurückgehen soll. So zumindest will es eine populäre Legende, die uns durch einen muslimischen Geschichtsschreiber aus dem 13. Jahrhundert überliefert ist – aus der Zeit der Kreuzzüge. Erst venezianische Kaufleute haben während des 16. Jahrhunderts »Halab« zu »Aleppo« verballhornt und diesen Namen in Europa eingebürgert; sie waren damals die wichtigsten westlichen Geschäftspartner.

Unter der Fremdherrschaft der Osmanen ist die Stadt nicht nur zur Handelsdrehscheibe zwischen Orient und Abendland, sondern auch zum weltoffenen Begegnungsort für Muslime und Christen geworden. Türken, die das überdachte Gassenlabyrinth des Basars zu seiner heutigen Größe anwachsen ließen, haben den Khan al-Hazir mit Minarett- und Kreuzzeichen errichtet. Baujahr 1682. Gerade diese Jahreszahl kann uns wiederum überraschen, ja kann uns in eine falsche Richtung weisen: War es nicht 1683, nur ein Jahr später, dass die Türken Wien belagerten? Zum zweiten Mal waren damals die Türken tief nach Mitteleuropa vorgestoßen, und die Schreckensvision war bei Christen umgegangen, auf den Kirchtürmen würde statt des Kreuzes bald der Halbmond prangen, die Kirchen würden in Moscheen umgewandelt werden.

Minarett und Kreuz ... Syrien besitzt eine ganze Reihe derart frappierender Zeugnisse islamisch-christlicher Koexistenz. Eine Reise in Syrien kann unser Vorurteil vom unüberbrückbaren Gegensatz zwischen Islam und Christentum korrigieren, denn sie wird zur Entdeckungsreise mit immer neuen Einblicken in das vielfältige Beziehungsgeflecht zwischen islamischer und christlich-abendländischer Welt.

Ich bewege mich im Besucherstrom durch Syriens bedeutendste islamische Kultstätte, die Omayaden-Moschee von Damaskus. Die bunte Menschenmenge strömt in der monumentalen dreischiffigen Gebetshalle zu einem Kuppelbau und dort beten die Muslime mit Blick auf einen Sarkophag, der in ein grünes, mit Koranversen besticktes Tuch gehüllt ist. Welcher Heilige wird hier mit aller Hingabe islamischer Volksfrömmigkeit verehrt? Die Antwort muss Europäer, muss Christen verwundern: Der Schrein beherbergt, so will es die islamische Überlieferung, das Haupt des Propheten und Märtyrers Yahya Ibn Zakariya; heilig ist dieser Prophet aber auch den Christen, allerdings unter dem Namen Johannes der Täufer, Sohn des Zacharias.

Frauen und Männer drücken ihr Gesicht inbrünstig an das silberne Schreingitter. Manche befestigen dort Stoffstreifen oder Wollschnüre zum Zeichen ihrer Verbundenheit mit dem Heiligen und in der Hoffnung, dass er ihre Bitten an Gott weiterleite. Es sind Pilger aus allen Teilen des Vorderen Orients, aus allen sozialen Schichten. Neben westlich gekleideten Muslimen, wie sie in jeder nahöstlichen Großstadt zu Hause sind, versammeln sich hier auch zahlreiche Männer in traditioneller Tracht, einem weiten Umhang und dem Keffiye, dem rotweiß gewürfelten Kopftuch mit Kamelhaarring. Dazwischen Frauen im dunklen Umhang der Städterin oder im farbenfrohen Beduinengewand.

Ausgerechnet das Haupt jenes Propheten, der Jesus taufte, soll in einer Moschee begraben sein? Noch ungewöhnlicher muss dies erscheinen, da ja die Omayaden-Moschee von Damaskus den sunnitischen Muslimen als die viertheiligste Kultstätte des Islam gilt. Im Rang über ihr stehen nur noch die Kaaba von Mekka, die Propheten-Moschee in Medina, der Tempelberg mit Felsendom und die Al-Aqsa-Moschee in Jerusalem. Sunniten, ja selbst Schiiten kommen von weit her, um vor dem Grabmal des Johannes zu beten. Die islamische Tradition will es überdies, dass auch Zacharias, der Vater des Johannes, seine letzte Ruhestätte in einer Moschee gefunden hat: in der Hauptmoschee von Aleppo, die ebenfalls den Namen der Omayaden-Dynastie trägt.

Nicht minder muss der Name jenes Minaretts überraschen, das an der Südostseite der Moschee aufragt: Madinet Isa, Jesus-Minarett. Mit diesem Turm verknüpft sich eine besondere

Legende: Am Tag des Jüngsten Gerichts soll Jesus auf dem Dach erscheinen und von dort oben das Ende der Welt verkünden. Die Legende hat ihre Wurzeln zwar in christlicher Tradition, aber erst die syrisch-islamische Volksfrömmigkeit hat die Prophezeiung exakt an dieser Stelle lokalisiert. Dieser Glaube, der heute noch bei vielen Muslimen lebendig ist, hat zusätzlich zur Anziehungskraft der Omayaden-Moschee beigetragen.

Muslime besitzen im Einzugsbereich dieser Moschee aber noch eine weitere verehrungswürdige Stätte. An der Nordwestecke ragt nahe der Außenmauer im Schatten eines baumbestandenen Gartens ein Mausoleum mit rotgetünchter Kuppel auf. Dort ist der 1193 in Damaskus verstorbene Sultan Saladin zur letzten Ruhe gebettet. Lessing hat ihm in seinem Schauspiel »Nathan der Weise« ein Denkmal als religiös besonders tolerantem Herrscher gesetzt. Die Muslime dagegen verehren Saladin, weil es ihm gelungen ist, die heilige Stadt Jerusalem von der Herrschaft der Christen zu befreien und damit den Kreuzrittern ihre schlimmste Niederlage zuzufügen.

Damaskus ist wie keine andere Stadt des Orients zum Symbol geworden für den Abwehrkampf der Muslime gegen die Feinde aus dem christlichen Abendland, sie ist noch eindeutiger als Aleppo mit dem Mythos einer islamischen Frontstadt behaftet. Aber gerade Damaskus besitzt eine Moschee mit einem Jesus-Minarett und mit einer Reliquie Johannes' des Täufers.

Syrien ist auch reich an frühchristlichen Kirchen wie kaum eine andere Region des Mittelmeerraums. Eine dieser Kirchen ist für die Muslime viele Jahrhunderte lang ein Wallfahrtsziel gewesen und hat dadurch eine außergewöhnliche Symbolkraft gewonnen. Diese Kirche aus dem 4. Jahrhundert steht rund 140 Kilometer südlich von Damaskus inmitten des antiken Ruinenfeldes von Bosra, der ehemaligen Hauptstadt der römischen Provinz Arabia. Heute ist von dieser Kirche selbst nur eine Ruine geblieben. Als ich sie besuchte, war der Zugang ins

Innere mit einem Eisengitter verschlossen, die unmittelbare Umgebung atmete die Atmosphäre eines verschlafenen Dorfes. Frauen hatten Wäscheleinen zwischen römischen Säulen gespannt, eine Schafherde weidete vor ärmlichen Behausungen. Aber arabische Chronisten des 8. Jahrhunderts berichten, dass in dieser Kirche einst der christliche Mönch Bahira dem Knaben Mohammed begegnet sei und ihn visionär als den zukünftigen Propheten des Islam erkannt habe. Mohammed sei in seiner Jugend mehrmals mit Handelskarawanen durch Syrien unterwegs gewesen. So legendär und ungesichert solche Chroniken auch sein mögen, zeigen sie doch, welche Bedeutung die Araber gerade in der islamischen Frühzeit Syrien beimaßen. Nur Syrien hat der spätere Prophet bereist, nicht Ägypten, nicht den Irak. Weshalb aber machen die Muslime einen syrischen Mönch zu einem wichtigen Zeugen in Mohammeds Lebensgeschichte?

Solche Fragen begleiteten mich auf meinen Reisen in den Jahren 1994 und 1995. Je länger ich unterwegs war, desto mehr drängte sich mir der Gedanke auf, dass solche historischen Konstruktionen ein Hinweis sind auf tiefere Beziehungen zwischen Islam und syrischem Christentum. Kein anderes Land des Nahen Ostens, ja des ganzen Orients, liefert derart augenfällige Beispiele, an denen sich exemplarisch zeigen lässt, wie intensiv Islam und Christentum schon von Anfang an aufeinander bezogen sind.

Syrien war ein Kernland des frühen Christentums. In syrischen Städten, nicht etwa in jüdischen, hatten die Evangelisten das Neue Testament verfasst. In hellenistisch-judenchristlichen Kreisen von Damaskus, nicht etwa in der jüdischen Urgemeinde von Jerusalem, hatte sich der Apostel Paulus um das Jahr 34 unserer Zeitrechnung zum neuen Glauben bekehrt. Seine wegweisende Theologie entwickelte Paulus in Antiochia, damals die Hauptstadt der römischen Provinz Syria. Antiochia, rund 70 Kilometer westlich von Aleppo und heute unter dem Namen Antakya nur noch eine unscheinbare Provinzstadt ohne nennenswerte historische Überreste, war vor zweitausend Jahren eine der wichtigsten Metropolen an der legendären Seidenstraße in den Fernen Osten. Zu jener Zeit, als Jesus predigend durch Palästina zog, hatte Antiochia eine halbe Million Einwohner und wurde im gesamten Mittelmeerraum an Größe, wirtschaftlicher und kultureller Bedeutung nur von Rom und Alexandria übertroffen. In der Regel wissen heute allein Historiker um die ebenfalls enorme religionsgeschichtliche Bedeutung gerade dieser Stadt. Hier in der Hauptstadt Syriens – nicht im vergleichsweise provinziellen Jerusalem – hatte sich schon zu Lebzeiten des Apostels Paulus die erste große christliche Gemeinde aus Nichtjuden gebildet, jene sogenannten »Heidenchristen«, die entscheidend die weitere Entwicklung der jungen Religion prägen sollten.

In Antiochia war der hebräische Titel »Messias« (der »Gesalbte«) erstmals in das griechische »Christos« übersetzt worden; Paulus hatte hierzu den Anstoß gegeben, dessen Heimatstadt Tarsus westlich von Antiochia liegt. In Antiochia wurden auch die Anhänger Jesu erstmals nach dem griechisch umgeformten Titel des Religionsgründers »Christen« genannt, so erfahren wir aus der Apostelgeschichte.[2] Dort hatten die Christen erstmals das Kreuz als Erlösungssymbol verehrt, hatten sie erstmals ihre Gebetshäuser mit dem griechischen Namen »Kyriakon«, »Haus des Herrn«, bezeichnet, wovon sich unser Begriff »Kirche« ableitet. Mehr noch: In der damaligen Hauptstadt Syriens hatten sich während des zweiten Jahrhunderts Strukturen und Organisationsformen der Kirche entwickelt, wie sie später für das christliche Abendland bestimmend werden sollten.[3] Bevor die muslimischen Eroberer kamen, war Antiochia unter christlich-byzantinischer Regierung eines der wichtigsten theologischen Zentren und einer der herausragendsten Bischofssitze der Christenheit.

Rund zwölf Prozent der Syrer sind selbst heute noch Christen, ein verblüffend hoher Anteil nach mehr als 1300 Jahren islamischer Herrschaft. Nur im Nachbarstaat Libanon ist der Anteil der Christen höher, rund 40 Prozent. Aber weil der Libanon stets eng mit syrischer Geschichte verflochten war, ist eine solche Konzentration arabischer Christen auch in dieser Region des Vorderen Orients kein Zufall. Nirgendwo sonst in der islamischen Welt haben sich christliche Gemeinden derart zahlreich erhalten können, dabei in einer Vielfalt christlich-orientalischer Konfessionen, die noch heute ein treffendes Bild vom Zustand des frühen Christentums vermitteln.

Aus dem Kernland des frühen Christentums ist ein Kernland des Islam geworden. Syrien ist somit unter veränderten Vorzeichen ein Zentrum historischer Weichenstellung geblieben. Allerdings hatte sich der kulturelle Schwerpunkt rasch nach Süden, von Antiochia nach Damaskus, verlagert. Weil den muslimischen Eroberern die bisherige Hauptstadt Syriens zu nahe an der feindlichen Grenze des Byzantinischen Reiches lag und weil Antiochia zu Beginn des 7. Jahrhunderts im Krieg zwischen den Byzantinern und Persern verwüstet war, hatten die Araber das strategisch günstiger gelegene Damaskus zu ihrer Residenz gewählt. Dieses Damaskus war zwar damals schon mehr als zweitausend Jahre lang eine traditionsreiche Handelsstadt gewesen (Damaskus ist angeblich wie Aleppo eine der ältesten ständig bewohnten Städte der Welt), aber trotz wachsender Bedeutung hatte das Handelszentrum nie aus dem Schatten Antiochias treten können. Erst unter islamischer Herrschaft ist Damaskus zum unangefochtenen politischen wie geistigen Mittelpunkt Syriens aufgestiegen. Neun Jahrzehnte lang war Damaskus sogar die Hauptstadt jenes arabischen Großreiches, das von Südspanien bis an den indischen Subkontinent reichte. Damaskus formte sich unter diesen Voraussetzungen zu einer frühen Zentrale, in der die Muslime fremde Kultureinflüsse schöpferisch verarbeiteten und den

Aufstieg des Islam zur kulturellen Weltgeltung einleiteten. Syrien nimmt auch von daher im Gedächtnis der Muslime einen besonderen Stellenwert ein.

Aber weil Syrien außerdem in so starkem Maß für Christen »Heiliges Land« geblieben ist, Wirkungsort ihrer Apostel und Sitz der frühen Kirche, wurde Syrien folgerichtig zum Brennpunkt der Kreuzzüge – eine bis in unsere Gegenwart verhängnisvoll nachwirkende Epoche.

In Syrien habe ich erfahren, dass für Muslime das Zeitalter der Kreuzzüge viel lebendiger und gegenwärtiger erscheint als für uns im Westen. Der Grund liegt im Verhalten westlicher Kolonialmächte. Als Frankreich und Großbritannien nach dem Zusammenbruch des Osmanenreiches 1918 den Nahen Osten in eigene Interessensphären aufgeteilt hatten, war unter Muslimen das Schlagwort von einem »neuen Kreuzzug der Christen« aufgekommen. Es brauche einen »neuen Saladin«, um die »Aggressoren« aus dem »Westen« zum zweiten Mal vom »heiligen islamischen Boden« zu vertreiben. Ein arabischer Nationalismus entstand, in dem sich moderne mit vormodernen, vergangenheitsorientierten Leitbildern mischten.

Syrien ist neben Ägypten zum wegweisenden Ausgangspunkt für diesen spezifisch antiwestlichen Nationalismus geworden. Nicht zufällig sind es jene beiden Nahoststaaten, die am frühesten dem Einfluss westlicher Kolonialmächte ausgesetzt waren und deren Metropolen Damaskus und Kairo um den Anspruch wetteiferten, das Herz der arabischen Welt zu sein. Syrien wurde nach Ägypten außerdem das zweite Land, in dem islamische Fundamentalisten eine Protestbewegung gegen den politischen und kulturellen »Imperialismus« des »Westens« entwickelten.

Von daher ist es nur folgerichtig, dass Syrien neben Ägypten auch in der explosiven Auseinandersetzung mit Israel besonderes Gewicht bekam. Aus der Sicht syrischer Nationalisten sind gerade das jüdische Israel wie der christlich dominierte

Libanon nur skandalöse Ergebnisse westlicher Kolonialpolitik, nur aufgezwungene Gebilde wie einst die lateinischen Fürstentümer zur Zeit der Kreuzzüge.

Mehr noch: Aus der Sicht syrischer Nationalisten sind die politischen Grenzen der heutigen Republik Syrien zu eng gezogen. Das eigentliche Syrien sei größer ...

Syrien ... Großsyrien ...
Wo liegen die Grenzen?

Sham ... Der Begriff scheint eindeutig. In Reiseführern und in Lexika lesen wir übereinstimmend, Sham sei ein alter Name sowohl für Syrien als auch für die Hauptstadt Damaskus. Nichts daran ist eindeutig.

In einer der Damaszener Teestuben mit ihren Kuppelgewölben, den Männern hinter Wasserpfeifen und einem dampfenden Samowar frage ich erstmals einen Syrer nach der exakten Wortbedeutung. Der Gefragte, gesprächig und kontaktfreudig, wiegt plötzlich unschlüssig den Kopf. Sham lasse sich in keine andere Sprache übersetzen, das sei eben ein Name. Allerdings ein Name mit viel Gewicht. Sham bedeute für die Araber einen Großraum, der außer dem heutigen Staat Syrien den Libanon und Palästina einschließe, Damaskus sei das Zentrum dieses Großraums, deshalb werde auch Damaskus Sham genannt. – Ob der alte Name für die Gegenwart noch Bedeutung habe, politische Bedeutung, frage ich. – Über Politik wolle er nicht reden, wehrt er mit einem vorsichtigen Blick zu seinem Tischnachbarn ab. Sham sei ein kultureller und politischer Begriff, ergänzt er abschließend und leitet wortreich zu einem anderen Thema über.

Cham ... In französischer Transkription, der Sprache der ehemaligen Kolonialherren, prangt der Name neben arabischen Schriftzeichen an den Prunkfassaden von Syriens staatlich geführter Hotelkette. Cham Palace ... Das ist mehr als ein bloßer Firmenname, mehr als ein nur historisch-kulturelles Angedenken. Gerade in einer Diktatur wie der Syriens, die das Denken ihrer Bürger mit einer straff organisierten Geheimpolizei überwacht, sind historisch befrachtete Namen nicht unverbindlich von Privatpersonen gewählt; solche Namen sind Teil gezielter politischer Propaganda.

Im Christenviertel von Damaskus lädt mich ein Handwerker in seine Werkstatt ein. Während er mir die frisch gefertigten Intarsiendosen zeigt und freimütig über die Alltagsprobleme in Syrien plaudert, komme ich auf die Idee, nun auch einen syrischen Christen nach der Bedeutung von »Sham« zu fragen. Diesmal lenke ich das Gespräch auf die Region Palästina, die in die Staaten Jordanien und Israel geteilt ist. Ob etwa auch diese beiden Staaten zum Großraum Sham zu zählen seien, frage ich.

Seine Stimme schwillt an. Palästina sei ein Teil von Sham, Palästina mit seiner Hauptstadt Jerusalem. Ich solle die Namen Jordanien und Israel nicht benutzen, vor allem nicht Israel, diese Staaten seien erst durch den Kolonialismus entstanden. Filastin sei unteilbar. »Filastin«? In der Erregung verwendet er plötzlich das arabische Wort für Palästina.

Hier spricht ein arabischer Nationalist. Dass er Christ und nicht Muslim ist, spielt hierbei keine Rolle. Sooft ich während meiner Syrien-Reisen 1994 und 1995 nach »Sham« frage, wecke ich bei Muslimen und Christen nahezu gleiche Emotionen.

Ich verschweige dem Gefragten, dass ich das »israelisch besetzte« Jerusalem besucht habe. Ein Besuch, der mich rückblickend Zusammenhänge mit der syrisch-arabischen Kultur erkennen lässt.

In Jerusalem habe ich nahe dem Damaskus-Tor gewohnt. Das Tor, noch in eine vollständig erhaltene Stadtmauer eingegliedert, bildet zinnenbewehrt einen wichtigen Zugang in das Gassenlabyrinth der Altstadt. Der Name sagt es schon: Dieses Tor weist in Richtung Damaskus. Vom Balkon meines Hotelzimmers blickte ich auf ein Minarett mit schwarzweiß gemusterten Steinornamenten, unweit davon auf eines jener alten Cafés, an dessen Tischen im Freien überwiegend traditionell gekleidete Männer sitzen: im weiten Umhang und dem Keffiye. Es ist ein Flair, wie wir es nicht anders in Syrien antreffen. Syriens Hauptstadt Damaskus liegt auch nur rund zweihundert Kilometer nördlich, drei Autostunden auf gut asphaltierter Straße. Grenzen zwischen Jerusalem und Damaskus hat es über viele Jahrhunderte nicht gegeben, keine politischen und schon gar nicht kulturelle. Beide Städte lagen oft in demselben Herrschaftsbereich, so sehr sich andere Grenzen verschoben, so sehr die Dynastien, so sehr die Völker wechselten. Nur zwei Mal im Verlauf von 13 Jahrhunderten islamischer Geschichte ist die religiöse Einheit zerrissen, regierten in Jerusalem keine Muslime: das erste Mal zu den Zeiten der Kreuzzüge, als Christen die »Heilige Stadt« beherrschten, das zweite Mal seit der Eroberung durch Israel 1967.

Ich suchte in den Lexika der zwanziger und dreißiger Jahre nach dem Stichwort »Syrien«. Die Auskunft ist vielsagend. Nicht von einem Staat ist dort zu lesen, sondern von einer »Landschaft« oder einem »Teil Vorderasiens«. Zu den bedeutendsten Städten dieses syrischen Großraums zählten damals nicht nur Damaskus, Aleppo, Homs und Hama, sondern auch Beirut und Jerusalem; zu den Flüssen und Seen gehörten der Jordan, der See Genezareth, das Tote Meer. Palästina mit der Hauptstadt Jerusalem wird als »südliches Syrien« bezeichnet. Die heute türkische Stadt Antakya (das antike Antiochia) ist dem »Nordwesten Syriens« und nicht etwa der Türkei zugeordnet.[4]

In »Palästina« aber regierten seit 1918 die Briten. Sie übten dort ein »Mandat« aus, wie es in der beschönigenden Sprache des damaligen Imperialismus hieß. Im »nördlichen Syrien« dagegen hatte sich die französische Kolonialmacht festgesetzt. Bevor sich die europäischen »Mandatsregierungen« nach dem Zweiten Weltkrieg aus dem Vorderen Orient zurückzogen, hatten sie durch ihre Politik des Teilens und Herrschens wesentlich dazu beigetragen, dass sich auf ihrem Einflussgebiet unterschiedliche Staaten formierten. Im Norden entstand die Arabische Republik Syrien, daneben – gegen den Widerstand syrischer Nationalisten – ein eigenständiger, von Christen regierter Libanon. Außerdem hatten die Syrer die Provinz Alexandrette mit den Städten Antakya und Iskenderun an die Türkei abtreten müssen. Im Süden bildeten sich auf palästinensischem Boden Jordanien und Israel. Vor dem Jahr 1918 sehen wir die Grenzen ganz anders gezogen: Vier Jahrhunderte lang, von 1517 bis 1918, war das gesamte Gebiet vom Golf von Aqaba bis hin zur Südgrenze Anatoliens in den politischen Grenzen der Osmanenprovinz Surya geeint – Grenzen, die sich weitgehend mit dem Großraum »Sham« deckten.

Den Syrern selber scheint, wie ich vielen Gesprächen entnehmen konnte, die ursprüngliche Bedeutung des Wortes Sham unbekannt. Eine Erklärung fand ich schließlich in der Literatur: »Sham« ist der altarabische Name für Norden; das neuarabische Wort lautet »Shamal«. Den einstigen Namen hatten die muslimischen Eroberer geprägt, als sie aus dem Innern Arabiens nach Norden vorgerückt waren. Ihre Orientierung ging von Mekka aus: Von dort aus erschien der syrische Großraum als Norden, dagegen fassten die Araber die südlich gelegenen Gebiete unter dem Namen »Yaman« oder »Jemen« – eben Süden – zusammen. Der zuletzt genannte Begriff steht heute noch für die gleichnamige Republik im äußersten Süden der arabischen Halbinsel.[5]

Erst spät, in einer Zeit moderner Umbrüche, hat der altarabische Name »Sham« Konkurrenz bekommen durch das Schlagwort »Großsyrien«. Diesen Begriff prägten syrische Nationalisten im 20. Jahrhundert, als die Briten und Franzosen zunehmend ihre Absicht erkennen ließen, die politisch zerfallende Osmanenprovinz Surya nach eigenen Bedürfnissen aufzuteilen. Die Bezeichnung »Sham«, ebenso wie »Großsyrien«, hat bis heute gleichermaßen ihre mythenbildende und politische Sprengkraft behalten.

Der Libanon mit seinen rund drei Millionen Einwohnern bildet gegenwärtig das auffälligste Beispiel für den Expansionsdrang »großsyrischer« Nationalisten. 1976 waren syrische Truppen im Libanon einmarschiert, um als »Ordnungsmacht« den heftig tobenden Bürgerkrieg zwischen Muslimen und maronitischen Christen zu beenden. Der Friede hatte zwar bei den unversöhnlichen Gegnern auf sich warten lassen, aber seit nun mehr als zwei Jahrzehnten haben die Syrer Truppen im Libanon stationiert, schließlich 35 000 Soldaten, die (mit stillschweigender Duldung der Amerikaner wie der Westeuropäer) auf unbestimmte Zeit bleiben sollen. Wer regiert tatsächlich im Libanon? Mitte der neunziger Jahre dominierten auf dem Flughafen von Beirut Porträts des syrischen Staatspräsidenten Assad und erst im hinteren Teil der Ankunftshalle konnte der Reisende auch ein Bild des libanesischen Staatspräsidenten Elias Hrawi erkennen.[6] Es scheint so, als ob die Regierung in Damaskus eine günstige Gelegenheit nutzen wird, um die »Provinz« Libanon wieder dem »Mutterland Syrien« anzugliedern.

Wie groß soll dieses »Großsyrien« werden?

Die Arabische Republik Syrien hat bis heute die Abtrennung ihrer Provinz Alexandrette mit den strategisch wichtigen Städten Iskenderun und Antakya nicht anerkannt. Noch immer ist die heute türkische Provinz Hatay auf syrischen Landkarten als syrischer Besitz ausgewiesen, mit der Begründung, die französischen Kolonialherren hätten 1939 widerrechtlich syrisches Gebiet an die Türkei verschenkt. Die historischen Ansprüche haben ihre Logik. Antakya, das antike Antiochia, war bisher nicht nur eine syrische Stadt (mit einem allerdings starken Anteil Türken), sondern in vorislamischer Zeit sogar das politische wie kulturelle Zentrum der römischen Provinz Syria gewesen. Wie eng Antiochia selbst unter islamischer Herrschaft viele Jahrhunderte lang mit dem syrischen Raum verflochten war, zeigt bereits die geographische Nähe zu Aleppo. (Beide Städte liegen nur rund 70 Kilometer voneinander entfernt.) Bab Antakya, »Antiochia-Tor«, so heißt bis heute das Stadttor im Westen des großen Basars von Aleppo; durch dieses Tor zogen einst die Handelskarawanen weiter in die benachbarte Metropole.

Ginge es nach den Vorstellungen großsyrischer Nationalisten, müssten aber auch Jordanier und Palästinenser eine »Heimkehr« nach »Syrien« wünschen. Doch den großsyrischen Nationalisten kommen nicht nur jüdische Nationalisten mit der Vision eines »Großisrael« in die Quere, sondern auch die dort ansässigen Araber: Jordanier und Palästinenser denken nicht entfernt daran, »Syrer« zu sein, sie entwickeln eigene Ideologien und Visionen. Wir werden sehen, dass ein großräumiger Nationalismus nur begrenzte Chancen hat in einer Region, die über viele Jahrhunderte nach völlig anderen Kriterien geordnet war.

Die Arabische Republik Syrien in ihren heutigen Grenzen besteht erst seit 1944. Im Vergleich zu etlichen anderen bedeutsamen Staaten des Vorderen Orients besitzt dieses Syrien sogar eine relativ geringe Einwohnerzahl und könnte schon von diesem Aspekt her in seiner Geschichtsmächtigkeit unterschätzt werden. In Syrien leben Ende des 20. Jahrhunderts nahezu 18 Millionen Menschen, etwas weniger als im Irak – in Ägypten dagegen über 60 Millionen, in der Türkei rund 62 Millionen, im Iran rund 65 Millionen. Einen Nationalstaat Syrien hat es vor 1944 nie gegeben. Trotzdem kennen wir Syrien als Namen schon seit über zwei Jahrtausenden. Es ist ein Name mit schillerndem Hintergrund und bezieht sich auf einen kulturellen Großraum.

In diesem Großraum Syrien sind die politischen Grenzen immer wieder anders gezogen worden; einmal zerfiel die Region in eine Reihe rivalisierender Fürstentümer, einmal ver mochte ein Volk seine politische Vorherrschaft auf begrenzte Zeit durchzusetzen. Unterschiedlichste Völker haben sich auf syrischem Boden gegeneinander abgegrenzt und trotzdem grenzüberschreitend kulturelle Gemeinsamkeiten entwickelt: Assyrer, Aramäer, Babylonier, Nabatäer, Phönizier, Philister, Perser, Ägypter, Juden, Griechen, Römer, Araber, Türken.

Palästina – »Filastin« auf arabisch, ein Name, der auf die Philister zurückgeht – hat zur Zeit Christi als ein Teil Syriens gegolten. Der Evangelist Lukas berichtet von der Volkszählung in Judäa, als Maria und Josef nach Bethlehem zogen: »Diese Schätzung [...] geschah zu der Zeit, da Cyrenius Statthalter in Syrien war ...«[7] Die Juden lebten zwar zu den Nachbarvölkern, den »Götzendienern«, weitgehend auf Distanz, aber ihr Land blieb politisch und kulturell in die römische Provinz Syria eingebunden. Damals war die Umgangs- und Handelssprache der Juden nicht etwa Hebräisch; allein die Priester benutzten Hebräisch, die Sprache des Alten Testaments, noch elitär im sakralen Bereich. Das jüdische Volk verständigte sich in Aramäisch, einer semitisch-syrischen Sprache, die im ganzen großsyrischen Raum bis weit hinein in den Irak als Verkehrssprache diente. Nachdem die Juden während des 8. Jahrhunderts vor unserer Zeitrechnung durch die Babylonier in die sogenannte Babylonische Gefangenschaft verschleppt worden waren, hatten sie ihre ursprüngliche Sprache, das Hebräische, nach und nach zugunsten des Aramäischen aufgegeben. (Und erst während des 19. Jahrhunderts haben Zionisten das Hebräische wiederbelebt und 1948 als Staatssprache in Israel eingeführt.)

Jesus aber predigte den Juden aramäisch und wäre ebenso von vielen Syrern in Damaskus, Aleppo und Antiochia verstanden worden. Deshalb gab es später auch für die christlich-jüdischen Apostel keine Sprachbarrieren, als sie die Nichtjuden und »Heiden« Vorderasiens missionierten. Das Zentrum ihrer Missionstätigkeit hatte sich gar von Jerusalem nach Antiochia verlagert, der Hauptstadt der römischen Provinz Syria. Ohnehin hatten sich die Juden bis weit in den syrischen Raum hinein angesiedelt. Der Pharisäer Saulus sollte ja, aus Jerusalem angereist, vor den Toren von Damaskus seine Bekehrung zum Apostel Paulus erleben und dann bei einer jüdisch-christlichen Gemeinde in Damaskus wohnen.

Die Herkunft des Namens Syrien oder Syria ist nur unzureichend zu rekonstruieren. Wahrscheinlich geht er auf die Assyrer, ihren Gott Assur und die gleichnamige Hauptstadt zurück. Was allerdings »Assur« bedeutet, wissen wir nicht; kein Forscher hat bisher den Ursprung des Namens enträtseln können. »Syrien« in der uns vertrauten Bedeutung verwendeten erstmals die Griechen, als sie den Namen des Großreiches Assyrien in abgekürzter Form auf den westlichen Teil des assyrischen Herrschaftsgebiets beschränkten – jenen Teil, der unter griechischen Einfluss kommen sollte. Der östliche Teil mit Assur als Hauptstadt, im Irak gelegen, sollte dagegen unter persischen Einfluss gelangen und damit auf lange Zeit vom Westen abgeschnitten sein. Auf den Westteil konzentriert blieben dann auch die Römer und haben ihre Provinz entsprechend »Syria« genannt.

Drei Jahrtausende lang ist der kulturelle Großraum Syrien mehr gewesen als ein durch feste Grenzen definierter Staat. Will man Syrien in seiner Geschichtsmächtigkeit verstehen, muss man die Staatsgrenzen von heute überschreiten und die ganze Region mit einbeziehen: den Libanon, das heute türkische Antiochia, Jordanien, Israel, Jerusalem ... Man muss am Rande aber auch jene Herrschaftsgebiete im Auge behalten, die im Verlauf der Jahrhunderte immer wieder starken Einfluss auf den Großraum Syrien ausübten: Ägypten, Irak, Iran, Türkei.

Dreitausend Jahre Begegnung der Kulturen

Ein Bummel durch die Altstadt von Damaskus ... Winklige Gassen, Kuppeln, Minarette, Basare, bunt gekleidete Menschen ... All das ist »Orient«, wie ihn Touristen suchen. Aber bereits ein Streifzug in Syriens Hauptstadt bringt mehr als nur die Begegnung mit orientalisch-islamischer Kultur.

Ein römischer Torbogen inmitten einer schmalen Straße hat unbeschadet nahezu zwei Jahrtausende überdauert. Hinter ihm erhebt sich neben einem Minarett mit goldenem Halbmond ein Kirchturm mit nicht minder auffälligem Kreuz. Ich gehe durch die legendäre Via Recta, die »Gerade Straße«. In römischer Zeit war sie die Hauptstraße von Damaskus. Nach wie vor durchzieht sie die gesamte Altstadt, beginnend beim Bab Sharqi, dem »Osttor«, einem Stadttor mit ebenfalls noch auffallend römischen Bauelementen. Unmittelbar vor diesem Tor, dem Hauptzugang in das antike Damaskus, soll der Christenverfolger Saulus seine Vision gehabt haben. Es sei ihm Jesus erschienen mit der Frage: »Saul, Saul, warum verfolgst du mich?« In der Geraden Straße schließlich, deren östliche Viertel heute noch überwiegend von syrischen Christen bewohnt sind, soll Saulus nach seiner Bekehrung gewohnt haben, soll dort getauft worden sein und sich zum Apostel mit dem römischen Namen Paulus gewandelt haben, so berichtet die Apostelgeschichte.[8]

Ich schlendere durch die überdachte Ladenstraße des Souk Hamadiye und treffe an ihrem Ende auf eine mächtige Säulenarkade mit korinthischen Kapitellen. An den Sockeln haben Buchhändler ihre Auslagen gereiht und gestapelt, überwiegend religiöse Schriften, viele Koranausgaben. Von den antiken Arkaden geht der Blick auf ein schwarzweiß ornamentiertes Minarett der Omayaden-Moschee. Die römischen Säulen aber sind Überreste eines Jupiter-Tempels und dort, wo sich nun die zentrale islamische Kultstätte von Syriens Hauptstadt erhebt, stand zuvor die Johannes-Basilika, eine der prächtigsten Kirchen aus byzantinischer Zeit.

Welche Gegensätze auf engstem Raum! Immer wieder treffe ich in der weit ausgedehnten Altstadt von Damaskus auf derart sinnfällige Ensembles, zu denen sich Bauten aus sehr unterschiedlichen Kulturen und Religionen gruppieren. Epochen haben sich nicht nur überlagert, sondern auch aneinandergefügt.

Griechisch und römisch ... Nahezu neunhundert Jahre lang war das antike Syrien starken Einflüssen aus Europa ausgesetzt – bevor die Muslime kamen. Nachdem Alexander der Große im Jahr 333 vor unserer Zeitrechnung Vorderasien erobert hatte, begann eine lang andauernde Phase der Hellenisierung – einer »Verwestlichung«, so könnten wir aus unserer heutigen Sicht den Vorgang bezeichnen. Symptomatisch konzentrierte sich diese Entwicklung während der folgenden Jahrhunderte in der Metropole Antiochia, jener Stadt, die im Jahr 301 vor unserer Zeitrechnung von Seleukos, einem Feldherrn Alexanders, gegründet worden war. Die Römer setzten diesen Prozess der Verwestlichung fort, nachdem sie im Jahr 64 vor unserer Zeitrechnung »Syria« zu ihrer Provinz gemacht hatten. Griechen und Römer brachten westliche Architektur, wie noch heute die über das ganze Land verstreuten Ruinenstädte bezeugen. Außerdem brachten die Eroberer Griechisch und Latein als Verwaltungs- und Bildungssprachen für die Oberschicht, brachten »westliche« Literatur, Platon, Aristoteles, Aischylos, Sophokles, Euripides, Vergil. Und doch überlagerten sie nur die vielfältigen Strömungen altsyrischer Kultur wie auch die mannigfaltigen Einflüsse aus Assyrien, Sumer, Babylon, Persien.

Eine der herausragenden Errungenschaften des alten, vorgriechischen Syrien ist das Alphabet. In den syrischen Küstenstädten Ugarit und Biblos war um das Jahr 1400 vor unserer Zeitrechnung die erste Buchstabenschrift der Menschheit – mit 30 Schriftzeichen – entstanden und hatte die Keilschrift der Sumerer mit ihren Hunderten Lautzeichen verdrängt. Aus Syrien haben die Griechen, durch Handelskontakte mit den Phöniziern, dieses System der Buchstabenschrift übernommen; die Namen »Bibel« und »Bibliothek« deuten auf den Ursprungsort unseres westlichen Schriftsystems in der Gegend von Biblos hin. Die Griechen behielten aber nicht nur weitgehend die semitische Reihenfolge der Schriftzeichen bei, sondern auch etliche Namen: Alpha und Beta, mit denen das griechische »Alpha-Bet« beginnt, sind nichts anderes als Umformungen der semitischen Wörter »aleph« (Ochse) und »bet« (Haus); diese Schriftzeichen stehen am Anfang der semitischen »Alphabete«.

Die Griechen brachten also mit ihrem »Alphabet«, das für den europäischen Kulturraum so revolutionär war, nichts grundsätzlich Neues nach Syrien. Die Syrer selber behielten unter griechischer und römischer Herrschaft ihre eigene Schrift wie das Aramäische als Umgangssprache bei. Weiterhin behaupteten sich auch die altorientalischen Religionen, lagerten in den Bibliotheken neben westlichen die viel älteren Erfahrungsschätze aus dem Vorderen Orient.

Christlich und byzantinisch ... Zu einem weiteren tief gehenden Umbruch kam es, als im großsyrischen Raum das Christentum entstand. Jerusalem – Damaskus – Antiochia, das waren die entscheidenden Orte, in denen die Lehre Jesu ausgeformt und von wo aus sie durch die Apostel, allen voran Paulus, verbreitet wurde. Syrien bildete noch vor Ägypten die Hochburg frühchristlicher Kultur, auch wenn sich dann das kirchliche Machtzentrum nach Byzanz, der Hauptstadt des Oströmischen Reiches, verlagerte. Umso größer war der Schock für die abendländische Christenheit, als die Muslime die christlichen Bollwerke Syrien und Ägypten eroberten.

Islamisch und arabisch ... Mehr als 1300 Jahre ist der Großraum Syrien massiv diesen Einflüssen ausgesetzt. Ein langsamer Prozess der Islamisierung und Arabisierung begann, nachdem die Araber Mitte des 7. Jahrhunderts weite Teile Vorderasiens und Nordafrikas erobert hatten. Für Syrien setzte nun ein Umbruch ein, dessen Tragweite sich allein mit dem

Umbruch durch die Griechen neunhundert Jahre früher vergleichen lässt.

Die ersten Signale setzte Muawija, der fünfte Kalif des Islam. Er verlegte im Jahr 661 die Residenz von Medina, wo Mohammed das erste islamische Staatswesen begründet hatte, nach Damaskus. Damit wurde Syrien zum politischen und kulturellen Zentrum des rasch aufstrebenden islamischen Großreiches. Muawija begründete auch die erste islamische Dynastie: die der Banu Umaya, der Sippe der Omayaden. (Ihr Ahnvater war Umaya, ein Verwandter des Propheten.) Unter der Herrschaft der Omayaden-Kalifen wuchs das arabisch-islamische Reich im Westen über Nordafrika bis nach Spanien, im Osten über den Iran bis an die Grenzen Indiens. Auf dem Höhepunkt omayadischer Macht, zu Beginn des 8. Jahrhunderts, ließ Kalif al-Walid, der sechste seiner Dynastie, in Damaskus die Omayaden-Moschee errichten. Das Steueraufkommen von sieben Jahren hat der ehrgeizige Bauherr verwendet, um nicht nur alle bisher gebauten Moscheen, sondern auch alle byzantinischen Kirchen an Ausstattung zu übertreffen. Andererseits blieb gerade diese Moschee deutlich vom Vorbild byzantinischer Kirchen geprägt. Davon zeugen die Goldmosaike, die dreischiffige Gebetshalle und die römisch anmutenden Säulen. Noch besaß die Zivilisation der militärisch Besiegten genügend Strahlkraft, um die kulturell unterlegenen Eroberer in ihren Bann zu ziehen. Noch blieb der Großraum während des ersten Jahrhunderts islamischer Herrschaft stärker nach Westen als nach Osten ausgerichtet. Und so hatte sich auch das Griechische als Verwaltungssprache vorerst gegen das Arabische behaupten können. Das änderte sich erst grundlegend im 9. und 10. Jahrhundert.

Die Jahre 749 und 750 leiteten den nächsten folgenschweren Umbruch ein. Aufständische Muslime beendeten in einem blutigen Bürgerkrieg das Kalifat der Omayaden. Die Rebellen kamen vorwiegend aus dem Iran und protestierten gegen die

Vorherrschaft der Araber. Nach dem Sturz der Omayaden drängten Iraner an die Macht, drängten auf stärkeren Einfluss ihrer Kultur. Trotzdem behauptete sich nun das Arabische als Verwaltungs- und Bildungssprache. Auch war die neue Dynastie arabisch. Nach islamischem Selbstverständnis musste letztendlich die Sprache des Koran dominieren, musste ein Kalif als »Herrscher der Gläubigen« seine Ahnenreihe auf den Umkreis Mohammeds zurückführen können. Die zweite große islamische Dynastie gründete auf Abbas, einen Onkel Mohammeds, und ging unter dem Namen Abbasiya in die Geschichte ein. Arabisch aber blieb das Herrschaftsgefüge nur nach außen hin, im Kern gewann das persische Element rasch an Gewicht. Dafür sorgten die Abbasiden selber. Sie verlegten ihre Residenz von Damaskus nach Bagdad, von Syrien in den Irak, vom byzantinisch dominierten in den persisch dominierten Kulturraum.

Bagdad wurde zum neuen Mittelpunkt des islamischen Großreiches, wurde zu einer kulturellen Drehscheibe zwischen West und Ost, Abendland und Orient. Hier mischten sich Einflüsse aus griechisch-antiker, byzantinischer, arabischer, persischer und indischer Kultur und haben den Islam für viele Jahrhunderte zur fortschrittlichsten Zivilisation der Welt gemacht. In Bagdad wurden erstmals massenweise Schriften griechischer Philosophen und Wissenschaftler ins Arabische übersetzt. Hierher aber brachten Mathematiker auch das Zehner-Zahlensystem aus Indien (das wir »arabische Zahlen« nennen), hierher kam die Erfindung des Papiers aus China, um von dort seinen Weg nach Europa zu nehmen. Im arabisch-persischen Bagdad entstand auch ein neuer Typ von Moschee: nicht mehr beeinflusst von der byzantinischen Basilika, sondern vom babylonischen Tempel mit seinen blau glasierten Ziegelwänden und Fayencen. Der Name des Kalifen Harun ar-Rashid steht, auch aus westlicher Sicht, symbolisch für diese grandiose Vielfalt islamischer Kultur. Zwar konnte das Großreich der

Abbasiden-Kalifen nicht lange politisch geeint sein, es löste sich bald in eine Reihe eigenständiger, ja verfeindeter Fürstentümer auf, in denen zunehmend Perser und Türken regierten. Aber Bagdad sollte bis zu seiner Zerstörung durch die Mongolen im Jahr 1258 das geistige und kulturelle Zentrum des Islam bleiben, bevor dann das Persische und Türkische neben dem Arabischen beherrschende Sprachen in der islamischen Welt wurden.

Damaskus hatte während dieser Zeit viel an Glanz eingebüßt und sah sich im Rang von einer Reihe weiterer Metropolen überrundet, so vor allem durch Kairo, Cordoba, Isfahan, Buchara. Zudem war der syrische Großraum politisch besonders zersplittert. Eine neue Blütezeit, die der unter den Omayaden-Kalifen gleichkam, erreichte Damaskus erst wieder während des 12. Jahrhunderts durch Nuraddin und Saladin. Beide Fürsten, der eine Türke, der andere Kurde, vermochten Syrien wieder unter einer Herrschaft zu einen und gestärkt in den Abwehrkampf gegen die Kreuzritter zu führen. Saladin gelang es darüber hinaus, Syrien mit Ägypten zu vereinen. Unter diesen beiden Fürsten wurde Damaskus wieder zu einem Zentrum für Wissenschaftler, Philosophen, Künstler, Kaufleute, Pilger. Zu jener Zeit hatte persischer Einfluss aus dem Irak intensiv Damaskus zu prägen begonnen. Von den wenigen Zeugnissen dieser Entwicklung kündet heute noch der Bimaristan Nuri, einst ein Spital, das an wissenschaftlichem Standard wie an Architektur weit dem Abendland voraus war. Persisch ist der Baustil, persisch auch der Name (»Bimaristan« bedeutet Spital), das Vorbild weist nach Bagdad und von dort in den Iran. Damaskus gab diese Einflüsse an die Europäer weiter, die sich während der Kreuzzüge zutiefst von der überlegenen islamischen Zivilisation beeindruckt zeigten.

Syrien blieb nahezu fünf Jahrhunderte mal fester, mal lockerer mit Ägypten vereinigt. Aber die Dynastien wechselten. Auf die kurdischen Ayyubiden des Sultans Saladin folgten von 1260 bis 1517 die türkischen Mamluken, ihnen die türkischen Osmanen. Für Damaskus, immer in kultureller Rivalität mit Kairo, brachte diese Zeit wirtschaftlichen Aufschwung. Noch während des 15. Jahrhunderts stellten europäische Kaufleute in ihren Reiseberichten Damaskus lobend neben Kairo, mit seinem kulturellen Standard jedoch über Florenz, Mailand und sogar Venedig. Vier Jahrhunderte konnten sich die Osmanen im arabischen Raum festsetzen. Ägypten gelang es allerdings während des 18. Jahrhunderts, sich zunehmend aus osmanischer Oberhoheit zu lösen. Umso stärker prägte türkischer Einfluss den Großraum Syrien.

Ich bummle durch die Wohnviertel der verwinkelten Altstadt von Damaskus. Es sind schattige, selbst in der Sommerhitze kühle Gassen, da sie streckenweise von Torbögen und Wohnräumen überdeckt sind. Viele Häuser geben mit ihren nach vorne geneigten, durch Schrägbalken abgestützten Balkonen den Himmel nur einen Spalt breit frei. Hier vermischen sich arabische und türkische Elemente, während in den überdachten Basarvierteln türkische und persische Architektur sich kreuzen: kuppelgekrönte Handelskontore, Khane mit rechteckigen Innenhöfen und großen Wasserbassins, Verkaufshallen und Warenlager mit Kreuzgratgewölben ... Es sind dies die letzten Zeugnisse einer bedeutenden Vergangenheit, bevor der Großraum Syrien vom Umbruch der westlichen Moderne erfasst wurde.

Mit dem Taxi lasse ich mich die kurvenreiche Straße auf den Jebel Qassiyun fahren, den kahlen ockergelben Hausberg von Damaskus, von dessen Höhe die Metropole in ihrer ganzen Ausdehnung zu überblicken ist. Wie eine Insel nimmt sich die eng verwinkelte Altstadt inmitten des Häusermeers aus, das sich hauptsächlich erst während des 20. Jahrhunderts in immer größeren Ringen um die traditionellen Wohnviertel gelegt hat. Weit hat sich die Masse grauer Wohnblocks, haben sich Bürohochhäuser und Lagerhallen in die grüne Oasenland-schaft hineingefressen. Fremd nimmt sich bei ihrem Anblick das Lob muslimischer Reisender aus, die in den früheren Jahr-hunderten Damaskus als einen »Diamanten in der Wüste«, ein »Paradies auf Erden« priesen. Smog liegt über der Stadt, Aus-dünstung aus Tausenden autoverstopften Straßen und Indus-triebetrieben. Den Wachstumsschüben fielen aber nicht nur große Flächen der einst legendären Obst- und Rosengärten zum Opfer, sondern auch schon Teile der Altstadt mit historisch unersetzlicher Bausubstanz arabischer, türkischer und persi-scher Tradition.

Innerhalb eines Jahrhunderts hat sich Damaskus, hat sich Syrien rascher verändert als zuvor in fünfhundert Jahren. Dieser rapide Wandel hatte erst begonnen, als die Mandats-mächte Frankreich und Großbritannien nach dem Ende des Ersten Weltkriegs die ehemalige Osmanenprovinz Surya auf-teilten und regierten. Dieser Wandel setzte sich nach dem Abzug der Kolonialregierung ungebremst fort. Westlicher Ein-fluss brachte allerdings mehr als nur modernen Städtebau und moderne Technik mit allen Vorzügen und problematischen Begleiterscheinungen, er brachte in die stark verunsicherte islamische Gesellschaft auch neue Bildungsideale und politi-sche Ideologien – mit bis heute andauernden Folgen. Es ist eine neue Verwestlichung, vergleichbar mit jener, als die Griechen unter Alexander dem Großen in den syrischen Großraum ein-gedrungen waren.

Toleranz im Namen Allahs

Arabische Christen mit einer langen Vergangenheit

Zufällig erlebe ich den Karfreitag in Aleppo. Ein wolkengrauer Himmel hängt über der Stadt, ein kalter Aprilwind fegt durch die Gassen. Solange ich mich in Vierteln der Muslime bewege, sehe ich mich mit einem gewöhnlichen islamischen Freitag konfrontiert: Im großen Souk sind die blechernen Rollläden heruntergezogen, geisterhaft leer erscheinen die sonst von Menschen überquellenden Ladenstraßen und Verkaufsgewölbe, dagegen strömen die Gläubigen zahlreich in die Moscheen. Kaum aber habe ich das Christenviertel al-Djdeide betreten, ändert sich das Bild schlagartig.

Ich erreiche einen großen, von zwei Kirchen beherrschten Platz, auf dem sich ein- bis zweitausend Menschen versammelt haben. Schwarz von Menschen sind auch die Balkone und geöffneten Fenster der Häuser ringsum. Alle scheinen auf eine bald nahende Prozession eingestellt zu sein. Posaunen und Trompeten schmettern verborgen in der wogenden Menge. Die Männer sind durchwegs in dunklen Anzügen gekommen, die Frauen in dunklen Kleidern und mit Kopftüchern. Bei der europäisch anmutenden Musik und besonders mit den beiden eindrucksvoll herausragenden Kirchen vor Augen vergesse ich, dass ich in Syrien bin. An den Südosten Europas erinnert jene Kirche, deren Architektur griechischen Einfluss verrät: die armenisch-orthodoxe Kathedrale der 40 Märtyrer. Nach Süditalien versetzt dagegen die italienisch anmutende Kirchenfassade: die Kathedrale der Maroniten. Christen zweier Konfessionen feiern auf ein und demselben Platz Kopf an Kopf ein religiöses Fest – das ist nun wieder nicht in Europa, das kann sich nur in einem islamischen Land abspielen, wo christliche Minderheiten unterschiedlichen Glaubens dicht gedrängt nebeneinander in einem eigenen Christenviertel leben.

Ich suche mir durch das Menschengedränge zuerst einen Weg in die armenische Kathedrale. Dort beeindrucken Gewölbe mit byzantinisch beeinflussten Bildern von Heiligen, Engeln und einem Christus in der Gestalt eines Predigers, Malereien des 18. und 19. Jahrhunderts, dazu eine mächtige Ikonostase; all das verweist auf die osteuropäischen orthodoxen Kirchen. Ein weißbärtiger Patriarch mit goldener Tiara bewegt sich unter einem Baldachin an der Spitze einer Prozession durch das mystische Dämmerlicht des riesigen Kirchenraums. Der Gesang der Gläubigen dagegen klingt sehr arabisch und zeigt, wie die Armenisch-Orthodoxen im orientalischen Umfeld verwurzelt bleiben. Ich wechsle zur Maroniten-Kirche hinüber und erlebe dort die Nähe zum römisch-katholischen Ritus.

Armenisch-Orthodoxe, Maroniten ... Es sind Syrer aus zwei sehr unterschiedlichen Glaubensgemeinschaften unter einer Vielzahl anderer christlicher Konfessionen. In Aleppo wohnen auf engstem Raum Christen elf verschiedener Kirchen nebeneinander. Dies liest sich in einer Aufzählung des syrisch-orthodoxen Erzbischofs von Aleppo folgendermaßen: »Wir haben allein sechs katholische [Konfessionen] mit ihren jeweiligen lokalen Repräsentanten: die griechische, armenische und syrische, die lateinische und maronitische und zu guter Letzt die Chaldäer, einst bekannt als Nestorianer. Daneben gibt es drei orthodoxe Kirchen – wiederum eine syrische, eine griechische und eine armenische – sowie eine arabisch- und eine armenisch-evangelische.«[1]

Kein Muslim nimmt, wie der äußere Augenschein deutlich belegt, Anstoß an den öffentlich zur Schau gestellten Kreuzen, den Jesus-Ikonen, Marienbildern und den prunkvollen Prozessionen. Ich ernte meist Kopfschütteln, wenn ich Muslime beharrlich frage, ob es denn in Syrien nie Probleme mit den christlichen Minderheiten gebe. Unter den Antworten ist oft genug der gleiche stereotype Satz zu hören: »There are no problems.«

Auf den ersten Blick kann ich dem kaum widersprechen. Überall in syrischen Städten finden sich Viertel, in denen arabische Christen seit 13 Jahrhunderten unter islamischer Oberhoheit leben. An der Nahtstelle muslimischer und christlicher Wohnbezirke sieht man nicht selten Minarett und Kirchturm unmittelbar nebeneinander aufragen. Rund zwölf Prozent der Syrer sind ja heute noch Christen. Sie setzen sich sogar aus einer Vielzahl Konfessionen zusammen, wie wir sie derart aufgefächert in kaum einem christlichen Herrschaftsgebiet kennen. Einst von den Großkirchen als »ketzerisch« unterdrückt, dagegen von den Muslimen geduldet, das ist die Situation vieler dieser kleineren Glaubensgemeinschaften arabischer Christen. Richten wir den Blick allein auf Syrien, könnten wir den Eindruck gewinnen, religiöse Toleranz sei für Muslime tatsächlich kein Problem. Wie aber sieht es jenseits der syrischen Grenzen aus?

Nur im benachbarten Jordanien sind die Verhältnisse ähnlich. Auch dort, wo rund fünf Prozent der Bevölkerung Christen sind, stehen manchmal Minarette und Kirchtürme unmittelbar nebeneinander, auch dort können Christen der unterschiedlichsten Konfessionen relativ frei ihren Glauben leben. Anders schon im Libanon. Dort bekämpfen sich Muslime und Maroniten im erbitterten Bürgerkrieg seit vielen Jahrzehnten. Anders auch in der Türkei. Dort standen sich zu Beginn des 20. Jahrhunderts Muslime und Christen (Griechen und Armenier) unversöhnlich gegenüber, es kam zu groß angelegten Vertreibungen und Massakern an christlichen Minderheiten. Dabei hatte das türkische Kerngebiet des Osmanenreiches bis dahin einen wesentlich höheren Anteil an Christen als etwa Syrien aufzuweisen: rund 25 Prozent. Seit den zwanziger Jahren sind es nur noch rund zwei Prozent Christen. Woher die Feindschaft? Weshalb konnten Christen in früheren Jahrhunderten besser leben? Beunruhigend erscheint schließlich auch die Situation in Ägypten. Dort sind rund zehn Prozent der Einwohner Christen, wobei die Kopten die zahlenmäßig stärkste christliche Konfession eines islamischen Landes stellen. Gerade dort hat sich während der letzten Jahrzehnte die Situation zwischen radikal-orthodoxen Muslimen und Christen gefährlich zugespitzt.

Das alles habe nichts mit Religion zu tun, sondern mit Politik. So höre ich immer wieder beschwichtigend von liberal gesinnten Muslimen. Ihre Antworten sind bedenkenswert und werden zu hinterfragen sein.

Relativieren muss ich meine Eindrücke aber auch in Syrien selber. Kaum ein Kirchengebäude ist älter als zwei bis drei Jahrhunderte. Sind ältere Kirchen etwa durch Muslime zerstört worden?

Solche Fragen stelle ich mir verstärkt, als ich durch die Wohnviertel von Damaskus streife. In Damaskus treffen wir inmitten der historisch gewachsenen Altstadt auf ein noch viel ausgedehnteres Christenviertel als in Aleppo. Die Häuser der Christen, nur eine halbe Stunde Fußweg von der Omayaden-Moschee entfernt, wirken genauso alt wie jene der islamischen Wohnviertel. Auch weisen die vornehmsten Bauten nahezu auswechselbar die gleichen Stilmerkmale auf wie die der Muslime: Erker mit hölzernen Gitterfenstern, Innenhöfe mit buntgefliesten Böden und Brunnen, an den Wänden arabische Schriftzeichen in Goldfarbe auf blaugetünchtem Grund. Nur überragen hier Kirchtürme und nicht Minarette die Dächer. Die Kirchen allerdings erscheinen erheblich jünger als die meisten Wohnhäuser. In der Tat: Fast alle christlichen Kultbauten erhielten ihr heutiges Aussehen erst nach dem Jahr

1860. Immer wieder stoßen wir auf dieses Datum. 1860 markiert eines der dunkelsten Jahre in der Geschichte der syrischen Christen. Damals haben Muslime innerhalb einer einzigen Nacht sämtliche Kirchen zerstört und über dreitausend Christen erschlagen, Männer, Frauen, Kinder.

Unter dem Stichwort »Damaskus« suchte ich in Meyers Großem Konversationslexikon, Ausgabe 1908, nach älteren Zahlen über den prozentualen Anteil der Christen in Syriens Hauptstadt. Ich fand dort: Damaskus zählte zu Beginn des 20. Jahrhunderts 154000 Einwohner, davon waren ungefähr 7000 Juden und 10000 Christen; »im übrigen fanatische Mohammedaner«, so konnte ich wörtlich lesen. Diese ganz und gar unwissenschaftliche Diktion ist ohne Zweifel ein Reflex auf jenes Massaker von 1860. Einige Zeilen später las ich in direkter Anspielung auf die blutigen Ereignisse: Vor dem Jahr 1860 hätten in Damaskus noch an die 32000 Christen gelebt.

Ja, ein solches Massaker habe stattgefunden, antworten mir unabhängig voneinander zwei Christen im Altstadtviertel von Damaskus zögernd während eines längeren Gesprächs. Auch sie sagen: Mit Religion habe das nichts zu tun gehabt, sondern mit Politik. Diese zwei scheinen die einzigen Gesprächspartner mit historischen Kenntnissen zu sein. Genaueres berichten können sie allerdings nicht. Halten sie Schweigen für besser? Es sei um Politik gegangen, nicht um Religion, so bekomme ich später genauso von einem gebildeten Muslim zu hören. Wir sitzen in einem Teehaus, etliche Männer Wasserpfeife rauchend in Hörweite; möglicherweise fühlt er sich durch unerwünschte Zuhörer gehemmt. Wie auch immer, das Thema findet wenig Gegenliebe.

Die Ursachen für dieses Massaker sind komplex, es vermengen sich in der Tat Politik und Religion, ja oft gab Politik den Ausschlag. Auf die Hintergründe werde ich im Zusammenhang mit der Darstellung des Kolonialismus zurückkommen.

Wie tolerant sind Muslime wirklich?

Ich bin im Bus nach Maalula unterwegs, einem Bergort rund 50 Kilometer von Damaskus entfernt. Ein bemerkenswerter Bus. Über dem Fahrer ist ein Jesus-Bild aufgehängt, daneben prangt ein Farbdruck des heiligen Abendmahls. Welch ein Kontrast zu den bäuerlichen Fahrgästen, die den arabischen Keffiye tragen und wahrscheinlich alle Muslime sind! Nie sonst im islamischen Orient habe ich bisher in einem öffentlichen Bus derart eindeutig die Demonstration christlichen Glaubens gesehen. Der Buseigentümer wie der Fahrer stammen wohl aus Maalula und sind Christen. Die meisten der traditionell gekleideten Bauern steigen unterwegs in Dörfern aus, wo Minarette und Moscheekuppeln das Erscheinungsbild bestimmen. Einige westlich gekleidete Syrer bleiben sitzen, vermutlich Christen aus Maalula.

In Maalula, diesem weiträumigen Dorf, und in einigen Weilern der umgebenden Bergregion leben christliche Gemeinden, die noch einen aramäischen Dialekt sprechen. Das Aramäische, die Sprache Jesu, hat sich in dieser Gegend ebenso halten können wie die betont christliche Atmosphäre.

Zwei Kilometer vor der Ortseinfahrt steige ich aus und nähere mich Maalula zu Fuß, vorbei an Gärten mit blühenden Obstbäumen, mit Blick auf das bizarr an Felsen geschmiegte Dorf. Schon von Weitem sehe ich die Kirchtürme und die Kuppeln zweier Klöster markant die kubischen Häuserwürfel überragen. Eine kleine Moschee am Straßenrand deutet durch ihre Unscheinbarkeit an, dass die Muslime hier eine Minderheit bilden. Schweine überqueren grunzend die Straße. Noch nie habe ich bisher Schweine in einem islamischen Land gesehen, wo ja der Genuss von Schweinefleisch verboten ist und schon der Gedanke daran bei vielen Muslimen Ekel auslöst.

In Maalula wie auch in dem nahegelegenen Sednaya, so entnehme ich Reiseführern, strömen Tausende Christen aus ganz Syrien und dem Libanon zu Ehren verschiedener Heiliger während der Monate September und Oktober zusammen. Gottesdienste, Prozessionen und folkloristisch bunte Volksfeste verleihen dann den beiden sonst verschlafen wirkenden Bergorten die Atmosphäre großer Wallfahrtszentren. Niemand hindere sie, ihre christlichen Bräuche zu pflegen, erklären mir Mönche im Sergius-Kloster oberhalb von Maalula, wo sie zum Willkommen ein Glas Wein kredenzen. Die Kapelle hier stamme noch aus byzantinischer Zeit, sie habe weitgehend unverändert die Jahrhunderte überdauert. Der Augenschein kann den Mönchen recht geben.

Zu meiner Überraschung erfahre ich, dass aber auch Muslime an den Wallfahrten teilnehmen. Das Thekla-Kloster, in Maalula vor einer wuchtigen Felswand errichtet, ist ein bemerkenswerter Schauplatz solcher inter-religiöser Frömmigkeit. Unter dem Standbild der heiligen Thekla (sie soll angeblich vom Apostel Paulus bekehrt worden sein) beten Christen und Muslime einträchtig um Heilung von Rheumatismus, die Frauen um Kindersegen. Ähnlich im Kloster Sednaya. Dort bitten Christen und Muslime nebeneinander vor einem Marienbild (das angeblich der Evangelist Lukas gemalt hat) um Hilfe bei Augenleiden, Frauenkrankheiten und Unfruchtbarkeit. Volkstümlicher Glaube, der vermutlich auf altsyrische Fruchtbarkeitskulte an eben diesem Ort gründet, verbindet hier beide Religionsgemeinschaften; vergessen scheinen alle dogmatischen Gegensätze.

Wie tolerant sind Muslime wirklich?

Europäer sind fixiert gerade auf eine derartige Frage und das hat seinen Grund in dem nun schon seit mehr als 1300 Jahren dauernden Konflikt zwischen islamischem Orient und christlichem Abendland. Dies ist eine Rivalität, bei der es über viele Jahrhunderte immer wieder erneut darum gegangen ist, ob die damalige Welt islamisiert oder christianisiert werden sollte. Die Furcht scheint im Westen wie auch bei Muslimen nach wie vor lebendig, dass der Gegner nur so lange tolerant ist, wie er nicht genug Macht besitzt, seine Religion, Kultur

und Zivilisation Andersgläubigen und Andersdenkenden auf-
zuzwingen.

Ein historischer Rückblick ist aufschlussreich. Zurückgehen
müssen wir aber bis auf Mohammed, den Begründer des Islam.
Denn Mohammed hatte sich in seiner Lehre lobend und auch
heftig kritisierend mit dem Christentum auseinandergesetzt –
und hatte so die Maßstäbe vorgegeben, wie Muslime mit Christen und sonstigen Andersgläubigen umzugehen haben.

Mohammed und der christliche Glaube

Sein voller Name ist Abul Kasim Mohammed Ibn Abdullah.
Erst spätere Generationen, Muslime wie Andersgläubige, haben
ihn nur noch mit seinem Rufnamen Mohammed (oder Muhammad), der »Gepriesene«, zitiert. Dem Rufnamen, der uns rückblickend so symbolträchtig erscheint, haftete zur damaligen
Zeit kein Zeichen der Auserwähltheit an; er war schon in vorislamischer Zeit sehr verbreitet (ebenso Abdullah, »Diener Gottes«, wie Mohammeds Vater hieß).

Mohammed, um das Jahr 570 in der arabischen Handels- und
Wallfahrtsstadt Mekka geboren, trat um das Jahr 610 predigend
an die Öffentlichkeit. Als er in seiner Heimatstadt den »einen«
Gott verkündete, hätten ihm eigentlich Christen und Juden zustimmen müssen. Das arabische »Allah« ist ja nicht der Eigen-
name eines bestimmten Gottes, sodass man Allah als eine Gottheit neben anderen ansehen könnte. Vielmehr ist der Name
zusammengesetzt aus dem Artikel »al« und »ilah« (Gott) und
weist eine deutliche Parallele zum sprachlich eng verwandten
hebräischen Begriff »eloah« (der Gott) auf. So ist es nur folgerichtig, dass arabisch sprechende Christen und Juden im Vorderen
Orient ihren Gott ebenfalls »Allah« nennen, ganz wie die Muslime. Widerspruch bei Christen und Juden müsste auch nicht
der arabische Begriff »Islam« erregen, der ja »Hingabe (an Gott)«
bedeutet, ebenso wenig »Muslim«, »der sich hingibt (an Gott)«.

Mohammed verurteilte scharf den Wallfahrtsrummel rund um die Kaaba von Mekka, wo Arabiens Beduinenstämme über dreihundert Statuen regionaler Gottheiten stehen hatten. Er bekämpfte die »Vielgötterei« nicht anders als vor ihm die biblischen Propheten und bekannte sich auch ausdrücklich zu diesen Propheten, die im Koran als die früheren »Verkünder« zitiert sind: Ibrahim (Abraham), der erste bedeutsame Prediger des Monotheismus in historisch früher Zeit, und Musa (Moses) als der zentrale Erneuerer dieses Glaubens. Auch sind etliche jüdische Könige als leuchtende Beispiele des »richtigen« Glaubens und Handelns angeführt, darunter Dahud (David) und Suleiman (Salomo). Insgesamt sind im Koran 28 biblische Gestalten als Propheten erwähnt: so unter arabischem Namen auch Nuh (Noah), Ishaq (Isaak), Ya'qub (Jakob), Yusuf (Josef), Harun (Aaron), Ilyas (Elias), Ayyub (Hiob), Yunus (Jonas), Zakariya (Zacharias), Yahya (Johannes der Täufer). Aber besonders hervorgehoben, ja über alle anderen hinausgehoben ist Isa (Jesus), dessen hebräischer Name Jeschua »Gott rettet« bedeutet, Sohn der Miriam (Maria). Jener Prophet Isa habe die bisher umfassendste Botschaft von Allah, dem Gott, gepredigt. Mohammed bekannte sich ausdrücklich auch zum Ideal der Nächstenliebe, wie es Jesus verkündet hatte, ebenso zum Ideal der Gleichheit aller Menschen vor Gott, unabhängig von sozialer und ethnischer Herkunft. Entscheidend für den Rang eines Menschen sei sein Glaube und das richtige Handeln nach den Geboten dieses einen, einzigen und allmächtigen Gottes.

Aus unserer abendländischen Sicht erscheint es nahezu selbstverständlich, dass Mohammed sein Wissen über Abraham, Moses und Jesus durch Juden und Christen erhalten hatte, denen er in Mekka oder auf Handelsreisen im südlichen Syrien begegnet war. Westliche Orientalisten und Historiker billigen Mohammed den welthistorischen Rang zu, das vorgefundene Wissen zu etwas Eigenem, Unverwechselbarem umgeformt zu haben, eben zur Religion, Kultur und Lebensform des Islam. Aber sobald wir eine solche Auffassung gegenüber orthodoxen Muslimen äußern, stoßen wir auf heftigen Widerspruch. Gespräche münden dann in ähnliche Diskussionen, wie ich sie mit dem Deutsch sprechenden Syrer in einem Damaszener Teehaus führte. Ich habe solche Diskussionen nicht nur unterwegs in Vorderasien und Nordafrika erlebt, sondern auch bei meinen Vortragsreisen im deutschsprachigen Raum.

Orthodoxe Muslime antworteten mir: Mohammed habe es gar nicht nötig gehabt, von Christen und Juden etwas über den »einen« Gott zu erfahren. Mohammed habe die Botschaft durchweg von einem Engel Gottes in periodischen Abständen übermittelt bekommen. Mohammed könne durch keine fremde Kultur beeinflusst worden sein. Denn wenn dies so wäre, dann könne man ja dem Propheten unterstellen, er selber habe sich wie ein Theologe, Philosoph oder Dichter seines eigenen Verstandes bedient, er habe nach Gutdünken aus fremden Kulturen ausgewählt und eben nur diese vorgefundenen Gedanken weiterentwickelt. Nein, so sei der Koran nicht entstanden. Mohammed sei ja nicht der Verfasser des Koran, sondern nur der Verkünder. Der Koran sei »ungeschaffen«, es habe den Koran schon vor der Geburt des ersten Menschen gegeben, der Koran sei schon seit ewigen Zeiten bei Gott gewesen. Die Bibel allerdings sei von Menschen verfasst worden, von Autoren, welche die ursprüngliche Offenbarung Gottes nach eigenem Gutdünken verfälschten. In der Bibel fänden sich daher Irrtümer und Widersprüche, im Koran niemals.

Orthodoxe Muslime wehren sich mit solchen Antworten ebenso heftig gegen Ergebnisse historisch-quellenkritischer Religionswissenschaft, wie es heute noch ultra-orthodoxe Christen tun. Beide reagieren sie aus gleicher Empörung oder Furcht, man wolle den göttlichen Offenbarungscharakter ihrer unfehlbaren Heiligen Schrift relativieren, ja sogar leugnen. So sind sich die beiden Religionen selbst noch in ihren Konflikten ähnlich.

Wo aber liegt das eigentlich Trennende? Weshalb hat Mohammed bei seinem Protest gegen »heidnische Vielgötterei« nicht zum Judentum oder Christentum gefunden?

Aus islamischer Sicht heißt es: Mohammed sei von Gott ausersehen, die Botschaft der großen Propheten – von Abraham bis Jesus – noch einmal zu verkünden, und zwar in ihrer ursprünglichen Reinheit. Diese unverfälschte Botschaft sei allein im Koran (das »Vorgetragene«) enthalten. Den Juden warf Mohammed vor, Jesus als einen Propheten Gottes abzulehnen und damit einen gewichtigen Teil der Wahrheit zu unterschlagen. Die Christen wiederum würden Jesus zu einem »Sohn Gottes« machen und außerdem noch den Heiligen Geist zu einer dritten Erscheinungsform des Göttlichen erklären. Gott aber in drei Formen, dies bedeute eine Annäherung an Vielgötterei.

Mohammed blieb mit dieser Kritik am christlichen Glauben strikt der jüdischen Tradition verhaftet. Er konnte den Begriff »Sohn Gottes« nur in dem Sinn verstehen, wie ihn schon die Juden verstanden hatten: Gott besonders nahestehen, von Gott besonders erwählt zu sein. Die israelitischen Könige hatten ja, wie wir in den Psalmen nachlesen können, bei ihrer Salbung und Krönung den Titel »Sohn Gottes« angenommen zum Zeichen, dass sie nach dem Willen Gottes über das Volk regieren würden. Es ist daher anzunehmen, dass die Juden in diesem übertragenen Sinn den erhofften König der Endzeit – den »Messias«, den »Gesalbten« – als den »Gottessohn« bezeichnet hatten.[2] In solchen Zusammenhängen hätte Mohammed den Begriff nicht schon ablehnen müssen. Er tat es trotzdem, weil »Sohn Gottes« seiner Ansicht nach im Sinne der »Götzendiener« missverstanden werden könnte. Ganz und gar »heidnisch« musste dem Propheten des Islam – und auch den Juden – die Vorstellung erscheinen, Maria habe Jesus als einen »Sohn Gottes« geboren (wie es in dieser Formulierung nicht in den Evangelien steht, aber als Vorstellung sich bei Christen eingebürgert hat). Dass Gott einen göttlichen Sohn zur leiblichen Geburt dem Körper einer Jungfrau anvertraut habe, musste besonders in damaliger Zeit an orientalische, griechische und römische Mythen erinnern.

Mohammed lehnte auch strikt den Glauben ab, Jesus habe durch seinen Märtyrertod am Kreuz die Menschheit erlöst. Die Kraft zur Erlösung stehe allein Gott zu, nicht jedoch einem Menschen, sei er auch noch so herausragend.

Genau genommen knüpfte Mohammed mit seinem islamischen Jesus-Glauben sogar an Strömungen des frühen Christentums an. Noch zu Lebzeiten Mohammeds gab es besonders in Syrien genügend Christen, die Jesus zwar einen »Sohn Gottes« nannten, ihn aber als Messias im jüdischen Sinn verehrten: als den großen gotterwählten Menschen, als den überragenden Propheten der Endzeit. Sie galten als »Judenchristen«, weil sie sich an Glaubensformen der Urgemeinde in Jerusalem orientierten und in heftiger Opposition zu den »Heidenchristen« lebten. Bereits die Apostelgeschichte ist voll von Berichten über diesen Konflikt. Der Apostel Paulus, selber ein griechisch gebildeter Jude, war der Erste gewesen, der um das Jahr 45 unserer Zeitrechnung den hebräischen Titel »Messias«, »der Gesalbte«, in das griechische »Christos« übersetzte – und schließlich auch dem Begriff »Sohn Gottes« die uns geläufige Bedeutung gab: »Mensch« und »Gott« zugleich, der göttliche Erlöser. Gerade mit dieser Theologie hatte Paulus die entscheidenden Voraussetzungen für die Bekehrungserfolge bei den »Heiden« geschaffen. Dies geschah in der syrischen Metropole Antiochia, wo ja die erste christliche Gemeinde aus Nicht-Juden entstand. Die Kirche schließlich hatte sich an der paulinischen Theologie orientiert und das jüdische Element zurückgedrängt, ja die »Judenchristen« heftig als »Ketzer« verfolgt. Umso bemerkenswerter und folgenreicher für die Geschichte des Islam ist es, dass Mohammed das jüdische Element des Jesus-Glaubens in seine Lehre aufgenommen hat.[3]

Der Name des Apostels Paulus kommt im Koran nicht vor.

Mohammed hatte ihn anscheinend nicht wichtig gefunden. Spätere muslimische Autoren jedoch – vor allem im 20. Jahrhundert – räumen Paulus eine wegweisende Bedeutung ein. Sie sehen in ihm den hauptsächlichen Verursacher der »Verfälschung«. Moderne muslimische Forscher fühlen sich hier verblüffend einig mit einer Reihe westlicher Religionswissenschaftler: Paulus habe die Botschaft Jesu mit Glaubensvorstellungen heidnischer Religiosität vermischt – eben indem er aus dem Menschen Jesus den leiblichen Sohn Gottes, den göttlichen Erlöser, gemacht habe. Paulus sei deshalb der eigentliche Stifter der heute geltenden christlichen Religion – Jesus habe mit dieser Art von Religion »nichts zu tun«.[4]

Mohammed bekannte sich somit zwar zur christlichen wie jüdischen Tradition – um dann doch beide als »verfälschte« Überlieferungen zu erschüttern. Mohammed verlängerte auf diese Weise die Traditionskette der »wahren« Propheten von Abraham über Moses noch über Jesus hinaus zu seiner Person als dem »letzten Verkünder Gottes«, als dem »Siegel der Propheten«.

Für Juden wie Christen eine Gotteslästerung. Aus ihrer Sicht musste Mohammed als ein Scharlatan erscheinen, der die bereits von Gott geoffenbarte »Wahrheit« durch eine eigene – »bloß menschliche« – Botschaft »verfälscht« habe. Dies erklärt, weshalb die meisten Christen den Koran als völlig bedeutungslos abtun, denn dieses Buch kann für sie ja nicht wie das Alte Testament als Vorbereitung der eigenen Religion verstanden werden. Nach derselben Logik haben die Juden das Neue Testament abgelehnt, das über ihre Offenbarungsschriften hinausstrebt. Umgekehrt ist es Muslimen möglich, die Bibel wie die Thora bis zu einem gewissen Grad zu bejahen, sehen sie doch in den heiligen Büchern der Christen und Juden manche Wahrheiten des Koran vorgeformt.

Aber auch die Muslime betrachten ihre Heilige Schrift als endgültige Offenbarung Gottes. Deshalb gilt es ihnen als schwere Ketzerei, über Mohammed hinaus an Offenbarungen späterer »gottnaher« Menschen zu glauben. Einem derartigen Verdacht ausgesetzt sind die Drusen und bis zu einem gewissen Grad auch die Alawiten – zwei schiitische Sekten, die im syrischen Raum gewichtige Rollen spielen. Wir werden ihnen noch öfters begegnen.

Unter solchen Bedingungen haben alle drei geistesverwandten Weltreligionen Probleme, tolerant mit Andersgläubigen umzugehen. Trotzdem hat der Islam mit seiner Toleranz etwas Neues gebracht, das unter den Voraussetzungen des 7. Jahrhunderts Fortschritt bedeutete. Zum ersten Schauplatz dieses Wandels wurde der Großraum Syrien.

Das Neue an der islamischen Toleranz

Als Mohammed, der Prophet des Islam, in einem schmucklosen Lehmziegelbau seiner Residenz von Medina starb, hatten die Muslime gerade erst die arabische Halbinsel unter religiösen Vorzeichen geeint. Das war im Jahr 632 unserer Zeitrechnung, im Jahr 11 islamischer Zählung. Aber nur drei Jahrzehnte nach Mohammeds Tod hatten die Reiterheere aus dem Innern Arabiens die byzantinischen Provinzen Syrien und Ägypten erobert, hatten sie das Persische Reich zur Gänze unterworfen. Und unaufhaltsam drangen ihre Truppen über Nordafrika bis nach Spanien vor, im Osten bis an die Grenzen Indiens. Ein islamisches Großreich mit Damaskus als glanzvoller Hauptstadt entstand innerhalb weniger Jahrzehnte. Zwar konnte dieses Großreich nur anfangs straff regiert werden und löste sich wegen seiner riesigen Ausdehnung bald in rivalisierende Fürstentümer auf, aber zwei Klammern sollten über viele weitere Jahrhunderte bleiben: die imponierende kulturelle Einheit unter dem Signum des Islam und Arabisch als die dominierende Verkehrs- und Wissenschaftssprache.

Wenn es auch den Muslimen verwehrt blieb, weiter nach

Europa vorzudringen, so saß doch der Schock bei den Christen tief. Das Undenkbare war geschehen: »Ungläubige«, »Heiden« hatten ausgerechnet Ägypten, Syrien und das Heilige Land besetzt, jene Kernregionen, in denen sich das Christentum entwickelt hatte. Innerhalb weniger Jahrzehnte hatten die Christen etwa die Hälfte ihres Gebiets an den Islam verloren – ein Gebiet, dessen Rückeroberung sich bald als bloße Illusion erwies. Mehr aber noch: Indem die Muslime viele lebendige Zentren spätantik-christlicher Kultur übernahmen, so das ägyptische Alexandria, so das syrische Antiochia und Damaskus, bahnte sich im Mittelmeerraum auch ein kultureller Umbruch mit unabsehbaren Folgen an.

Weshalb hatte dies geschehen können? Diese Frage stellen sich Historiker noch heute immer wieder von Neuem. Die Antwort ist vielfältig. Ohne Zweifel hätten die Araber einen derart durchschlagenden Erfolg niemals erzielt, wenn sich das Byzantinische Reich und Persien nicht durch endlose Kriege gegenseitig in ihrer Abwehrkraft geschwächt hätten. Trotzdem hätte der Sturmangriff aus dem Innern Arabiens Episode bleiben können, denn der oströmische Kaiser wie der persische Schah wären noch mächtig genug gewesen, neue Armeen zu rüsten. Allerdings hätte die Mehrzahl der Christen wie der Zarathustrier tatkräftig mithelfen müssen, das »Joch der Heiden« abzuschütteln. Sie taten es nicht. Im Gegenteil. Viele byzantinische wie persische Untertanen blieben passiv, ja sabotierten die Befehle ihrer Regierungen. Einzelne Gruppen sympathisierten sogar offen mit dem Feind und begrüßten die Muslime als Befreier. Christen, Juden und Zarathustrier hatten sich von der Propaganda der Eroberer überzeugen lassen, dass sie zukünftig nicht mehr der Willkür korrupter Staatsbeamter und Provinzgouverneure, nicht mehr dem Druck unmäßig hoher Steuerlasten ausgesetzt sein würden. Und die Eroberer konnten, obwohl sie von den Andersgläubigen eine beträchtliche Kopfsteuer forderten, ihr Versprechen tatsächlich auch einlösen und den Steuerdruck mildern. Aber die Muslime brachten noch mehr: eine größere Freiheit in Glaubensfragen, eine neue Form der Toleranz, wie sie bis dahin weder bei Christen noch bei Juden noch bei Zarathustriern üblich gewesen war.

Besonders Christen hatten unter der Intoleranz ihrer eigenen Kirchen, der Bischöfe und Fürsten zu leiden. Offiziell bestand zwar im Byzantinischen Reich nur eine einzige Kirche, die »orthodoxe« (»rechtgläubige«) Staatskirche. Dem Anspruch dieser Zentralkirche hatten sich jedoch von Anfang an eine Reihe syrischer und ägyptischer Gemeinden entzogen und eigene Kirchen begründet. Bereits zu Lebzeiten des Apostels Paulus war ja der Keim gelegt, dass »Judenchristen« und »Heidenchristen« teilweise sehr unterschiedliche Glaubensvorstellungen über die Bedeutung Jesu entwickelten. Im 4. Jahrhundert, als dann christliche Kaiser regierten, war das Weströmische wie das Oströmische Reich in zahlreiche Konfessionen aufgesplittert, die sich gegenseitig heftig der »Ketzerei« und des »Unglaubens« bezichtigten. Ständige Unruhen verhinderten so einen stabilen Staat. Ein Kaiser, ein Reich, eine Kirche! Unter dieser Devise versuchten die weströmischen wie oströmischen Kaiser einer solchen Entwicklung gegenzusteuern und ließen im Bündnis mit der zentralistischen Staatskirche andersdenkende Christen verfolgen, ja als »Ketzer« hinrichten. Aber da in Syrien und Ägypten mehr als die Hälfte aller Christen angefeindete »Ketzer« unterschiedlichster Glaubensrichtungen waren, begrüßten vor allem sie die Muslime als Befreier. Ähnlich in Persien. Dort hatte der Schah im Bündnis mit dem zarathustrischen Klerus jede religiös und politisch abweichende Meinung unterdrückt.

In Syrien, dem Kerngebiet der Omayaden-Herrschaft, entfaltete sich die neue islamische Ordnung besonders rasch. Gerade dort überraschten die Eroberer die Andersgläubigen durch eine bisher unvorstellbare Offenheit und Wendigkeit. Ein eindrucksvolles Signal setzte Muawija, der Begründer der

Omayaden-Dynastie. Als er sich im Jahr 661 unserer Zeitrechnung zum Kalifen ausrufen ließ, wählte er für den feierlichen Akt nicht etwa seine Residenz Damaskus. Er reiste in das zweihundert Kilometer entfernte Jerusalem. Dort, in der für Juden, Christen und Muslime gleichermaßen heiligen Stadt, ritt er nach der offiziellen Huldigung seiner muslimischen Heerführer zur Grabeskirche Jesu und betete auf dem Vorplatz, besuchte dann Gethsemane, den Verhaftungsort Jesu, betete auch dort und kam abschließend zum Grab der Maria, wo er ein weiteres Gebet verrichtete. Derselbe Kalif Muawija spendete in späteren Jahren den Einwohnern von Edessa (heute Urfa im äußersten Südosten der Türkei) Geld, damit sie ihre durch Erdbeben zerstörte Kirche wieder aufbauen konnten. Er und seine Nachfolger stellten Kirchen und Synagogen unter ihren ausdrücklichen Schutz.

Nicht genug damit. Derselbe Kalif Muawija empfing zur Audienz in periodischen Abständen führende Vertreter syrischer wie ägyptischer Kirchen und bot ihnen an, drängende Probleme und Notstände zu besprechen. Ihm, dem Muslim, gelang es, die nötige Autorität auszustrahlen, dass Christen – besonders Angehörige ehemaliger »Ketzerkirchen« – zu ihm kamen und ihn baten, politische und religiöse Konflikte zwischen ihren zerstrittenen Konfessionen zu schlichten.[5]

Zwar müssen wir uns fragen, ob eine derartige Offenheit nicht vielleicht doch stark von politisch-taktischen Überlegungen geleitet war. Aber kein muslimischer Herrscher hätte es sich leisten können, derart offen gegenüber Andersgläubigen zu sein, wenn ihm die eigene Religion nicht den nötigen Spielraum eröffnet hätte. Widerstände in den eigenen Reihen wären sonst zu groß gewesen. Die neue Form von Toleranz, wie sie im Koran vorgegeben ist, bedeutete unter damaligen Verhältnissen tatsächlich einen beachtlichen Fortschritt.

Der Koran räumte den Christen und Juden eine Sonderstellung unter den »Ungläubigen« ein und nannte sie zuvorkommend »Ahl al-Kitab«, »Besitzer der (heiligen) Schrift«. Da sie wie die Muslime an den »einen Gott« glauben, darf man sie nicht mit Gewalt zum Islam bekehren. Der Muslim kann nur versuchen, sie durch friedlichen Dialog zu überzeugen. Falls sich jedoch die Angesprochenen verweigern, dann haben Muslime die abweichende, aus ihrer Sicht »verfälschte« Glaubenshaltung zu dulden.[6] Entsprechend lautet eine weitere koranische Anweisung: »Mit den Schriftbesitzern streitet nur auf die anständige Weise, nur die Frevler unter ihnen seien ausgenommen, und sagt: Wir glauben an das, was uns, und an das, was euch offenbart worden ist. Allah, unser Gott und euer Gott, ist nur einer, und ihm sind wir ganz ergeben.«[7]

»Besitzer der Schrift«, dies ist das entscheidende Kriterium, nach dem Muslime Andersgläubigen ein beachtliches Maß an Toleranz entgegenbringen. So konnten auch die Zarathustrier im unterworfenen Großreich Iran relativ unangetastet ihre Religion weiterleben. Schließlich hatte der iranische Prophet Zarathustra im 6. Jahrhundert vor unserer Zeitrechnung ebenso den Glauben an den »einen Gott« verkündet, ähnlich die Zweiteilung der Welt in »Licht« (Gott) und »Finsternis« (Satan), ebenso ein Leben nach dem Tod im Paradies oder in der Verdammnis.[8] Selbst wenn der Koran nicht ein einziges Mal auf die Zarathustrier Bezug nimmt – weil Mohammed mit ihnen nicht in Kontakt kam –, erkannten die Muslime doch sehr rasch die innere Verwandtschaft und behandelten die Zarathustrier wie Christen und Juden.

Dagegen haben die Muslime, wie ich hier nur kurz streifen kann, gegenüber den nicht-monotheistischen Religionen eine ganz andere Haltung eingenommen. Kompromisslos bekämpften sie Hindus und Buddhisten, erst recht Anhänger von Naturreligionen, eben weil diese nicht den »einen Gott« verehren, sondern – nach islamischer Auffassung – »Götzendiener« sind. In Indien etwa ließen viele der Sultane, Emire und später Mogule hinduistische wie buddhistische Tempel niederreißen,

Götterstandbilder zerschlagen und »heidnische« Kulte verbieten, sofern diese Herrscher genügend Macht besaßen und nicht durch die Überzahl der Andersgläubigen zu Kompromissen gezwungen waren. Umso krasser öffnete sich in Indien die emotionale Kluft zwischen Muslimen und Hindus, sie ist bis heute Ursache für immer neue explosive Unruhen.[9]

In den Ländern Vorderasiens, Nordafrikas und im maurischen Spanien hat es dagegen über viele Jahrhunderte keine derartig aggressive Unversöhnlichkeit zwischen muslimischen Eroberern und Andersgläubigen gegeben. Im Gegenteil. Deshalb entwickelten vor allem Christen, die einst unter der rigorosen Bevormundung durch die byzantinische Staatskirche zu leiden hatten, eine bemerkenswerte Loyalität zu den Kalifen, Sultanen und Emiren. Zahlreiche Christen sahen es angesichts ihrer verbesserten Lebensbedingungen nicht als Verrat an, nun den Muslimen sogar als Verbündete gegen das christlich-byzantinische Kaiserreich zu dienen. In der Folge half besonders ihre Staatstreue, dass die islamische Herrschaft im Vorderen Orient keine Episode blieb, sondern einen epochalen Umbruch einleitete. Dabei verharrte die Mehrheit dieser Verbündeten weiterhin in ihrer angestammten Religion. Noch Mitte des 8. Jahrhunderts, nach mehr als hundert Jahren muslimischer Oberhoheit, waren erst zehn Prozent aller Unterworfenen zum Islam übergetreten.[10] Und selbst noch einmal hundert Jahre später berichteten Chronisten von nahezu 11 000 Kirchen und von Hunderten Synagogen und Feuertempeln der Zarathustrier. Christliche Feste konnten überall frei und offen gefeiert werden, christliche Pilger konnten frei und ungehindert Jerusalem und Bethlehem als ihre heiligen Stätten besuchen.[11]

Es sollte noch bis weit ins 10. Jahrhundert dauern, bis ein Großteil der Christen in Syrien und Ägypten und der Zarathustrier im Irak und Iran zum Islam übertrat. »Allah, unser Gott und euer Gott, ist nur einer!« Ein solches Koranzitat, betont werbend vorgebracht, tat seine Wirkung in einer Zeit, da viele Christen, durch Konfessionshader zunehmend zermürbt, sich nach einer stabilen religiösen und politischen Ordnung sehnten. Zum anderen waren es massive Steuervorteile, war es die Aussicht auf völlige politische Gleichberechtigung, die den »Schriftbesitzern« nach und nach den Religionswechsel attraktiv machten.

Wie umfassend war die Toleranz?

Betrachten wir die ersten Jahrhunderte muslimischer Herrschaft näher, fällt auf, dass die Toleranz nach und nach ihren Charakter gewechselt hat. Großzügig gegenüber »Schriftbesitzern« zeigten sich vor allem die Omayaden-Kalifen in Syrien, Ägypten und im maurischen Spanien, dort in den frühen Epochen islamischer Oberhoheit. Spätere Dynastien legten die Toleranzgebote des Koran oft nicht mehr so großzügig aus. Was sind die Hintergründe?

Die Eroberer der Frühzeit wären den Andersgläubigen kaum derart wohlwollend begegnet, hätte ihnen der politische Druck von außen eine solche Toleranz nicht dringend nahegelegt. Weil die Muslime lange Zeit nur eine Minderheit in ihrem Herrschaftsbereich blieben, erzwang das Ungleichgewicht geradezu ein taktisches Fingerspitzengefühl. Andernfalls hätten die Muslime sehr bald Aufstände bei den Unterworfenen provoziert und wären allmählich wieder von der weltgeschichtlichen Bühne verdrängt worden – nach dem Motto: den Krieg gewonnen, den Frieden verloren. Dass der Koran ihnen Toleranz gegenüber »Schriftbesitzern« vorschrieb, schuf ihnen allerdings von vornherein gute Voraussetzungen, mit der Überzahl Andersgläubiger politisch klug umzugehen. Je nach Erfordernissen legten dann allerdings die Muslime ihre Korangebote mal liberaler, mal einengender aus.

Wie liberal ist der Koran?

Die Muslime haben zwar im 7. Jahrhundert mit ihrer Haltung gegenüber geistig verwandten Religionen eine vergleichsweise ungewohnte Offenheit bewiesen. Trotzdem ist islamische Toleranz nicht nach unserem Verständnis liberal. Wir müssen klar die Unterschiede zu jener modernen Toleranz definieren, wie sie Europäer im Zeitalter der Aufklärung entwickelten.

Wo die Offenheit ihre Grenzen findet

»Bekämpft diejenigen der Schriftbesitzer, die [...] sich nicht zur wahren Religion bekennen, so lange, bis sie ihren Tribut in Demut entrichten.« So steht es im Koran.[12] Diese Anweisung gestattet es den Muslimen, dass sie Christen und Juden bei aller Verwandtschaft im Glauben als Untertanen zweiter Klasse betrachten. Welche Art Toleranz ist in diesem Rahmen möglich?

Eindeutig ist im Koran der weite Abstand selbst zu geistig nahen Glaubensrichtungen festgeschrieben: »Er [Gott] ist es, der seinen Gesandten [Mohammed] mit der Leitung und der wahren Religion geschickt hat, damit er dieselbe über alle Religionen erhebe.«[13]

Entsprechend herablassend – aber doch für mittelalterliche Verhältnisse erstaunlich großzügig – können Muslime Toleranz beweisen, wenn es um die Heirat mit »Schriftbesitzern« geht. Der Koran gestattet den Gläubigen ausdrücklich, Christinnen und Jüdinnen zu heiraten, ohne dass die Frauen ihre angestammte Religion wechseln müssten.[14] In den eroberten Gebieten ist es auch immer wieder zu solchen Ehen gekommen, selbst Sultane und Emire neigten dazu. Umgekehrt wäre für Christen wie für Juden eine Ehe mit einer muslimischen Frau undenkbar erschienen; an diesem Tabu hat sich bis ins Zeitalter der Aufklärung nichts geändert, für viele Christen bis heute nicht. Aber so sehr der Islam sich im Heiratsrecht offener zeigt als die geistesverwandten Konkurrenzreligionen, macht der Koran doch eine wesentliche Einschränkung: Muslimischen Frauen bleibt es grundsätzlich verwehrt, Christen oder Juden zu heiraten. Dass für Frauen nicht die gleiche Freizügigkeit wie für Männer gilt, hat einerseits mit der patriarchalischen Rechtsordnung des Islam zu tun. Andererseits drückt sich aber in diesem einschränkenden Gebot auch eine einschränkende Toleranz gegenüber den Religionen der »Schriftbesitzer« aus. Eine soziale Gruppe, die für eine Heirat »nur« Frauen zur Verfügung stellen darf, bleibt hierarchisch eindeutig jener Gruppe untergeordnet, aus der die Männer die Wahlmöglichkeit haben.

Die »Schriftbesitzer« galten als »Dhimmi«, »Schutzbefohlene«. Dieser Begriff hat von den Anfängen islamischer Geschichte bis ins 20. Jahrhundert seine praktische Bedeutung mit allen rechtlichen und sozialen Konsequenzen behalten, bevor sich muslimische Politiker teilweise an modernen Staatsverfassungen des Westens zu orientieren begannen. Getreu den Korangeboten verpflichteten sich Kalife, Sultane, Emire und Paschas, die »Schutzbefohlenen« gegen alle Übergriffe, gegen alle Anfeindungen zu schützen und ihre Religion zu respektieren. Als Gegenleistung erwarteten die Muslime, dass diese andersgläubigen Minderheiten loyal zur islamischen Oberhoheit standen. »Schutzbefohlene« hatten in der Vergangenheit zwar erheblich mehr Steuern gezahlt als Muslime, dafür aber mussten sie keine Soldaten stellen. Muslime gestatteten den »Schriftbesitzern« eine eigene Rechtsprechung in Fragen des Personenstandsrechts sowie des Erbrechts, auch versperrten sie ihnen kaum einmal den Zugang zu irgendeinem Beruf. Im Gegenteil: »Schutzbefohlene« konnten an Akademien und Universitäten Lehrstühle einnehmen. Gerade während der klassischen Epoche des Islam – vom 8. bis zum 13. Jahrhundert – sind Christen wie Juden in Damaskus, Bagdad, Kairo, Isfahan und Cordoba zu großen Ehren als Wissenschaftler gekommen, auch stellten sie in manchen Regionen den Großteil an Ärzten. Kalifen, Sultane und Emire holten gelehrte Christen und Juden als Ratgeber an ihre Höfe und so stieg mancher »Schutzbefohlene« gar in den Rang eines Ministers auf.

Nichtmuslime in politisch einflussreichen Stellungen sind allerdings stets umstritten gewesen. Und da beginnen erhebliche Einschränkungen, wie sie bereits im Koran festgelegt sind. »Schutzbefohlene« müssen in jedem Fall hierarchisch den Muslimen untergeordnet bleiben. Dementsprechend dürfen Christen, Juden und Zarathustrier zwar im Wirtschaftsleben und in der Wissenschaft Karriere machen, aber beim politischen Aufstieg sind ihnen deutliche Grenzen gesetzt – eben weil nach islamischem Selbstverständnis niemals die Situation entstehen darf, dass ein Andersgläubiger Muslime innerhalb ihres eigenen Herrschaftsgebiets regiert.

»Dhimmi«, »Schutzbefohlener«. Der Name offenbart schon die ganze Doppeldeutigkeit der islamischen Toleranz. So sehr die Muslime zum Schutz verpflichtet sind, definieren sie sich doch zugleich als die Überlegenen. Dieses herkömmliche Verständnis hat muslimische Machthaber immer wieder bewogen, die Überlegenheit der »Rechtgläubigen« über die »Schutzbefohlenen« auch äußerlich kenntlich zu machen. Besonders in Krisenzeiten neigten Kalifen, Sultane, Emire und Paschas dazu, die Herrschaft der Muslime und ihre Distanz zu andersgläubigen »Schriftbesitzern« demonstrativ zu betonen. Dies geschah vor allem, wenn Muslime sich durch Eroberer aus christlichen Staaten, durch Kreuzritter, später durch europäische Kolonialmächte bedroht fühlten. Muslimische Herrscher erließen dann besonders gegen christliche Minderheiten, die sie als Sympathisanten des Feindes verdächtigten, diskriminierende Gesetze. Manche dieser Gesetze wurden nach Abflauen der jeweiligen Krise wieder gemildert oder aufgehoben, manche gar von Korangelehrten als »unislamisch« verurteilt. So war es im Verlauf der Jahrhunderte nur vorübergehend üblich, dass »Schutzbefohlene« sich lediglich in ganz bestimmten Farben und Trachten kleiden durften; dass sie ihre Häuser niedriger als die der Muslime bauen mussten; dass ihnen Pferde verwehrt und nur Maulesel als Reittiere erlaubt waren; dass Christen öffentlich keine Glocke läuten, keine Kreuze tragen, keinen Wein trinken und keine Schweine halten durften.

Trotz solcher zeitweise drückender Einschränkungen genossen Christen, Juden wie auch Zarathustrier unter islamischer Herrschaft eine Rechtssicherheit, die nach mittelalterlichen Maßstäben als vorbildlich gelten musste. In keinem christlich-abendländischen Staat hat es bis zum 18. Jahrhundert Vergleichbares gegeben. An keiner europäischen Schule und Universität konnten etwa Juden und Muslime ein Lehramt ausüben, ja ihnen blieb gar der gemeinsame Unterricht mit Christen verwehrt, und erst recht waren sie von allen politischen Ämtern ausgeschlossen. Erst das Zeitalter der Aufklärung hat im Abendland die Situation für religiöse Minderheiten entscheidend gebessert. Aber selbst dann ähnelte die »Gleichberechtigung« der Andersgläubigen noch lange der herablassenden Toleranz der Muslime. Sogar in manchen liberalen westeuropäischen Industriestaaten sollte es erst gegen Mitte des 20. Jahrhunderts zur politischen Praxis werden, dass religiöse Minderheiten durch eine pluralistisch-demokratische Verfassung den Christen völlig gleichgestellt wurden – und erst damit übertrafen sie den islamischen Standard an Freizügigkeit.

Islamische Toleranz kann nicht in unserem Sinne »modern« sein, denn sie hat nicht einen pluralistischen Staat als Garanten, in dem unterschiedliche religiöse und weltanschauliche Gruppierungen gleichberechtigt nebeneinander stehen. Ein orthodoxer Muslim vermag einem geistesverwandten Andersgläubigen zwar mit Verständnis und Sympathie zu begegnen, aber niemals im Bewusstsein der Gleichrangigkeit. Insofern kann es für ihn auch nur den »islamischen« Staat, kann es nur den Islam als klar übergeordnete »Staatsreligion« geben.

Andersgeartete Religionen und Ideologien kann der Muslim nur »dulden«, und damit ist er »tolerant« im ursprünglichen Sinne jenes Wortes, das die Europäer während des 17. Jahrhunderts – bereits im Zeichen beginnender Aufklärung – aufgebracht haben. Der Begriff ist abgeleitet vom lateinischen »tolus« (»Last«). »Tolerare« bedeutet demnach eigentlich: fähig zu sein, eine körperliche, geistige oder seelische »Last« zu »ertragen«. So fordert die ursprüngliche Vorstellung von »Toleranz« zu wenig, um sich mit dem Artikel 1 der Allgemeinen Menschenrechte zu decken: Gleichheit und Brüderlichkeit jenseits aller religiösen, weltanschaulichen und ethnischen Schranken. Bereits Goethe hat die großzügig erscheinende bloße »Duldung« fremder Religionen in seinen »Maximen und Reflexionen« scharfsinnig kritisiert: »Toleranz sollte eigentlich eine vorübergehende Gesinnung sein; sie muss zur Anerkennung führen. Dulden heißt beleidigen.« [15]

Ein Kirchenvater dient dem Kalifen

Sein Name findet sich im Lexikon christlicher Heiliger. Von der byzantinischen Staatskirche und später von den orthodoxen Ostkirchen ist er in den Rang eines Kirchenvaters erhoben worden, 1890 hat ihn schließlich die römisch-katholische Kirche als herausragenden Lehrer anerkannt: Johannes Damascenus.

Dieser Johannes Damascenus, um das Jahr 650 als Spross einer vornehmen Familie arabischer Christen in Damaskus geboren, hatte bei aller Frömmigkeit darauf verzichtet, dem islamisch regierten Syrien den Rücken zu kehren und ins benachbarte Byzantinische Reich auszuwandern. Dabei vertrat er weitgehend dieselben Dogmen wie die byzantinische Staatskirche mit Sitz in Konstantinopel. Aber er folgte dem Beispiel seines Vater Sergius, dem die Herrschaftsverhältnisse unter den Muslimen weniger drückend erschienen als zuvor unter den Christen. Sergius (arabisch: Sargun) hatte noch das Ende des byzantinischen Regimes miterlebt und war bereitwillig als Berater in Verwaltungsfragen, ja schließlich als Finanzminister am Hof verschiedener Omayaden-Kalifen tätig gewesen. Johannes trat seinem Vater als Mitarbeiter zur Seite und stand bald an der Spitze des Rates, der Damaskus regierte.[16]

Sergius und Johannes, Araber von Herkunft, jedoch griechisch in der Bildung, waren typisch für jenen Beamtenapparat, wie er etliche Jahrzehnte für die Muslime unentbehrlich gewesen ist. Sie beherrschten die griechische wie arabische Sprache gleichermaßen und konnten so die idealen Vermittler zwischen den arabischen Eroberern und den anderssprachigen und andersgläubigen Untertanen sein. Gerade Christen hatten besonders gute Chancen, hohe Posten am Hof der Omayaden-Kalifen zu besetzen, weil sie als Angehörige einer hoch entwickelten Stadtzivilisation erheblich bessere Spezialkenntnisse besaßen als die Muslime der Frühzeit.

Zufall war es nicht, dass islamische Machthaber während des 7. und 8. Jahrhunderts einen Christen, Juden oder Zarathustrier lieber als einen muslimischen Araber mit komplizierten Aufgaben in der Verwaltung, im Rechnungswesen und beim Planen großer Bauwerke betrauten. Denn diese Herrscher dachten eben über die religiös gebotene Toleranz hinaus auch sehr pragmatisch, ihnen war am reibungslosen Funktionieren ihres Herrschaftsapparates gelegen. Und so scherten sich die Kalifen der Frühzeit zunächst wenig darum, wenn Muslime eifersüchtig und neidisch auf solche Gunst für Andersgläubige reagierten. Trotzdem schwebte auch ihnen als Fernziel vor, ihre Herrschaft von fremder Hilfe unabhängig zu machen und Andersgläubige nur so lange in politisch einflussreichen Ämtern zu halten wie es die Notwendigkeit gebot.

Ein erstes, sehr auffälliges Signal für einen Wandel setzte Kalif Abd al-Malik, der von 685 bis 705 regierte und sich unserem Bewusstsein vor allem als Bauherr des berühmten Felsendoms von Jerusalem eingeprägt hat. Abd al-Malik ging daran, das Finanz- und Verwaltungswesen zu arabisieren und zu islamisieren. Er glaubte dies tun zu können, weil schon eine schmale muslimische Bildungsschicht mit Spezialkenntnissen entstanden war. Bisher hatte die Verwaltung des islamischen Großreiches fast ausschließlich in den Händen christlicher und zarathustrischer Beamter gelegen, entsprechend waren die Akten unverändert in Griechisch oder Persisch abgefasst worden. Nun aber hatte Arabisch Amtssprache zu werden, hatten muslimische Araber die wichtigsten Posten zu übernehmen.

Dass auch schon die Omayaden-Kalifen ihre Toleranz gegen »Leute des Buches« mal großzügiger, mal enger auslegten, sollten gerade die prominentesten und politisch hilfreichsten Christen zu spüren bekommen: Sergius und sein Sohn Johannes Damascenus. Die Quellen geben nicht exakt darüber Auskunft, ob nun Kalif Abd al-Malik oder erst dessen Sohn al-Walid die beiden hohen Staatsbeamten entließ. Al-Walid, der Erbauer der Omayaden-Moschee, setzte die Arabisierungspolitik seines Vaters fort.

Sergius, der schon unter Kalif Muawija als Finanzminister gedient hatte, war zum Zeitpunkt seiner Entlassung weit über 70 Jahre alt und zog sich aufs Altenteil zurück. Der Sohn Johannes dagegen hatte damals noch kaum das 50. Lebensjahr überschritten. Aber für ihn, einen frommen Christen, bedeutete selbst dieser Karriereknick keinen Grund, nun in das benachbarte Byzantinische Reich auszuwandern. Trotz der Enttäuschung über den Kalifen vermochte er anscheinend nach wie vor dem Regime des byzantinischen Kaisers wenig Vertrauen entgegenzubringen. Zum anderen aber hielt ihn auch das vielfältige Netz religiöser Kontakte in Syrien zurück. Schließlich blühte in Syrien wie in Ägypten weiterhin uneingeschränkt christliche Kultur.

Johannes Damascenus übersiedelte in das Kloster Mar Saba

und ließ sich dort zum Priester ausbilden. Das Kloster, auch heute noch von griechisch-orthodoxen Mönchen bewohnt, liegt rund 15 Kilometer südöstlich von Jerusalem in der judäischen Wüste am Rand einer Schlucht des Kidron-Tals. Es beeindruckt nach wie vor durch seine an rötliche Felswände geschmiegten Festungsmauern und durch seine Kirchenkuppeln. Zu einem Zentrum griechisch-orthodoxer Frömmigkeit hatte sich Mar Saba schon unter byzantinischer Herrschaft zu entwickeln begonnen und es konnte sich unter islamischer Oberhoheit behaupten. In Mar Saba schrieb Johannes Damascenus während der folgenden Jahrzehnte seine grundlegenden theologischen Werke, die ihn zu einer geistlichen Autorität der Ostkirche werden ließen – der byzantinischen Staatskirche mit Sitz in Konstantinopel.

An dieser zweiten, nun religiösen Karriere hinderte den abgesetzten Minister kein Muslim mehr. Johannes Damascenus konnte ausgerechnet unter islamischer Herrschaft zu einem bedeutenden Kirchenlehrer aufsteigen, und dies auch noch mit Predigten und Schriften, durch die sich Muslime provoziert fühlen mussten. In seinen Werken listete er die »Irrtümer« der fremden Religion systematisch auf und appellierte an die Christen, einen geistigen Abwehrkampf gegen den Islam zu führen. Angeblich soll er 104 Jahre alt geworden sein. Schon zu Lebzeiten war er über Syrien hinaus berühmt. Zu jener Zeit, einer Phase des islamischen Aufbruchs, besaßen die Muslime noch genügend Selbstbewusstsein und nahmen die Herausforderung eines kämpferischen Kirchenlehrers im Gefühl eigener Überlegenheit ohne heftige Gegenreaktion hin.

Der Syrer Johannes Damascenus wurde zum ersten christlichen Theologen, der sich eingehend mit dem Islam auseinandersetzte. Gerade er besaß die Voraussetzung dazu, da er ja lange genug mit Muslimen zusammengelebt hatte und den Koran in Arabisch lesen konnte. Weshalb, so stellte er einleitend die Frage, habe Gott es zugelassen, dass die »ungläubigen«

Muslime über die »gläubigen« Christen militärisch und politisch triumphierten? Wieso drohe eine Religion mächtig zu werden, die den Anspruch erhebe, das Christentum »von allen Verfälschungen zu reinigen« und dessen Mission zu vollenden? Johannes Damascenus glaubte, die Antwort zu finden, indem er den für Christen so schockierenden Siegeszug des Islam auf die Endzeit-Visionen des Johannes-Evangeliums bezog. In der Apokalypse ist von einem »falschen Propheten« die Rede, dessen beängstigende Verführungskünste viele Gläubige vom rechten Weg abbringen werden. Gott prüft so die Christen ein letztes Mal, bevor der »König aller Könige« diesen großen Widersacher Gottes besiegt und in den »feurigen Pfuhl« wirft.[17] Johannes Damascenus setzte den verheißenen »falschen Propheten« mit Mohammed gleich und definierte den Islam als die große Verführungsmacht der Endzeit, die in dem Heilsplan Gottes vorgesehen sei. Damit prägte der syrische Kirchenlehrer jene Auffassung, die während der folgenden Jahrhunderte tief in das kollektive Unterbewusstsein der abendländischen Christenheit eindringen und deren Haltung gegenüber dem Islam nachhaltig bestimmen sollte.[18]

Um aber den Propheten Mohammed des »Irrtums« zu überführen, bediente sich Johannes Damascenus zusätzlich eines ungewöhnlichen Mittels, das bei späteren Theologen ebenfalls Schule machen sollte: Er argumentierte, Mohammed habe sich in seiner Lehre von einem christlichen Mönch, einem kirchenfeindlichen Ketzer, erheblich beeinflussen lassen; kein Wort habe Mohammed von Gott selbst empfangen.

Diesen legendären Mönch kannten die Muslime unter dem Namen Bahira schon lange. Er soll, so glaubten sie, in der südsyrischen Stadt Bosra Mohammed begegnet sein. Die Rückbesinnung auf Bahira spielte damals in der islamischen Bekehrungspropaganda eine wichtige Rolle. Johannes Damascenus war der Erste, der die Legenden um Bahira für eine wirksame christliche Gegenpropaganda einsetzte.

Im damaligen Streit um Bahira werden überraschende neue Wechselbeziehungen zwischen Islam und Christentum sichtbar.

Was der christliche Mönch Bahira und Mohammed gemeinsam haben

Rund hundert Kilometer südlich von Damaskus liegt Bosra, eine heute nüchterne, von niedrigen Betonbauten geprägte Kleinstadt abseits der großen Verkehrswege. Die Grenze zu Jordanien ist nahe. Ringsum dehnt sich die wellige, nur von wenigen Bäumen und Büschen durchsetzte fruchtbare Felderlandschaft des Hauran. Bei regenklarer Sicht hebt sich im Nordosten der Höhenzug des Jebel Druz aus dem Dunst der Ebene. Touristen, die auf bisher wenig befahrener Straße nach Bosra kommen, können jedoch angesichts einer ausgedehnten römischen Ruinenstadt und eines monumentalen, gut erhaltenen Theaters aus dem 3. Jahrhundert ermessen, dass hier einst eine syrische Metropole am Schnittpunkt belebter Karawanenstraßen eine wichtige Rolle gespielt hat. Wie sehr diese Stadt aber auch für das religiöse Leben des Islam viele Jahrhunderte lang von besonderer Bedeutung war, verrät der äußere Augenschein heute nicht mehr.

Mein Hauptinteresse gilt nicht den römischen Bauten. Ich durchquere die Ruinenstadt, zwischen deren stehen gebliebenen Säulen, den Resten von Markthallen, einem Triumphbogen und einer Kolonnadenstraße sich ein Dorf mit schwarzen Basalthäusern ausdehnt. Mauleseltreiber und bunt gekleidete Frauen mit Körben oder Krügen auf den Köpfen kommen mir entgegen. Für Menschen wie sie sind die antiken Bauten hier bis in die jüngste Vergangenheit nur als Steinbruch zum Bau der eigenen Häuser nützlich gewesen. Und bis heute erscheinen ihnen die Moscheen am Rand des Ruinenfelds wichtiger als alles, was aus römischer Zeit übrig geblieben ist – mit Ausnahme einer Kirchenruine aus dem 4. Jahrhundert. Für Muslime besitzt gerade diese Ruine legendären Ruhm. »Deir Bahira«, »Kloster des Bahira«, nennen sie den Bau.

Den Besucher erwarten dort nur schmucklose Mauern und eine Apsis mit großen Steinbögen, das Dach fehlt. Aber vom 9. bis zum 17. Jahrhundert besuchten muslimische Pilger aus Syrien, Ägypten, dem Irak und schließlich auch der Türkei massenhaft diese einst christliche Kultstätte und beteten dort. Das sogenannte Kloster des Mönches Bahira war, solange in Bosra sich die Handelsstraßen aus allen Himmelsrichtungen bündelten, eine unverzichtbare Zwischenstation für Muslime auf der Wallfahrt nach Mekka. Ein Mönchskloster eng verknüpft mit der heiligsten Stadt des Islam?

An der schmucklosen Kirchenruine finde ich keinerlei erklärende Beschriftung, nicht einmal in Arabisch, zudem ist der Eingang durch ein rostiges Eisengitter versperrt. Dagegen sind andere bedeutsame Gebäude des Ruinenfelds von Bosra für Touristen in Französisch, der Sprache der ehemaligen Kolonialherren, ausgeschildert. Im ersten Moment scheint es so, als wäre die einstige Bedeutung in Vergessenheit geraten. Doch sobald ich nachfrage – ob nun bei Einheimischen, die nahe der Kirchenruine in ärmlichen Behausungen wohnen, oder bei Syrern in anderen Städten –, wird mir klar, dass viele Muslime gar kein Hinweisschild benötigen.

Im Bericht des Ibn Ishaq, des ersten Biographen Mohammeds, lesen wir, der Prophet sei als Knabe mit seinem Onkel Abu Talib im Gefolge einer Handelskarawane nach Bosra gekommen. Während die Kamele lagerten, gesellte sich der christliche Mönch Bahira zu den Kaufleuten und lud sie in seine Klause zum Essen ein. Die Araber wunderten sich, da der Mönch sie bei früheren Aufenthalten nie beachtet hatte. Nun aber widmete Bahira seine ganze Aufmerksamkeit dem Knaben Mohammed. Er entdeckte zwischen den Schulterblättern ein Mal, das nur er, aufgrund gründlicher Kenntnis heiliger

Schriften, deuten konnte. Ebenso stimmten Auskünfte über Träume des Knaben mit den Prophezeiungen eben dieser Schriften überein. Bahira verkündete den erstaunten Männern, Mohammed werde der große Prophet Gottes sein.[19]

Ibn Ishaq schließt dieser Episode eine weitere an. Im Alter von 25 Jahren war Mohammed im Auftrag von Chadidscha, der Besitzerin eines großen Handelshauses und seiner späteren Gattin, nach Syrien unterwegs gewesen. Und wieder war ein christlicher Mönch auf ihn aufmerksam geworden. Nachdem Mohammed als Einziger der mekkanischen Kaufleute unter einem auffälligen Baum nahe der Einsiedlerklause Platz genommen hatte, sagte der Mönch zu den Arabern: »Nur Propheten haben unter diesem Baum gesessen.«[20] Diesmal ist zwar weder der Ort genauer lokalisiert noch ist der Mönch mit Namen genannt, aber die Ereignisse deuten absichtsvoll in dieselbe Richtung.

Im Koran kommen solche Mönche nicht vor, auch ist dort nirgendwo die Metropole Bosra erwähnt. Die Nachwelt verdankt diese Episode allein dem bereits erwähnten Araber Ibn Ishaq aus Medina. Ibn Ishaq, ein Zeitgenosse des Kirchenlehrers Johannes Damascenus, verfasste ein Jahrhundert nach Mohammeds Tod als erster Muslim eine Biographie des Propheten. Die Quellenlage ist ungesichert, denn selbst diese relativ späte Lebensbeschreibung Mohammeds ist der Nachwelt nur in einer noch späteren, stark veränderten Bearbeitung erhalten. Kein Zeitgenosse Mohammeds hat es für nötig gehalten, dessen Leben, vor allem dessen Jugend, in Einzelheiten zu beschreiben. Anfangs hatte sich das Interesse der Gläubigen nur auf den Verkünder, nicht auf den Menschen Mohammed konzentriert – dies ganz im Sinne des Propheten. Erst spätere Generationen haben die fehlende Information als Lücke empfunden und entsprechend mit Berichten gefüllt, die angeblich alle von Gefährten des Propheten unverändert weitergegeben worden sind. Aber so zweifelhaft viele dieser legendären Ereignisse auch sein mögen, so geben doch gerade sie auf einer anderen Ebene historische Wahrheit preis. Muslime späterer Generationen statteten den Lebenslauf Mohammeds mit Episoden aus, deren Inhalte sich trefflich dazu eigneten, als Waffe in der geistigen Auseinandersetzung mit den Christen des byzantinischen Kulturraums zu dienen.

Warum maßen die muslimischen Chronisten Bosra als einziger Stadt außerhalb Arabiens im Leben Mohammeds Bedeutung zu? Bosra war zu jener Zeit die glanzvolle Hauptstadt der römisch-byzantinischen Provinz Arabia, in der Spätzeit auch bedeutender Bischofssitz. Und da Bosra von allen römischen Handelsmetropolen geographisch Mekka am nächsten lag, hat diese syrische Stadt bereits für die vorislamischen Araber einen Brückenkopf in der fremden byzantinischen Kultur gebildet.

Aber bei aller Wertschätzung, die die islamischen Legenden einer christlichen Metropole wie Bosra und einem so frommen, gelehrten Mönch wie Bahira entgegenbringen – eines fehlt: In keiner Zeile findet sich ein Hinweis, dass Mohammed religiös und kulturell von Christen beeinflusst worden wäre oder dass er auch nur irgendwie etwas von ihnen hätte lernen müssen. Dem Mönch Bahira blieb allein die Funktion vorbehalten, in Mohammed den Propheten einer zwar geistesverwandten, aber doch überlegenen Religion anzukündigen. Spiritueller Lehrmeister für Mohammed konnte einzig »Gott« sein, der dem meditierenden Propheten in der Einsamkeit der Wüste die »richtige« Botschaft vermittelte. Und damit sind wir wieder auf jener Argumentationsebene, der wir vielfach bei orthodoxen Muslimen begegnen: Mohammed habe von den Christen nichts zu lernen gehabt, sondern umgekehrt hätten sich die irrenden Christen von allem Anfang an der Lehre des muslimischen Propheten orientieren müssen. Die Legende um den Mönch Bahira wurde so, nachdem die geistige Auseinandersetzung mit den Christen sich während des 9. und 10. Jahrhunderts verschärft hatte, zu einem besonderen Propagandainstrument des Islam.

Nur auf den ersten Blick kann es erstaunen, dass die Muslime die älteste Kirche von Bosra zu eben dem verehrungswürdigen »Kloster des Bahira« und einer Wallfahrtsstätte für Mekkapilger umfunktionierten. Die Muslime bewiesen mit diesem Kult keineswegs eine besondere Toleranz. Dagegen wollten sie den Christen in einer weiteren Variante vor Augen führen, wie nahe diesen eigentlich der Islam liegen müsste – und wie wenig es bedurfte, noch den weiteren Schritt zu tun und zur »unverfälschten« Religion überzutreten. Das hieß aber auch: Christen sollten nicht mehr weltabgewandte Heilige als höchstes Ideal verehren, sondern als Ausdruck größter Vollkommenheit den tätigen Menschen verstehen, der das »islamische Gesetz« in einem »islamischen Staat« lebt.

Der Kirchenlehrer Johannes Damascenus war, wie schon erwähnt, der Erste, der diesen Fehdehandschuh aufgenommen hat. Er war ja in der Lage, die Schriften seines Zeitgenossen Ibn Ishaq auf Arabisch zu lesen oder auf mündliche arabische Traditionen zurückzugreifen. Auch er wollte die legendäre Figur des Bahira als eine eindeutig historische Gestalt verstanden wissen, aber in seiner Polemik machte er den Mönch zum eigentlichen Begründer des Islam. Kein Wort seiner Lehre habe Mohammed von Gott empfangen, sondern eben dieser Mönch habe Mohammed in Bosra unterrichtet – ein ketzerischer Mönch, der von der Mutterkirche abgefallen sei und seine falsche Lehre an einen falschen Propheten weitergegeben habe.

Johannes Damascenus rechnete Bahira den Arianern zu. Das ist bemerkenswert, denn die arianischen Christen, die nach der Lehre des ägyptischen Bischofs Arius Anfang des 4. Jahrhunderts Jesus als »gottähnlich« und nicht als »gottgleich« definierten, bildeten etliche Jahrhunderte lang die machtvollste Gegenbewegung zur byzantinisch-orthodoxen Staatskirche. Etliche römische Kaiser hatten sich zu den Arianern bekannt, ja Konstantin, der erste christliche Kaiser überhaupt, hatte sich arianisch taufen lassen. Viele Syrer und Ägypter glaubten anfangs nach arianischer Lehre, ebenso eine Reihe von Germanenstämmen, darunter die Ostgoten, Westgoten und Vandalen. Johannes Damascenus zog in seinem lateinisch überlieferten Buch »De Haeresibus« (»Über die Ketzerei«) eine Parallele zwischen der Lehre der Arianer und den Aussagen des Koran: Im Koran werde Christus zwar »Wort« und »Geist Gottes« genannt, seine Gottheit werde aber bestritten; daher sei Mohammed ein Schüler dieses arianischen Mönches und sei selber als ein Ketzer arianischer Prägung zu betrachten.[21]

Das ist eine für uns heute erstaunliche Deutung. Denn dieser christliche Theologe der Frühzeit definierte den Islam nicht als eine eigenständige Religion, sondern als eine christliche Ketzerei.[22]

In der Nachfolge dieser Deutung erhielt der Mönch Bahira bei anderen christlichen Theologen unterschiedliche Namen: Sergius, Nestorius, Georgios, Nikolaus, Johannes. Manche rechneten den »Ketzermönch« ebenfalls den Arianern zu, andere aber den Nestorianern, und diese letztere Deutung sollte allmählich das stärkste Gewicht bekommen. Das hat seine innere Logik. Denn die Nestorianer wurden im religiös zerrissenen Byzantinischen Reich eine Zeit lang zur bedrohlichsten Herausforderung der Staatskirche. Auch die Nestorianer, die ihre Lehre auf den Syrer Nestorius, im 8. Jahrhundert Bischof von Antiochia, zurückführten, sahen Jesus nicht als »Gott«, sondern nur als »Gott nahestehend« an. Die nestorianischen Christen wurden von der Staatskirche besonders hart unterdrückt und kamen so zu größerem Einfluss unter islamischer Herrschaft: Vor allem Nestorianer hatten den Abbasiden-Kalifen von Bagdad als Verwaltungsbeamte und Übersetzer wissenschaftlicher Schriften gedient. Umso mehr wuchs die christliche Polemik. Während des 9. Jahrhunderts gingen einige christlich-orthodoxe Theologen schließlich so weit, den nesto-rianischen »Ketzermönch« als den eigentlichen Verfasser des Koran zu bezeichnen.[23]

Das war nun christliche Polemik in Antwort auf islamische Polemik: Hatten die Muslime die Bibel als »Verfälschung« kora-nischer Wahrheit bezeichnet, so argumentierten die Christen jetzt umgekehrt, der Koran sei eine »Verfälschung« der Bibel. Aber selbst wenn die Auseinandersetzung auf beiden Seiten immer feindseliger wurde, blieb das Bewusstsein bewahrt, dass beide Religionen innig aufeinander bezogen waren.

Doch je weiter die Christen von islamischen Ländern ent-fernt lebten, desto weniger wussten sie über den Islam und desto weniger zeigten sie auch Interesse, sich genauer über die Konkurrenzreligion zu informieren. Im lateinischen West-europa sollte sich viele Jahrhunderte lang eine andere Deutung durchsetzen: Die Muslime seien Heiden und Götzendiener, denn Mohammed werde von ihnen als Götze angebetet. Auf diesem Wissensstand aufbauend, konnte umso fanatischer zum Kreuzzug gegen »Ungläubige« aufgerufen werden.

Eine verborgene Achse
Jerusalem – Damaskus

Die Propaganda in der Symbolik des Felsendoms

Qubbat as-Sakhra, »Felsendom«, so nennen Muslime ihr großes Heiligtum in Jerusalem. Majestätisch überragt der Bau mit seiner leuchtend goldenen Kuppel und den blau gekachelten Fayencewänden das Labyrinth lehmfarbener, ineinander geschachtelter Häuser der historisch gewachsenen Altstadt. Daneben erhebt sich langgestreckt mit silberner Kuppel die Al-Aqsa-Moschee, »die weitest Entfernte«. Selbst vom Ölberg aus, wo wir über das Kidron-Tal hinweg die gesamte mauerumkränzte Altstadt im Blickfeld haben, ziehen diese beiden Kultstätten, auf einer felsigen Erhebung gebaut, alle Aufmerksamkeit auf sich.

Kalif Abd al-Malik hatte den Felsendom während der Jahre 688 bis 691 unserer Zeitrechnung errichten lassen. Diese Moschee ist mehr als ein Jahrzehnt vor der Omayaden-Moschee in Damaskus entstanden und kann als die älteste ursprünglich erhaltene Moschee der Welt gelten (da ja die früher gebauten Kultstätten in Mekka und Medina im Verlauf späterer Jahrhunderte immer wieder durch neue Bauten ersetzt wurden). Die Al-Aqsa-Moschee dagegen, zwei Jahrzehnte später durch Kalif al-Walid errichtet, geht in ihrer heutigen Form erst auf das 11. Jahrhundert zurück.

Jerusalem – nicht Damaskus! Abd al-Malik hatte Jerusalem den Vorzug gegeben, um dort das erste monumentale Heiligtum des syrischen Großraums zu bauen. Er bewies hiermit ein ebenso sicheres Gespür für Symbolik wie einst Muawija, der Begründer der Omayaden-Dynastie. Muawija hatte sich ja nicht in seiner Residenz Damaskus zum »Herrscher der Gläubigen« ausrufen lassen, sondern eben in Jerusalem – jener Stadt, die nach Mekka und Medina den Muslimen als die heiligste gilt, jener Stadt, die aber auch für Christen und Juden von zentraler Bedeutung ist. Beide Kalifen gaben vor, aus religiöser Überzeugung zu handeln, und für beide spielten strategische Interessen eine wesentliche Rolle.

Muawija hatte das islamische Machtzentrum von Medina nach Damaskus verlagert, von der arabischen Halbinsel in den Großraum Syrien. Diese Entscheidung war politisch unumgänglich gewesen, weil sich vom zentral gelegenen Syrien mit seiner hoch entwickelten byzantinischen Zivilisation das rasch wachsende islamische Großreich besser regieren ließ. Aber die Omayaden-Kalifen standen von Anfang an vor einer doppelten Herausforderung. Sie mussten sich nicht nur in Syrien als ihrem Kernland den nötigen Rückhalt bei den zahlenmäßig weit überlegenen Christen sichern. Sie mussten sich auch gegen die immer noch mächtigen Klans in Mekka und Medina behaupten, welche die Machtverlagerung nicht akzeptieren wollten und geltend machen konnten, dass sich die religiösen Zentren eben doch in Arabien befanden.

Kalif Abd al-Malik wollte mit dem Felsendom in Jerusalem ein Heiligtum schaffen, das prächtiger war als jene in Mekka und Medina. Sein Ziel war, Jerusalem als heilige Stadt noch bedeutsamer als bisher erscheinen zu lassen, denn umso stärker würden Pilger aus allen Teilen des islamischen Großreiches nach dorthin strömen. Das Kernland omayadischer Herrschaft würde dann nicht nur das politische Zentrum bilden, sondern zunehmend eben auch als Wallfahrtsziel mit Arabien, der Heimat Mohammeds, konkurrieren können. Zum anderen wollte der Kalif die Christen damit beeindrucken, dass der Felsendom die Grabeskirche Christi an Größe und Pracht übertraf. Für alle sichtbar sollte zukünftig in der heiligsten Stadt der Christen eine Moschee und nicht mehr eine Kirche vorrangig die Blicke auf sich ziehen – und damit deutlich machen, welche Kultstätte als spirituelles Zentrum in Jerusalem zu gelten hatte.

Die gleiche Strategie verfolgte der Kalif in seiner Residenzstadt Damaskus. Auch dort sollte eine Moschee von bisher undenkbarer Pracht entstehen, auch dort galt es, alle bereits vorhandenen religiösen Traditionen zu nutzen, um die Bedeutung für die Muslime zu steigern. Eine religiöse Achse zwischen Jerusalem und Damaskus sollte entstehen, die ein Gegengewicht zur Achse zwischen Mekka und Medina bot. Abd al-Malik blieb allerdings nicht mehr die Zeit, auch dieses zweite Ziel zu verwirklichen. Dies überließ er quasi als Erbe seinem ebenso tatkräftigen Sohn al-Walid, der unmittelbar nach dem Tod des Vaters mit dem Bau der Omayaden-Moschee in Damaskus begann.

Was aber macht Jerusalem für die Muslime so bedeutend?

Beim Bummel durch Jerusalems verwinkelte Altstadt mit ihren Kuppelbauten, Torbögen und Basargewölben entdecken wir genügend Anzeichen, die vor allem eine geistige Achse zwischen Jerusalem und Mekka belegen. Häufig sehen wir auf weiß getünchten Hauswänden oder über den Eingangstüren bunt gemalt den Felsendom mit seiner auffälligen Goldkuppel, daneben ist aber stets die Kaaba von Mekka abgebildet. In den Buchauslagen nahe der Moschee, wo für die Besucher Koranexemplare und allerlei Bilder zum Verkauf ausliegen, entdecken wir auch folgenden Buntdruck: Abgebildet ist ein aufgeschlagener Koran und darunter ein merkwürdiges Fabeltier, das den Körper eines Pferdes hat, dazu aber Flügel und ein menschliches Gesicht mit Krone. Wir sehen hier die legendäre Stute Buraq, auf welcher der Prophet Mohammed während einer Nacht, geführt durch den Engel Gabriel, von Mekka nach Jerusalem geritten sein soll. Die Stute Buraq ist im Koran nicht erwähnt, sie tauchte erst in syrischen Legenden auf. Aber über die »Nachtreise« lesen wir im Koran: »Lob und Preis sei ihm [Gott], der seinen Diener [Mohammed] vom heiligen Tempel zu Mekka zum fernen Tempel in Jerusalem geführt hat. Diese Reise haben wir gesegnet.«[1] Mit Mekkas »heiligem Tempel« ist die Kaaba gemeint. Auf welche Kultstätte konnte sich Mohammed aber in Jerusalem beziehen? Nachweislich ist der Prophet nie in Jerusalem gewesen; genauere Kenntnis konnte er weder von der Grabeskirche der Christen noch vom einstigen Salomo-Tempel der Juden haben, auch hätte eine derartige Verknüpfung allein noch keinen Sinn ergeben. Jene »Nachtreise« ist ein mystisches Erlebnis, der »ferne Tempel« ein imaginäres Sinnbild. Mohammed musste es zuallererst darum gehen, von seiner Offenbarung in Mekka eine Verbindung zu knüpfen zu jener Stadt, in der jüdische Propheten und besonders Jesus gewirkt hatten.

Während der ersten Jahre, als Mohammed noch in Mekka predigte, hatte er allein Jerusalem als heilige Stadt, als religiösen Bezugspunkt für Gläubige des »einen Gottes« gelten lassen. Entsprechend hatten sich die Muslime beim Gebet in Richtung Jerusalem zu wenden. Der Wandel kam erst, als Mohammed im Jahr 622, dem Jahr der »Hedschra« (Auszug, Aufbruch) und Beginn der islamischen Zeitrechnung, aus Mekka vor seinen Gegnern fliehen musste und nach Medina übersiedelte. In Medina aber stieß Mohammed besonders bei Juden auf Ablehnung. Solange er hoffte, er könnte sie wie die anderen Monotheisten ohne größere Widerstände von seiner Prophetenschaft überzeugen, hielt er daran fest, dass sämtliche Moscheen mit der Stirnseite ihres Gebetsraums nach Jerusalem hin ausgerichtet sein mussten. Erst als die Juden (noch vor den Christen) den Islam zurückwiesen, verkündete Mohammed als eine neue »Offenbarung Gottes«: Mekka mit der Kaaba, nicht mehr Jerusalem, hatte der spirituelle Bezugsort für Gläubige zu sein. Dies geschah bereits im zweiten Jahr seiner Regierung in Medina. Jerusalem rückte nach diesem Urteil im religiösen Rang nicht nur hinter Mekka, sondern auch hinter Medina zurück. Aber »heilig« ist Jerusalem geblieben. Umso nachdrücklicher hielten Muslime an dem Anspruch fest, sie würden in der heiligen Stadt Davids, Salomos und Jesu besser als die Juden und Christen »Gottes Gesetze« befolgen. Deshalb mussten sie gerade dort die überlegene Glaubens- und Lebensform demonstrieren.

Der Felsendom, kreisrund gebaut mit dem heiligen Felsen in der Mitte, ist Wallfahrtsziel für Pilger, nicht aber Moschee im eigentlichen Sinne. Die letztere Funktion erfüllt die Al-Aqsa-Moschee, wo sich die Gläubigen zum gemeinsamen Gebet versammeln. Beide Kultstätten stehen jedoch an einem religiös sehr konfliktträchtigen Ort. Exakt an derselben Stelle erhob sich ein Jahrtausend zuvor der Tempel Salomos – das bedeutendste Heiligtum der Juden.

Den Tempel Salomos hatten bereits die Babylonier unter Nebukadnezar im sechsten Jahrhundert vor unserer Zeitrechnung gründlich zerstört, aber die Juden hatten nie aufgehört, diese Stätte als den zentralen Bezugspunkt ihrer Religion zu verehren. Sie erbauten den Tempel neu. Schließlich ließ König Herodes ein bis zwei Jahrzehnte vor Christi Geburt den Tempel ein drittes Mal errichten, ein Heiligtum, das die früheren an Größe und Schönheit übertraf. Es ist jener Tempel, den Jesus erlebt hat. Erhalten geblieben ist von diesem majestätischen Bau nur eine 18 Meter hohe Stützmauer. Ihre mächtigen Steinquader sind derart massiv, dass ihr selbst die Römer nichts anhaben konnten, als sie im Jahr 70 nach einem vergeblichen Aufstand der Juden auch diesen Tempel völlig zerstörten und die Besiegten aus Jerusalem und Umgebung vertrieben. Für die Juden, die seitdem in fremden Städten und Ländern lebten, ist diese Mauer schließlich zum Mittelpunkt ihres Heimwehs und zum Wallfahrtsziel geworden. Vor ihr konnten sie die Zerstörung ihres zentralen Heiligtums betrauern und dort konnten die Frommen in Gebeten auch ihrem Glauben Ausdruck geben, dass einst hier wieder ihr Tempel stehen werde – zu jener Zeit, wenn der Messias erscheine und seinem geknechteten und in alle Welt verstreuten Volk ein Reich des ewigen Friedens schaffe.

Klagemauer und Felsendom! Kontrastreich berühren sich hier sakrale Zentren zweier Weltreligionen. Spannungen sind vorprogrammiert, zumindest durch radikal-orthodoxe Ideologen. Radikale Juden fordern, der Felsendom und die Al-Aqsa-Moschee müssten abgerissen und an deren Stelle der Tempel als Kultzentrum jüdischer Religion neu errichtet werden. Es ist eine Forderung, wie sie den säkularen Gründervätern Israels unvorstellbar war und vielen frommen Juden als gotteslästerlich erscheint. Dabei erwecken ultra-orthodoxe Juden den historisch falschen Eindruck, die arabischen Eroberer hätten den jüdischen Tempel niedergerissen und an seiner Stelle ihre Kultstätten errichtet. Als aber die Muslime 638 Jerusalem in Besitz nahmen, fanden sie anstelle eines Heiligtums nur eine leere, von Trümmern und Abfall übersäte Felskuppe vor. Dieser Ort war leer geblieben, seit die Römer alles zerstört hatten.

Auch die Christen hatten hier nicht gebaut. Sie hatten zwar seit dem 4. Jahrhundert zum Zeichen ihres Triumphes gerade in Jerusalem eine Reihe prächtiger Kirchen errichtet, hatten aber bewusst den Tempelberg gemieden. Sie beriefen sich hierbei auf die Prophezeiung Jesu: »Wahrlich, ich sage euch, kein Stein wird hier auf dem anderen bleiben, sie werden alle in Trümmer gehen.«[2] Aus damaliger christlicher Sicht bestätigte der zerstörte Tempel, dass Gott die Juden, die »Gottesmörder«, verworfen hatte, und so ließen sie den Tempelberg zur abfallübersäten Stätte verkommen.[3]

Die Muslime dagegen hatten Besitz von dieser vernachlässigten Felsenkuppe genommen, um, wie sie betonten, dem ersten großen Gottesverkünder Abraham, aber auch dem König Salomo die Ehre zu erweisen. Dass sie eine nur leere Fläche bebauten und nicht eine frühere repräsentative Kultstätte Andersgläubiger abrissen, ersparte ihnen gerade zur damaligen Zeit den Konflikt mit den Juden. Eine mittelalterliche Quelle berichtet sogar, der Eroberer Kalif Omar sei bestürzt darüber gewesen, dass die Christen den Tempelplatz der Juden bewusst hatten verwahrlosen lassen, und in seiner Wut habe der Kalif dem christlichen Patriarchen von Jerusalem befohlen, auf dem Bauch durch den Schmutz zu kriechen.[4] Einem Großteil der Juden ist es also kein Thema, etwa den Muslimen den Anspruch auf den Standort des Felsendoms und der Al-Aqsa-Moschee streitig zu machen. Ohnehin erwarten viele Orthodoxe, dass »Salomos Tempel« erst bei der Ankunft des Messias an seiner alten Stelle wieder ersteht.

Konzeption und Bau des Felsendoms sind wesentlich in der Auseinandersetzung mit christlicher Kultur und Religion entstanden. Wie später bei der Omayaden-Moschee in Damaskus war der ehrgeizige Bauherr darauf angewiesen, Christliches in vielerlei Form zu übernehmen. Abd al-Malik verpflichtete gegen großzügiges Honorar vorwiegend christliche Architekten, weil noch kein arabischer Muslim eine derart schwierige Aufgabe hätte bewältigen können. Er verfügte, die Christen sollten den Felsendom nach dem Vorbild der Grabeskirche Christi entwerfen. (Von der damals überaus harmonischen Architektur der Kirche, die den Kalifen so beeindruckte, ist heute allerdings nichts mehr erhalten.) Für den Felsendom übernahmen die Architekten den genauen Kuppeldurchmesser der Grabeskirche und bezogen Stilelemente der Hagia Sophia ein.[5]

Keine religiösen Bedenken hinderten die Christen an einer solchen Zusammenarbeit mit Muslimen. Anscheinend hatten sie nicht das Gefühl, für »Ungläubige« zu bauen und sich damit an »Gott« zu »versündigen«. Diese Helfer gehörten überwiegend zu jenen Christen, deren Glaubensgemeinschaften einst durch die byzantinische Staatskirche verfolgt worden waren – »Ketzerchristen« also, die nun dankbar den »Schutz« des Kalifen genossen. Das entstehende Heiligtum war in seiner sakralen

Atmosphäre ohnehin wie eine Kirche auf die Verehrung des »einen« Gottes ausgerichtet. Zudem betonte gerade dieser Kalif die Verwandtschaft zwischen den beiden Religionen.

Allerdings blieb auch Abd al-Malik wie alle anderen Kalifen dem Prinzip treu, über die religiöse Verwandtschaft hinaus eine letztlich spirituelle Überlegenheit des Islam zu demonstrieren. Der Kalif ließ durch muslimische Kalligraphen im monumentalen Innenraum Koraninschriften anbringen (es sind die frühesten der uns bekannten koranischen Schriftbänder überhaupt), auf denen zu lesen steht: Die Christen seien aufgefordert, Jesus als einen »Gesandten Gottes«, nicht aber als »Sohn Gottes« anzuerkennen.[6]

Je mehr den Muslimen daran lag, die hohe Bedeutung des Felsendoms zu betonen, desto mehr schmückten sie ihre religiöse Überlieferung aus. Im Koran ist ja nur knapp von der sogenannten »Nachtreise« berichtet, die Mohammed von Mekka nach Jerusalem und wieder zurück unternahm – nach unserem heutigen Verständnis eine mystische »Reise nach innen«. Spätere Überlieferungen aber schmückten die knappen vieldeutigen Worte im Koran dahingehend aus, Mohammed sei mit seinem Reittier Buraq exakt auf jener Felsenfläche gelandet, auf der später der Felsendom erbaut worden sei. Und von dort sei Mohammed »zu den Sternen« aufgestiegen, sei vom Engel Gabriel durch verschiedene Sphären des Himmels geführt worden und sei den Propheten Abraham, Moses und Jesus begegnet. Die Phantasie volkstümlicher Religiosität machte aus der Felskuppe innerhalb des Felsendoms schließlich einen vielfältig heiligen Ort: Hier sei Adam aus einem Lehmklumpen zum Leben erweckt worden, hier sei Noah mit seiner Arche nach der Sintflut gelandet, hier habe Abraham sich vorbereitet, seinen Sohn Isaak auf Befehl Gottes zu opfern, und schließlich habe hier Jakob von der goldenen Himmelsleiter geträumt, wo die Engel auf- und niederstiegen. Auf dem Platz vor dem Felsendom würden am Tag des Jüngsten Gerichts die Seelen der Verstorbenen gewogen. Dreimal werde der Todesengel in sein Widderhorn stoßen, dann werde die Auferstehung beginnen.[7]

Unmittelbar an der Ostseite des Felsendoms, durch die hohe Stadtmauer allerdings schroff getrennt, liegt das Kidron-Tal. Stehen wir direkt an der Stadtmauer unterhalb der Moschee, so blicken wir auf zahlreiche Grabsteine mit arabischer Inschrift. Über diesen islamischen Friedhof hinweg blicken wir hinüber zum Ölberg, an dessen unterem Ende zwischen Zypressen und Olivenbäumen die Kirche im Garten Gethsemane erkennbar ist; dort befindet sich ein christlicher Friedhof. Südlich davon, weit die steinigen Hänge des Ölbergs hinauf, treffen wir auf einen jüdischen Friedhof mit hebräisch beschrifteten Steinen. Wenn auf dem Tempelberg der Todesengel am Tag des Jüngsten Gerichts dreimal in sein Widderhorn stößt, so die Überlieferung, werden sich im Kidron-Tal die auferstandenen Toten sammeln, um vor den Thron Gottes zu treten. Jene Frommen aber, die hier ihre Gräber haben, werden als Erste auferstehen. Arabische Christen, Juden wie auch Muslime neigen gleichermaßen dazu, der üppig ausgeschmückten Legende Glauben zu schenken. Nirgends ist daher die geistige Verflochtenheit der drei »Buch-Religionen« optisch so sinnfällig wie im Kidron-Tal.

Und doch: Gerade in Sichtweite dieser Friedhöfe finden wir ein religiöses Symbol, an dessen Bedeutung für alle drei Weltreligionen wir die zwiespältige Toleranz der Muslime besonders augenfällig ablesen können. Es handelt sich um ein großes Tor in der Stadtmauer, nahe der majestätisch aufragenden Kuppel des Felsendoms. Einst, als anstelle der Moschee noch der jüdische Tempel stand, hat sich dort der prächtigste Eingang nach Jerusalem befunden. Der Name lässt eine bedeutsame Vergangenheit erahnen: das »Goldene Tor«. Nach jüdischer Prophezeiung sollte durch dieses Tor der Messias Jerusalem betreten, um das Ende aller ungerechten weltlichen Herrschaft und den Beginn des Reiches Gottes zu verkünden. Nach biblischem Bericht ist Jesus am sogenannten Palmsonntag durch eben dieses Tor eingeritten, mit dem Anspruch, der erwartete Messias zu sein. Nachdem die Kreuzritter 1099 Jerusalem erobert hatten und hier neun Jahrzehnte lang regierten, erbauten sie das Tor neu in seiner heute noch erhaltenen Form und bedachten es mit besonderer kultischer Verehrung; das Tor durfte nur einmal im Jahr geöffnet und von einer Prozession durchschritten werden: am Palmsonntag. Heute aber sehen wir gerade dieses Goldene Tor zugemauert – in auffälligem Kontrast zu den sieben anderen ebenfalls gut erhaltenen Toren des mittelalterlichen Mauerrings, der nach wie vor die ganze Altstadt umschließt. Wo einst auf einer repräsentativen Handelsstraße die Karawanen in die Stadt einzogen, dehnt sich nun schon seit Jahrhunderten der islamische Friedhof. Eine tiefe Melancholie der Verlassenheit liegt über der hügeligen Fläche vor dem ehemaligen Tor, zu dem nicht einmal mehr Wege führen. In diesem Winkel traf ich 1980 nur Araberjungen, die ihre Schafe hierher treiben und sie die kargen Grasbüschel zwischen den Grabsteinen abweiden lassen.

Die Muslime hatten im Jahr 1530, nun unter osmanischer Herrschaft, das Goldene Tor mit dicken Quadern verschlossen. Diese Maßnahme verstanden sie als demonstrative Antwort auf die christlichen und jüdischen Messias-Legenden, die weiterhin hartnäckig mit eben jenem Tor verbunden blieben. Nach islamischer Ansicht hat das Tor alle Bedeutung verloren und muss geschlossen werden, weil der endgültige und letzte Prophet mit Mohammed erschienen ist – er aber wirkte in Mekka und Medina.

»Christliches« in der Omayaden-Moschee

Das Zentrum in der verwinkelten Altstadt von Damaskus, wo majestätisch die Omayaden-Moschee aufragt, ist seit mehr als zwei Jahrtausenden ein heiliger Ort. Dort hatten bereits die Aramäer einen Tempel errichtet, später die Assyrer, dann die

Griechen. Und schließlich bauten an dieser Stelle die Römer das bisher größte Heiligtum, einen Tempel zu Ehren des Jupiter Damascenus. Bis heute sind dessen mächtige Umfassungsmauern erhalten, die für alle späteren Sakralbauten Ausmaß und Grenzen setzten. Im Jahr 379 rissen die Christen den römischen Jupiter-Tempel nieder und ließen nur die Umfassungsmauern stehen, um nun ihrerseits auf dem geweihten Gelände die Basilika zu Ehren Johannes des Täufers zu errichten. Exakt auf diesem Platz sollten schließlich auch die Muslime bauen.

Warum mussten die zentralen Heiligtümer auf den Grundmauern früherer Sakralstätten errichtet werden? Wie das Beispiel Damaskus zeigt, folgten alle Bauherren derselben Logik: Das auffälligste Symbol der neuen Macht sollte dokumentieren, dass die alte Macht ein für alle Mal ihren prägenden Einfluss verloren hatte.

Die Johannes-Basilika war die größte und prächtigste Kirche in Damaskus, als die Muslime im Jahr 638 die Stadt eroberten. Zunächst sah es so aus, als würden die Araber die Kirche unangetastet lassen. Denn während der folgenden Jahrzehnte errichteten die Muslime zwar Dutzende großer Moscheen, auch bauten der arabische Gouverneur und später die Kalifen in Sichtweite der Basilika ihre Paläste – aber die zentral gelegene Kirche blieb unberührt. Die Muslime handelten sogar mit den Christen einen Vertrag aus, der auch nach unseren modernen Maßstäben ungewöhnlich ist: Den Christen solle weiterhin gestattet bleiben, ihre Basilika zu Gottesdiensten zu benutzen, sie müssten den Muslimen nur den weiträumigen Hof innerhalb der Umfassungsmauern überlassen, wo sie ihr Gebet in Richtung Mekka verrichten konnten. Muslime wie Christen hatten durch dasselbe mächtige dreibogige Portal in der Südmauer zu gehen, um ihre unmittelbar benachbarten Kultstätten zu erreichen, so erfahren wir aus dem Bericht des muslimischen Chronisten Ibn Shakir. Im Innern des Hofes bogen dann die Muslime nach rechts ab, die Christen nach links, blieben aber bei ihren Gottesdiensten in Sichtweite.[8] Was für eine Regelung! Den muslimischen Siegern war ein Betplatz im Freien vorbehalten, dagegen konnten die militärisch unterlegenen Christen ihre prächtige Basilika behalten.

Ein derartiger Kompromiss bedeutete mehr als nur ein taktisches Zugeständnis. Zwar bildeten, wie schon erwähnt, die Eroberer anfangs nur eine schmale Oberschicht in einem weitgehend von Christen bewohnten Land, sie mussten also gegenüber der Masse der Besiegten vorsichtig taktieren. Aber weil der Koran Respekt gegenüber »Schriftbesitzern« gebot, brauchte es den Muslimen nicht unzumutbar zu erscheinen, unmittelbar neben Christen zu beten. Ja, sie betonten durch diese Toleranz ihre geistige Nähe zur Religion der »Schriftbesitzer«. Indem die Muslime aber auch in Sichtweite der zentralen Kirche beteten, meldeten sie zugleich ihren Anspruch auf Teilhabe an diesem zentralen religiösen Platz an. Wie lange konnte es dauern, bis die Muslime Anspruch auf die ganze Stätte erhoben?

Der Zeitpunkt, diese Frage fordernd zu stellen, war sieben Jahrzehnte später gekommen. Kein Zufall war es, dass dies geschah, als die Omayaden-Kalifen ihre Macht zur Genüge gefestigt hatten und ihr Herrschaftsgebiet sich zu einem Großreich auswuchs. Im Jahr 705 trat Kalif al-Walid I. sein Amt an, einer der fähigsten Omayaden. Unter seiner zehnjährigen Regierung eroberten die Araber das andalusische Spanien, aber auch das persische Samarkand und Buchara. Wie kein Kalif vor ihm förderte al-Walid Handel und Gewerbe, ließ er Straßen, Schulen und Krankenhäuser bauen; energisch trieb er außerdem das Reformwerk seines Vaters Abd al-Malik weiter, die Verwaltung zu arabisieren. Sein größter Ehrgeiz aber war, nun in der glanzvollen Hauptstadt des islamischen Großreiches eine Moschee zu erbauen, die – wie der Felsendom in Jerusalem – nicht nur jede Kirche, sondern sämtliche bisher erbauten Heiligtümer des Islam an Pracht übertreffen sollte. Diese Moschee konnte seinem Verständnis nach nur dort errichtet werden, wo bisher die Johannes-Basilika Macht und Größe christlicher Religion und Kultur repräsentierte.

Die Christen, über Jahrzehnte an Wohlwollen gewohnt, reagierten bestürzt. Trotz des vermittelnden Angebots, der Kalif wolle für das Niederreißen der Basilika eine hohe Entschädigungssumme bezahlen, antworteten ranghohe Christen entrüstet: Wer auch immer die Kirche zerstöre, werde dem Wahnsinn verfallen. Der Kalif, so berichtet der muslimische Chronist Ibn Jubair, antwortete forsch auf diese Warnung: »Ich werde der Erste sein, der im Dienst Gottes verrückt wird.« Al-Walid soll eigenhändig die ersten Steine aus der Basilika herausgebrochen haben, worauf ein Heer von Arbeitern begonnen habe, das Mauerwerk niederzureißen.[9] Den Kalifen hatten die Warnungen der Christen ebenso wenig beeindruckt, wie sich einst die Christen durch die Verwünschungen der »Götzenanbeter« nicht hatten abhalten lassen, den Jupiter-Tempel zu zerstören. Doch in einem Punkt unterschied sich der Bauherr der Omayaden-Moschee vom einstigen Bauherrn der Johannes-Basilika: Der Muslim hatte den Christen tatsächlich die versprochene Entschädigungssumme bezahlt (was die Betroffenen schließlich akzeptierten und dann auf weitere Kritik verzichteten). Christen dagegen hätten es als Verhöhnung des »wahren Glaubens« angesehen, die »Heiden« wegen ihres zerstörten »Götzentempels« zu entschädigen. Beide handelten aber letztlich nach derselben Logik: Am zentralen heiligen Platz konnte nur die Kultstätte der »wahrhaftigsten« Religion stehen. Bei allem Respekt, den al-Walid gegenüber den Christen bekundete, lehnte er es ab, etwa seine Moschee neben die Kirche zu bauen.

Zu einer derart religiös-politischen Machtdemonstration auf Kosten der Christen ließen sich Muslime allerdings nur selten hinreißen. Doch geschah dies manchmal in Metropolen, die sie als besonders symbolträchtige Zentren ihres Großreiches empfanden. So ließ Kalif Abd ar-Rahman gegen Ende des 8. Jahrhunderts in Cordoba die dortige zentrale Kirche niederreißen und auf ihren Fundamenten eine der prächtigsten Moscheen der islamischen Welt errichten. Ebenso wenig zögerte der Osmanen-Sultan Mehmed II. nach der Eroberung Konstantinopels 1453, die damals berühmteste Kirche der gesamten Christenheit, die Hagia Sophia (»Heilige Weisheit«), in eine Moschee umzuwandeln. Im Allgemeinen aber verzichteten Muslime auf eine solche Demonstration und so gehört es bis heute zum selbstverständlichen Erscheinungsbild vieler islamischer Städte, in denen Christen wohnen, dass Minarette und Kirchtürme nebeneinander aufragen.

Beim Bau der Omayaden-Moschee hat demnach die islamische Toleranz nur eine geringe Rolle gespielt. Und doch wollte und konnte der selbstbewusste Bauherr nicht auf ein gutes Einverständnis mit den Christen verzichten. Ja, gerade bei der Planung dieser prestigeträchtigen Moschee war er – wie zuvor sein Vater beim Bau des Felsendoms – auf die intensive Mitarbeit von Christen angewiesen. Denn auch ihm fehlte es an muslimischen Architekten, denen es hätte gelingen können, die großen byzantinischen Kirchen an technischer Perfektion und künstlerischer Vollendung (vor allem mit der prächtigen Ausstattung der Goldmosaike) zu erreichen oder gar zu übertreffen. Und so ließ Kalif al-Walid christliche Architekten nicht nur aus Syrien, sondern auch aus Ägypten und Libyen anwerben, schickte sogar seine Agenten ins feindliche Konstantinopel. Christen kamen, um für jeweils fürstliche Honorare eine Moschee zu bauen, die alle bisher dagewesenen Kirchen an Glanz übertreffen sollte.

Die Einflüsse christlicher Architektur sind trotz aller Vernachlässigung späterer Jahrhunderte bis heute unübersehbar. Im Innenhof der Omayaden-Moschee sehen wir an den Wänden, Gewölben und Arkadenbögen Mosaike auf leuchtendem Goldgrund: Palmenwälder, Stadtpanoramen, Burgen, bizarre Berge sind in weitflächigen Bildern aneinandergereiht. Ich fühle mich an die byzantinischen Goldmosaike der Hagia

Sophia und der Kirchen in Ravenna erinnert, obwohl keine Menschen dargestellt sind. (Ihre Abbildung ist nach arabisch-islamischer Tradition verboten, auch wenn der Koran keine eindeutige Anweisung gibt.) Der weite, rechteckige, von Arkadengängen eingefasste Moscheehof mahnt allerdings an das Grundmuster einer arabischen Karawanserei. Aber kaum habe ich den Betsaal betreten, drängt sich mir wieder der Eindruck einer Kirche auf: eine frühromanische Basilika mit antiken Stilelementen. Auf ein derartiges Vorbild deuten die Säulenreihen mit korinthischen Kapitellen ebenso hin wie die dreischiffige Holzbalkendecke und die langen, schmalen Rundbogenfenster. Islamisch-orientalisch erscheinen alleine die an Ketten aufgehängten Lampen aus feinziseliertem Messing und persische Teppiche.

Der Name des Bauherrn al-Walid bleibt aber auch mit dem Grabmal im Innern der Moschee verbunden, jener Wallfahrtsstätte, zu der muslimische Pilger – Sunniten und Schiiten aus aller Welt – kommen. In dem Sarkophag soll, wie schon erwähnt, der Kopf des Propheten Yahya ruhen, den die Christen als Johannes den Täufer verehren. Aber auch den Muslimen ist er als Prophet, als ein wichtiger Zeitgenosse Jesu, heilig. (Die 19. Sure des Koran beginnt mit einem Bericht über die Geburt des Johannes, und die Schilderung ist eng verbunden mit der der Geburt Jesu.) Aus christlicher Sicht muss die Reliquienstätte des Johannes älter sein als die Moschee, naturgemäß auch älter als der Islam, und folgerichtig muss es erscheinen, dass Kalif al-Walid diese Reliquie aus der Johannes-Basilika, die ja ohnehin den Prophetennamen trug, übernommen hat. Aber die Quellenforschung ergibt einen völlig anderen Sachverhalt.

Wir betrachten heute den Reliquienkult mit skeptischer Distanz und fragen nach historischen Belegen für die Echtheit des Johannes-Grabes. In der Tat gibt kein Schriftstück aus vorislamischer Zeit Auskunft darüber, ob und wie der Kopf des enthaupteten Märtyrers von Christen aus Palästina nach Damaskus gebracht worden ist. Es fehlen sogar alle verlässlichen Anhaltspunkte dafür, dass Christen im Innern ihrer Kirche bereits ein Grab des Johannes errichtet haben. Umso mehr muss der muslimische Pilgerstrom erstaunen.

Eine zuverlässige Nachricht über die Existenz des Johannes-Grabes finden wir erst in islamischer Zeit! Aus dem Bericht des muslimischen Chronisten Ibn al-Faqih erfahren wir: Als Kalif al-Walid die Johannes-Basilika abreißen ließ, benachrichtigten ihn eines Tages Arbeiter, sie seien beim Ausheben einer Grube auf eine Höhle gestoßen. Die Arbeiter führten al-Walid zu der Höhle, in deren Innerem sie einen bis dahin verborgenen Kirchenraum entdeckten, der neun Armlängen im Quadrat maß. Ein darin aufragender Schrein enthielt einen Behälter, auf dem zu lesen war: »Das ist das Haupt des Johannes des Täufers.« Der Kalif habe den Befehl gegeben, den gefundenen Totenschädel neben einer Säule der zukünftigen Moschee zu bestatten.[10]

Wollen wir diesem Bericht glauben, dann hätten die Christen von Damaskus überhaupt nicht gewusst, dass sich unter dem Boden ihrer Johannes-Basilika das Grab des Heiligen befand. Der Bericht erweckt den Eindruck, als hätten die Christen die unterirdische, verschüttete Höhlenkirche längst vergessen gehabt. Erst einem Kalifen, eben dem Bauherrn der Moschee, sei es vorbehalten gewesen, dieses Grab neu zu entdecken und wieder zu einer Pilgerstätte zu machen – nun aber für Muslime. Ob ein solcher Bericht im Nachhinein erfunden wurde oder nicht, erübrigt sich als Frage. Legenden entfalten unabhängig von ihrer historischen Nachprüfbarkeit eine eigene Dynamik und gewinnen für Generationen von Gläubigen ihr eigenes Gewicht.

Zu meiner Überraschung lese ich in einem Lexikon der christlichen Heiligen über Johannes den Täufer: Seine Gebeine seien aller Wahrscheinlichkeit nach in Samaria (Israel) bestattet, die Grabeskirche dort (heute nur noch museal) sei viele Jahrhunderte lang ein beliebtes Wallfahrtsziel für Christen gewesen. Allerdings hätten während des 4. Jahrhunderts andere Städte ebenfalls den Anspruch erhoben, die wirklichen Gebeine des Johannes in einer Kirche zu beherbergen: Konstantinopel und Emesa (das heutige Homs in Syrien). Damaskus wird eher nur beiläufig erwähnt.[11] Auch in Jerusalem gibt es eine Johannes-Kirche, in deren Schrein angeblich der Kopf des Täufers bestattet sein soll.[12]

Erstaunen muss uns in diesem Zusammenhang weniger, dass Christen sich darum streiten, welcher Wallfahrtsort denn nun tatsächlich als »echt« anzusehen sei. Solche Debatten hat es ja unter Christen immer wieder gegeben: Schließlich verschaffte die »echte« Reliquie eines berühmten Heiligen oder Apostels jeder Wallfahrtsstadt ein ungeheures religiöses Prestige – und damit verbunden lukrative Einnahmen aus dem Pilgerzustrom. Erstaunen kann dagegen, dass Muslime an einem solchen Wettstreit um eine ursprünglich christliche Reliquie teilnahmen, ja dass in muslimischen Quellen zu lesen ist, erst ein Kalif – und nicht etwa ein christlicher Kaiser – habe dem Heiligengrab die nötige Weihe zukommen lassen. Bis heute halten Muslime an Damaskus als der »echten« Begräbnisstätte des Johannes fest. Gerade dieses Beispiel gibt eine Ahnung davon, wie intensiv beide geistig verwandten Weltreligionen von Anfang an miteinander rivalisierten und sich auch schon auf Nebenschauplätzen die »Wahrheit« streitig machten.

Die nächste Überraschung erwartet den Besucher an der Südfassade der Omayaden-Moschee. Dort ist auf einem römischen Türsturz heute noch eine in Stein gemeißelte griechische Inschrift zu lesen: »Dein Reich, Jesus Christus, ist ein Reich der Ewigkeit, und Deine Herrschaft währt ewig.« Diese Inschrift, heute wegen ihrer Unscheinbarkeit leicht zu übersehen, ist im Mittelteil der Umfassungsmauer angebracht. Aber sie ist mehr als eineinhalb Jahrtausende alt.[13] An dieser

Stelle hatte sich wahrscheinlich der zentrale Eingang der Johannes-Basilika befunden. Und dieser Eingang war von den Muslimen vermauert worden, weil der Bauherr im Innern der Moschee exakt am selben Platz nach Süden die – in Richtung Mekka weisende – Gebetsnische des Vorbeters errichten ließ. Das Tor war damit funktionslos geworden. Ein Teil der Christus-Inschrift ist heute achtlos durch einen modernen Anbau vermauert, in dem die Schaltanlage für die elektrische Installation der Moschee untergebracht ist. Aber zu Beginn des 8. Jahrhunderts war es Kalif al-Walid, dem Bauherrn, wichtig erschienen, ausgerechnet diese Inschrift zu erhalten, um die geistige Nähe zwischen Islam und Christentum zu demonstrieren.

Den Europäer muss auch jenes Minarett überraschen, das an der Südostecke der Moschee aufragt und den Namen Madinat Isa, Jesus-Minarett, trägt. Mit diesem Turm ist, wie ich schon schilderte, die islamische Legende verknüpft, dass Jesus am Tag des Jüngsten Gerichts auf dem Dach erscheinen und von dort oben das Ende der Welt verkünden werde. Der Ruhm dieses Minaretts erhöht die Heiligkeit der Moschee. Die Legende hat auch in Miniaturen der Osmanenzeit Ausdruck gefunden, sie allerdings zeigen auf der Turmspitze einen Jesus abgebildet, wie er europäischen Sehgewohnheiten völlig widerspricht: Jesus bekleidet mit Turban und Kaftan, im Habitus eines vornehmen Muslim an Sultanshöfen.

Nicht genug damit. Derartige Bezüge zu jüdisch-christlichem Erbe finden sich auch außerhalb des Stadtkerns. Nördlich der historisch gewachsenen Altstadt, wo der ebenfalls geschichtsträchtige Vorort Salihiye die Oasenlandschaft begrenzt, erhebt sich der Jebel Qassiyun. Dieser kahle, lang gestreckte Bergrücken, ein Ausläufer des Antilibanon, ist sowohl den Muslimen als auch den orientalischen Christen wie auch den Juden ein heiliger Berg. Die Überlieferung syrischer Volksreligion will es, dass dort Kain den Abel erschlagen habe.

»Kabr Habil«, »Grab des Abel« nennen heute die Damaszener einen abgelegenen Platz auf der Rückseite des Berges, wo ein weißer Kuppelbau steht, zu dem besonders die Drusen pilgern. Auch soll Abraham, der legendäre Ahnvater jüdischen, christlichen und islamischen Ein-Gott-Glaubens, am Fuß des Berges Qassiyun geboren sein. Und am Westende des Berges soll Maria mit dem Jesuskind auf der Flucht nach Ägypten Unterschlupf gefunden haben. Außerdem soll im südlichen Vorort al-Qadam lange Zeit das Grab des Moses verehrt worden sein (in Konkurrenz zu weiteren »echten« Grabstätten an anderen Orten). Syrische Muslime haben das Moses-Grab ausgerechnet in jener Gegend angesiedelt, in der Mohammed, der Prophet des Islam, seinen Fußabdruck auf einem Felsen hinterlassen haben soll.[14] Deutlicher könnte die Volksfrömmigkeit ihr Bedürfnis gar nicht demonstrieren, die rivalisierenden Religionen wenigstens in der lokalen Tradition einander näher zu rücken, wenn nicht gar zu versöhnen.

Diese Anhäufung von heiligen Ereignissen an einem einzigen Ort hat eine deutliche Parallele zu Jerusalem. In Damaskus wie Jerusalem vereinnahmte die islamische Phantasie wesentlich ältere Mythen von Christen und Juden. Hier wie dort aber waren die Omayaden-Kalifen auch rege daran interessiert, solche Entwicklungen zu fördern: Denn je intensiver sich die religiöse Phantasie im Großraum Syrien zweier ohnehin traditionsreicher Orte bemächtigte, so das Kalkül, desto leichter würde sich Syrien als das islamische Machtzentrum behaupten können.

Sunniten und Schiiten

Schiitische Pilger in Damaskus

In der Damaszener Omayaden-Moschee, der viertheiligsten
Kultstätte des sunnitischen Islam, treffe ich auch auf schiitische Mullahs. Sie sind an ihrer Tracht, dem braunen Kaftan
und dem weißen Turban, leicht zu erkennen. Die Männer, die
sie begleiten, tragen fast alle westliche Anzüge, manche einen
Kaftan, dazu meist ein kragenloses Hemd, oft eine randlose
Filzkappe oder Pelzmütze, und meist umrahmt ein dunkler
Bart das Gesicht. Solche Männer demonstrieren mit ihrem
Habitus den streng orthodoxen Schiiten, wie er seit der sogenannten Islamischen Revolution unter Khomeini zum üblichen Erscheinungsbild im Iran geworden ist. Viele der Frauen
sind in einen Tschador gehüllt, dessen Tuch bis zu den Knö-
cheln reicht und gerade noch ein Oval im Gesicht frei lässt. Das
düstere Schwarz ihrer Umhänge ist oft durch filigranes weißes
Blumenmuster aufgehellt. Umhänge dieser Art finden wir nur
bei iranischen Frauen.

Iraner wie Araber scharen sich um den Schrein Johannes'
des Täufers zum Gebet, Schiiten wie Sunniten ordnen sich in
Richtung Mekka, die schiitischen Gruppen etwas abgesondert
und doch in Blicknähe zu den Sunniten.

Schiiten in einer sunnitischen Moschee sind kein unge-
wöhnliches Bild. So strikt sich die Muslime in unterschiedlichen Konfessionen voneinander abgrenzen, hat es doch in
stiller Übereinkunft stets dieselben vier gemeinsamen Wall-

fahrtsziele gegeben: die Kaaba in Mekka, die Prophetenmoschee in Medina, den Felsendom in Jerusalem – und eben auch die Omayaden-Moschee in Damaskus. Selbst wenn es an diesen vier Stätten im Verlauf der Jahrhunderte immer wieder zu Konflikten zwischen sunnitischen und schiitischen Pilgern gekommen ist, steht doch stets außer Frage, dass es Wallfahrtsorte für alle Muslime sind. Christen kennen eine ähnliche Gemeinsamkeit über die Konfessionen hinweg in den Wallfahrtskirchen von Jerusalem und Bethlehem, dort halten Katholiken, Protestanten und Gläubige der Ostkirchen einträchtig nebeneinander ihre Gottesdienste ab (wobei es auch an diesen heiligen Stätten immer wieder zu heftigen Spannungen gekommen ist).

Ungefähr 20 Prozent der syrischen Muslime sind Schiiten. Aber schon der Augenschein zeigt, dass viele der schiitischen Pilger in Damaskus keine Syrer sind. Neben den iranischen Anzügen und Tschadors fallen pakistanische und indische Kleidung auf, braune Westen über langen hemdartigen Gewändern, dazu weiße Kappen oder Turbane. Und im Gespräch mit arabisch aussehenden Pilgern stellte ich fest, dass nicht wenige Schiiten aus dem Libanon und manche aus einem der Golfscheichtümer kommen. Weshalb besuchen sie Damaskus, weshalb die Omayaden-Moschee?

Syrien nimmt – neben der arabischen Halbinsel und dem Irak – eine Schlüsselrolle in der Tragödie der islamischen Religionsspaltung ein. Und besonders Damaskus bietet Orte, die gerade für Schiiten aus aller Welt von hoher symbolischer Bedeutung sind. In Damaskus kann man deshalb Gemeinsamkeiten wie Unterschiede zwischen sunnitischer und schiitischer Religiosität anschaulich beobachten – beträchtliches Konfliktpotenzial auf engstem Raum.

Gegensätze finden sich bereits innerhalb der Omayaden-Moschee. Nicht das Kuppelgrab des Johannes ist das eigentliche Ziel der Schiiten, sondern ein Seitentrakt der Moschee. Ich folge einer iranischen Pilgergruppe schräg über den Hof in östlicher Richtung zu einer Vorhalle, wo die Besucher vor einem schmalen Eingang wieder die Schuhe ausziehen.

Der Wächter taxiert mich etwas überrascht, als ob er hier, in einem eher abgelegenen Flügel der Omayaden-Moschee, nicht mit einem Ausländer gerechnet hätte. Er lässt mich dann aber, kopfnickend, passieren. Bevor ich den Kuppelraum betrete, höre ich aus dem Innern lautes Schluchzen heller Frauenstimmen, unterbrochen von schrillem Kreischen. Dazu ein dumpf schwerfälliger, rhythmischer Trommelton. Was ist das? Es klingt bei genauerem Hinhören, als ob Handflächen oder geballte Fäuste auf Körper klatschten. Dieses Schlagen wird begleitet von rhythmischem, lang gezogenem Aufstöhnen tiefer Männerstimmen. Etwa hundert Frauen und Männer haben sich in dem grün getünchten hohen Kuppelraum versammelt. Ihre Gesichter sind einem reich verzierten Schrein zugewandt, der von einem silbernen Gitter umgeben ist und in dessen Mitte ein kegelförmiger Behälter mit grünem, koranversbesticktem Tuch aufragt. Die Frauen weinen laut und ungehemmt, wie das Ritual es vorschreibt; in ihren dunklen Umhängen wirken sie wie der Chor von Klageweibern aus einer antiken Tragödie. Die Männer, in düsteres Schwarz westlicher Anzüge oder Kaftane gekleidet, schlagen sich mit der rechten Faust heftig und schwer auf die Brust. Es ist ein gleichzeitiger dumpfer Aufprall von 40, 50 Fäusten, jedem Schlag folgt ein schluchzendes Aufstöhnen.

»Hussein … Hussein …«, stoßen Frauen wie Männer rhythmisch hervor. Ich befinde mich vor einem Gedenkschrein des Prophetenenkels Hussein Ibn Ali, dem meistverehrten Märtyrer der Schiiten. Welch ein Kontrast zur Szenerie rund um das Johannes-Mausoleum im Hauptraum der Moschee. Dort Versenkung ins Gebet, hier ein eruptiver Schmerz, der den westlichen Beobachter beklommen macht, schließlich sind wir solcher archaischer und ritualisierter Gefühlsausbrüche längst entwöhnt.

Iraner, die englisch sprechen und sich über mein Interesse freuen, erklären mir die Bedeutung des Ortes. Hierher hätten Soldaten nach der Schlacht von Kerbela im Irak den abgeschlagenen Kopf des Imam Hussein gebracht, ihn hier auf eine Lanze gespießt und dem Thronräuber Yesid präsentiert. Gott verfluche Yesid. Ich müsse verstehen, Hussein Ibn Ali sei als Enkel Mohammeds der einzige rechtmäßige Nachfolger des Propheten gewesen, der Einzige, der nach dem Tod seines Vaters, des Kalifen Ali, und seines Bruders, des Imam Hassan, Anspruch auf das Amt des Kalifen gehabt habe, nicht aber diese Thronräuber, diese Verbrecher aus der Dynastie der Omayaden. Kalif Ali und sein Sohn Hussein seien die vorbildlichsten aller Menschen gewesen. Gott segne sie. Viele Krisen wären den Muslimen erspart geblieben, wenn Ali und Hussein nicht durch Mörderhand gefallen wären, sondern Gelegenheit gehabt hätten, als die wahrhaft Rechtgläubigen nach Gottes Gesetz zu regieren.

Ein Pilgerziel für Schiiten innerhalb einer sunnitischen Moschee! Ein Ort besonderer historischer Erinnerung. Allerdings hatte im Jahr 680 unserer Zeitrechnung, dem Todesjahr des Märtyrers Hussein, dieser traumatisch belastete Ort völlig anders ausgesehen. Noch war die Omayaden-Moschee nicht erbaut. (Den Befehl hierzu sollte Kalif al-Walid erst 25 Jahre später geben.) Noch stand auf dem Westteil der sakralen Stätte die Johannes-Basilika, während im östlichen Teil innerhalb der großen Umfassungsmauer sich die Muslime im Hof mit einem Betplatz begnügten. Dort, im Schatten der Kirche, hatten Soldaten den aufgespießten Kopf des Märtyrers Hussein zur Schau gestellt.

Der iranischen Pilgergruppe begegne ich an diesem Tag noch einmal. Ich bin durch die verwinkelten Altstadtgassen nördlich der Omayaden-Moschee unterwegs, als ich eine weiße Kuppel mit blau gemusterten Ornamenten über die einstöckigen Häuser ragen sehe. Bunte Fayencekacheln auf türkisfarbenem Grund, so präsentiert sich das Portal zur Gasse hin. Kuppel und Eingang, ebenso der Moscheehof mit seinen fayencegeschmückten Arkadenwänden, all das ist persischer Stil, auffallend kontrastierend mit der arabischen Umgebung. Die vielen Frauen in dunklem Tschador, die bärtigen Männer in schwarzen Anzügen und mit grauen Filzkappen ... Ich kann mich im Gefühl wiegen, im Iran zu sein. Aus dem Innern des Gebetsraums wieder das laute, schrille Schluchzen von Frauen, wieder das Klatschen der Fäuste und das lang gezogene Aufstöhnen von Männern. Die Pilger haben sich, das Gesicht tränenüberströmt oder in den Händen verborgen, auch hier um einen grün betuchten Sarkophag geschart. Majestätisch wölbt sich eine Kuppel darüber, die mit blauen, fein ornamentierten Fayencen übersät ist. Aus kleinen sternenförmigen Fenstern dringen Bündel von Sonnenstrahlen in das mystisch wirkende Halbdunkel des Raums.

»Where do you come from?« Zwei westlich gekleidete junge Libanesen sprechen mich an und geben bereitwillig Auskunft. Das hier sei die Rukayya-Moschee. Hier seien die Gebeine der Rukayya aufbewahrt, einer Tochter des ermordeten Imam Hussein. Rukayya sei im Alter von drei Jahren an einem Schock gestorben, als sie den aufgespießten Kopf ihres Vaters sah. – Die Moschee hier wirke aber sehr neu, dazu noch im iranischen Stil gebaut, wende ich ein. – Ja, diese Moschee sei erst zehn, vielleicht fünfzehn Jahre alt, sagt der eine Libanese angestrengt nachdenkend, der Baubeginn müsse wenige Jahre nach der Islamischen Revolution im Iran gewesen sein. Die iranische Regierung unter Khomeini habe den Bau finanziert. – Weshalb das? – Viele iranische Pilger kämen nach Syrien, die Beziehungen zwischen Syrien und dem Iran seien sehr gut. – Ob es hier zuvor keine Moschee gegeben habe, frage ich. – Oh doch, aber die frühere Moschee sei sehr alt und baufällig gewesen, man habe sie abgerissen. Das hier sei ein heiliger Platz. An dieser Stelle sei anfangs der Kopf des Imam Hussein bestattet gewesen, bevor Schiiten ihn nach Kerbela im Irak gebracht und ihn dort, weit weg von der Hauptstadt der Omayaden, in einem eigens dafür gebauten Mausoleum beigesetzt hätten. Es sei gut, dass jetzt auch dieser erste Bestattungsort hier in Damaskus wieder mit einer würdigen Moschee bebaut sei.

Ob ich schon die Zeynab-Moschee im Vorort Sid Zeynab besucht hätte, fragen sie mich. Ich müsse unbedingt auch diese Moschee in Damaskus besuchen, die ebenfalls mit Geldern der iranischen Regierung im persischen Stil erbaut worden sei. Die Zeynab-Moschee sei noch viel prächtiger als diese hier und als Wallfahrtsziel der Schiiten noch wichtiger. Zeynab sei eine Schwester des Imam Hussein gewesen. Sie sei Zeugin gewesen, wie Soldaten des Thronräubers Yesid in Kerbela Imam Hussein getötet hätten. Zeynab habe das Massaker überlebt und sei als Gefangene später in Damaskus gestorben.

Ich fahre nach Sid Zeynab. Der Vorort lässt sich vom Damaszener Stadtzentrum nach einer halbstündigen Taxifahrt, vorbei an ländlich wirkenden Siedlungen, üppigen Gärten und Trabantenstädten aus Betonhäusern, erreichen. Entlang der Zugangsstraße reihen sich Verkaufsgewölbe, die Waren für den Pilgerbedarf anbieten: Koranexemplare, religiöse Traktate und Märtyrerporträts in düsterem Schwarzweiß, besonders häufig Kalif Ali und der Prophetenenkel Hussein. Beim Eintreten in die Zeynab-Moschee mit ihren türkis gekachelten Minaretten, der vergoldeten Kuppel, den bunt gefliesten Wänden, den ockergelben Fayencemustern auf blauem Grund sehe ich, wie die Pilger einem Korb handtellergroße Tonscheiben entnehmen. »Turba Hussein« kann ich in westlicher Schrift neben dem Arabischen über dem Korb lesen. Gepresst sind die Tonscheiben aus der Lehmerde von Kerbela, dem Sterbeort Husseins. Die Pilger drücken die Tonscheiben andächtig an die Stirn und nehmen sie mit in das Innere des Mausoleums. Eine geheimnisvolle Atmosphäre herrscht auch dort, hervorgerufen durch die Vielzahl kleiner Spiegel, mit denen die Wände und das Kuppelinnere überzogen sind. In ihrem Wabengeflecht spiegeln sich die blau getönten Säulen und die Menschen hundertfach.

Das Grab von Zeynab sei seit vielen Jahrhunderten ein Wallfahrtsziel für Schiiten, erklärt mir diesmal ein syrischer Besucher. Frauen vor allem würden hierher pilgern und Zeynab wegen ihrer Mildtätigkeit verehren. Die jetzige Moschee sei allerdings erst vor wenigen Jahren fertiggestellt und von der iranischen Regierung finanziert worden. Pro Jahr kämen rund 150 000 Pilger nach Sid Zeynab. Vor dem ersten Golfkrieg 1980 seien auch viele Schiiten aus dem Irak gekommen. Aber da Syrien sich mit dem Iran gegen Saddam Hussein verbündet habe, seien die Grenzen zum Irak geschlossen. Umso mehr Pilger kämen aus dem Iran. Den Iranern sei ja seit diesem Krieg die Wallfahrt zu den irakischen Heiligtümern von Kerbela und Nedschef verwehrt.

Schiitische Pilger aus unterschiedlichen Ländern, eine schiitische Gedenkstätte in der sunnitischen Omayaden-Moschee, persisch gebaute Moscheen mitten in Syriens Hauptstadt. Und immer wieder dieselben Namen während der Gespräche: Ali, Hussein, Kerbela, Yesid. Die ersten Eindrücke am Schauplatz Damaskus werfen viele Fragen zur Geschichte der islamischen Religionsspaltung auf. Für die Muslime sind die Ereignisse vor 1300 Jahren keineswegs abgeschlossen, sondern wirken als unbewältigte Vergangenheit machtvoll in das 20. Jahrhundert hinein.

Der weit zurückreichende Konflikt

Genau genommen begann der Konflikt unter den Muslimen schon im Jahr 632 unserer Zeitrechnung, im Jahr 11 islamischer Zählung, dem Todesjahr Mohammeds.

Wer konnte nach dem Tod des Propheten am besten das Heer führen, wer am wirkungsvollsten den neuen Staat ordnen?

Wer also durfte »Khalifa«, »Stellvertreter«, sein und anstelle des Propheten geistliche und weltliche Führung in sich vereinen? So stellte sich die Frage für die Klanführer, die sich in Medina zur Wahl des Nachfolgers zusammenfanden.

Ein Großteil der Wahlmänner vertrat die Ansicht, zur Nachfolge sei allein der Beste unter den muslimischen Arabern geeignet; verwandtschaftliche Bindungen an Mohammed dürften bei der Wahl – nach guter beduinischer Tradition – keine Rolle spielen. Ohnehin besaß Mohammed keinen Sohn, sondern nur einen Schwiegersohn, Ali Ibn Abi Talib, Gatte seiner einzigen Tochter Fatima und zugleich sein Vetter. Es habe keinen Hinweis darauf gegeben, dass der Prophet in Ali, bei aller Wertschätzung, den natürlichen Nachfolger gesehen habe, so argumentieren rückblickend die Sunniten und widersprechen damit den Schiiten. Die Mehrheit der Wahlmänner hatte sich nach dem Tod Mohammeds gegen Ali entschieden, dem sie nicht die besten Führungsqualitäten zutrauten. Sie wählten Abu Bekr, den Vater von Mohammeds Lieblingsfrau Aischa. Das führte zum Streit mit jenen Wahlmännern, die für Ali als den Blutsverwandten des Propheten votiert hatten und keinen anderen Nachfolger akzeptieren mochten.

Aber nichts deutete während der frühen Jahre darauf hin, dass dieser Nachfolgestreit die Muslime dauerhaft in feindliche Parteien, ja in unterschiedliche Glaubensrichtungen spalten sollte. Hier Sunniten, dort Schiiten – erst etwa zwei Jahrhunderte nach Mohammeds Tod hatten sich die Konfessionen endgültig herausgebildet und die Gegensätze in ihren Strukturen verfestigt. Erst dann waren auch die trennenden Namen aufgekommen. Die Sunniten leiten ihren Namen vom arabischen Begriff »Sunna« ab, der sehr vieldeutig ist und sich mit »Tradition«, »herkömmlicher Weg«, »gewohnte Handlungsweise«, »Überlieferung« übersetzen lässt. Unter »Sunna« reihen die Korangelehrten sowohl den Koran als auch die mündliche Überlieferung der Prophetenworte (»Hadith«) ein. Der Begriff ist so allgemein, dass ihn auch die Schiiten für sich in Anspruch nehmen können, denn sie berufen sich ja ebenso auf »Tradition« – nur dass eben in ihren überlieferten Prophetenworten immer wieder der Hinweis auftaucht, allein Ali und dessen direkte Nachkommen könnten die »rechtgeleiteten« Nachfolger im Kalifenamt stellen. Die Schiiten leiten ihren Namen vom arabischen Begriff »Schia«, »Partei«, ab, gemeint ist die Schiat Ali, die Partei des Ali.

Aus dem Nachfolgestreit wurde ein Dauerstreit, und gerade darin lag der Keim für weiterreichende religiös-ideologische Differenzen. Der Streit verschärfte sich, als Kalif Abu Bekr nach nur zwei Jahren Regierung starb und die Mehrheit der Wahlmänner bei der Nachfolge zum zweiten Mal gegen Ali entschied. Gewählt wurde Omar Ibn al-Chattab, ein besonders fähiger Mann, unter dessen zehnjähriger Regierung die Muslime Syrien, Ägypten, den Irak und Iran eroberten. Als dann Kalif Omar dem Mordanschlag eines persischen Christen zum Opfer fiel und wieder ein Nachfolger zur Wahl stand, verweigerte die Mehrheit der Versammelten zum dritten Mal dem Kandidaten Ali ihre Zustimmung und wählte Othman Ibn Affan. Mit Othman kam erstmals ein Angehöriger der einflussreichen Omayaden-Sippe an die Macht, der einzige Omayade, der sich früh zum Islam bekehrt hatte. Aber als auch Othman nach zwölfjähriger Regierung während eines Streits feindlicher Klans ermordet wurde, entbrannte erneut die Debatte um die Nachfolge. Und erst dieses vierte Mal, im Jahr 656 unserer Zeitrechnung, entschied sich die Mehrheit der Wahlmänner für Ali. 24 Jahre nach Mohammeds Tod sahen sich die Anhänger der Schiat Ali am Ziel, den Blutsverwandten des Propheten zum Kalifen gemacht zu haben.

In späteren schiitischen Chroniken wird Kalif Ali als ein Mann mit feuriger Rednergabe, mitreißender Überzeugungskraft und visionärer Religiosität beschrieben. Aber all das Lob kann nicht darüber hinwegtäuschen, dass Ali, kaum an der

Macht, auch schon von Gegnern hart bedrängt wurde, denen er nur zaghaft Widerstand leistete. Beduinenscheiche aus dem Inneren Arabiens fochten seine Wahl an und erklärten, Ali habe nur eine »Partei« (»Schia«) hinter sich, nicht aber die Masse der Gläubigen. Aus Syrien meldete sich der dortige Gouverneur Muawija, ein Omayade wie Othman, zu Wort und beschuldigte Ali, er habe heimlich die Mörder des Kalifen Othman unterstützt.

»Allahu akbar«, »Gott ist am größten!« Tausende Krieger stimmten den islamischen Schlachtruf an und entrollten grüne Fahnen, die Banner des Islam. Das war die vertraute Szenerie, bevor die Muslime zum Kampf gegen »Ungläubige« losstürmten. Aber nun kämpften erstmals Muslime gegen Muslime, »Gläubige« gegen »Gläubige«, auf der einen Seite Kalif Ali, auf der anderen Seite der Omayade Muawija – dies kaum 25 Jahre nach Mohammeds Tod. Dieser erste »Bruderkrieg« in der Geschichte des Islam endete tragisch. Im Jahr 661 unserer Zeitrechnung starb Kalif Ali unter dem Dolch eines Attentäters in der Moschee seiner irakischen Residenzstadt Kufa. Der Mörder, einst sein fanatischer Gefolgsmann, tötete ihn aus Wut über seine mangelnde Durchsetzungskraft gegen »ungläubige« Muslime. Für die Schiiten aber gilt Ali als ihr geistiger Ahnherr und als erster Märtyrer.

Nach Alis Tod war die Lage vollends chaotisch. Wenn auch die arabischen Heere unaufhaltsam weiter in Nordafrika und Mittelasien vorrückten, drohte die Macht der Muslime im Innern an eigenen Zwistigkeiten zu zerbrechen. Im erneuten Poker um die Macht stand nun Hassan Ibn Ali, der Sohn des ermordeten Kalifen Ali und Enkel des Propheten, dem Gouverneur von Syrien, Muawija, gegenüber. Muawija bot seinem Gegner in geheim geführten Verhandlungen eine sehr hohe finanzielle Abfindung an, darauf erklärte Hassan öffentlich, er verzichte auf das Amt des Kalifen, denn er wolle den Gläubigen weiteres Blutvergießen ersparen. Kampflos überließ Hassan seinem Gegner Muawija die Macht, um selber zurückgezogen ein Luxusleben in Medina zu führen.

Muawija wurde der fünfte Kalif des Islam. Er verlegte die Residenz von Medina nach Damaskus. Mit viel taktischem Geschick und notfalls mit brutaler Härte stellte er den innenpolitischen Frieden im rasch wachsenden islamischen Großreich wieder her. Unerbittlich ließ er all jene verfolgen, die weiterhin die Ansicht vertraten, nur ein Blutsverwandter in direkter Nachkommenschaft des Propheten könne ein »rechtgeleiteter« Kalif sein. Während der Regierungszeit dieses Kalifen drangen die arabischen Heere weiter in Nordafrika und Asien vor. Muawija konnte demnach als ein tüchtiger Herrscher, als ein energischer »Verbreiter des Glaubens« gelten – wie die Sunniten ihn einstufen. Ein »Thronräuber«, urteilen dagegen die Schiiten. Er starb im Jahr 680.

Nach den Regeln arabischer Stammesdemokratie hätten wiederum Wahlmänner, die Vornehmsten der Sippen, zusammentreten müssen, um den »Besten« zu bestimmen. Der Omayade Muawija aber hat kurz vor seinem Tod seinen Sohn Yesid als Nachfolger eingesetzt und begründete damit eine eigene Dynastie, die der Omayaden.

Noch aber lebte ein Enkel des Propheten Mohammed: Hussein Ibn Ali, der jüngere Bruder Hassans, inzwischen 50 Jahre alt. Jetzt, da der gefürchtete Muawija tot war, sah er die Chance gekommen, seine Ansprüche geltend zu machen. Er brach mit seiner Familie und einer Schar Getreuen von Mekka auf und wollte Kufa, die irakische Residenzstadt seines ermordeten Vaters Ali, erreichen. Aber er hatte seinen Gegner unterschätzt. Yesid schickte eine Truppe, welche die Reiterschar Husseins unterwegs überraschte. Nahe dem irakischen Dorf Kerbela am Euphrat umzingelte eine Übermacht syrischer Reiter die kleine Schar Husseins, und nachdem dieser jedes Angebot abgelehnt hatte, sich kampflos zu ergeben, metzelten die Syrer einen Großteil der Umzingelten nieder, unter ihnen auch Hussein.

»Der Tod kam rasch«, lautete die lakonische Botschaft des Kommandanten an Yesid nach Damaskus. Zusammen mit seiner Botschaft schickte er eine grausige Trophäe: Husseins abgeschlagenen Kopf.

Jetzt war der Enkel des Propheten Mohammed durch Muslime getötet worden. Spätestens seit der Schlacht von Kerbela war die Kluft zwischen den verfeindeten Parteien so tief geworden, dass eine Versöhnung weder politisch noch ideell denkbar erschien. Erste Anzeichen einer religiösen Spaltung deuteten sich an, als nun Muslime, die mit Kalif Ali und seinem Sohn Hussein sympathisiert hatten, nach und nach die Sterbeplätze ihrer Märtyrer zu Wallfahrtsstätten machten. In Nedschef errichteten sie ein Mausoleum für Ali, in Kerbela eines für Hussein – und diese beiden Pilgerorte im Irak sollten später für viele Schiiten so wichtig werden wie Mekka und Medina.

Aber alle bis jetzt dargestellten Vorgänge geben noch keine Antwort auf die Frage, wieso es zwischen den beiden verfeindeten Gruppierungen zu einer dauerhaften Spaltung in Konfessionen hat kommen können. Wäre es ein bloßer Machtkampf gewesen, hätte der Konflikt spätestens dann beendet sein müssen, als eine der beiden Parteien unterlag. Die politische Niederlage der »Schiat Ali« war gründlich. Obwohl ein Sohn Husseins das Massaker von Kerbela überlebte und für weitere Nachkommenschaft in direkter Abstammung des Propheten Mohammed sorgte, konnte sich keiner dieser Nachkommen gegen die regierenden Omayaden-Kalifen durchsetzen. Auch als im Jahr 750 unserer Zeitrechnung der rivalisierende Klan der Abbasiden die Omayaden-Dynastie stürzte, selber eine Dynastie begründete und die Residenz von Damaskus nach Bagdad verlegte, half dies den Schiiten wenig. Die Abbasiden-Kalifen bekannten sich ebenfalls zur Glaubensrichtung der »Sunna« und bekämpften die Schiiten als unerwünschte Konkurrenten. Der Sieg sunnitischer Kalifen schien endgültig, als im Jahr 873 der zwölfte schiitische Nachfolgekandidat in der direkten Prophetenlinie bereits im Kindesalter ermordet wurde. Nun schien den Schiiten endgültig die Basis für weitere Ansprüche auf die Kalifenwürde entzogen.

Doch der religiös-ideelle Widerstand der Schiiten blieb ungebrochen. Ja, jetzt erst formierte sich eine eigene schiitische Theologie und religiöse Rechtswissenschaft – und damit bildete sich jene »Schia« heraus, wie wir sie heute kennen.

Die »wahren Imame« und der Märtyrerkult

Der Glaube der Schiiten müsse als »legitimer muslimischer Ritus« betrachtet werden. So heißt es in einem theologischen Gutachten, das 1959 der Rektor der Al-Azhar-Universität in Kairo erstellte. Ein solches Gutachten hat Gewicht, zumal Al-Azhar als die bedeutendste religiöse Hochschule des sunnitischen Islam gilt. Aber gerade dass ein ranghoher Geistlicher so ausdrücklich zur Toleranz mahnen muss, lässt ahnen, wie dringend nötig es auch heute noch ist, gegen hartnäckig bestehende Ressentiments auf beiden Seiten anzukämpfen. Tatsächlich hat sich im Verlauf vieler Jahrhunderte bei Sunniten und Schiiten die Gewohnheit eingebürgert, Gläubige der jeweils anderen Konfession als »Rawafid«, »Abtrünnige«, zu bezeichnen, dagegen die eigene Gruppierung als »Mu'minun«, »Rechtgläubige«.[1]

Ausgangspunkt für den Konflikt ist bis heute der Streit um die rechtmäßige Nachfolge im Amt des Kalifen geblieben. Dieser Streit kann nur auf den ersten Blick als historisch veraltet erscheinen. Denn aus dem ursprünglichen Gegensatz haben sich im Verlauf der Jahrhunderte nicht nur unterschiedliche Tendenzen in der Theologie, sondern auch erhebliche Abweichungen im religiös begründeten Rechtssystem herausgebildet.

Die Sunniten machen heute, nach vielerlei Machtkämpfen, rund 90 Prozent der Muslime aus. Sie bezeichnen Mohammeds erste vier Nachfolger im Kalifenamt – Abu Bekr, Omar, Othman und Ali – gleichrangig als »rechtgeleitete Kalifen«, alle erscheinen ihnen als Vorbilder für spätere Generationen. Anders die Schiiten, deren Lehrmeinung etwa zehn Prozent der Muslime folgen. Sie lassen nur Kalif Ali als »rechtgeleitet« gelten. »Gott« habe seinem Propheten Mohammed zu erkennen gegeben, dass allein Ali und dessen Nachkommen aus der Ehe mit der Prophetentochter Fatima zum höchsten religiös-politischen Amt berechtigt seien; entsprechend hätten sich viele Gefährten Mohammeds schwer versündigt, als sie sich in der Wahl der Nachfolger drei Mal für einen anderen entschieden.

Nach schiitischer Auffassung ist Ali der einzige Mensch, dem der Prophet Mohammed die innere Bedeutung des Koran erläutert hat, sodass Ali vollkommener als jeder andere Muslim das Wort Gottes habe wissen und auslegen können. Und gerade weil die Schiiten Ali eine derart einmalige Bedeutung neben dem Propheten zumessen, haben sie auch das allgemeine islamische Glaubensbekenntnis »Es gibt keinen Gott außer Gott, Mohammed ist der Gesandte Gottes ...« noch um den Zusatz erweitert: »... und Ali ist der Freund Gottes«. Dagegen lehnen Schiiten die drei ersten Kalifen Abu Bekr, Omar und Othman schroff ab. Ihre Abneigung geht so weit, dass Schiiten bis heute ihren Söhnen niemals die Namen dieser sunnitischen Kalifen geben würden. Wer Omar oder Othman (Osman) heißt, ist garantiert Sunnit.

Die Schiiten haben ihren Führern aus der Geschlechterreihe des Kalifen Ali den Titel »Imam« verliehen. Dieses arabische Wort bedeutet »Vorbeter« oder Leiter einer Gemeinde. Ein Titel, der auch bei den Sunniten üblich ist: Bei ihnen steht der Imam einer Moschee vor, aber er bleibt ein gewöhnlicher Mensch. Anders bei den Schiiten, sofern dieser Imam von Mohammed in direkter Linie abstammt: Dieser Imam, »der wahre Imam«, hat vom Propheten die Fähigkeit geerbt, stets das »Richtige« zu erkennen und zu tun, ja in wesentlichen dogmatischen Aussagen »unfehlbar« zu sein. Der erste schiitische Imam ist Kalif Ali selber, der zweite sein ältester Sohn Hassan, der dritte sein jüngerer Sohn Hussein, der vierte dessen Sohn ... Die »wahren Imame« haben nach schiitischem Verständnis insgeheim stets eine Gegenregierung zu den »ungläubigen«, »unislamischen« Kalifen gebildet. Diese Imame sind zwar politisch von den Sunniten verfolgt, unterdrückt und meist gar getötet worden, umso mehr aber sind sie in ihren theologischen und religiös-rechtlichen Auslegungen verbindlich für die »Rechtgläubigen« gewesen. Eine unterschiedliche Entwicklung im Glaubens-leben, im Verständnis politischer Hierarchien, im Rechtssystem (besonders im Ehe- und Erbrecht) war mit diesem Ansatz vorbestimmt.

Hussein, der Märtyrer von Kerbela, ist für die Schiiten neben Ali zum zweiten großen Heiligen geworden. Hussein kann ihrer Meinung nach als Vermittler zwischen Gott und jenen Gläubigen auftreten, die sich im Gebet an ihn wenden. Nach schiitischer Überzeugung ist Hussein von Gott vor die freie Wahl gestellt worden, entweder in der Schlacht von Kerbela zu siegen oder Märtyrer zu werden. Hussein habe sich für das Martyrium entschieden, um den Gläubigen ein leuchtendes Beispiel zu geben, dass es besser sei, für den wahren Glauben zu sterben, als im Sinne des falschen Kalifen Yesid auf schlechte Kompromisse einzugehen und den Islam zu »verraten«. Hussein stehe als Symbol ewig für jene, die ihr Leben opfern im Kampf gegen einen ungerechten, »gottlosen« Herrscher. Spätere Generationen haben dieser Lehre noch eine Deutung hinzugefügt: Hussein starb als Märtyrer, um durch sein Blut die Menschheit von ihren Sünden zu erlösen.[2] Damit ist Hussein endgültig der gewöhnlichen Sphäre des Menschlichen entrückt und in die Nähe von christlichen Erlösungsvorstellungen gebracht worden. Sunniten muss eine derartige Überhöhung eines Menschen als Ketzerei erscheinen.

Bis heute ehren die Schiiten Hussein an seinem Todestag,

dem zehnten Tag im Monat Muharram. »Ashura« wird dieser Tag auf arabisch kurz und bündig genannt; übersetzt bedeutet dies nichts anderes als »der Zehnte«. In einigen Ländern sammeln sich an diesem Tag Männer auf öffentlichen Plätzen zu einer Art Passionsspiel, wobei sie die einzelnen Leidensstationen Husseins szenisch darstellen, in lautes Wehklagen ausbrechen und sich rhythmisch mit den Fäusten auf die Brust schlagen. Einige steigern sich während der rituellen Trauerkundgebung in Trance. In manchen Ländern peitschen sich Trauernde gar mit Geißeln den Rücken blutig, eine symbolische Buße für all jene Muslime, die damals Hussein nicht zu Hilfe gekommen seien.

Sunniten distanzieren sich meist peinlich berührt von solchen Trauerritualen, die sie mit »unislamischen« Einflüssen erklären. Und Europäer haben allen Grund, Parallelen zu mittelalterlichen Karfreitagsritualen zu ziehen oder zu Karfreitagsprozessionen unserer Gegenwart in Spanien, Süditalien, Lateinamerika. Bei all den Unterschieden erinnern doch manche Details der Passion Husseins an die Passion Christi.

Schiiten wie Christen weisen in der Frühzeit ihrer Geschichte eine wichtige Gemeinsamkeit auf: Schiiten wie Christen sind als politisch machtlose Minderheit verfolgt, unterdrückt oder gar getötet worden und haben deshalb über lange Perioden ihren Glauben nur im Verborgenen ausüben können. Beide haben aus dieser Situation heraus früh die Neigung entwickelt, Märtyrer ihrer Bewegung besonders zu verehren, es sogar für eine »gottgewollte« Tugend zu halten, dem Vorbild eines solchen Märtyrers nachzueifern. Hierbei formten die Schiiten ihren Märtyrerkult allerdings politisch kämpferischer als die Christen.

Der in der Omayaden-Moschee von Damaskus aufgestellte Sarkophag Husseins ist leer, ist nur eine Gedenkstätte. Husseins abgeschlagener Kopf wurde wieder nach Kerbela gebracht und ist dort in einem Schrein der später gebauten prachtvollen

Pilgermoschee aufbewahrt. Dagegen ist der große Feind der Schia für die Schiiten in der Omayaden-Moschee besonders gegenwärtig: Yesid. Hier erleben die Schiiten aus aller Welt im rituellen Schmerz noch einmal die tiefste Demütigung durch den damals politisch überlegenen »Feind Gottes«.

Yesid … Der Name hat politische Sprengkraft. Schiiten, selbst wenn sie wenig über islamische Geschichte wissen, kennen den Namen Yesid. Er steht aus schiitischer Sicht symbolisch für den »ungläubigen« Machthaber schlechthin, der sich nur heuchlerisch zum Islam bekennt, tatsächlich aber alle religiösen Ideale ignoriert. Radikal-orthodoxe Schiiten haben den Namen Yesid schließlich auf muslimische Politiker des 20. Jahrhunderts übertragen, die den Versuch machen, die islamische Gesellschaft nach westlichem Vorbild zu modernisieren und hierbei »den Islam verraten«. Es sei die heilige Pflicht eines jeden Muslim, gegen die »ungläubigen Yesids« von heute sein Leben einzusetzen.

Yesid … Das Trauma der Vergangenheit wird für die Gegenwart instrumentalisiert. Dass dies bis hin zu revolutionären Umstürzen führen kann, hat uns das Beispiel Iran gelehrt. Dies ist nicht zufällig jener Staat, in dem die Schiiten seit vielen Jahrhunderten mit nahezu 93 Prozent der Bevölkerung die überwältigende Mehrheit bilden. Ayatollah Khomeini ist es gelungen, die Trauerprozession zu Ehren des Märtyrers Hussein für die aktuelle Politik umzufunktionieren. Den Aufstand gegen Schah Mohammed Reza Pahlevi hatte Khomeini 1978 für den Tag der Trauerprozession zu Ehren des Märtyrers Hussein geplant – und damit ein sicheres Gespür bewiesen für die religiös gärende Stimmung im Volk und dessen Enttäuschung über die gescheiterte Modernisierungspolitik des Schahs. Seine Rechnung ist aufgegangen. Jener 11. Dezember 1978 sollte für den Schah zum Menetekel werden. Während der Prozessionen in iranischen Großstädten gellte aus Lautsprechern auf den Minaretten wie den Megaphonen der Mullahs die Parole: Jetzt wiederhole sich das Drama vom gerechten Kampf des Imam Hussein gegen den tyrannischen Thronräuber Yesid. Jetzt übernehme das iranische Volk die Rolle Husseins. Nieder mit Schah Yesid! Tausende Schiiten rannten am »Ashura«-Tag des Jahres 1978 ohne Furcht in das Maschinengewehrfeuer der Soldaten, um im Kampf gegen »Schah Yesid« zu sterben wie der Märtyrer Hussein – und um belohnt zu werden mit dem direkten Eingang ins »Paradies«. Dieser Massenansturm religiös fanatisierter und sozial verzweifelter Menschen ließ den Schah erstmals gründlich daran zweifeln, dass er die seit Langem schwelenden und nun explodierenden Unruhen jemals wieder unter Kontrolle bekäme. Vier Wochen später ging er entmutigt ins Exil.[3]

Die geballte Bereitschaft zum rituellen Selbstmord war derart intensiv nur bei Schiiten zu finden. Aber gerade weil Khomeinis »Islamische Revolution« eine scheinbar unbesiegbare Regierung ins Wanken bringen und schließlich stürzen konnte, hat diese extreme Märtyrer-Ideologie über den schiitischen Radikalismus hinaus an Strahlkraft gewonnen. Längst fühlen sich auch sunnitische Radikale zu ähnlichen Aktionen ermuntert. Das zeigen besonders auffällig die Selbstmordkommandos der Hamas-Bewegung bei Attentaten in Israel. Die hier entstandene politisch-religiöse Radikalisierung signalisiert einen Umbruch im sozial-religiösen Gefüge überall dort, wo soziales Elend anfällig für Verzweiflungstaten macht. Viele dieser Märtyrer-Terroristen, ob nun schiitisch oder sunnitisch, kommen aus sozial desolaten Verhältnissen, aus den Slums der Ballungszentren oder Flüchtlingslagern, wo die Menschen ohne Zukunftsperspektive dahinvegetieren.

Siebener-Schiiten und Zwölfer-Schiiten

Nahezu 1300 Jahre dauert nun schon die Spaltung in Sunniten und Schiiten. So sehr auch manche Muslime betonen, das Gemeinsame überwiege das Trennende – in der politischen

Praxis dominiert meist das Trennende. Denn Sunniten wie Schiiten streben ja in letzter Konsequenz einen eigenen Staat an, in dem das jeweils sunnitische oder schiitische Rechtssystem allein das Leben der Gläubigen bestimmt; entsprechend muss es zu Konflikten kommen, wenn eine Konfession als Minderheit im Staat der anderen lebt.

Allerdings sind die konfessionellen Fronten innerhalb des Islam nicht so holzschnittartig einfach geblieben, wie sie hier um der Kürze willen dargestellt sind. Sunniten und Schiiten bilden nur die Hauptgruppen, aus denen sich wiederum verschiedenste Untergruppen und Sekten abgespalten haben – und diese kritisieren und bekämpfen sich untereinander ebenfalls heftig. Es ist eine Entwicklung, wie wir sie auch aus der Geschichte des Christentums kennen.

Besonders die Schiiten haben sich in immer neue Richtungen aufgesplittert, weil sie sich nicht über die Frage einigen konnten, wie viele Imame in der Geschlechterkette des Propheten als höchste, »unfehlbare« Autorität anerkannt werden sollten. Es begann damit, dass sich die Bewegung der Siebener-Schiiten zu einer eigenen Gemeinschaft formierte.

Im Jahr 760 unserer Zeitrechnung starb in Medina Ismail, der älteste Sohn des sechsten Imam, vor seinem Vater. Die Schiiten begannen untereinander zu streiten. Die einen meinten, nun müsse eben der Vater einen zweiten Sohn zum Nachfolger ernennen. Andere widersprachen: Mit Ismail als dem siebten Imam sei die Reihe der »Erleuchteten« erloschen, nun müssten die Gläubigen bis zum Jüngsten Tag ohne religiös unfehlbaren Führer auskommen. Die Verfechter dieser zweiten Meinung begründeten die Bewegung der Siebener-Schiiten mit Ismail als dem »Siegel der Imame« (daher heute auch die Bezeichnung »Ismailiten«). Dagegen setzten die anderen Schiiten die Reihe ihrer Imame unbeirrt fort. Aber das Jahr 873 brachte für sie ebenfalls den Umbruch. In diesem Jahr starb der zwölfte Imam Mohammed al-Muntasar unter ungeklärten Umständen (vermutlich von Soldaten des sunnitischen Kalifen von Bagdad verschleppt und getötet). Da er keinen Sohn hinterlassen hatte, folgten maßgebliche Korangelehrte dem Beispiel der Siebener-Schiiten. Mit dem zwölften Imam war nun auch für sie die Reihe der »Erleuchteten« erloschen. Sie nannten sich später Zwölfer-Schiiten. Bei dieser Spaltung blieb es nicht. Besonders aus den Reihen der Siebener-Schiiten gingen während der folgenden Jahrhunderte weitere Bewegungen hervor.

Aber mit dieser neuen Wendung hatten sich die Schiiten in einem Punkt wieder den Sunniten angenähert: Kein religiöser Führer konnte nun mehr von sich behaupten, er habe Mohammeds »Unfehlbarkeit« geerbt und dürfe in seinem religiös-politischen Urteil nicht angezweifelt werden. Nun galt auch der höchste geistliche Würdenträger als sündhafter Mensch, der den Koran falsch auslegen konnte und sich von anderen Gelehrten Kritik gefallen lassen musste. Damit sollte es in unseren Tagen selbst einem radikalen Fundamentalisten wie Khomeini verwehrt sein, mit dem Anspruch der »Unfehlbarkeit« aufzutreten; er blieb der Kritik anderer Ayatollahs ausgesetzt. Dieser Abschied von der Ideologie des unantastbaren Imam gestattete es den Schiiten aber auch, nun selber mit allen politisch nötigen Kompromissen einen Staat zu regieren. Wie die Sunniten installierten nun auch die Schiiten eine Geistlichkeit, deren Führer lediglich den weltlichen Herrscher kontrollierten, ob dieser seine Politik an den Grundlagen des Koran orientierte.

Trotzdem konnte es zu keiner wirklichen Annäherung zwischen Sunniten und Schiiten kommen. Besonders in einem Punkt grenzten sich die Schiiten zukünftig von den Sunniten ab – in der Lehre vom »Verborgenen Imam«.

Entstanden ist diese Lehre bei den Zwölfer-Schiiten unter dem Schock, dass der zwölfte Imam der letzte sein sollte. Jahrzehnte nach dem ungeklärten Verschwinden ihres »unfehlbaren« Führers behaupteten Korangelehrte, sie hätten bisher unbekannte Aussprüche des Propheten Mohammed entdeckt.

Mohammeds neu aufgefundene Worte sollten bald unverzichtbarer Bestandteil der schiitischen Hadith-Sammlung sein: Gott werde am Ende aller Tage den »Mahdi«, den »Rechtgeleiteten«, schicken, der über alle anderen Religionen triumphieren werde. Dieser »Rechtgeleitete« sei ein direkter Nachkomme des Propheten. Dem angeblichen Prophetenwort fügten die Korangelehrten hinzu: Der Verheißene sei der zwölfte Imam, der einst zwar unter ungeklärten Umständen verschwunden, aber nicht gestorben, sondern nur »entrückt« sei. Unsterblich lebe er im Verborgenen, erteile besonders auserwählten Männern Ratschläge und »erleuchte« sie in wesentlichen Glaubensfragen; er werde kurz vor dem Ende aller Zeiten in Erscheinung treten und als »rechtgeleiteter Kalif« die ganze Menschheit zum Islam bekehren und mit makelloser Gerechtigkeit regieren.

Den Sunniten musste eine derartige Lehre als zutiefst ketzerisch erscheinen, denn ihrer Überzeugung nach treten am Ende aller Tage nur Mohammed und Jesus auf, sie aber verkünden lediglich das Jüngste Gericht und besitzen keinerlei übernatürliche Fähigkeiten. Der Glaube an den Mahdi konnte nach sunnitischer Meinung nicht mehr im ursprünglichen Sinn »islamisch« sein.

Westliche Religionswissenschaftler bekräftigen diesen Vorbehalt. Sie äußern nahezu übereinstimmend, die Schiiten hätten sich hier wahrscheinlich von den Endzeiterwartungen der geistig verwandten Weltreligionen Judentum und Christentum anregen lassen, denn gar zu sehr erinnere der »Mahdi« an den verheißenen »Messias« der Juden oder den »Erlöser« der Christen.

Je schlechter es den Schiiten politisch und sozial erging, desto eifriger und fanatischer haben sie sich im Verlauf der Jahrhunderte an die Vorstellung vom »Verborgenen Imam« geklammert, haben sie auf das baldige Erscheinen des »Welterlösers« gehofft, der die »Ungläubigen« wie die muslimischen Ketzer endgültig besiege. Kein Zufall war es, dass dieser Glaube zu einer Zeit geboren wurde, als die Schiiten sich in vielen Ländern von einer feindlichen sunnitischen Übermacht umgeben und lebensbedrohend gefährdet sahen. Kein Zufall ist es auch, dass nicht nur die Zwölfer-Schiiten zu einer derart messianischen Heilserwartung tendieren, sondern schließlich auch die Siebener-Schiiten, nur dass sich bei ihnen eine entsprechende Sehnsucht auf den wiederkehrenden Imam Ismail richtet. Ja, zeitweise haben sich sogar Sunniten von derartiger Hoffnung auf ein Endreich anstecken lassen, auch in ihren Reihen haben sich zeitweise religiöse Führer zur Heilserwartung des »Mahdi« bekannt. (Der berühmteste sunnitische Mahdi wurde der Derwisch Mohammed Ahmed, der von 1881 bis 1885 im Sudan den »Heiligen Krieg« gegen britische und ägyptische Kolonialtruppen führte.)

Die schiitische Lehre vom »Verborgenen Imam« hat Energien entfesselt, die bis in unsere Tage bestürzende Wirksamkeit behalten haben. So hat sich schließlich Khomeini als Vorläufer und »Wegbereiter« des »Mahdi« ausgegeben, gerade mit dieser Parole hatte er im Iran die schiitischen Volksmassen von seinem Sendungsbewusstsein überzeugen und gegen den »ungläubigen« Schah mobilisieren können.

Siebener-Schiiten und Zwölfer-Schiiten ... Diese beiden Großgruppen bestimmen bis heute maßgebend das Erscheinungsbild der Schiiten. Religiös und politisch geschlossener sind die Zwölfer-Schiiten, die im Iran zu Beginn des 16. Jahrhunderts ihre Konfession als Staatsreligion etablieren konnten. Dagegen besitzen die Siebener-Schiiten (oder Ismailiten) kein politisches Zentrum mehr, nachdem die Dynastie der Fatimiden in Ägypten während des 12. Jahrhunderts die Macht verloren hatte. Die Ismailiten, in unterschiedliche und teils radikale Sekten aufgesplittert, leben verstreut über etliche Länder von Nordafrika bis Ostasien. Einige dieser Sekten haben sich besonders weit vom orthodoxen Islam entfernt und sind daher für zahlreiche Muslime, auch für Schiiten, ein Stein des Anstoßes.

Im Großraum Syrien spielen zwei dieser radikalen schiitischen Sekten aus den Reihen der Ismailiten eine herausragende Rolle: die Alawiten und die Drusen.

Die »Ketzerei« der Alawiten

Bei einem meiner Rundgänge durch Vorortviertel von Damaskus nahe dem Jebel Qassiyun spricht mich ein Syrer auf Englisch an. Mit sichtbarer Freude des Wiedererkennens schüttelt er mir die Hand und sagt, er habe mich vor zwei Wochen in Tartus gesehen. Er, ein etwa vierzigjähriger Mann, westlich gekleidet, groß gewachsen, mit hellen Augen und brünettem Haar, erklärt, Tartus sei seine Geburtsstadt, dort wohne noch immer ein Teil seiner Verwandten, er aber sei nach Damaskus übersiedelt, weil er als Elektrotechniker hier bei der Armee Arbeit gefunden habe.

Während wir durch die belebten Vorortgassen schlendern, reden wir anfangs ganz allgemein über Syrien und Deutschland, dann erzählt er einiges über seine Heimatstadt Tartus und erklärt, dass dort die Bevölkerung religiös gemischt sei, Muslime wie Christen der unterschiedlichsten Konfessionen lebten dort. Er sei Alawit, viele Alawiten lebten in Tartus.

Wir sprechen über die Unterschiede zwischen Sunniten, Schiiten und Alawiten. Ich will wissen, wie er als Alawit das Zusammenleben der einzelnen Religionsgruppen in Syrien beurteile. Zu meiner Überraschung zögert er zunächst, blickt vorsichtig nach beiden Seiten und meint dann, es sei besser, in seiner Wohnung bei einer Tasse Tee weiterzureden. Und gedämpft wiederholt er, als müsse er fürchten, jeder der Vorbeigehenden hier verstehe Englisch: Es sei besser so.

Wir nähern uns in einer Seitengasse, die steil den Berg Qassiyun ansteigt, einem aus Betonziegeln gebauten Haus. Über eine enge Betontreppe ohne Geländer gehen wir ins oberste Stockwerk, wobei ich im Vorbeigehen jeweils einen Blick in die offenen Wohnungen werfen kann: überall drangvolle Enge, die Hälfte der Räume mit Betten verstellt, in einer Ecke meist ein Herd, auf dem Boden tummeln sich spielende Kinder. Die Wohnung meines Gastgebers besteht aus zwei Räumen direkt unter dem Dach. Ich kann durch eine Tür ins Nachbarzimmer schauen, wo ein älterer Mann, uns den Rücken zugedreht, im Bett liegt und schläft. Mein Gastgeber schließt rasch die Tür. Drei Kunstledersessel, ein niedriges Tischchen, ein Schrank, ein Fernsehapparat bilden das Inventar in dem nüchternen, ganz auf Zweckmäßigkeit eingerichteten Zimmer. Vom Fenster blicke ich über den architektonischen Wildwuchs eines typischen Damaszener Vororts mit Ziegeldächern, Kuppeln, Betonflachdächern, Minaretts, Fernsehantennen.

In diesem Viertel hier wohnen sehr viele Alawiten, erklärt er. Seit Assad regiere, seien Alawiten zahlreich nach Damaskus übersiedelt, weil ihnen hier die Regierung Jobs angeboten habe. Meist arbeiteten sie in der Armee und der Verwaltung, jede Regierung besetze schließlich möglichst viele Posten mit eigenen Leuten, und auf diese Weise sei auch er nach Damaskus gekommen. Die ursprünglichen Siedlungsgebiete der Alawiten lägen zwischen den Hafenstädten Tartus und Lattakia sowie dem dahinter liegenden Bergland. Assad stamme aus einem Dorf in der Nähe von Lattakia.

Mich überrascht, auf welche Weise er die eigene Glaubensrichtung beschreibt. Sofern man die Maßstäbe orthodoxer Sunniten anlege, sagt er, müsse man den Glauben der Alawiten als »nicht islamisch« bezeichnen. Auch orthodoxe Schiiten würden immer wieder Kritik an den Alawiten üben und sich von ihnen distanzieren. Die Alawiten seien aus der Bewegung der Siebener-Schiiten hervorgegangen, seien also Ismailiten, und Bewegungen dieser Richtung würden von den Orthodoxen ohnehin sehr argwöhnisch beobachtet. Was die Alawiten aber unislamischer als die meisten anderen Gruppierungen erscheinen lasse, sei ihr Glaube an eine Dreifaltigkeit Gottes. Das sei christlich, so würden viele Orthodoxe scharf kritisieren, das sei heidnisch, würden andere noch ablehnender behaupten. Gott aber habe die Wahrheit drei Menschen offenbart: zuerst dem Propheten Mohammed, dann dessen Schwiegersohn, dem Kalifen Ali, dann Salman al-Farisi, dem ersten Perser, der zum Islam übertrat. Gott habe sich Ali am reinsten offenbart, habe ihm ewige Wahrheiten übermittelt, die noch über den Koran hinausgehen. Ali sei für die Alawiten daher noch wichtiger als Mohammed, der Name der Glaubensgemeinschaft beziehe sich ja auf Ali.

Welche wichtige religiöse Botschaft habe Gott denn Ali mitgeteilt, unterbreche ich mit einer Frage. Mich würde da ein Beispiel interessieren.

Der Gefragte zögert mit seiner Antwort. Es sei geheimes Wissen, nicht für Jedermann bestimmt, sagt er schließlich. Die Alawiten hätten immer sehr vorsichtig sein müssen, sobald sie über ihren Glauben mit Außenstehenden redeten. In dieses Wissen vollständig eingeweiht seien ohnehin nur wenige, selbst bei den Alawiten. Orthodoxe Muslime würden sich ja schon daran stoßen, dass der Koran für die Alawiten nicht Gottes ganze Offenbarung bedeute. Als in Syrien noch orthodoxe Sunniten regiert hätten, sei es für die Alawiten ein großes Problem gewesen, sich öffentlich zum eigenen Glauben zu bekennen. ja es habe zeitweise gefährlich werden können, so besonders unter der Herrschaft der Osmanen. Alawiten hätten stets damit rechnen müssen, sozial unterdrückt oder gar als Ketzer verfolgt zu werden. Viele Alawiten hätten es daher vorgezogen, im Geheimen ihren Glauben zu leben, aber sich nach außen hin anzupassen, etwa sunnitische Moscheen zu besuchen, manche hätten sich sogar als Sunniten ausgegeben. Erst seit die jetzige Regierung unter Präsident Assad konsequent die Gleichberechtigung für alle Glaubensrichtungen durchgesetzt habe, könnten die Alawiten wirklich unbehelligt leben. Seither hätten auch die Drusen ihren Frieden. Die Drusen würden ja von orthodoxen Muslimen noch viel entschiedener abgelehnt.

Was würde geschehen, wenn die Alawiten plötzlich die Macht an die Sunniten zurückgeben müssten?

Wieder zögert er mit seiner Antwort. Das sei nicht sehr wahrscheinlich, erklärt er schleppend. Die Alawiten hätten ihre Positionen gut ausgebaut und sie lebten mit allen religiösen Gruppierungen Syriens in Frieden. Wer sollte ein Interesse haben, an dieser stabilen Lage etwas zu ändern, sagt er heftig auf meinen weiterhin fragenden Blick und ergänzt: Falls die Alawiten die Macht verlören, würde es zu Blutvergießen kommen, die Situation in Syrien könnte wieder für sehr lange Zeit instabil werden.

Orthodoxe Muslime, erklärt er, würden sich bei Alawiten oft schon an Äußerlichkeiten stoßen, die gar nicht den Kern des Glaubens beträfen. Alawiten fänden es zum Beispiel unnötig, fünfmal am Tag zu beten oder regelmäßig eine Moschee zu besuchen. Ihrer Ansicht nach solle jeder Gläubige die Anzahl seiner Gebete selber bestimmen, ein Gebet müsse aus dem Herzen kommen und dürfe nicht durch ein Ritual vorgeschrieben sein. Alawiten benötigten letzten Endes keine Moschee, sie beteten meist zu Hause oder irgendwo im Freien, was aber nicht heiße, dass sie niemals eine Moschee besuchten; nur sei es für sie nicht unbedingt notwendig. Alawiten bräuchten sich auch nicht an die Fastengebote des Ramadan zu halten, sie würden den Ramadan als bloßes Ritual ablehnen, ebenso würden sie eine Pilgerfahrt nach Mekka nicht für wichtig halten. Alawiten seien sehr frei in ihrem Ritus, und bereits das bedeute für viele Muslime eine Provokation. Alawiten hätten es allerdings leichter als orthodoxe Muslime, sich modernen Ideen zu öffnen. Und das sei ein weiteres Problem. Er brauche wohl nicht besonders zu betonen, dass unter solchen Umständen die Beziehung zu radikal-orthodoxen Muslimen besonders gespannt sei; natürlich herrsche da Todfeindschaft.

Im weiteren Gesprächsverlauf erwähnt er, dass die Alawiten von den Christen den Brauch übernommen hätten, Weihnachten und Ostern zu feiern, dies aus besonderer Verehrung für Jesus. Vielen orthodoxen Sunniten gehe auch das zu weit, erklärt er. Dabei habe es in Syrien Tradition, dass Muslime und Christen gegenseitig ihre Feiertage respektierten. Ja, es gebe zur Genüge Christen, die etwa mit den Muslimen gemeinsam den Fastenmonat Ramadan einhielten und mit ihnen auch das Fest des Fastenbrechens feiern würden. Da seien manche Christen islamischer als die Alawiten, sagt er scherzend.

Das Gespräch vermittelt einen ersten Eindruck von der Außenseiterposition der Alawiten. Ihre Entstehungsgeschichte reicht weit zurück. Begründet wurde diese Glaubensgemeinschaft Mitte des 9. Jahrhunderts von dem schiitischen Theologen Mohammed Ibn Nusair, einem Ismailiten. Um das Jahr 860 zog sich Ibn Nusair, ein geborener Iraker, mit seinen Gefolgsleuten in das unwegsame Bergland Nordsyriens zurück, weil er sich von sunnitischen Fürsten bedroht sah. Im äußersten Norden Syriens, wo damals noch die Grenze zum Byzantinischen Reich verlief, konnte die Sekte relativ ungestört leben – mehr in Kontakt mit syrischen Christen als mit Muslimen – und entwickelte immer entschiedener ein eigenständiges Glaubensleben. Seit dem 10. Jahrhundert hatte sich ihre sehr unislamisch wirkende Lehre von der Dreifaltigkeit Gottes vollständig ausgeformt, wie sie derart eindeutig noch nicht bei Ibn Nusair nachzuweisen ist: Kalif Ali gilt ihnen als eine Mensch gewordene Erscheinungsform Gottes (in verblüffender Parallele zur Christus-Verehrung der Christen); Ali übertrifft damit Mohammed an Bedeutung, der »nur« Prophet ist. Hinzu kommt als dritte große Glaubensquelle der Perser Salman al-Farisi. Orthodoxen Muslimen ist dieser Perser zwar als ein Gefährte des Propheten geläufig, aber er spielt in ihrer religiösen Tradition kaum eine Rolle.

Diese dem klassischen Islam strikt zuwiderlaufende Lehre

zwang die Alawiten über viele Jahrhunderte zum Rückzug aus dicht besiedelten Gegenden. Nur in schwer zugänglichen Regionen konnten sich Alawiten sicher fühlen vor Verfolgungen durch die sunnitische Orthodoxie, wie sie in Syrien besonders mit der Dynastie der Mamluken und schließlich der Osmanen an Macht gewann.

Trotz aller Bedrohung breiteten sich die Alawiten aber noch während des Spätmittelalters bis weit hinein in das anatolische Bergland aus. Ihre Sekte entwickelte allerdings auf türkischem Boden, nun abgeschnitten von der syrischen Sekte, wiederum eigene Glaubensformen und Traditionen. Deshalb können wir die syrischen und die türkischen Alawiten nicht ohne Weiteres gleichsetzen. In der Logik solcher Unterschiede liegt es, dass selbst die Namen der Religionsgemeinschaften variieren, dies auch in westlicher Umschrift. Den syrisch-arabischen Namen schreiben wir durchweg »Alawiten«, den türkischen oft abweichend »Alaviten«, »Aleviten«. Sämtliche Unterschiede erscheinen jedoch zweitrangig im Vergleich zu den Gemeinsamkeiten. Eine Provokation sind die Alawiten in Syrien wie die Aleviten in der Türkei bis heute durch ihren »unislamischen« Islam geblieben.

Auf türkischem Hoheitsgebiet sind die Aleviten sogar über Jahrhunderte stärker politisch aktiv gewesen, auch ist ihre Zahl rascher gewachsen als die der Alawiten in Syrien. Ein Viertel aller türkischen Muslime bekennt sich heute zum alevitischen Glauben, dies besonders in den östlichen Regionen Anatoliens. Überwiegend Aleviten waren es, die vom 14. bis zum 16. Jahrhundert die großen Aufstände notleidender Bauern und Landarbeiter gegen die sunnitischen Feudalherren anführten und so zu einer Gefahr für die Osmanen-Sultane wurden. Die türkischen Aleviten blieben bis zum Zusammenbruch des Osmanenreiches eine latente Bedrohung für die Sultane, denn sie zeigten sich bereit, jede Schwächung sunnitischer Herrschaftsideologie zu fördern. Schließlich hofften sie, auf diese Weise ihren eigenen Freiheitsraum zu erweitern. Kein Zufall konnte es sein, dass gerade die Aleviten sich engagiert der Reformbewegung von Atatürk anschlossen. Ihre Führungskräfte traten wesentlich entschiedener als die meisten sunnitischen Reformer für eine Trennung von Politik und Religion, für das Ideal eines »säkularen« Staates ein. Atatürk hätte seine Reform kaum derart erfolgreich durchführen können, würden ihm nicht die Aleviten, gerade auch alevitische Bauern, die Massenbasis geliefert haben.[4]

Aleviten sind es auch, die heute in der Türkei am entschiedensten die Ideale eines »säkularen« Staates verteidigen. Wie keine andere religiöse Gruppierung beziehen die Aleviten Front gegen jede religiöse Partei, die den Islam als »Staatsreligion« wie zur Zeit der Osmanen installieren möchte. Denn eine solche Rückwendung zur Vergangenheit würde für die »säkularen« Schiiten eine erneute Unterdrückung durch sunnitische Orthodoxie bedeuten. Ausnahmslos Sunniten fordern in der Türkei einen »islamischen Staat«, und sunnitische Fundamentalisten schüren mit wachsendem Erfolg Hass gegen die »unislamischen« Aleviten. Wie heftig sich dieser über viele Jahrzehnte angestaute Konflikt entladen kann, haben die Unruhen von 1993 bewiesen. Diese Unruhen waren ausgebrochen, nachdem sunnitische Fundamentalisten während eines Kulturfestivals in Sivas ein Hotel angezündet hatten und 37 alevitische Künstler und Intellektuelle in den Flammen umkommen ließen. Noch stärker in unser westliches Bewusstsein eingeprägt hat sich der landesweite Aufruhr im März 1995. Diesmal hatte ein Attentat sunnitischer Radikaler auf Aleviten in Istanbul genügt, um die Türkei wochenlang in einen höchst explosiven Spannungszustand zu versetzen. Inzwischen ist deutlich, dass in der Türkei der Gegensatz zwischen sunnitischen Orthodoxen und »unislamischen« Aleviten mehr bedeutet als nur einen vorübergehenden Konflikt. In diesem Gegensatz ist die moderne Krisensituation des Islam zugespitzt auf die Frage, ob ein Staat eher »säkular« oder »islamisch« zu sein hat.

In Syrien zeigte die religiös eng verwandte Glaubensrichtung der Alawiten ebenfalls großes Interesse, sunnitische Machthaber und deren Herrschaftsideologie zu schwächen. Syriens Alawiten nahmen begieriger als viele westlich gebildete Sunniten Reformideen eines »säkularen« Staates auf. Dabei hatten sie noch um 1920, zu Beginn der französischen Kolonialherrschaft, als zutiefst rückständig und provinziell gegolten. Aber besonders diese bisher unterdrückte Minderheit sollte zu starkem Einfluss innerhalb der Modernisierungsbewegung gelangen. Dafür sorgten nicht zuletzt die französischen Kolonialherren, denen daran gelegen war, religiöse Randgruppen als Verbündete gegen die sunnitische Mehrheit zu umwerben. Gerade die Franzosen öffneten den Alawiten den Weg zu guter Schulbildung und raschem Aufstieg im Militär.

Es ist allerdings ein erstaunliches Phänomen, dass es den Alawiten in Syrien 1970 gelingen konnte, innerhalb der Baath-Regierung die ebenfalls reformorientierten sunnitischen Parteimitglieder von der Macht zu verdrängen. Wie das hat geschehen können und ob die Diktatur der Alawiten sich zu behaupten vermag, werden wir noch erörtern müssen. Die Sunniten machen schließlich rund 70 Prozent der Syrer aus, die Alawiten nur rund elf Prozent.

»Die Drusen sind keine Muslime!«

Der Jebel ad-Druz, der Berg der Drusen, ein bis zu 1800 Meter ansteigendes Vulkangebirge, ist in der Hauran-Ebene bei klarem Wetter schon von Weitem zu sehen. Rotbraune Erde mit Olivenbäumen, Getreidefelder und weit verstreute Dörfer kennzeichnen die dem Gebirge vorgelagerte Landschaft rund hundert Kilometer südlich von Damaskus nahe der Grenze zu Jordanien. Hier, mit der Bezirkshauptstadt Suweida als Zentrum, leben etwa 300 000 Drusen, die meisten sind Bauern. Soweit sie noch traditionelle Trachten tragen, erkennt man die Frauen an dem von weißen und rosafarbenen Bändern umschlungenen Kopftuch, die Männer am Keffiye ohne den sonst üblichen schwarzen Kamelhaarring (Aga!) um den Kopf.

Etwa 30 Kilometer von der »Drusen-Hauptstadt« Suweida entfernt liegt Bosra. Es ist jener Ort, an dem einst der legendäre Mönch Bahira dem Knaben Mohammed die künftige Prophetenwürde verkündet haben soll. Den westlichen Besuchern ist Bosra eher durch seine majestätischen Ruinen aus römischer und arabisch-islamischer Zeit bekannt. Ein Syrer begleitet mich durch das Ruinenfeld. Es hat geregnet, doch schon dringt die Sonne wieder durch die Wolken, und klar hebt sich nun der Jebel ad-Druz hinter den römischen Säulen aus dem Dunst der Ebene. Gerade weil der Bergrücken nun so nah erscheint, komme ich auf die Idee, den Syrer zu fragen, ob denn auch hier in Bosra Drusen wohnen.

Der Syrer blickt mich starr an, anscheinend empfindet er die Frage als Zumutung. Oh nein, hier in Bosra wohnten nur Muslime, antwortet er mit sichtlichem Widerwillen. – Ob denn die Drusen keine Muslime seien? – Die Drusen Muslime? Oh nein, oh nein! Die Drusen seien keine Muslime, sie besäßen keine Moscheen, sie besäßen nicht das Heilige Buch, den Koran, sie beteten nicht. Wie könnten solche Leute Muslime sein? Hier in Bosra lebten nur Muslime, 25 000 Muslime lebten hier. – Sunniten? – Ja, hauptsächlich Sunniten, aber auch einige Schiiten. – Ob er Sunnit sei, frage ich. Er bejaht.

Ob er die Schiiten als Muslime betrachte, frage ich. Ja, natürlich. Er sieht mich erstaunt an. Die Schiiten besäßen doch das Heilige Buch, den Koran. – Aber die Drusen seien eine schiitische Sekte, sage ich. – Oh nein, oh nein. Sie besäßen nicht das Heilige Buch, sie besäßen keine Moscheen, sie beteten nicht … Unwillig und heftig wiederholt er die formelhaft wirkenden Sätze, und sein Mienenspiel verrät, dass er das Thema nun endlich wechseln will. Die heftige Ablehnung überrascht mich, zumal mir der Syrer beim Gang durch das Ruinenfeld von Bosra eher weltoffen erscheint. Sehr respektvoll erzählt er von den deutschen Archäologen, die hier in Bosra während der letzten Jahre Ruinen des arabisch-islamischen Mittelalters restauriert haben. Er erkundigt sich bei mir nach den Lebensverhältnissen in Deutschland und sagt, dieses Land interessiere ihn. Er möge die Deutschen, er habe auch schon eine ganze Reihe deutscher Touristen hier geführt. Auf mein beharrliches Nachfragen, was er von den Christen halte, erklärt er, die Christen besäßen ein Heiliges Buch, und das verdiene Respekt. In der Art, wie er die Sätze betont, wird deutlich, dass ihm das Heilige Buch der Christen nicht annähernd so unfehlbar erscheint wie der Koran. Aber einen Affekt kann ich in diesem Fall nicht heraushören. Im Übrigen ist er mehr daran interessiert, mir als »Guide« Details der römischen und arabischen Ruinen zu erklären.

Andere Sunniten äußern sich ähnlich heftig über die Drusen. Manche schwächen ihre Kritik etwas ab, keiner allerdings will den Glauben der Drusen ohne Vorbehalte als »islamisch« einstufen. Diese Erfahrung sollte ich in Syrien immer wieder machen. Sogar der Alawit, mit dem ich in Damaskus gesprochen hatte, äußerte sich einschränkend. Er, der selber einer allseitig beargwöhnten Sekte angehört, betonte, die Orthodoxie verwehre den Drusen die Anerkennung als Muslime; so weit würden die Sunniten gegenüber Alawiten nicht gehen.

Die Drusen haben ihre Glaubensgemeinschaft aus einer Seitenrichtung der Siebener-Schiiten entwickelt, sie sind damit, wie die Alawiten, im weitesten Sinn Ismailiten. Ihr Begründer war der persische Wanderprediger Mohammed Ibn Ismail ad-Darazi, der zu Beginn des 11. Jahrhunderts in Kairo am Hof der Fatimiden-Kalifen, einer schiitisch-ismailitischen Dynastie, lebte. Aus dem Namen Darazi leitet sich Duruz (oder europäisch: Druse) als Name für seine Anhänger ab. Gesichert ist diese Erklärung allerdings nicht. Möglich ist auch, dass der Name auf das arabische Verb »darasa« (studieren) zurückgeht; gemeint ist das Studium der heiligen Bücher. Die Drusen selber haben sich lange Zeit »Muhawiddun«, die »Vereinigten«, genannt. Darazi entwickelte unter der Schirmherrschaft des Kalifen Hakim eine eigene Glaubensrichtung und verkündete schließlich, Kalif Hakim sei eine menschgewordene Erscheinungsform Gottes. Das bedeutete eine für Sunniten wie auch orthodoxe Schiiten skandalöse Ketzerei, sie trug Darazi bald heftige Verfolgung und schließlich den Märtyrertod ein.

Nachdem Kalif Hakim 1021 gestorben war, mussten die Drusen aus Ägypten fliehen. Sie ließen sich in damals schwer zugänglichen Bergregionen des Libanon nieder und breiteten sich von dort bis ins Gebiet um den Berg Hermon und den (heute von Israel besetzten) Golan aus. Mitte des 18. Jahrhunderts drangen sie schließlich, inzwischen sehr kriegerisch geworden, in die Hauran-Ebene ein, wo sie bis heute ihr Kerngebiet in Syrien haben. Dem dortigen Gebirgsstock gaben sie den Namen Jebel ad-Druz. Aber dass ihre kriegerische Besitznahme vor zwei Jahrhunderten nie völlig von der alteingesessenen Bevölkerung akzeptiert wurde, zeigt ein nach wie vor parallel existierender Bergname: Jebel al-Arab.

Die Drusen kennen wie die Alawiten nicht eine Moschee im eigentlichen Sinne, sondern einen Madschlis, ein Versammlungshaus, wo sie sich zu Gesprächen, Gesang und Musik »zu Ehren Gottes« treffen. Auch legen sie ebenso wenig Wert auf rituell geregelte Gottesdienste, lehnen den Fastenmonat Ramadan ab und halten eine Wallfahrt nach Mekka für unnötig. Auch besitzen sie über den Koran hinausreichende, erst später verfasste heilige Schriften und wie bei den Alawiten gibt es nur wenige »Wissende«, die den Inhalt der Lehre in ihrer Gesamtheit kennen und zu deuten vermögen.

Die Lehre der Drusen entfernt sich bereits in den allgemein bekannten Teilen weiter vom herkömmlichen Islam als jeder andere Glaube einer schiitischen Sekte. Skandalös erscheint vielen orthodoxen Muslimen die Tatsache, dass die Drusen einen Menschen als eine fleischgewordene Erscheinung Gottes verehren – dieses Attribut darf ja nicht einmal ansatzweise dem Propheten Mohammed zugeschrieben werden. Nicht minder unerträglich ist für Sunniten wie Schiiten, dass ebendieser »göttliche« Kalif Hakim am Ende aller Zeiten den Gläubigen auch noch als »Erlöser« erscheinen soll. Dabei ist doch ausgerechnet dieser Herrscher von muslimischen wie westlichen Historikern als ein exzentrischer Fanatiker beurteilt worden.

Noch deutlicher vom Islam entfernen sich die Drusen aber mit einer anderen Lehre: Sie glauben an Seelenwanderung und Wiedergeburt. Da die Seele »unsterblich« ist, kann sie nicht, wovon die Muslime unumstößlich überzeugt sind, bis zum Tag des Jüngsten Gerichts ruhen und dann erst von Gott auferweckt werden. Die Seele wandert vielmehr nach dem Tod eines Menschen in einen neugeborenen Körper. Menschen, deren Seele in einem vorhergehenden Erdenleben schwer gesündigt hat, büßen dafür in ihrer nachfolgenden irdischen Existenz. Umgekehrt kann der Erfolgreiche, vom Glück Gesegnete sicher sein, dass seine Seele in einem früheren Leben gute Taten angesammelt hat. Erst am Tag des Jüngsten Gerichts entscheidet Gott über das endgültige, nun ewige Schicksal jeder Seele. Ein solches Dogma, das in mancher Hinsicht an Vorstellungen des Hinduismus und Buddhismus erinnert (ohne dass derartige Einflüsse nachweisbar wären), muss Muslime am stärksten abstoßen. Gerade in diesem Punkt können sich Sunniten wie Schiiten dem Glauben selbst der Christen näher fühlen als dem der Drusen.

Die Drusen bewegen sich an einer gefährlichen Grenze. Im Allgemeinen werden Sekten nicht schon durch religiös orthodoxe Machthaber unterdrückt, wenn der abweichende Glaube wenigstens noch in Kernpunkten mit dem Hauptstrom sunnitischer oder schiitischer Überzeugungen übereinstimmt. Verfolgt werden solche Minderheiten meist erst, sobald sie die bestehende Herrschaft ideologisch in Frage stellen. Muslimischen Sekten ist damit ein größerer Spielraum geblieben, als ihn etwa christliche Sekten jahrhundertelang unter dem Druck der Inquisition besaßen. Falls Muslime aber in den Verdacht geraten, den »Islam« in grundsätzlichen Glaubenspostulaten zu »verleugnen«, sind sie nach orthodoxem Verständnis von ihrer angestammten Religion »abgefallen« – und erst in diesem Fall können Korangelehrte so unerbittlich auf Todesstrafe für »Ketzer« drängen wie einst die christliche Inquisition. Die Drusen sind, aus der Sicht vieler Orthodoxer, in diesem Sinne »Ketzer«.

Deshalb sind die Drusen mehr als alle anderen Minderheiten verfolgt worden, sowohl von Sunniten als auch von Schiiten. Und deshalb hatten die Drusen sich im Verlauf der Jahrhunderte auch zu einer besonders kriegerischen Volksgruppe entwickelt, die sich möglichst von allen anderen Gruppierungen absonderte. Von wenigen Ausnahmen in unserer modernen Zeit abgesehen, heiraten die Drusen nur untereinander, um »rein« zu bleiben. Sie lassen es auch nicht zu, dass Andersgläubige zu ihrer Religion übertreten. Druse kann man nur durch Geburt werden; auch dies ist eine zutiefst »unislamische« Tendenz.

Das Hauptsiedlungsgebiet der Drusen ist heute (1998) der Libanon, dort bilden sie etwa sieben Prozent der Bevölkerung (neben rund 30 Prozent Schiiten, 23 Prozent Sunniten und 40 Prozent Christen). Im Libanon sind die Drusen nicht nur in Kämpfe gegen maronitische Christen verwickelt, sondern ebenso gegen sunnitische und schiitische Muslime: Aufschlussreich ist hierbei, dass Drusen zwar hie und da in Dörfern Haus an Haus mit Christen unterschiedlichster Konfession leben – aber weder mit Sunniten noch mit Schiiten.[5]

In Syrien machen die Drusen etwa drei Prozent der Bevölkerung aus. Dort haben sie allerdings weniger Probleme als im Libanon. Unter den Baath-Sozialisten, besonders seit die Alawiten an den Schalthebeln der Macht sind, genießen die Drusen die nötige Toleranz. Die alawitische Regierung Assad sorgt für die Sicherheit verfemter religiöser Minderheiten und setzt ihren Schutz notfalls mit eiserner Härte gegen jeden aufkeimenden Widerstand der sunnitischen Mehrheit durch. Die Alawiten – schließlich selber eine beargwöhnte »halbislamische« Minderheit – halten sich nicht zuletzt an der Macht, eben weil sie allen anderen starken Minderheiten Schutz garantieren und diese so zu dankbaren Verbündeten machen (neben den Drusen vor allem die Christen). Es ist aber eine fragile Interessengemeinschaft, die nur so lange hält, wie alle Verbündeten davon profitieren.

Der Islam und die Frauen

Die große Vielfalt im syrischen Erscheinungsbild

Ich sitze wieder in einer der Teestuben nahe der Omayaden-Moschee, wo ich nach einer Woche Aufenthalt in Damaskus schon Stammgast geworden bin, und frage schließlich den Kellner: »Warum sitzen hier nie Frauen?« Er antwortet genauso stereotyp wie ich das erwartet habe: »Wir leben in einer islamischen Gesellschaft, hier gehen Frauen nicht in Teestuben.« Nach einer kurzen Pause ergänzt er, während er Tassen und Gläser abräumt: »Selbstverständlich können Frauen Restaurants besuchen.« Rasch entfernt er sich. Der sonst so freundliche Mann zeigt keine Lust, mit mir über dieses Thema ausgiebig zu reden.

Eine halbe Stunde später sehe ich den Kellner drei englische Touristinnen bedienen, die sich hier niedergelassen haben. Frauen ohne Männerbegleitung! Für Touristen gelten andere Regeln.

In Restaurants und Imbissstuben der Souks treffe ich dagegen auf Araberinnen. Sie aber kommen nie ohne ihren Gatten zum Mittag- oder Abendessen. Falls kein Mann dabei ist, treten sie in größeren Gruppen, quasi im Familienverband, auf. Als ob eine muslimische Frau alleine, ohne Aufsicht, nicht unterwegs sein dürfe.

Wie passt dies zum Straßenbild? Viele Araberinnen gehen in modischer Bluse, manche in kurzärmeligem T-Shirt, in engen Blue Jeans, ja in kurzen Röcken. Einige tragen das Haar offen und lassen es sogar in langer Mähne über die Schultern wallen. Westlich gekleidete Frauen sind ebenso zahlreich wie jene, die nach »islamischer« Sitte zum knöchellangen Rock oder Mantel das übliche weite Tuch über Haar, Hals und Kinn geschlagen haben. Aber nahezu alle scheinen das Tabu zu respektieren, dass eine Teestube Männerdomäne ist und bleibt.

Vereinzelt nur treffen wir auf Frauen, die mit einem schwarzen Gazeschleier selbst noch die Augen verdeckt halten. Sie kommen vorwiegend aus Saudi-Arabien, dem Jemen, den Golf-Emiraten. Nur wenige seien Syrerinnen, so erfahre ich schließlich von Muslimen. Die Gefragten äußern sich sichtlich verlegen über die Radikalverschleierung. Diese Frauen würden einer sehr strengen Tradition folgen. – Ob eine solche Tradition ihrer Ansicht nach islamisch sei, will ich wissen. – Eine wirklich islamische Tradition sei nicht so rigoros, antworten sie. Es handle sich eben um eine Haltung unter vielen.

Auffallend häufig sitzen Frauen an den Schaltern von Banken. Hier erlebe ich sogar auf engstem Raum jene Kontraste, wie sie sich auf der Straße bieten. Beim Geldwechseln bedient mich eine junge Muslima in Jeansjacke, kurzem Rock und einer üppigen, über die Schultern wallenden Haarmähne. Die ausgefüllten Formulare reicht sie an eine Angestellte weiter, deren Haar, Hals und Kinn mit einem Kopftuch verhüllt sind. Während die erste mich unverhohlen neugierig mustert und mich schließlich sogar keck anlächelt, senkt die zweite scheu den Blick. Beide aber plaudern miteinander in freundlichem Ton. Szenen wie diese wiederholen sich variantenreich an vielen Bankschaltern. Frauen beiden Typs scheinen keine Schwierigkeiten miteinander zu haben, obwohl die unterschiedliche Kleidung auf eine sehr unterschiedliche Einstellung zum traditionellen Verhüllungsgebot schließen lässt.

In Aleppo, einer Stadt mit überwiegend orthodoxen Muslimen, habe ich eine aufschlussreiche Begegnung. Nahe dem großen Souk spricht mich ein etwa vierzigjähriger, westlich gekleideter Syrer an, der, wie er mir eingangs sagt, sein Deutsch während eines längeren geschäftlichen Aufenthalts in Bonn gelernt hat. Er spreche auch fließend russisch, erklärt er, morgen fliege er nach Moskau, um dort Geschäfte abzuwickeln, syrische Ware sei in Russland sehr begehrt. Er sei übrigens mit einer »sehr schönen, wirklich sehr schönen« Russin verheiratet. Zuvor habe er eine Syrerin zur Frau gehabt, aber mit ihr habe es zu viele Schwierigkeiten gegeben. Während wir miteinander reden, kommen zwei tief verschleierte Gestalten zu ihm und begrüßen ihn herzlich. Er stellt mir die beiden Frauen als Verwandte vor. Sie scheinen, wie der schmale Sehschlitz hinter den Schleiern gerade noch ahnen lässt, Mutter und Tochter zu sein, die Tochter mit großen, ausdrucksvollen Augen. Im ersten Überschwang will die junge Muslima den Mann zur Begrüßung küssen, wozu sie das Tuch von der unteren Gesichtshälfte hätte wegschieben müssen. Im letzten Moment aber besinnt sie sich – mit einem Seitenblick zu mir hin –, kichert etwas verlegen, dann holt sie aus ihrer Umhängetasche ein Parfumfläschchen und bespritzt mich heftig. Sie plaudern einige Worte auf Arabisch, bevor sie sich wieder verabschieden, mir etwas gehemmt zunickend. Ich frage den Mann, ob in Syrien verschleierte und unverschleierte Frauen völlig ohne Spannungen nebeneinander leben könnten. – Natürlich, antwortet er, in Syrien würden ja ohnehin unterschiedlichste Menschen friedlich zusammenleben: Muslime, Christen, Juden, genauso verschleierte und unverschleierte Frauen. Er zieht den Mund zu einem Lächeln breit. Seine Antwort erscheint mir gar zu glatt. Aber sein Blick signalisiert, dass dieses Thema eigentlich ausgeschöpft sei, und ich tue gut daran, dies zu verstehen.

Bäuerinnen in bunter Tracht, mit Kopftuch, jedoch freiem Gesicht, sitzen im Bus unterwegs nach Hama. Unmittelbar neben mir hat sich eine ältere Frau mit ihrer erwachsenen Tochter, einer hübschen, sehr sinnlich wirkenden Person, niedergelassen. Beide weichen meinen beobachtenden Blicken nicht aus, im Gegenteil, sie selber mustern mich wesentlich unverblümter. Beide lächeln mir zu. Die Mutter holt mit eckiger, derber Bewegung eine Zigarettenschachtel aus ihren Rockschößen, hält auch der Tochter eine Zigarette hin und wenig später paffen beide kräftigen Qualm in den ohnehin engen Bus. Keiner der Männer raucht.

Im Bus unterwegs nach Palmyra... Draußen gleißt die Sonne auf rostroten Felsen und weitflächiger Steinwüste, aber davon sehe ich wenig bei den meist zugezogenen Vorhängen. Alle Augen richten sich im dämmrigen Innenraum nach vorne, wo auf dem Bildschirm über dem Fahrer ein Video-Programm flimmert. Ein für meine Begriffe überraschendes Programm. Anfangs lärmt ein Musik-Video aus dem Emirat Dubai, wie der englischsprachige Titel ankündigt (und die englische Benennung erscheint mir als Indiz, dass das Video für einen internationalen Markt zumindest in Asien und Afrika produziert wurde). Der Film zeigt arabische Musikanten, beduinisch verkleidet, die in einem steril folkloristisch aufgeputzten Zelt trommeln, geigen, flöten und schmachtende Lieder singen. Die Kamera schwenkt über zu tanzenden Frauen: unverschleiert, grell geschminkt, mit hellblond gefärbten Haarmähnen. Was für ein Emirat ist Dubai? In diesem Land sind die Frauen per Gesetz gezwungen, den ganzen Körper mit einem schwarzen Umhang zu verhüllen, besonders auch das Haar, ja sie müssen das Gesicht hinter einer schwarzen Metallmaske verstecken. Einen Beruf zu ergreifen ist ihnen, von wenigen Ausnahmen abgesehen, verboten. 1978 hatte der Emir angeordnet, dass zukünftig keine männlichen Friseure mehr in Damensalons arbeiten dürften, denn sie würden fremdes weibliches Haar berühren, und dies widerspräche »islamischer« Tradition.[1] Welch ein Kontrast zu dem Video, das in Dubai selber wohl nur im Geheimen gezeigt werden kann (und deshalb wohl umso reißenderen Absatz findet).

Noch überraschender ist für mich der danach folgende Film aus amerikanischer Produktion: FBI-Agenten jagen Verbrecher, besonders tun sich hierbei zwei Frauen hervor, hellblond, langmähnig, im Jeansanzug, sie prügeln mit eleganten Karateschlägen die Männer reihenweise zu Boden. Im syrischen Bus sitzen die Männer aufmerksam angespannt, ebenso die kopftuchverhüllten Frauen.

Einen ägyptischen Spielfilm erlebe ich im Fernsehraum eines Damaszener Hotels. Auf dem Bildschirm streiten westlich gekleidete Araberinnen wortgewaltig mit ihren Ehemännern, die sichtlich eingeschüchtert vor dem Temperament ihrer Frauen zurückweichen. Für mich am interessantesten aber sind die Zuschauer, ihren weißen Burnussen und Keffiyes nach zu schließen allesamt Männer aus Saudi-Arabien oder den Golf-Emiraten. Erregt tauschen sie Kommentare über das selbstbewusste, aggressive Gebaren der Frauen im Spielfilm aus, machen teils wegwerfende, ärgerliche Handbewegungen, lachen dann wieder belustigt auf. Anscheinend ärgert es sie besonders, dass diese »anstößigen« Szenen nicht in einem westlichen Film, sondern in einer ägyptischen Produktion enthalten sind. Welchen Gegensatz bieten solche Szenen zu ihrer eigenen Vorstellung, was eine Frau zu tun oder zu lassen hat! Sie kommen doch alle aus Ländern, wo die Frauen nicht ohne Gesichtsschleier die Straße betreten dürfen, wo es den Frauen verboten ist, sich an das Steuer eines Autos zu setzen.

Sehr gegenläufige Eindrücke kann ich in Syrien bereits auf engstem Raum sammeln. Die Widersprüchlichkeiten komplizieren sich noch, sobald ich Lebensgewohnheiten und Wertvorstellungen benachbarter Länder auch nur am Rande in meine Beobachtung einbeziehe.

Welche dieser Verhaltensweisen lässt sich mit islamischer Ethik in Einklang bringen? An einer solchen Frage entzündet sich für Muslime die Diskussion, welche »Moral« eine Regierung fördern darf und welche sie zu verbieten hat, welchen fremden Einflüssen sie die Grenzen öffnen darf, welchen nicht.

Frauenrechte in Koran, Hadith und Scharia

Suchen wir im Koran nach Bekleidungsvorschriften für die Frau, finden wir nur zwei Anweisungen durch einen Engel Gottes an Mohammed. So: »Oh Prophet! Sag deinen Frauen und Töchtern und den Frauen der Gläubigen, sie sollen etwas von ihren Übergewändern über sich ziehen. Das bewirkt am ehesten, dass sie erkannt und nicht belästigt werden.«[2] Und: »Sage auch den gläubigen Frauen, dass [...] sie nicht ihre Zierde, außer nur was notwendig sichtbar sein muss, entblößen und dass sie ihren Busen mit dem Schleier verhüllen sollen.«[3] In einer anderen Übersetzung dieses Verses lese ich: »Sie sollen [...] ihren Schal sich über den Schlitz ihres Kleides ziehen.«[4]

Derartige Bekleidungsvorschriften betreffen Frauen, sobald sie das Haus verlassen und fremden Blicken ausgesetzt sind. Eindeutig ist der Sinn: Frauen sollen nicht durch allzu freizügig gezeigte Reize fremde Männer sexuell aufreizen. Nirgends ist aber eindeutig davon die Rede, das Haar müsse durch ein Tuch bedeckt sein, erst recht nicht, die untere Gesichtshälfte oder gar das ganze Gesicht sei zu verhüllen. Über solche Details streiten sich die Korangelehrten bis heute.

Keineswegs nur westlicher Einfluss veranlasst Frauen dazu, ohne Schleier oder gar ohne Kopftuch zu gehen. Muslimische Indonesierinnen haben nie den Schleier gekannt, ebenso wenig die Frauen der meisten Berberstämme oder viele Schwarzafrikanerinnen. Und überall dort finden sich kaum einmal Korangelehrte, die etwa die Verhüllung fordern, es sei denn, sie orientieren sich an fundamentalistischer Ideologie. Aber selbst radikal-orthodoxe Muslime sind sich nicht einig, wie intensiv sich Frauen verhüllen müssen, eben weil der Koran vage mit seinen Anweisungen bleibt. Sogar Khomeini, der doch einen kompromisslosen Fundamentalismus vertrat, lehnte den Gesichtsschleier als eine »unislamische« Tradition ab und äußerte sein Befremden über die rigorose Verhüllung in Saudi-Arabien, etlichen Golf-Emiraten, Afghanistan und dem Jemen. Man wird folgerichtig im fundamentalistischen Gottesstaat Iran kaum einmal eine Frau antreffen, die etwa ein Tuch über Mund und Nase gezogen hätte, es sei denn, sie sieht eine Kamera auf sich gerichtet. Und völlig undenkbar bleibt im Iran etwa die Gesichtsmaske, die sogar die Augen verbirgt.

Die Gewohnheit, das Gesicht zu verschleiern, ist älter als der Islam. Bereits Jahrhunderte bevor Mohammed in Medina sein Staatswesen begründete, hatten die persischen Gottkönige der Sassaniden-Dynastie wie auch die byzantinisch-christlichen Kaiser ihren Gattinen und Hofdamen befohlen, sie dürften den Palast nur tiefverschleiert und von Wächtern umgeben verlassen, damit sie den Blicken der Untertanen verborgen blieben. Diesen elitär-aristokratischen Brauch hatten muslimische Fürsten, allen voran die Kalifen in Damaskus, ein Jahrhundert nach Mohammeds Tod übernommen. Und ihr Verhalten sollte wiederum Vorbild werden für vornehme muslimische Stadtbewohner, die sich mit dieser elitären Abgrenzung den Anstrich des Aristokratischen gaben. Während der frühen Neuzeit hatten in fast allen Städten des Vorderen Orients die Frauen ihr Gesicht zu verschleiern, wogegen diese Gewohnheit kaum in Dörfer vorgedrungen war. Nachweislich hat es diesen Brauch in Mohammeds Umgebung nicht gegeben, und gerade deshalb sehen auch viele Fundamentalisten einen Grund, sich davon zu distanzieren. Allerdings halten sie diese rigorose Art der Verhüllung immer noch für besser als westliche Kleidermode, sofern jene »schamlos« das Körperliche betont.

Eine Reihe anderer Gebote allerdings, die den Freiheitsraum der Frauen einschränken, finden wir tatsächlich im Koran. So heißt es eindeutig in der vierten Sure »Al-Nisa« (»Die Frauen«): »Männer sollen vor Frauen bevorzugt sein, weil Gott auch die einen vor den anderen mit Vorzügen begabte.«[5] Zu der Frage, ob ein Mann seine Gattin schlagen darf, heißt es im selben Vers einige Zeilen später: »Rechtschaffene Frauen sollen gehorsam, treu und verschwiegen sein, damit Gott sie beschütze. Denjenigen Frauen aber, von denen ihr fürchtet, dass sie euch durch ihr Betragen erzürnen, gebt Verweise, enthaltet euch ihrer, sperrt sie in ihre Gemächer und züchtigt sie. Gehorchen sie euch aber, dann sucht keine Gelegenheit, gegen sie zu zürnen.«[6]

Die Unterwerfung der Frau unter die Vormundschaft des Mannes ist noch in weiteren Koranversen als eine Offenbarung Gottes festgeschrieben. So hat ein Mann Anspruch auf doppelt so viel Erbschaft wie eine Frau.[7] So darf ein Mann bis zu vier Frauen heiraten – umgekehrt die Frau aber nur einen Mann, den ihr zudem die Eltern aussuchen. Das Vorrecht des Mannes ist lediglich dadurch eingeschränkt, dass er verpflichtet ist, alle seine Gattinen gleich gut zu behandeln, das heißt, ihnen auch materiell den gleichen Komfort zu bieten. Gelingt ihm dies nicht, muss er sich mit weniger Frauen, ja mit einer Frau zufriedengeben. Aber es bleibt ihm das Recht, so die Aussage im Koran, sich mit Sklavinnen seines Hauses zu vergnügen, denen gegenüber er weniger Pflichten hat.[8] Die letztere Empfehlung »Gottes« hat sich heute weitgehend erübrigt, weil ja die Sklaverei längst auch in den meisten islamischen Ländern verboten ist. Trotzdem ist nicht zu rütteln an der koranischen Auskunft, »Gott« habe grundsätzlich den Männern größere Rechte eingeräumt. Umgekehrt sind die Männer, so will es »Gott«, verpflichtet, ihre Frauen gerecht und respektvoll zu behandeln.[9] Auch ist im Koran unmissverständlich zu lesen, »Gott« räume Mann und Frau die gleichen Chancen ein, durch gute Werke ins Paradies zu gelangen.[10]

Was aber steht nicht im Koran und ist trotzdem islamische Tradition?

Dem Gläubigen dienen als zweitwichtigste Orientierung für »richtiges« Handeln mündlich überlieferte Aussprüche des Propheten Mohammed. Diese Aussprüche sind während der ersten zwei islamischen Jahrhunderte in verschiedenen Sammelwerken von Korangelehrten schriftlich fixiert worden. Die gesammelten Aufzeichnungen tragen den Titel »Hadith« (»Mitteilung«) und werden auch »Sunna« (»rechter Weg«, »Tradition«, »Gewohnheit«) genannt.

Unter diesen Aussprüchen Mohammeds zu allen nur denkbaren Lebensfragen finden sich etliche, die den Mann anhalten, seine Frau (oder Frauen) gut zu behandeln. Etwa: »Der ist der beste Muslim, dessen Charakter der beste ist, und der ist der Beste von euch, der seine Frauen am besten behandelt.«[11] Aber Mohammed hat auch, so will es die Überlieferung, die gläubigen Muslime ausgiebig vor der Schlechtigkeit der Frauen gewarnt. Etwa: »Ich habe keine Unbill schädlicher für die Menschheit gefunden als Frauen.« Und: »Achte darauf, was du tust, und halte dich fern von der Welt und den Frauen, denn die erste Sünde, die die Kinder Israels begingen, ging auf die Rechnung von Frauen.«[12]

Woher so gegensätzliche Aussagen im Hadith? Anders als der Koran, der nur wenige Jahre nach Mohammeds Tod die schriftliche Endfassung erhielt, ist der Hadith noch mehrere Jahrhunderte für Ergänzungen offen geblieben. Ohnehin sind ja unterschiedliche Textsammlungen nebeneinander entstanden. Korangelehrte mit einer betont frauenfeindlichen Einstellung konnten so noch genug Gelegenheit haben, »bisher unentdeckte« Aussprüche Mohammeds aufzuspüren und hinzuzufügen. Gegensätzliche Interessengruppen haben auf diese Weise versucht, das Sammelwerk nach ihren Bedürfnissen zu gestalten. Die Folge war, dass bei wachsendem Missbrauch sich schließlich Korangelehrte gezwungen sahen, eine eigene Hadith-Wissenschaft zu entwickeln, um »echte« von »unechten« Überlieferungen zu trennen. Diese Wissenschaft hält bis heute die Muslime in Atem und hat keineswegs zu einheitlich anerkannten Ergebnissen geführt.[13] Hartnäckig hält bis heute der Streit an, was denn Mohammed tatsächlich über die Frauen gesagt und wie er selber entsprechende Korantexte interpretiert hat.

Erst nach Mohammeds Tod sind eine Reihe von Bräuchen zur festen Tradition geworden, die sich sehr nachteilig für die Frauen auswirkten. So etwa die Tendenz, dass Frauen in der Moschee nur strikt abgesondert von den Männern beten dürfen. So auch, dass Frauen im öffentlichen Leben möglichst nicht mitbestimmen sollen, sondern sich als Gattin und Mutter auf ein dienendes Leben zu beschränken haben. Dabei hatten einige Frauen Mohammeds gerade dieser Rolle nicht entsprochen. Allen voran gilt dies für Chadidscha, sie hat als Geschäftsführerin eines mekkanischen Handelshauses Karawanen bis nach Syrien organisiert und Mohammed als Angestellten beschäftigt, bevor sie ihn heiratete. (Sie hatte ihm die Ehe angetragen, nicht umgekehrt.) Auch Aischa, Mohammeds spätere Lieblingsfrau, trat sehr selbstbewusst auf und betrieb nach dem Tod des Propheten eigenständige Politik.

Zwei bis drei Jahrhunderte nach Mohammeds Tod hatten geistliche Rechtsgelehrte aber ein Gesetzeswerk ausgearbeitet, das detailliert den Alltag der Muslime regelte: die »Scharia«. (Das arabische Wort bedeutet »Weg«, »Richtung«.) Dieses umfangreiche Gesetzeswerk leitet seine Anweisungen sowohl von Aussagen des Koran wie des Hadith her. In der Scharia allerdings sind die Vorrechte des Mannes viel stärker betont, als sie im Koran angesprochen sind. So finden wir erst in der Scharia die bis heute für viele islamische Länder rechtlich verbindliche Regelung, die Zeugenaussage eines Mannes gelte vor Gericht doppelt so viel wie die einer Frau. Ebenso wurde erst in der Scharia detailliert festgelegt, dass der Mann sich relativ leicht von seiner Frau scheiden lassen kann, aber die Frau bei Weitem nicht die gleiche Freiheit hat.

Mohammed war liberaler, fortschrittlicher als die spätere islamische Tradition. Ein Sozialrevolutionär ist er trotzdem nicht gewesen. Ob es sich um die Familie, die Stellung der Frau, die Sklaverei oder das wirtschaftliche Leben handelte, überall hat er die bestehenden Missstände nur mildern und eine gerechtere Ordnung durchsetzen wollen.[14] So hatte Mohammed zwar die Frauen aus der völligen Rechtlosigkeit befreit, unter der sie in Arabiens vorislamischer Beduinengesellschaft zu leiden hatten, aber ihnen nicht die Gleichheit vor dem Gesetz gegeben. Gerade diese Art von Kompromiss mag Mohammed in einer nur begrenzt reformbereiten Gesellschaft den raschen Erfolg beschert haben.

Wir im Westen haben uns angewöhnt, eine Emanzipation muslimischer Frauen bereits durch Aussagen im Koran blockiert zu sehen. Um wieviel frauenfreundlicher scheint dagegen das Neue Testament zu sein. Betrachten wir allerdings das Neue Testament in seiner Gesamtheit, dann können wir vergleichend folgern, dass Mohammed, auf seine Zeit bezogen, in vielerlei Hinsicht genauso »modern« dachte wie die biblischen Autoren. Die Evangelisten beschreiben zwar Jesus als einen Propheten, der den Frauen ein für die damalige Zeit geradezu revolutionäres Verständnis entgegenbrachte; das gilt besonders für jene Episode, in der Jesus die Ehebrecherin vor der Steinigung durch bigotte Moralisten schützt.[15] Anders aber sieht es aus, wenn wir in den Briefen des Apostels Paulus blättern. Dort finden wir Sätze, wie sie ähnlich auch im Koran oder den überlieferten Aussprüchen Mohammeds stehen könnten. Etwa: »Die Frauen seien untertan ihren Männern als den Herren …«[16] »Lasst eure Frauen schweigen in der Gemeinde, denn es soll ihnen nicht zugelassen werden, dass sie reden, denn sie sollen untertan sein, wie auch das Gesetz sagt.«[17] »Einer Frau aber gestatte ich nicht, dass sie lehre, auch nicht, dass sie des Mannes Herr sei, sondern still sei.«[18] Zwar meldet die quellenkritische Bibelwissenschaft längst Zweifel an, ob denn alle Paulus-Briefe tatsächlich auf den Apostel zurückgehen. Aber fest steht, dass das Ideal der unterwürfigen Frau nicht nur im Islam, sondern ähnlich in der christlichen Tradition tiefe Spuren hinterlassen hat.

Sexualität belegen die Muslime allerdings nicht mit den gleichen sinnenfeindlichen Tabus wie einst die Christen. Dieser Unterschied rückt die Muslime, zumindest auf den ersten Blick, dann doch wieder in ein günstigeres Licht. Mohammed verknüpfte Sexualität keineswegs mit Sünde. Im Gegenteil, er begriff Sexualität als eine angenehme Seite des Lebens und zählte sie zu den Wonnen, mit denen die Gläubigen im Paradies ausgiebig belohnt werden. Andererseits aber hatte Mohammed der Sinnenfreudigkeit in unserer irdischen Welt enge Grenzen gezogen. Er wollte, wie zahlreiche Überlieferungen belegen, Geschlechtsverkehr nur den Verheirateten zugestehen. In einer dafür typischen Überlieferung ist ihm der Kommentar zugeschrieben: »Alle jungen Männer, die die Pubertät erreicht haben, sollten heiraten, denn die Ehe schützt vor der Sünde. Jemand, der nicht heiraten kann, sollte fasten.« Und: »Wenn ein Diener Gottes heiratet, erfüllt er die Hälfte seiner Religion.«[19]

Mohammed dachte mit solchen Geboten nicht sexualfeindlich, sondern zuallererst praktisch – ganz den Erfordernissen seiner Zeit angepasst. In Arabien, wo viele Männer bei Kriegszügen starben und die Zahl der unverheirateten Mädchen und Witwen einen bedrohlichen Überschuss bildete, bot sich besonders eine Lösung an, um den Menschen das soziale Gleichgewicht zu sichern: Ein Mann musste heiraten, unter Umständen sogar mehrere Frauen, musste möglichst viele Kinder zeugen und sie im Schutz einer stark bewachten Familie großziehen. Ein Junggeselle konnte in einer so geordneten Welt nicht als »sozial« gelten. Der potenzkräftige und kinderreiche Vater blieb das Vorbild selbst des frömmsten Muslim.

Bereits im Koran ist alle Sexualität außerhalb der Ehe als »Hurerei« und »Unzucht« verurteilt. Der heftige Tadel richtet sich nicht nur gegen Ehebruch, sondern ebenso gegen Geschlechtsverkehr Unverheirateter[20] und auch gegen Homosexualität.[21] »Eine Hure und einen Hurer sollt ihr mit hundert Schlägen geißeln«, heißt es, sie alle einbeziehend, im Koran.[22]

Letzten Endes läuft eine derartig heftige Unterdrückung außerehelicher Sexualität eben doch auf eine weitgehende Sexualunterdrückung hinaus. Und sie hat ähnliche Konsequenzen wie die christlich-abendländische Prüderie. Es ist kein Zufall, dass in beiden Kulturkreisen die Prostitution umso krassere Blüten treibt. Es kann zu beträchtlichen Gewissenskonflikten kommen. Ich erfuhr bei einem Gespräch mit einem Taxifahrer – allerdings nicht in Syrien, sondern in Marokko –, dass er, der junge Muslim, vorerst nicht das Brautgeld werde aufbringen können und dass ihm bis dahin der Weg zur Heirat versperrt bleibe. Was aber dann? Er schnitt eine Grimasse und deutete mir gewunden an, ihm blieben vorerst nur »gewisse« Mädchen. Von Enthaltsamkeit, wie der Koran sie in seinem Fall fordert, hielt er nichts.

Im Koran ist bei »Unzucht« und »Hurerei« nur von Prügelstrafe die Rede. Die Scharia aber traf eine folgenschwere Unterscheidung: Stock und Peitsche sind bei Geschlechtsverkehr unter Unverheirateten vorgesehen, dagegen für Ehebrecher die Todesstrafe. Angeblich soll sich Mohammed selber im Gespräch mit Freunden für den Tod durch Steinigung ausgesprochen haben (also exakt für jene Strafe aus jüdischer Tradition, die im Koran nicht befürwortet ist). So zumindest lesen wir in einer der Hadith-Sammlungen.[23]

Heute werden die drakonischen Strafen der Scharia mehr oder weniger nur noch in betont traditionalistisch ausgerichteten oder fundamentalistisch regierten Staaten verhängt: so in Saudi-Arabien, etlichen Golf-Emiraten, im Iran, Pakistan, Sudan. Dagegen sind in zahlreichen anderen Staaten Prügelstrafe und erst recht die Todesstrafe für »Unzucht« und »Hurerei« durch Geld- und Gefängnisstrafen ersetzt, wobei die Polizei unterschiedlich intensiv die »Moral« überwacht; dies hängt von der jeweiligen Regierung ab. Ja, sogar manches autoritäre Regime – auch in Syrien, wie wir noch sehen werden – zeigt sich in solchen Fragen bemerkenswert milde und bringt entsprechende Gesetze kaum zur Anwendung, um dann andererseits umso härter mit Folter und Hinrichtung gegen politische Gegner vorzugehen.

Reformen und das Bleigewicht der Tradition

Zwei neue Gesetze brachten im Jahr 1971 Syrien einen Modernisierungsschub: zum einen die Einführung der allgemeinen Schulpflicht für Jungen und Mädchen im Alter von sechs bis zwölf Jahren, zum anderen das aktive und passive Wahlrecht für Frauen. Seither ist den Syrerinnen in größerem Ausmaß der Weg offen zu prestigeträchtigen Berufen, die noch während der sechziger Jahre fast durchwegs Männern vorbehalten waren. Frauen arbeiten nicht nur als Lehrerinnen und Ärztinnen, sondern auch schon als Anwältinnen, Richterinnen, ja Ministerinnen. Von den 250 Abgeordneten im Parlament waren Mitte der neunziger Jahre immerhin 24 Frauen.[24]

Trotzdem kam der Reformschub zu einem erstaunlich späten Zeitpunkt. 1971 regierte Syriens sozialistische Baath-Partei bereits acht Jahre unumschränkt. Und gerade diese Partei (mit deren revolutionärem Charakter wir uns später noch eingehend auseinanderzusetzen haben) versteht sich ja als besonders progressive Kraft. Die Baath-Sozialisten hatten schon während der vierziger und fünfziger Jahre als die aufstrebende Partei damit begonnen, erstarrte »islamische« Traditionen zu bekämpfen und sich für eine ansatzweise »säkulare« Gesetzgebung einzusetzen. Umso mehr muss es aus unserer Sicht überraschen, dass die Baath-Sozialisten erst Anfang der siebziger Jahre politisch sichtbar Schritte setzten, die Situation der Frauen zu verbessern.

Der Zeitpunkt für die neuen Gesetze ist aufschlussreich.

Wenige Monate vor diesen Reformen hatte sich die schiitische Sekte der Alawiten unter ihrem Führer Hafis al-Assad an die Macht geputscht und die Sunniten aus den führenden Positionen der Baath-Partei verdrängt. Es ist kein Zufall, dass gerade die Alawiten das entscheidende Signal für mehr Frauenrechte setzten. Denn die Alawiten hatten ihren Frauen schon Jahrhunderte zuvor größere Rechte eingeräumt als etwa die Sunniten und die Schiiten. Alawitische Frauen mussten nie einen Schleier tragen, durften immer gleichberechtigt mit Männern an religiösen Feiern teilnehmen, haben stets ein Mitspracherecht in familiären Angelegenheiten ausgeübt. Eine Männerdomäne ist allerdings die politische Führung auch bei den Alawiten geblieben, und ab diesem Punkt zeigen sich deutlich die Grenzen auch für die alawitischen Neuerer.

Verglichen mit anderen islamischen Ländern nimmt Syrien, was die Reform der Frauenrechte betrifft, eine Mittelstellung ein. In der Türkei hatte Atatürk bereits 1926 Mann und Frau rechtlich gleichgestellt und 1934 für Frauen das aktive und passive Wahlrecht eingeführt. 1956 setzte Gamal Abd an-Nasser in Ägypten das Frauenwahlrecht durch, wenngleich er zögerte, die Frau auch familienrechtlich dem Mann gleichzustellen. Ein Jahr später folgte im unabhängig gewordenen Tunesien Habib Bourguiba mit entsprechender Reform, 1963 Schah Mohammed Reza Pahlevi im Iran, Ende der sechziger Jahre die Baath-Sozialisten im Irak und Anfang der achtziger Jahre war schließlich in den meisten islamischen Staaten das Frauenwahlrecht üblich geworden.

Völlig auf Reformen verzichtet haben bisher nur extrem traditionalistisch oder fundamentalistisch regierte Staaten, so Saudi-Arabien, die meisten Golf-Emirate, der Sudan, Afghanistan. Eine Sonderstellung nimmt der Iran ein. Ausgerechnet der von Khomeini begründete »Gottesstaat« hat in seiner Verfassung das aktive und passive Frauenwahlrecht verankert; auch stehen den Frauen alle Möglichkeiten der Ausbildung und viele

Berufe offen. Frauen sitzen als Abgeordnete im Parlament, und für das Amt des Staatspräsidenten durften Frauen 1997 ihre Kandidatur anmelden. Mehr noch: Im Mai 1997 trug die Masse weiblicher Wähler wesentlich dazu bei, dass in das Amt des Staatspräsidenten der (relativ) liberale Ayatollah Mohammed Khatami gelangte. Dieser wiederum ernannte eine Frau zur Vizepräsidentin: die promovierte Chemikerin und Universitätsprofessorin Massoumeh Ebtekar. Der neue Staatspräsident konnte zwar nicht, wie beabsichtigt, Ministerinnen gegen den Widerstand des konservativen Klerus durchsetzen. Aber die Vorgänge im Iran zeigen zumindest, dass selbst in einem fundamentalistisch regierten »Gottesstaat« scheinbar festgefahrene Positionen in Bewegung geraten können.

Es ist schwierig, die vielfältige Entwicklung auf einen Nenner zu bringen. Bei genauerem Hinsehen zeigen sich in den meisten Staaten Widersprüchlichkeiten, Brüche, gegenläufige Bewegungen. Nominell garantierte Freiheiten müssen nicht auch schon im Alltag eine wirksame Emanzipation für Frauen bedeuten. Besonders nicht im Iran. Wir wissen schließlich aus zahlreichen Berichten, wie eng unter dem Mullah-Regime der Spielraum für Frauen in vielerlei Hinsicht tatsächlich ist. Aber selbst die meisten jener Staaten, die nach unserem Verständnis als reformorientiert gelten, lassen in ihrer Praxis zu wünschen übrig.

In Ägypten, wo die Frauen seit 1956 zur Wahl gehen dürfen, betrug selbst Anfang der achtziger Jahre der Anteil der weiblichen Wähler nur ein halbes Prozent aller abgegebenen Stimmen.[25] In anderen Ländern der islamischen Welt sind die Verhältnisse ähnlich. Überall zeigen sich nahezu die gleichen Phänomene: Wo Frauen Interesse für Politik beweisen oder es ihnen sogar gelingt, politische Karriere zu machen, sind es überwiegend nur einige Frauen aus der Oberschicht mit guter Ausbildung (einer Bildung, die sie meist an westlichen Universitäten erworben haben). Frauen aus wohlhabenden Kreisen sind es auch, die überwiegend auf höheren Schulen einen Abschluss erreichen und zum Universitätsstudium gelangen.

Allgemeine Schulpflicht? Gleiche Ausbildungschancen für Jungen und Mädchen an Schulen? Ein tschechischer Orientalist, mit dem ich in Damaskus über Syriens soziale Probleme sprach, winkte ab. Jedes Kind gehe in Syrien zwar zur Schule, auch die Mädchen, aber dies nur offiziell, erklärte er. Die Praxis habe oft wenig gemein mit der Statistik, besonders in den ärmeren Wohngegenden. Die Klassenräume seien heillos überfüllt, oft seien über hundert Schüler in einem einzigen Raum zusammengepfercht, ein geordnetes Lernen sei da nur schwer möglich. Am wenigsten hätten die Mädchen vom Unterricht, weil sie ohnehin meist nur sporadisch kämen. Die Eltern würden überwiegend einen geregelten Schulbesuch ihrer Töchter verhindern, obwohl der Unterricht an staatlichen Schulen kostenlos sei. Ein Großteil der Mädchen müsse sehr früh den Eltern bei der Haus- oder Feldarbeit helfen oder werde zur Fabrikarbeit vermietet. Die soziale Not diktiere das. Sofern eine ärmere Familie ein Kind länger auf der Schule lasse, ja an einer guten Ausbildung interessiert sei, betreffe eine solche Wahl kaum einmal ein Mädchen. Der Staat unternehme wenig, um auch für Mädchen aus ärmeren Schichten die realen Ausbildungschancen zu verbessern.

1976 waren 16 Prozent der Frauen in Syrien berufstätig. Verglichen mit anderen arabischen Staaten bedeutete dies noch einen guten Mittelwert. In Ägypten waren es zur gleichen Zeit nur an die neun Prozent.[26] Noch immer ist der überwiegende Teil der Syrerinnen als Bäuerin in der Landwirtschaft tätig, diese Frauen aber arbeiten innerhalb des Familienverbandes ohne Bezahlung und erscheinen nicht in der Statistik. Mitte der neunziger Jahre haben sich die Verhältnisse allerdings so weit gebessert, dass rund 35 Prozent der Studierenden Frauen sind.[27]

In Syrien, dem Irak und Ägypten ist zudem seit Ende der siebziger Jahre Gesetz, dass die Frau außerhalb der eigenen

Familie ein Arbeitsverhältnis eingehen darf. Aber in allen drei Ländern ist diese Reform eingegrenzt durch das Recht des Gatten, seiner Frau die Berufstätigkeit außer Haus zu verbieten, falls es die »familiäre« Situation erfordert, auch kann der Gatte ein entsprechendes Verbot bereits im Ehevertrag verankern.[28] Ferner ist der Mann bis heute in Syrien (wie auch in vielen anderen Ländern) berechtigt, seiner Frau eine Auslandsreise zu verweigern und ihr den Pass abzunehmen. Dies gilt sogar für ausländische Frauen, etwa Deutsche, die mit Syrern verheiratet sind.[29]

Die Kritik muslimischer Frauenrechtlerinnen, ob nun von der Ägypterin Nawal el-Saadawi, der Türkin Naila Minai oder der Marokkanerin Fatima Mernissi, richtet sich in diesem Punkt auch entschieden gegen viele reformbereite Politiker. Kaum eine Regierung wagt es, das traditionelle islamische Familienrecht – das ein Teil der Scharia ist – in entscheidenden Punkten zu revidieren oder gar außer Kraft zu setzen. Teils scheuen die Politiker den Konflikt mit dem einflussreichen Flügel traditionalistischer Kleriker, teils sind sie selber noch stark in traditionell islamischen Vorstellungen männlicher Überlegenheit befangen.

Die Türkei ist bisher das einzige Land geblieben, in dem das Familien- und Eherecht gänzlich aus der Zuständigkeit der Schariat-Gerichte gelöst wurde (was aber auch in der Türkei nichts daran ändert, dass viele Frauen trotzdem noch in traditionelle Rollenzwänge eingebunden bleiben). Dem Beispiel Atatürks sind andere reformorientierte Staaten bestenfalls in Teilbereichen gefolgt, so Tunesien, Somalia oder der südliche Jemen. Nur dort haben die Politiker Männer und Frauen zumindest im Erbrecht gleichgestellt, ist die Scheidung für beide Partner gleich schwierig, dürfen Verhütungsmittel frei verkauft werden, ist Abtreibung erlaubt.

In Syrien aber kann sich der Mann nach wie vor erheblich leichter scheiden lassen als die Frau. Und immer noch erbt die

Frau halb so viel wie der Mann, ebenso gilt die Zeugenaussage einer Frau vor Gericht immer noch halb so viel. Das einzige Recht, das der verlassenen Frau im Rahmen der Scharia bleibt: Sie darf ihr in die Ehe gebrachtes Eigentum wie auch die Mitgift des Gatten behalten. Der Mann kann weiterhin bis zu vier Frauen heiraten. Sein Recht auf Polygamie ist nur dadurch eingeschränkt, dass er seine Gattin fragen muss, bevor er eine weitere heiratet. Setzt er sich über ihren Einspruch hinweg, darf die Frau das seltene Recht wahrnehmen, die Scheidung einzureichen (sofern sie überhaupt bei dem enormen sozialen Druck den Mut dazu aufbringt).

Die Mehrheit der muslimischen Männer hält an bestehenden Verhältnissen des Familien- und Eherechts fest und wehrt sich gegen Reformen. Zu welchen Auswüchsen, ja Exzessen ein derartiger Protest führen kann, zeigen alarmierende Vorgänge, wie sie Ende der siebziger Jahre gehäuft auch in westlichen Medien berichtet werden. Im August 1980 erregte ein Bericht der Schweizer Hilfsorganisation »Les Sentinelles« (»Die Wachen«) weltweit Aufsehen. Dort war von rund tausend Muslimfrauen die Rede, die im Nahen Osten allein während des Jahres 1979 von einem Familienmitglied getötet wurden. Und dabei handelte es sich nur um die aufgedeckten Fälle; die Dunkelziffer wird um ein Vielfaches höher geschätzt. Der Familienrat spricht das Todesurteil und meist wird der Vater oder einer der Brüder zum Henker. Solche Morde an Mädchen, die verdächtigt werden, mit fremden Männern geflirtet und ihre »Unschuld« aufs Spiel gesetzt zu haben, ereignen sich weniger in Dörfern. Solche Morde geschehen häufiger in Städten mit westlich geprägtem Stadtbild und Schulen – eben dort, wo die Frauen sich schon stärker vom traditionellen Rollenverhalten gelöst haben und wo die staatlich verordneten Reformen viel deutlicher ins Bewusstsein dringen. Und in diesen Städten ist es keineswegs nur der einfache, wenig gebildete Mann aus dem Volk, der sich zum blutigen Richter im Namen der Scharia aufschwingt. Man findet die selbst ernannten Henker bis hinauf in westlich gebildete Akademikerkreise – eine Oberschicht, die allen technischen Fortschritt aus dem »Westen« bewundert, aber bei einer Reform traditionellen islamischen Familienrechts in Panik gerät. Tatorte sind sowohl die sozialistischen Baath-Staaten Syrien und Irak als auch Jordanien und die von Israel besetzten Gebiete, sowohl das republikanische Ägypten als auch das traditionalistisch-monarchistische Saudi-Arabien.[30]

Hervorgehoben wird in diesem Bericht der Schweizer Hilfsorganisation aber auch, dass keineswegs nur Muslime zu einer derartigen Lynchjustiz gegenüber den Frauen in ihrer Familie neigen, sondern auch arabische Christen. Diese fatale Gemeinsamkeit bei Muslimen und Christen zeigt, dass solche Vorgänge nicht allein einer islamischen Tradition angelastet werden können.

Lynchjustiz ist allerdings auch aus der Sicht vieler orthodoxer Muslime eine entartete islamische Tradition. Sie wollen dagegen eine »wirklich islamische« Gerichtsbarkeit durchgesetzt sehen, wie sie »Gott gewollt« hat. In diesem Sinn fordern sie eine reformierte Scharia: eine Rechtsprechung, zwar eng an Koran und Hadith orientiert, jedoch von allen späteren Fehlentwicklungen gereinigt. Gerade gegenüber dieser mächtigen Front selbst gutmeinender Traditionalisten zögern Syriens Baath-Sozialisten, zögern auch westlich beeinflusste Politiker anderer Länder, Reformen im Interesse der Frauen konsequent zu Ende zu führen.

Wie groß ist unser Vorsprung im Westen?

Erste Ansätze, per Gesetz die Gleichberechtigung der Frauen herzustellen, gehen in Europa auf die Französische Revolution von 1789 zurück. Aber die entscheidenden politischen Umsetzungen haben erst während des 20. Jahrhunderts stattgefunden. Unser Vorsprung gegenüber islamischen Ländern beträgt auf vielerlei Gebieten oft nur wenige Jahrzehnte.

1840 wurden zwar schon in der Schweiz Frauen zum Hochschulstudium zugelassen, aber in Deutschland entstand erst 1889 das erste Mädchengymnasium und erst seit 1908 dürfen Frauen studieren. Weder Großbritannien noch Frankreich ließen vor dem Ersten Weltkrieg Frauen zu den Wahlurnen. Sie führten das aktive und passive Wahlrecht für Frauen erst 1918 ein, ebenso wie Deutschland und Österreich nach dem Sturz ihrer Monarchien. Selbst die US-Amerikaner, die schon seit 1787 eine demokratische Verfassung mit allen bürgerlichen Freiheiten besitzen, haben sich erst 1920 zum Wahlrecht auch für Frauen durchringen können. Die Gleichberechtigung der Frau ist zwar seit 1949 in unserem deutschen Grundgesetz festgeschrieben, aber erst 1957 folgten konkrete Gesetze, die die Frau auf bürgerlich-rechtlichem Gebiet gleichstellen!

Damit trifft sogar auf den liberalen Westen zu, was wir im Hinblick auf reformfreudige Regierungen des islamischen Orients feststellen können: Anfangs wurden Freiheitsräume nur für Männer erkämpft und erst in einer späteren Modernisierungsphase konnten auch Frauen, indem sie sich selber politisch engagierten, vom langsam einsetzenden Wandel profitieren.

Islam und modernes Denken

Der Vorsprung des Westens

Die Muslime seien ein Problem.

Er sagt das achselzuckend, ein Wiener Arzt an einer größeren Klinik. 1994 habe ich ihn privat kennengelernt, und bei der Gelegenheit erzählt er mir von den Medizinstudenten und Assistenzärzten, die aus dem Nahen Osten zur Ausbildung nach Österreich kämen und für einige Zeit auch in seiner Abteilung tätig seien.

Die meisten von ihnen seien unfähig zu eigenständigem Denken, erklärt er, sie wiederholten vorwiegend Wort für Wort nur das Gelernte, seien sehr gut im Auswendiglernen, würden aber nichts kritisch in Frage stellen. Ärzte könnten sie zwar werden, aber niemals etwas zur medizinischen Forschung beitragen. Er könne sich einen Muslim nicht als Forscher vorstellen. Natürlich habe diese unkritische Haltung mit ihrer Religion zu tun. Der Islam sei doch eine Religion, bei der es nur darauf ankomme, Autoritäten anzuerkennen und deren sogenannte Weisheiten nachzuplappern. Er frage sich, wie Muslime es auf diese Weise je schaffen würden, geistig konkurrenzfähig gegenüber dem Westen zu werden. Sie würden sich, schon aufgrund ihrer Religion, Modernität und echte Wissenschaftlichkeit nur in Äußerlichkeiten aneignen können.

Wir verwickeln uns in eine lebhafte Diskussion, bei der ich entgegne, man solle den Islam als Religion nicht für die Rückständigkeit im wissenschaftlichen Denken verantwortlich machen. Die Ursache für die Krise oder gar den Niedergang einer Kultur müsse man auf anderer Ebene suchen. Schließlich sei der Islam bereits während des Mittelalters im Vorderen Orient die beherrschende Religion gewesen. Aber damals hätten sich die Muslime weltoffener als die Europäer verhalten, sie seien auf vielen wissenschaftlichen Gebieten führend gewesen. Damals hätten Europäer von den Medizinern in Damaskus, Bagdad, Kairo und Cordoba lernen müssen, nicht umgekehrt. – Er orientiere sich an dem Jetzt und Heute, antwortet der Wiener Arzt, und was er da sehe, sei eindeutig. Ich könne ja seine Kollegen an anderen Fakultäten fragen, sie alle würden seine Eindrücke bestätigen, darauf könne er wetten.

Das Jetzt und Heute ... Den Fakten wollte und konnte ich nicht widersprechen, nur den Schlussfolgerungen. Im selben Jahr 1994 fand ich sogar eine Parallele im Bericht eines angesehenen deutschen Wirtschaftswissenschaftlers, über dessen Ergebnisse ein Nachdenken lohnt. Dieter Weis, der an der Freien Universität Berlin Volkswirtschaft des Vorderen Orients lehrt, beschrieb seine Eindrücke an der Universität Damaskus nach einem Gastvortrag folgendermaßen: »Die Universitätsbibliotheken boten ein desolates Bild. Neuere internationale Fachliteratur fehlte weitgehend. Der Hochschulunterricht wurde zu großen Teilen mittels früherer Mitschriften aus eigenen Studienzeiten in Osteuropa bestritten – eingebettet in die Rhetorik der syrischen Staatspartei. Die studentischen Diskussionsbeiträge zum Gastvortrag des Verfassers bestanden in einer genauen Wiederholung des gerade Gehörten, ohne eigenen Kommentar, geschweige denn Kritik. Dies veranlasste den Verfasser zu einer gezielten Provokation: Technische Entwicklung sei nur zugänglich durch die Teilnahme am internationalen wissenschaftlichen Prozess. Dies setze freie Kommunikation und freies Denken voraus und sei nicht durch das Auswendiglernen verordneter Lehrbücher ersetzbar. Die Studenten empfanden dies als sensationell. Bejahung von Kritik,

Verneinung von Autoritäten kann individuelle Angst auslösen und kollektiv schnell eine politische Dimension annehmen, wenn sie etwa von einer hauptstädtischen Universität ausgeht.«[1]

Es versteht sich, dass die Vorträge ausländischer Gastprofessoren an arabischen Universitäten vorwiegend auf Englisch gehalten werden. Ohnehin ist für Studenten gerade der Sozial- oder Naturwissenschaften Voraussetzung, Englisch zu beherrschen, anders wäre es ihnen unmöglich, überhaupt internationale Forschungsergebnisse zur Kenntnis zu nehmen. Aber dass die Beherrschung westlicher Sprachen nur ein erster, sehr zögernder Entwicklungsansatz ist, auch fremdes Denken zu verarbeiten, zeigt das Beispiel.

Wie ich aus Gesprächen mit Syrern, Irakern und Ägyptern weiß, werden an ihren Universitäten naturwissenschaftliche Fächer, besonders Medizin, nach wie vor auf Englisch vermittelt. Und in den Maghreb-Staaten Marokko, Algerien und Tunesien, wo einst die Franzosen herrschten, hat sich neben Arabisch das Französische als Unterrichtssprache halten können. In Marokko berichtete mir ein Franzose, der an einem Gymnasium in Casablanca arbeitete: Nahezu ein Drittel aller Gymnasiallehrer und fast die Hälfte der Universitätsprofessoren in Marokko seien noch immer Franzosen, und sie vermittelten den Marokkanern nach wie vor Bildungsinhalte der »Civilisation française«, woran kaum ein Muslim Anstoß nehme. Von Algeriern erfuhr ich, dass an ihren Universitäten sowohl auf Französisch als auch auf Hocharabisch unterrichtet werde, technische Fächer aber durchwegs auf Französisch. So erleben wir eine paradoxe Situation: Selbst in islamischen Ländern, die betont antiwestlich agieren, bleibt als Unterrichtssprache Englisch oder Französisch weiterhin gefragt, ja erscheint unverzichtbar. Auch Jahrzehnte nach dem Tag ihrer Unabhängigkeit tun sich die einzelnen Staaten schwer, das Arabische wieder als Wissenschaftssprache zu installieren. Was sind die Barrieren?

Das Arabisch von heute ist nicht mehr ausdrucksfähig genug, moderne Bildungsinhalte zu verarbeiten und zu vermitteln, so konstatiert der aus Damaskus stammende Syrer Bassam Tibi, der an der Universität Göttingen internationale Politik lehrt. Ein wesentlicher Grund für diese Verkümmerung liegt in der Tatsache, dass die Muslime das Arabische als die Sprache der unveränderbaren, abgeschlossenen Offenbarung im Koran ansehen. Viele Muslime neigen dazu, der sprachlichen Ausdrucksform des Arabischen einen unveränderbaren Status beizumessen. Daher konnten konservative Autoritäten im Verlauf der Jahrhunderte zunehmend alle Versuche unterbinden, das »ewige« Arabisch dem gesellschaftlichen Wandel anzupassen und weiterzuentwickeln. Das Arabische stagnierte, bis die Araber nicht mehr fähig waren, exakte Entsprechungen für die historischen, sozialphilosophischen und auch naturwissenschaftlichen Begriffe der europäisch-westlichen Kultur zu finden. Erst im 19. Jahrhundert begannen vereinzelt arabische Denker zu begreifen, dass einerseits die Koran-Sprache nicht über eine Sakralsprache hinausgekommen war und dass andererseits die lokalen arabischen Dialekte verkümmerte Strukturen sowie ein nur alltägliches Vokabular aufwiesen.[2]

Solange es aber Arabern nicht gelingt, ihre Sprache durchgreifend zu modernisieren, bleiben sie gezwungen, fremde Sprachen – meist die Sprache der verhassten Kolonialherren und zugleich des insgeheim bewunderten Westens – zu verwenden, um sich modernes Denken anzueignen. Das ist nicht nur ein Dilemma der arabisch-islamischen Welt, wir können eine derartige Krise auch in anderen einst blühenden Hochkulturen Asiens, besonders im Iran und in Indien, beobachten.

Dabei war das Arabische über viele Jahrhunderte eine hochdifferenzierte Wissenschaftssprache, mit der sich muslimische Rechtsgelehrte, Philosophen, Mediziner, Chemiker, Astronomen und Mathematiker von Andalusien über Nordafrika und Vorderasien bis nach Indien über alle kulturellen und ethnischen Unterschiede hinweg verständigen konnten – eine globale Sprache, die an internationaler Bedeutung das Latein des christlichen Mittelalters bei Weitem übertraf. Seit dem 12. Jahrhundert hatten europäische Gelehrte begonnen, wissenschaftliche Schriften aus dem Arabischen ins Lateinische zu übersetzen. Nur so konnten sie Anschluss an das Niveau damaliger internationaler Forschung gewinnen; die Maßstäbe hierfür setzte die »arabische« Forschung. Zu jener Zeit hatten Muslime umgekehrt keinen Anlass gehabt, Interesse an wissenschaftlicher Literatur des Abendlandes aufzubringen.

Und so kommen wir aus neuem Blickwinkel zu einem ganzen Bündel von Fragen: Warum hatten die Muslime einst die Europäer kulturell weit überflügelt – und sich dabei gar auf die Überlegenheit ihrer Religion berufen? Und weshalb haben sich die Verhältnisse Jahrhunderte später geradezu umgekehrt? Gab die Entwicklung innerhalb der Religion den Ausschlag?

Wir nähern uns einem der schwierigsten und vielschichtigsten Probleme islamischer Geschichte. Und gerade hier bietet uns ein Blick auf Syrien interessante Aufschlüsse.

Bimaristan Nuri:
Wo einst die modernsten Ärzte arbeiteten

»Musée de Sciences et de Médecine Arabes.« Zur linken Eingangsseite ist die Steintafel auf Französisch angebracht, rechts auf Arabisch. Ich stehe vor dem Tor des Museums für arabische Wissenschaften und Medizin in Damaskus.

Das Portal des mittelalterlichen Gebäudes mit seinem Stalaktitengewölbe und der Kuppel verrät das Vorbild persischer Architektur. Persisch angelegt ist auch der rechteckige Innenhof: so das Bassin und der Springbrunnen in der Mitte, so die offenen Bogenhallen auf drei Seiten, von wo aus die einzelnen kuppelgewölbten Innenräume zu betreten sind. Dort erwarten den Besucher in Schaukästen medizinische Geräte und Bücher aus einem Jahrtausend islamischer Hochkultur. Seit 1976 ist der historisch ehrwürdige Baukomplex südwestlich der Omayaden-Moschee zu einem Museum umfunktioniert.

Trotz der ästhetisch ansprechenden Atmosphäre im Innenhof ist die einstige Bedeutung gerade dieses Ortes kaum noch zu erahnen. Draußen vor dem Portal schieben sich durch eine enge Straße unablässig hupend und knatternd Lieferautos zum nahe gelegenen Souk Hamadiye. Zweckbauten aus Betonziegeln oder rotem Backstein sowie düstere, regenverwaschene Fassaden des 19. Jahrhunderts überragen das historisch wertvolle Gebäude. Ausgerechnet hier hat sich in das Gassengeflecht der Damaszener Altstadt die moderne Bauwut ohne Sinn für gewachsene Strukturen hineingefressen und den traditionsreichen Kuppelbau jäh aus seinem architektonischen Zusammenhang gerissen; er ist im wahrsten Sinn des Wortes zu einer musealen Insel geworden.

Der unvorbereitete Besucher wird sich angesichts der Restbestände nur bedingt veranschaulichen können, dass sich hier einst eines der berühmtesten Spitäler und Zentren medizinischer Wissenschaft des gesamten Vorderen Orients befand: der Bimaristan Nuri. »Bimaristan« ist persisch und bedeutet Krankenhaus. Das Wort gibt ebenso wie das architektonische Vorbild einen deutlichen Hinweis, woher vor acht Jahrhunderten die wichtigsten Impulse medizinischer Forschung gekommen sind: aus dem Iran. Perser haben den arabischen Muslimen die Grundlagen vermittelt, und Araber haben auf dieser Basis eigenständige Forschung betrieben. »Nuri« weist auf den Bauherrn hin. Errichtet wurde das Krankenhaus im Jahr 1154 auf Veranlassung des Fürsten Nuraddin, der zu Syriens herausragenden Regenten zählt (über seine Bedeutung an anderer Stelle mehr). Der Bimaristan Nuri war nur eines neben anderen hoch entwickelten Spitälern im damaligen Syrien, aber gerade er sollte zu Ruhm weit über die arabischen Grenzen hinaus gelangen. Von seinen Ärzten und Forschern sollte man schließlich auch in Europa sprechen, wo die Christen selbst noch dreihundert Jahre später keinen derartigen medizinischen Standard kannten.

Eine große Zahl festangestellter Ärzte, eine reichhaltige Bibliothek und die Unterscheidung von medizinischen Bereichen wie Chirurgie, Orthopädie, Fieber- und Geisteskrankheiten bestimmten den straffen organisatorischen Aufbau des Nuri-Hospitals.

In den Metropolen des christlichen Abendlandes sahen damals Spitäler ganz anders aus: Die Ärzte dort waren hauptsächlich Mönche, die einerseits zwar mit Heilkräutern, andererseits aber mit Handauflegen, Teufelsaustreiben und Gebeten Kranke von ihren Leiden zu befreien hofften. Viele arbeiteten in Siechenhäusern, die noch wenig mit einem Spital nach unseren Maßstäben gemeinsam hatten, denn dort blieb es die vornehmste Aufgabe, Kranke auf das Jenseits vorzubereiten. Zwar bahnte sich ein erster Wandel bereits während des 13. Jahrhunderts in Sizilien unter dem Staufer-Kaiser Friedrich II. an.

Aber Sizilien, am Schnittpunkt arabisch-christlicher Kultur gelegen, blieb die einsame Ausnahme. Bis zum 16. Jahrhundert sollte es dauern, bis es in den Metropolen des christlichen Abendlands Spitäler mit wissenschaftlich ausgebildeten Medizinern gab, und all diese Spitäler waren nach persisch-arabischem Vorbild organisiert. Erst zu dieser späten Zeit sollte sich bei den Christen die Einsicht durchsetzen, dass Krankheiten nicht eine »Strafe Gottes« sind, sondern dass viele Krankheiten durch Infektion übertragen und durch Vorbeugungsmaßnahmen bekämpft werden können. Zu derartigen Erkenntnissen fanden aber muslimische Ärzte schon um das Jahr 1000.

In einem der Schauräume des Bimaristan Nuri steht die Bronzebüste eines bärtigen, beturbanten Mannes, deren Sockel mit dem Namen Ibn Sina beschriftet ist. Im Abendland kennen wir diesen großen Mediziner und Philosophen, dessen vollständiger Name Hussein Ibn Abdallah Ibn Sina lautet, unter der latinisierten Benennung Avicenna. Dieser, ein Perser, im Jahr 980 in Afsenn bei Buchara geboren und 1037 in Hamadan, einer Stadt im westlichen Iran, gestorben, lebte mehr als ein Jahrhundert vor der Erbauung des Nuri-Spitals. Er war Leibarzt an verschiedenen persischen Fürstenhöfen, etliche Jahre lang auch Wesir der Emire von Isfahan und Hamadan, aber die meiste Zeit widmete er seinem monumentalen wissenschaftlichen Werk. Seine Schriften bildeten eine wesentliche Grundlage auch für die Ärzte in Damaskus. Ohne die medizinische Enzyklopädie des Ibn Sina, des »Qanun fil-tibb« (»Kanon der Medizin«), sind viele spätere bahnbrechende wissenschaftliche Erkenntnisse arabischer Mediziner nicht denkbar. In dem vielbändigen Sammelwerk des 11. Jahrhunderts ist so gut wie jede damals bekannte Krankheit exakt beschrieben, ihre Ursachen, ihre Wirkungen, die Möglichkeiten der Heilung. Dort sind die Erkenntnisse aus den griechischen Lehrbüchern des Hippokrates und des Galenos neben den Ergebnissen aus der persischen Medizinschule von Dschundischapur sorgsam aufbereitet, hinzu kommen zahlreiche eigene Entdeckungen. Als Erster wusste Ibn Sina von der Ansteckungsgefahr bei Tuberkulose, auch begriff er vor allen anderen Geistesgrößen der Medizin, dass viele Krankheiten durch das Wasser oder die Erde übertragen werden – durch Bakterien, würden wir in der Sprache von heute sagen; nur fehlte dem genialen Perser des Jahres 1000 noch das Mikroskop, um seine Annahme durch Experimente zu erhärten.

Der Ruhm des »Qanun fil-tibb« drang bereits ein Jahrhundert nach dem Tod seines Verfassers über die Grenzen der islamischen Welt hinaus. Bereits um das Jahr 1150 – wenige Jahre bevor der Bimaristan Nuri in Damaskus entstand – waren Teile der Enzyklopädie über das maurische Spanien nach Frankreich gelangt, waren vom Arabischen ins Lateinische übersetzt worden und kursierten bald unter französischen, italienischen und deutschen Gelehrten. Ibn Sinas monumentales Sammelwerk wurde unter dem lateinischen Titel »Canon medicinae« berühmt wie kein zweites wissenschaftliches Werk des christlichen Mittelalters. Seit dem 13. Jahrhundert diente dieses Lehrbuch zunehmend an europäischen Universitäten als Leitfaden der Schulmedizin und daran hat sich bis ins 17. Jahrhundert nichts geändert – bis zu jenem Zeitpunkt, als es auch für die Christen selbstverständlich wurde, naturwissenschaftlich zu forschen.

Ein im Rang ähnliches Ansehen konnte während dieses Zeitraums bei christlichen Medizinern nur noch das Lehrbuch »Liber Almansoris« erreichen. Aber auch hinter diesem lateinischen Titel verbarg sich eine der großen muslimischen Medizinautoritäten: Abu Bakr al-Razi, ein Perser, der noch ein Jahrhundert früher als Ibn Sina lebte und Chefarzt an der größten Klinik von Bagdad war. In Europa zitierte man ihn unter dem griechisch umgewandelten Namen Rhazes.

Die Büste des Ibn Sina hat im Bimaristan Nuri von Damaskus einen auffallenden Platz. Aber noch zentraler aufgestellt ist die Büste eines anderen bahnbrechenden Mediziners, sie steht in der offenen Bogenhalle direkt gegenüber dem Haupteingang. Sein Name: Ibn an-Nafis. Im Gegensatz zu Ibn Sina hat er im Bimaristan Nuri gearbeitet, auch war er Araber und gebürtiger Damaszener. Diesem syrischen Mediziner haben spätere Bewunderer den Nachruf gewidmet: »Auf der ganzen Erde gab es seinesgleichen nicht, und seit Ibn Sina war seinesgleichen nicht gewesen.«[3] Er kann als der erste Forscher gelten, der das System des Blutkreislaufes exakt analysiert hat – dies drei bis vier Jahrhunderte früher, als europäische Forscher zu den gleichen Erkenntnissen gelangten.

Ibn an-Nafis, 1210 in Damaskus geboren und 1288 in Kairo gestorben, arbeitete am Bimaristan Nuri, als das Spital schon acht Jahrzehnte bestand und bereits berühmte Mediziner von Andalusien bis Iran anlockte. Naturgemäß fand er in der großen Spitalsbibliothek wie in den Anatomiesälen gute Ausgangsbedingungen für eigenes Forschen. Seine große Karriere machte er allerdings nicht in Damaskus, sondern in Kairo. Ein solcher Schauplatzwechsel war symptomatisch für die kulturelle wie politische Dynamik der islamischen Welt. Sultan Saladin, der Nachfolger Nuraddins, der wechselweise in Damaskus und Kairo residierte, hatte den Ehrgeiz, in der ägyptischen Metropole ein ebenso renommiertes Hospital zu begründen, wie es sein Vorgänger in Damaskus getan hatte. Der junge Arzt Ibn an-Nafis sah somit die Chance, in Kairo noch bessere Bedingungen zu erhalten.

Im dortigen Nassiri-Hospital sollte er langjähriger Chefarzt und mit seinen medizinischen Lehrbüchern wegweisende Autorität für viele Generationen lernender Ärzte werden. Ibn an-Nafis, der mit eigenen Forschungen auf die Ergebnisse sowohl griechisch-antiker als auch persischer und arabischer Medizin aufbaute, warnte aber davor, Autoritäten blind nachzuahmen. Seine Mahnung mutet erstaunlich modern an: »Um den Gebrauch eines jeden Organs zu beschreiben, stützen wir uns auf eine sorgfältige Beobachtung und ein ehrliches Studium ohne Rücksicht darauf, ob diese zu den Lehren derer passen, die uns vorangegangen sind.«[4]

Eine solche Absage an blinden Autoritätsglauben, wie sie unabdingbare Voraussetzung gerade für moderne empirische Wissenschaft ist, finden wir bei vielen muslimischen Naturforschern und Philosophen aus damaliger Zeit. Der Stil der Argumentation lässt zwar ahnen, dass auch ein Ibn an-Nafis gegen unkritischen Traditionalismus anzukämpfen hatte. Doch wenn wir einen vergleichenden Blick auf das christliche Abendland im 12. und 13. Jahrhundert werfen, so sehen wir den entscheidenden Unterschied. Bei den Christen damals bedeutete eine solche Haltung die Ausnahme. Eine dieser Ausnahmen ist allerdings so auffallend, dass sie Aufmerksamkeit verdient.

Ein gewisser Adelard von Bath antwortete während des 12. Jahrhunderts in einem Brief an einen christlichen Traditionalisten auf den Vorschlag, über das Verhalten von Tieren zu diskutieren: »Es fällt mir schwer, über die Tiere zu diskutieren. Ich habe nämlich von meinen arabischen Meistern gelernt, die Vernunft zur Richtschnur zu nehmen. Du aber begnügst Dich damit, als Geknechteter der Kette einer moralisierenden Autorität zu folgen. Wie soll man die Autorität anders denn als Kette bezeichnen? Wie die dummen Tiere an der Kette geführt werden und nicht wissen, wohin oder warum man sie leitet [...] so sind auch die meisten von Euch Gefangene einer tierischen Leichtgläubigkeit und lassen sich von der Autorität des Geschriebenen an einer Kette aus gefährlichen Glaubenselementen herumführen. [...] Unsere Generation hat einen tief verankerten Fehler: Sie nimmt nichts an, das aus der Neuzeit stammen könnte. [...] Ich kenne das Los der wahren Gelehrten beim gemeinen Volk. Deshalb setze ich mich nicht für meine Sache ein, sondern für die der Araber.«[5]

Was für ein Text. Dieses Bekenntnis zur »Vernunft« als »Richtschnur« für wissenschaftliches und philosophisches Denken kommt zwar auch nicht zur Gänze ohne den Verweis auf eine Autorität aus. Aber der Christ berief sich auf die »Araber«, und dies in deutlichem Protest gegen Gepflogenheiten des eigenen Kulturkreises. Adelard von Bath, der vorwiegend in Chartres und Paris wirkte (während des 12. und 13. Jahrhunderts die lebendigsten geistigen Zentren des Abendlandes), war Philosoph und Übersetzer. Er übersetzte philosophische wie naturwissenschaftliche Texte aus dem Arabischen ins Lateinische. Er gehörte zu den Vermittlern, die angefangen hatten, in das maurische Spanien zu reisen, um dort aus dem reichen Fundus »arabischer« Wissenschaft zu schöpfen. Bekenntnisse wie die seinen zeigen eindeutig, woher das christliche Abendland seine ersten Impulse einer empirischen Forschung nahm. Aber, wie wir wissen, mussten in Europa noch etliche Jahrhunderte vergehen, bis sich eine solche Tendenz breitenwirksam gegen den Traditionalismus hat durchsetzen können.

Der Vorsprung der Muslime

Aus unserer westlichen Sicht ist das Mittelalter endgültig zu Ende gegangen, als die Europäer begannen, ohne religiös dogmatische Bevormundung Philosophie und Naturwissenschaft zu entwickeln. Falls wir aber ein Epochenschema mit derartiger Gewichtung auf die islamische Geschichte übertragen wollen, dann fällt es uns schwer, etwa im Vorderen Orient vom 8. bis zum 14. Jahrhundert »Mittelalter« vorzufinden. Wir würden dort innerhalb dieses Zeitraums manche Tendenzen orten, die eine Parallele zu unserer »Neuzeit«, zumindest zur Renaissance aufweisen. Denn die Muslime ließen sich durch das Vorbild der griechischen Antike um Jahrhunderte früher als die Christen dazu anregen, Forschung auf den Grundlagen der Erfahrungswissenschaften zu betreiben.

Auf den ersten Blick muss diese Tatsache erstaunen. Denn die Christen hätten bessere Voraussetzungen besessen, die Literatur griechischer wie römischer Philosophen und Naturwissenschaftler zu studieren, schließlich sprachen viele von ihnen ohnehin Griechisch und Latein. Sie hätten sich also die mühsame Arbeit des Übersetzens erspart, der sich die Araber und Perser ausgesetzt sahen. Aber die griechischen und römischen Christen hatten weitgehend die Brücken zur vorchristlichen Philosophie und Wissenschaft abgebrochen, sofern deren Ergebnisse sich nicht unmittelbar und kurzfristig im Alltag verwerten ließen.

Kaiser Theodosius setzte im Jahr 391 das Signal zu rabiater Intoleranz, als er das Christentum zur Staatsreligion erklärte und sämtliche »heidnischen« Kulte verbieten ließ. Der Kaiser selbst ermutigte durch seine demonstrativ zur Schau getragene Unduldsamkeit die christlichen Untertanen, vorchristliche Philosophie, Wissenschaft und Dichtung zu ignorieren, die »heidnische« Literatur bei schlechter Lagerung in den Bibliotheken zu vernachlässigen oder, schlimmer noch, die Schriftrollen und Bücher vorsätzlich zu vernichten. Theodosius sah nicht nur tatenlos zu, sondern gestattete sogar ausdrücklich, dass in eben jenem schicksalsträchtigen Jahr 391 christliche Fanatiker das Serapeion in Alexandria stürmten und einen Großteil unersetzlicher Werke in der bedeutendsten Bibliothek der griechisch-römischen Antike verbrannten.

Dies war aber erst der Anfang einer groß angelegten Vernichtungsaktion. Zum Abschluss kam sie im Jahr 600. Damals zerstörten die Christen die letzte der herausragenden Bibliotheken, die Palatina von Rom. Und damit hatten sie endgültig den kulturellen Kahlschlag im Namen des allein seligmachenden Gottes vollzogen – mit unabsehbaren Folgen: Denn ihr Fanatismus leitete eine geistige Ausdörrung ein, an der das Abendland bis weit hinein ins hohe Mittelalter zu leiden hatte. Unfreiwillig schufen Christen gerade so die entscheidenden Voraussetzungen für den kulturellen Vorsprung des Islam.

Die Muslime reagierten anders. Wie die Christen verwarfen sie zwar die große Dichtung der griechischen und römischen Antike. Aber so radikal die Muslime sich auch gegen allen »Götzendienst« der »Heiden« abgrenzten, wollten sie doch nicht undifferenziert das gesamte Schrifttum der Antike mit dem Bannfluch des »Heidnischen« belegen. Die Muslime der Frühzeit waren hier beeinflusst von orientalischen Christen, vor allem von Nestorianern und Monophysiten, die sich nicht dem dogmatischen Druck der byzantinischen Staatskirche beugen mochten. Die Muslime argumentierten aber viel entschiedener als die sogenannten »Ketzerchristen«: In der Philosophie von Platon und Aristoteles wie auch in der Naturwissenschaft von Archimedes, Pythagoras, Hippokrates, Galenos und Euklid sei nichts mehr vom Glauben an viele Götter zu spüren, vielmehr verehrten die griechischen Philosophen und Wissenschaftler im Logos, dem Weltprinzip der »höchsten Vernunft«, den einen und einzigen Gott – und daher sei es jedem Muslim erlaubt, sich uneingeschränkt mit ihrem Denken auseinanderzusetzen.

Welche Perspektive eröffnete sich hier den Muslimen! Sie gingen daran, in den eroberten Ländern die Bibliotheken nach eben jenen Büchern zu durchforsten, die die Christen verschmähten. Sie begannen, die Werke zu sammeln, sie ins Arabische zu übersetzen und an den Akademien zum allgemeinen Studium freizugeben. Der junge Omayaden-Prinz Chalid Ben Yesid war der Erste, der in Damaskus um das Jahr 700 Christen der nestorianischen wie der monophysitischen Glaubensrichtung beauftragte, Bücher griechischer Wissenschaftler ins Arabische zu übersetzen. Bereits zwei Jahrhunderte später waren alle wichtigen Werke Platons, des Aristoteles, Ptolomaios und Galenos übertragen – und damit hatte sich das Arabische endgültig zur ausdrucksfähigen Wissenschaftssprache gewandelt. Die meisten Übersetzer waren schon vom Namen her als Christen zu erkennen. Vorwiegend boten sich Nestorianer (die ja von der byzantinischen Staatskirche besonders hart verfolgt worden waren) als Übersetzer den Kalifen in Damaskus und später in Bagdad an; gerade die Nestorianer sprachen fast alle sowohl Griechisch als auch Arabisch.[6] Und so ist es zu der paradoxen Situation gekommen, dass griechische Philosophie und Naturwissenschaft nicht von Griechen und Römern unter christlicher Herrschaft an die Nachwelt weitergegeben wurden – sondern von muslimischen Arabern und Persern, unterstützt von Christen unter islamischer Oberhoheit.

Anders als die frühen Christen bejahten die frühen Muslime wissenschaftliche Neugier. Mohammed selber soll gesagt haben: »Beim Jüngsten Gericht werden die Tinte der Gelehrten und das Blut der Glaubenskämpfer gewogen – und die Tinte der Gelehrten wird mehr wiegen als das Blut der Glaubenskämpfer.«[7] Diese Aussage finden wir zwar nicht im Koran, aber nachdrücklich im Hadith. Gerade ein solches Prophetenwort scheint geeignet, die Muslime in dem eingeschlagenen Weg zu bestärken, sich weiter fremden Wissenschaften zu öffnen.

Für die Frühzeit des Islam brachte diese Grundhaltung einschneidende Folgen. Überall in den islamischen Metropolen entstanden öffentliche Schulen, wo auch Kinder aus ärmeren Schichten unterrichtet wurden, dazu eine Vielzahl an öffentlichen Bibliotheken und Akademien. Begünstigt wurde diese Entwicklung durch die Tatsache, dass ja Arabisch als die »heilige« Sprache des Koran wie die der Wissenschaften zugleich auch Volkssprache war, zumindest im Vorderen Orient.

Im christlichen Abendland dagegen waren noch während des 12. Jahrhunderts rund 95 Prozent der Bevölkerung Analphabeten. Selbst viele Fürsten konnten weder lesen noch schreiben und mussten sich zur Abfassung eines Vertrages einen Mönch aus einer klösterlichen Kanzlei holen. Sogar innerhalb der Klöster, damals die eigentlichen Kulturzentren, konnte oft nur der höhere Klerus Bücher lesen. Eine geistige Brücke zum Volk zu schlagen fiel den Gebildeten schwer, da ja die Bildungssprache Latein nicht wie das Arabische zugleich Volkssprache war.

Die Differenz von Bildung und Kultur zeigte sich in Europa umso krasser, je weiter die Länder im Westen lagen. Im oströmischen, byzantinischen Großraum hatten eine Reihe von Städten vorerst ihr hohes zivilisatorisches Niveau bewahren können – allen voran Byzanz –, ja sie hatten mit manchen ihrer Errungenschaften die islamische Welt beeinflusst, bevor Metropolen wie Damaskus, Bagdad, Kairo, Cordoba und Isfahan ihre antiken Vorbilder übertrafen. Westeuropäische Länder dagegen hatten nach dem Zusammenbruch des Weströmischen Reiches weitgehend auch ihre Stadtkultur verloren. Das galt selbst für Rom. Erst ab dem 10. und 11. Jahrhundert bildeten sich in Westeuropa wieder »embryonal« Städte, zu jener Zeit, als aus byzantinischem Einfluss die romanischen Kirchenbauten und Klöster entstanden. Aber erst gegen Ende des 11. Jahrhunderts nahm hier die Stadtkultur einen entscheidenden Aufschwung. Und erst dann waren wieder die Voraussetzungen geschaffen, dass sich Kultur – in diesem Zusammenhang auch Wissenschaft – auf breiter Basis entfalten konnte.[8]

Zentren dieser aufblühenden Stadtkultur in Westeuropa wurden, wie schon angedeutet, Chartres und Paris – exakt jene Städte, die intensiv Kontakte zum maurischen Spanien pflegten. Im Jahr 1163 begannen in Paris, der Residenzstadt der französischen Könige, die Bauarbeiten zur Kathedrale Notre Dame, und weitere drei Jahrzehnte später entstand die Kathedrale von Chartres. Beide sind sie wegweisende Meisterwerke der Hochgotik. Unübersehbar ist für das Entstehen der Gotik arabischer Einfluss – angefangen von den Konstruktionsberechnungen, die ein gotisches Gewölbe möglich machten, bis hin zum Spitzbogenfenster, das bereits die Perser und Ägypter kannten. Aber so wie einst die Omayaden in Damaskus und Jerusalem Elemente byzantinischer Architektur zu etwas Eigenem verwandelt hatten, so vollbrachten Ähnliches nun die Christen. Spätestens zu diesem Zeitpunkt wurde offenbar, dass inzwischen auch das christliche Abendland am Beginn einer dynamischen Kulturentwicklung stand. Und gerade indem die Christen erstmals Anregungen von islamischen Nachbarn aufnahmen, vermochten sie schließlich zu ernstzunehmenden kulturellen Rivalen zu werden.

Allerdings konnten die Christen in der ersten Phase dieser Entwicklung den Muslimen Gleichwertiges nur in der sakralen Architektur und der Dichtung entgegensetzen. Noch erschien es den Christen unvorstellbar, Naturforschung außerhalb aller religiösen Einbindung zu betreiben. Krankheiten etwa wissenschaftlich zu analysieren und aktiv das Leiden zu bekämpfen, anstatt es als »Schicksal« hinzunehmen, dies hätte geheißen, sich gegen den unerforschlichen Ratschluss Gottes aufzubäumen. Aus unserer heutigen Sicht muss es erstaunen, wenn Muslime über Jahrhunderte dem »Weltlichen« innerhalb ihrer doch religiös geprägten Kultur einen größeren Entfaltungsspielraum einräumten als die christlichen Europäer. So wuchsen zwar gotische Dome mit bewundernswerter technischer Perfektion in den Himmel und konnten an künstlerischer Vollendung mit den prächtigsten Moscheen konkurrieren. Aber es blieb für ein weiteres Jahrhundert dabei, dass Priester und Mönche mehr auf Gebete als auf medizinische Forschung vertrauten und so in Siechenhäusern eher geistliche als ärztliche Hilfe zu leisten vermochten.

Die Muslime dagegen haben nicht nur die wissenschaftlichen Schriften der Griechen, Perser und Inder gründlich studiert, sondern haben das Vorgefundene beträchtlich weiterentwickelt. Vor allem haben sie die naturwissenschaftliche Methodik durch experimentelle Untersuchungen ausgebaut. Ja, sie sind die Erfinder des Experiments im strengen Sinne: Die Muslime und nicht schon die Griechen wurden zu den eigentlichen Begründern der experimentellen Chemie und Physik.[9]

Nicht genug damit. Die Muslime entwickelten während des 13. und 14. Jahrhunderts auch erste überzeugende Ansätze zu einer empirisch geprägten Soziologie und Geschichtswissenschaft, losgelöst aus den Fesseln enger religiöser Dogmatik. In diesem Zusammenhang kann ich nur den herausragendsten Namen nennen: Ibn Khaldun. Der maghrebinische Araber, mit vollem Namen Abd ar-Rahman Ibn Muhammad Ibn Khaldun, wurde 1332 in Tunis geboren. Sein Hauptwerk schrieb er während der Jahre 1374 bis 1378 in Algerien und übersiedelte 1382, nun bereits ein berühmter Gelehrter, nach Kairo, wo damals die Sultane der Mamluken-Dynastie residierten. Dort wirkte er bis zu seinem Tod 1406, kam zwischendurch aber auch nach Damaskus, in die zweitwichtigste Stadt des mamlukischen Herrschaftsbereichs.

Ibn Khaldun wurde zum maßgebenden soziologischen Interpreten historischer Abläufe – ein Jahrhundert früher, als ein ähnliches Denken im christlichen Abendland möglich wurde. Sein Ansatz unterscheidet sich von der sonst üblichen islamischen Geschichtsauffassung dadurch, dass er den Staat nicht religiös zu rechtfertigen versucht, sondern ihn als eine bloße politische Notwendigkeit betrachtet. Der Staat verkörpert nicht irgendeinen göttlichen Willen.[10] Entsprechend konnte Ibn Khaldun Gesetze politischen Handelns analysieren, wie sie seiner Meinung nach für alle Herrschaftssysteme jenseits ihrer religiösen Zugehörigkeit gültig sind. In dieser Hinsicht ähneln die Anschauungen Ibn Khalduns denen des Niccolò Machiavelli, des für Europa bahnbrechenden politischen Denkers. Nach unserem heutigen Ermessen passt Ibn Khaldun nicht ins »Mittelalter«, sondern wie Machiavelli ins Zeitalter der Renaissance.

Ibn Khaldun war der Geschichtsphilosophie verpflichtet – und eine solche Denkrichtung konnte naturgemäß viel weniger neutral gegenüber religiösen Werten bleiben als etwa die Medizin, Chemie und die Physik. Musste also Ibn Khaldun, der ein Jahrhundert vor Machiavelli schrieb, nicht in einen grundsätzlichen Konflikt mit religiösen Autoritäten geraten? Größere Konflikte blieben ihm erspart, schlicht und einfach weil die meisten seiner Zeitgenossen – auch orthodoxe Korangelehrte – die Brisanz seines neuartigen Denkansatzes gar nicht verstanden. Gebildete benutzten sein Geschichtsbuch vorwiegend als Nachschlagewerk für Fakten, und als die historischen Details in ihrer Aktualität endgültig verblasst waren, vergaß man das Werk wie den Autor. Erst westliche Orientalisten sollten ihn, gerade wegen seiner uns so erstaunlich anmutenden Modernität, im 19. und 20. Jahrhundert wieder entdecken und entsprechend zu würdigen beginnen.

Konflikte bahnten sich im sogenannten Goldenen Zeitalter des Islam allerdings zur Genüge zwischen freigeistigen Wissenschaftlern und einer orthodoxen Geistlichkeit an. Auch wenn diese Auseinandersetzungen während der ersten Jahrhunderte nicht dieselbe unversöhnliche Schärfe wie im Abendland annahmen, so sollten sie auf lange Sicht eben doch zu einschneidenden Konsequenzen führen.

Glanz und Elend großer Denker

Auffallend steht die Büste des Ibn Sina im Museum für arabische Wissenschaften und Medizin von Damaskus. Aber die Wandschrift hebt nur die herausragende Bedeutung des Mediziners hervor. Sein ebenso wegweisender Rang als Philosoph ist nicht erwähnt. Eine solche Unterlassung mag in einem Museum für Naturwissenschaften nachvollziehbar sein. Und doch ist sie kein Zufall. Falls wir gebildete Muslime, in welchem Land auch immer, nach Ibn Sina fragen, so werden die meisten nur auf den großen Mediziner zu sprechen kommen und über den Philosophen so gut wie nichts wissen.

Ibn Sina – oder Avicenna, wie wir ihn nennen – ziehen heute Araber, Perser und Türken gerne als Beleg dafür heran, dass die Muslime viele Jahrhunderte die kulturellen Lehrmeister Europas gewesen seien. Die Erinnerung an Ibn Sina und andere große Forscher hilft auf diese Weise, muslimische Gemüter zu stabilisieren, schließlich sehen sich viele angesichts der heutigen Dominanz westlicher Naturwissenschaften in ihrem Selbstwertgefühl beeinträchtigt.

Weshalb aber fehlt oft die Erinnerung an Ibn Sinas Philosophie, die doch ebenfalls dem »Westen« um Jahrhunderte voraus war? Eine Erinnerung dieser Art findet sich vorwiegend nur bei westlichen Orientalisten. Oder bei muslimischen Intellektuellen, die als »westlich« beeinflusst gelten. Eine Minderheit also. Orthodoxe Muslime, sofern sie sich überhaupt mit Ibn Sina befassen, sehen seine Philosophie weitgehend im Widerspruch zur islamischen »Wahrheit«.

Intensiv wie kein Muslim zuvor hatte Ibn Sina während des 11. Jahrhunderts die Erkenntnisse des Aristoteles gedeutet und schöpferisch weiterentwickelt. Seine Kommentare zu Aristoteles wurden an den wissenschaftlichen Akademien des Orients zur Pflichtlektüre und gaben mehrere Jahrhunderte lang Anregungen für Philosophen von Persien über den arabischen Raum bis nach Andalusien. Er war überragendes Vorbild für alle Intellektuellen, welche die aufbrechenden Widersprüche zwischen rationalem Erkenntnisdrang und religiösem Glauben durch »Vernunft« – durch »Logos« nach griechischem Vorbild – klären wollten. Ibn Sina aber sah nicht im Propheten Mohammed, sondern im Philosophen Aristoteles die höchste Inkarnation des Menschengeistes.[11] Und diese Haltung bildete einen ersten Stein des Anstoßes.

Mehr noch: Ibn Sina glaubte nicht an eine leibliche Auferstehung am Tag des Jüngsten Gerichts, auch nicht an die sinnlichen Freuden, die den Frommen im Paradies mit schönen Frauen und lauschigen Gärten, den Frevler mit Qualen im Höllenfeuer erwarten. Dies seien Symbole, so erklärte er in einer nur für »Eingeweihte« bestimmten Schrift. Der Prophet Mohammed sei von der »Weltvernunft« dazu ausersehen worden, in solch bildhafter Sprache zum Volk zu sprechen, denn nur auf diese Weise verstehe das Volk die Wahrheit. Dem Gelehrten aber offenbare sich die »Weltvernunft« auf einer anderen Stufe, sie enthülle ihm keine Bilder, sondern Begriffe. So lehrte Ibn Sina sieben Jahrhunderte vor der europäischen Aufklärung. Thesen wie diese erinnern an Lessing. Auferstehung bedeutete für Ibn Sina die Unsterblichkeit des Geistes, Paradies die Vollkommenheit der reinen Idee, Hölle das Verhaftetsein in irdische Daseinsängste und Qualen. Seiner Meinung nach verkünden Propheten und Philosophen keine einander widersprechenden Wahrheiten, beide enthüllen nur verschiedene Offenbarungsformen der einen Weltvernunft, jeder spiegle eine andere Facette aus der Vielfalt von »Wahrheit«.

Zahlreiche orthodoxe Korangelehrte verdammten das philosophische Werk Ibn Sinas schon zu dessen Lebzeiten. Und das mit zwingender Logik: Ginge es nach diesem »Ketzer«, dann könnte zukünftig jeder Philosoph den Koran nach eigenem Gutdünken deuten, könnte den sprachlichen Bildern und Symbolen stets neue Wahrheiten entnehmen. Die islamischen Glaubensinhalte würden damit in Bewegung kommen, jedes Dogma ließe sich plötzlich beliebig zur Diskussion stellen, wäre zu überprüfen, würde vieldeutig erscheinen.

Die »Ketzerei« eines Ibn Sina hat eine lange Vorgeschichte. Aber es würde den Rahmen der Darstellung sprengen, diese Entwicklung auch nur in großen Linien aufzuzeigen. Hier soll der Hinweis genügen, dass im sogenannten Goldenen Zeitalter des Islam vom 8. bis zum 14. Jahrhundert orthodoxe Muslime mit wesentlich mehr Freidenkern konfrontiert waren, als heute landläufig bekannt ist.

Gerade Syrien liefert dafür eindrucksvolle Beispiele. Ein Name überragt alle anderen: Abul Ala al-Ma'arri. Er, der im Jahr 973 in der Kleinstadt Ma'arra südlich von Aleppo geboren wurde und 1058 dort starb – ein Zeitgenosse des Ibn Sina also –, gilt als einer der größten Dichter arabischer Sprache. Seine Texte jedoch verraten eine beißende Skepsis nicht nur gegenüber allem Machtanspruch religiöser Institutionen, mitunter klingt auch Zweifel an der metaphysischen Ordnung an.

Ma'arri kritisierte scharf muslimische Geistliche, die »die Moschee mit Entsetzen füllen, wenn sie predigen [...] Zu eigenem schmutzigem Gewinn besteigt die Kanzel er, und an die Auferstehung glaubt er nicht; und doch legt seinen Hörern er vom Jüngsten Tag so schaurige Geschichten vor, dass die Erinnerung sich sträubt«. Die schlimmsten Schurken sind seiner Meinung nach die Männer, die die heiligen Stätten in Mekka verwalten; für Geld könne man sie zu allem bewegen. Er riet seinen Zuhörern oder Lesern, die Zeit nicht mit Pilgerfahrten zu verschwenden. »Oh, Tor, wach auf! Die Riten, die du heilig hältst, sind nichts als Staub, den Männer alter Zeit betrügerisch dir in die Augen streun in ihrer Gier nach Geld; erfüllt ward ihnen ihre schnöde Gier und niedrig war ihr Tod und jämmerlich, und ihr Gesetz hat keinen Wert.«[12] Und: »Diene Gott, aber nicht seinen Dienern, denn das Gesetz versklavt, die

Logik befreit!«[13] Ma'arri bezweifelte, dass eine Religion »allein die Wahrheit besitzt«, und soweit er an Gott glaubte, setzte er Gott mit dem unberechenbaren Schicksal gleich. »Ich merke wohl«, so schrieb er, »dass die Menschen von Natur aus ungerecht sind zueinander, keinen Zweifel gibt es aber über die Gerechtigkeit dessen, der die Ungerechtigkeit schuf.«[14]

So könnte ein Voltaire geschrieben haben. Ma'arri aber hatte sein Werk im 11. Jahrhundert verfasst, Voltaire dagegen als sarkastischer Kritiker religiöser Glaubenskonstruktionen erst im 18. Jahrhundert. Ma'arri ist ebenso wie viele andere im Gedächtnis der Nachwelt verblasst, bis ihn moderne Interpreten des 20. Jahrhunderts wieder als einen fruchtbaren Skeptiker zu würdigen begannen. Und doch: Für die Mehrheit orthodoxer Muslime bleibt gerade der Syrer Ma'arri ein »Ketzer«, der ihrer Meinung nach fatal den modernen Unglauben des »Westens« vorwegnimmt – er, der sogar an »Gottes Gerechtigkeit« zweifelte.

Gott »kritisieren« … Orthodoxe Muslime können in dieser Hinsicht die Tabugrenzen sehr eng ziehen. Ich selber sollte in dieser Hinsicht eine aufschlussreiche, im ersten Moment sehr banal anmutende Alltagserfahrung machen. Kurioserweise geschah dies in Aleppo, nahe der Heimatstadt des Skeptikers Ma'arri, als ich Schutz vor plötzlich hereinbrechendem Regen suchte. Der Regen klatschte schwer auf den Asphalt, ein eiskalter Aprilwind wehte durch die Gassen. Unterschlupf hatte ich schließlich unter einem Toreingang gefunden, wo bereits ein westlich gekleideter Syrer stand. Er lächelte mich freundlich an, zuckte dann bedauernd die Schultern, worauf ich mich seufzend über das »verdammte Wetter« äußerte; ein solches Wetter sei doch in Syrien nicht normal im April, oder? Er, der fließend Englisch sprach und schon etliche europäische Länder bereist hatte (wie sich später herausstellte), hörte mir anfangs mit hochgezogenen Augenbrauen zu, dann sagte er: Das Wetter komme von Gott. – Nasskalt sei es trotzdem, kommentierte ich. – Das Wetter komme von Gott, wiederholte er nun schon wesentlich unfreundlicher, zum Zeichen, dass meine Kritik völlig unangemessen sei. Wir wechselten das Thema.

»Ketzer« und der Sieg
der Orthodoxie

Ghasali, die »Autorität des Islam«

Es war im Jahr 1095 unserer Zeitrechnung. Ein Mann in unscheinbarem Wollgewand eines religiösen Asketen betrat die Omayaden-Moschee von Damaskus und betete dort. Niemand verwehrte dem Andächtigen, dass er anschließend eines der Minarette bestieg. Zwei Jahre verbrachte er hoch über dem Häusermeer mit Blick auf das Dach und die Kuppel der Moschee. Er fastete und meditierte. Seinen Platz verließ er nur, wenn er vom Hofbrunnen Wasser trank und von mildtätigen Gläubigen Brotfladen oder Datteln entgegennahm. Keiner ahnte, dass sich hinter dem stillen Frommen einer der berühmtesten Theologen und Korangelehrten der islamischen Welt verbarg: Abu Hamid Mohammed al-Ghasali.

Ghasali befand sich damals in der schwersten existenziellen Krise seines Lebens. Bevor er nach Damaskus gekommen war, schien er den Höhepunkt seiner Karriere bereits erreicht zu haben. Er, 1058 in Ghasala nahe der nordpersischen Stadt Tus geboren, war ein berühmter koranischer Rechtsgelehrter im Fürstentum Chorassan, als ihn der Großwesir Nizam al-Mulk für eine Professur nach Bagdad berief. Er war damals 33 Jahre alt.

Vier Jahre lang hatte Ghasali in Bagdad an der Nisamiya, der damals berühmtesten Hochschule und zugleich dem geistigen Zentrum des sunnitischen Islam, koranisches Recht gelehrt. Bald war er mehr als jeder andere Gelehrte seiner Zeit zu einer unantastbaren Autorität geworden. Eines Tages aber, im Jahr 1095, stockte er mitten in der Vorlesung, eine Zungenlähmung hinderte ihn am weiteren Sprechen. Erschüttert verließ Ghasali den Hörsaal. Die rasch gerufenen Ärzte urteilten für damalige Verhältnisse mit bemerkenswertem Scharfblick: seelische Erkrankung. Aber niemand konnte nachvollziehen, was in dem gefeierten Lehrer wirklich vorgegangen war, nachdem er rastlos alle religiösen und philosophischen Ausprägungen des Islam studiert hatte. Er hatte von sich sagen können: Es habe keinen Philosophen gegeben, dessen System er nicht vollkommen zu verstehen versuchte, keinen Ketzer, dessen Ketzerei er nicht auf den Grund gegangen sei. Was aber löste die Krise aus?

Ghasali, zu dessen Lebzeiten die islamische Kultur den Zenit ihrer Entwicklung erreicht hatte, spürte mehr als andere auch schon die drohende Krise: Dass der Islam geistig zu erstarren drohte und viele Geistliche unfähig waren, auf die Herausforderungen von »Ketzern« intellektuell überzeugend zu reagieren. Rückblickend betonte er in seiner Lebensbeschreibung: »Der Durst, die Dinge zu verstehen, wie sie wirklich sind, war von jung auf meine Natur und Gewohnheit. [...] Infolgedessen hörten die Bande der Autorität und Überlieferung auf, mich zu halten, sobald ich mich dem Mannesalter näherte. Ererbte Glaubenssätze verloren ihren Griff über mich.«[1] Ghasali war beunruhigt, wie selbstverständlich viele Menschen ihre Anschauungen von religiösen Autoritäten übernahmen. Ein solcher Gehorsam hatte in seinen Augen nichts mit Frömmigkeit zu tun, er nannte diese stumme Unterwerfung »bequem, gedankenlos«. Den Gläubigen aus purer Gewohnheit warf er vor, sie gehorchten der Autorität nur aus eingefleischter Angst, nicht aus Überzeugung. Ghasali schrieb auch: »Denn es ist eine Bedingung des Autoritätsglaubens, dass er seinem Träger nicht bewusst ist. Sobald der Autoritätsgläubige merkt, dass er autoritätsgläubig ist, zerbricht das Glas seines Glaubens, und die

Scherben lassen sich nie wieder zusammenflicken.«[2] Exakt hatte er hier die eigene, jäh aufgebrochene Krise beschrieben.

Geistig und seelisch zutiefst erschüttert, gab Ghasali sein Lehramt in Bagdad auf, verließ Frau und Kinder und ging, unter dem Vorwand einer Pilgerreise nach Mekka, auf unstete Wanderschaft, um anonym das Leben eines Bettelmönchs und Derwischs zu führen. Einsam meditierend auf dem Minarett der Omayaden-Moschee von Damaskus, begann er, seine Krise zu überwinden, und erste neue Gedanken formten sich – Gedanken, die in letzter Konsequenz zu einem geistigen Umbruch großen Ausmaßes für Muslime vieler Generationen führen sollten.

Die Wanderschaft führte Ghasali weiter nach Jerusalem, Mekka und Medina. Jahrelang hielt er sich an den heiligsten Stätten des Islam auf, wo er sich endgültig Klarheit über seine erschütterten Positionen erhoffte. Wieder verbrachte er wichtige Jahre in Damaskus. 1106 zog er sich in seine persische Heimatstadt Tus zurück, wo er noch fünf Jahre lehrte und schrieb. Nur 53 Jahre alt, starb er im Jahr 1111.

Die elf Wanderjahre ohne gesicherte Stellung, aber auch frei von aller Abhängigkeit, wurden für Ghasali entscheidend. Damals entstanden jene Bücher, die ihm erst einen Rang unter den Großen der islamischen Geistesgeschichte einräumten. Ghasali ist mit diesen Büchern, so können wir aus unserer westlichen Sicht definieren, einerseits zu einem islamischen »Thomas von Aquin« geworden, wie er andererseits auch schon manches von der Erkenntniskritik eines Immanuel Kant vorweggenommen hat. Ghasali, der sich selber als einen »Verteidiger des Glaubens« verstand und den Islam gegenüber aller »Ketzerei« stabilisieren wollte, ist in mancherlei Hinsicht »modern« selbst nach europäischen Maßstäben. Und doch: Später sollten sich konservative Korangelehrte auf seine Lehre berufen, wenn sie daran gingen, alles liberal fortschrittliche Denken im Islam zu unterdrücken.

Gerade weil Ghasali, der Neuerer, später als Instrument im

Kampf gegen alle Erneuerung benutzt werden konnte, lohnt es sich, dass wir uns mit seiner Lehre näher befassen. Bei genauerem Hinsehen ist Ghasali beides: fortschrittlich und traditionalistisch. Und dieser Januskopf steht sinnbildhaft für die enorme Spannung, unter der die islamische Welt auf dem Höhepunkt ihrer kulturellen Entfaltung stand.

Die wichtigsten Titel von Ghasalis folgenreichen Büchern lauten: »Die Widersprüche der Philosophie«, »Die Nische des Lichts«, »Der Führer aus dem Irrtum«, »Die Erneuerung der Religionswissenschaften«. (Ein Auszug davon bildet »Das Elixier der Glückseligkeit«.) Besonders das erste Buch mit dem arabischen Titel »Tahafut al-Falasifa« (in der Fachsprache übersetzt mit »Die Inkohärenz der Philosophie«) rückte schon zu Lebzeiten Ghasalis ins Zentrum der Auseinandersetzung. Ghasali wandte sich in diesem umfangreichen Werk entschieden gegen die griechisch beeinflusste Philosophie. Neu an seiner Kritik war, dass er, selbst an der dialektischen Methodik des Aristoteles bestens geschult, nun moderne Philosophen mit moderner Methodik einer Prüfung unterzog. Hauptzielscheibe seiner Kritik wurde Ibn Sina.

Wie sehr können wir uns auf unsere Sinneswahrnehmungen verlassen, so fragte er. Und wie sehr auf unsere Vernunft? Ein naiver Mensch, der den Sternenhimmel betrachte, müsse die Sterne für winzig halten. Wenn ein Mensch aber Vernunft und Wissenschaft zu Hilfe nehme, begreife er sehr rasch, um wieviel größer als die Erde die Gestirne sein müssten, denn sonst könnten diese derart weit entfernt gar nicht mehr sichtbar sein. Also müsse die Vernunft höher als die sinnliche Wahrnehmung bewertet werden, schloss Ghasali ganz in der Tradition griechischer Philosophie. Aber, so fragte er weiter, stützt sich nicht letztlich auch die Vernunft mit ihren Prämissen auf die Sinneswahrnehmung? Ja, antwortet er, und deshalb könnten auch Philosophie und Wissenschaft nicht absolut verlässlich die Wahrheit ergründen.

In einer weiteren Schlussfolgerung verneinte Ghasali, dass man mit Hilfe der Vernunft Gottes Existenz oder die Unsterblichkeit der Seele beweisen könne. Umgekehrt lasse sich auch nicht mit Logik nachweisen, dass Gott etwa nicht existiere und der Mensch nur von bloßen Naturgesetzen beherrscht sei. Ghasali wies genauso den Anspruch von Korangelehrten zurück, ein Theologe könne mit Hilfe des Koran die Aussagen von Naturwissenschaftlern korrigieren. Ghasali argumentierte: Koran und Naturwissenschaften bewegen sich auf zwei völlig verschiedenen Ebenen, ohne irgendeine Gemeinsamkeit.

In seinem Buch »Der Führer aus dem Irrtum« setzte sich Ghasali schließlich gründlich mit den Schwächen einer rationalistischen islamischen Theologie auseinander – er, der einen Teil seiner akademischen Laufbahn selber solche theologischen Positionen vertreten hatte. Entschieden lehnte er Versuche ab, etwa die Aussagen des Koran und des Hadith mit philosophischen Methoden zu verteidigen oder zu beweisen. Denn stets seien, argumentierte er, unterschiedliche Erklärungen möglich, abhängig von den Sinnen und der sinnegeleiteten Vernunft, sodass man nie Gewissheit erlangen könne.

Was aber führt dann zur Gewissheit im Glauben, was zur Erfüllung?

Ghasali fand eine Antwort, die – anfangs – bei vielen orthodoxen Korangelehrten auf heftigen Widerstand stieß. Er sagte in allen seinen Büchern, besonders betont aber in »Die Nische des Lichts«: Es sei am besten, den Weg des »Sufi« zu gehen. Das arabische Wort, das sich auf »suf« (Wolle) bezieht, meint den in Wolle Gehüllten, den bedürfnislos gekleideten Einsiedler und Wandermönch. Sufis haben seit dem 8. Jahrhundert zunehmend die islamische Geistesgeschichte beeinflusst, indem sie gedankenlos geglaubte Dogmen sowie die bloße Gewohnheitsreligion radikal in Frage stellten, ja auch bereits erhebliche Zweifel an einer rationalistischen Theologie äußerten. Für Sufis, von denen viele sich auch »Derwisch« (persisch: Bettler,

Armer) nannten, gab es nur einen verlässlichen Weg, sich »Gott« zu nähern und »Wahrheit« zu erfahren: Religion muss mit dem Gefühl erlebt werden und ist nur unzureichend theoretisch zu begründen, Religion lässt sich in höchster Form nur in der Meditation erfahren. »Gott« und »tiefste Wahrheit« würden sich dem Frommen besonders intensiv in diesem Zustand jenseits aller begrenzten, einengenden Vernunft offenbaren.

Aus unserer westlichen Sicht bezeichnen wir eine solche Religiosität als mystisch. »Mystik« vom griechischen »myein« – (den Mund) »verschließen« – abgeleitet, steht exakt für die Intention eines meditierenden Sufi. Ab einem bestimmten Punkt endet für jeden Gläubigen die sprachliche wie bildhafte Ausdrucksfähigkeit, und angesichts des Absoluten beginnt das große Schweigen. Der Begriff besagt aber auch: Derartige Erfahrungen kann der Gläubige an andere nicht durch Worte weitergeben, ihm bleibt der Mund »verschlossen«. Jeder Einzelne muss selber den »Weg nach innen« beschreiten und kann das Absolute nur für sich alleine »er-leben«.

Orthodoxe Korangelehrte hatten eine solche Frömmigkeit bisher nur misstrauisch geduldet, wenn nicht gar abgelehnt, eben weil sie bei Sufis und Derwischen – oft nicht zu Unrecht – einen Protest gegen die (dogmatisch einengende) Orthodoxie vermuteten. Für den Islam, wie auch für das geistig verwandte Christentum, steht ja das »Wort Gottes« im Mittelpunkt des Glaubens. Orthodoxen Muslimen wie auch Christen bedeutet daher das mystische Erleben jenseits aller Worte eher eine Randerscheinung, ein Ärgernis – zumal diese mystische Tradition bei Hindus und Buddhisten eine zentrale Rolle einnimmt; Hinduismus und Buddhismus aber gelten dem orthodoxen Muslim als »götzendienerisch«. Umso überraschter, wenn nicht gar schockiert mussten Korangelehrte sein, als Ghasali, der doch eine gefeierte Autorität aus ihren eigenen Reihen war, nach seinem seelischen Zusammenbruch in Bagdad selber Sufi wurde. Ghasali war zu einem Asketen geworden, der sich allen bisherigen Autoritäten verweigerte, sich aber verpflichtet fühlte, mit seinen Erkenntnissen andere Menschen zu beeinflussen. So war der sprachmächtige Ghasali gerade jetzt – aller Ämter und Machtpositionen ledig – zu einer Herausforderung geworden.

»Es gibt viele Arten der Erkenntnis«, schrieb Ghasali in »Die Erneuerung der Religionswissenschaften«. »Der bloß physische Mensch ist wie eine Ameise, die über ein Blatt Papier krabbelt, schwarze Buchstaben bemerkt und ihre Entstehung auf die Schreibfeder und nichts sonst zurückführt.« Und: »Die göttliche Erkenntnis ist so tief, dass wirklich nur jene, die sie erlangt haben, darum wissen. Ein Kind weiß nicht wirklich um die Errungenschaften eines Erwachsenen. Der gewöhnliche Erwachsene versteht nichts von den Kenntnissen des Gelehrten. Und ganz genauso kann ein Gelehrter die Erfahrungen erleuchteter Heiliger oder Sufis nicht verstehen.«[3]

Orthodoxe Korangelehrte sahen anfangs gerade in diesen Formulierungen Grund, nun auch Ghasali als einen Gegner der Orthodoxie zu verdächtigen. Im andalusischen Spanien hatte ein Emir unter dem Einfluss besonders engstirniger Eiferer Ghasalis Buch »Die Erneuerung der Religionswissenschaften« öffentlich verbrennen lassen.[4] Dabei hatte sich Ghasali keineswegs voll und ganz mit dem mystischen Pfad der Sufis und Derwische identifiziert. Vor allem kritisierte er, dass eine Reihe Mystiker behaupteten, sie könnten in der Meditation mit Gott »eins« werden. Selbst in der höchsten mystischen Ekstase vermöge der Fromme sich Gott nur anzunähern, stets aber bleibe der Abstand zwischen menschlicher und göttlicher Sphäre unüberbrückbar. Er selber sei nie zur »absoluten Erleuchtung« gelangt und halte dies auch bei anderen Sufis für völlig unmöglich. Kein Sufi könne beanspruchen, er vermöge in den »Kern« der »inneren Wahrheit« vorzudringen und er brauche sich daher nicht mehr an das »Äußere«, die jedermann zugängliche Überlieferung des Islam, zu halten. Der Mystiker sei dazu aufgerufen, seine Erfahrung des »Inneren« kritisch zu überprüfen, ob sie noch mit dem »Äußeren«, der Botschaft von Koran und Hadith, übereinstimme. Verweigere er sich dieser Kontrolle, sei der Weg ins Bodenlose, in haltlose »Ketzerei« geöffnet. Ghasali kam mit dieser Distanz gegenüber der Mystik wieder auf den orthodoxen Islam zurück, den er nun auf eine umso gefestigtere Grundlage stellte.

Den Koran als die wortwörtliche Offenbarung Gottes zu hinterfragen, erschien sogar Ghasali – der sonst alles hinterfragte – undenkbar. Auch für ihn galt der Koran als »ungeschaffen«, war in seiner sprachlichen Form schon »ewig« bei Gott gewesen, und Mohammed hatte die »heilige Botschaft« ohne menschliche Gestaltungskraft, ohne soziale, zeitgebundene Einflüsse an die Menschen übermittelt. Ghasali folgte hier der vorherrschenden Lehrmeinung, hier war er weniger »modern« als Ibn Sina.

Je mehr die Orthodoxen erkannten, welch unschätzbare Stütze ihnen durch das Werk Ghasalis zuwuchs, desto mehr gaben sie ihren Widerstand auf. Zwei bis drei Jahrhunderte mussten allerdings vergehen, bis seine Werke allgemein anerkannt wurden und zur wegweisenden »Autorität des Islam« für Korangelehrte, ja überhaupt für den intellektuellen Muslim werden sollten. Aber mit dem breitenwirksamen Ruhm setzte auch sofort das Missverständnis, der Missbrauch ein.

Ghasalis Werk kam oft nur vereinfacht, thematisch stark verkürzt zur Wirkung – durchaus im Interesse der Orthodoxie. Unter dem wachsenden Einfluss von Ghasalis Autorität verzichteten schließlich auch intellektuelle Muslime unterschiedlichster Denkschulen immer mehr auf metaphysisch-problemorientierte Fragen, die in »bodenlosen« Zweifel münden könnten. Zunehmend konzentrierten sie sich auf »eindeutige« Aussagen in Koran und Hadith: die Anleitungen für »richtiges« Verhalten in einem »islamischen Staat«. Seit der machtvollen Nachwirkung Ghasalis siegte endgültig die dem Islam ohnehin innewohnende Tendenz, dass die Muslime ihre Religion in erster Linie als religiöse Rechtsordnung (»Fiqh«) definieren, dagegen der Theologie (»Kalam«) eine untergeordnete Rolle zuweisen.[5]

Ghasali wirkte bald über den islamischen Kulturkreis hinaus. Sogar christliche Theologen begannen bereits wenige Jahrzehnte nach Ghasalis Tod, einige seiner Schriften zu studieren. Sehr früh waren Ausschnitte seiner Bücher ins Lateinische übersetzt worden – nicht zufällig jene Teile, in denen Ghasali Argumente für die Verteidigung der Orthodoxie gegen alle Zweifler lieferte. Christen lernten von einem Muslim Argumentationstechniken, die auch für die Rechtfertigung christlicher Orthodoxie nützlich sein konnten. Europäische Theologen lasen al-Ghasali und diskutierten ihn unter dem verballhornten Namen Algazel.

Ghasali war kaum die Ursache, dass sich im Islam die Orthodoxie gegen alles freiere Denken mehr und mehr durchsetzte – dazu war er selber ein viel zu freier Geist, als dass er der späteren Entwicklung hätte zustimmen können. Ghasali stand im Sog einer größeren Entwicklung (auf deren Ursachen und Folgen wir an anderer Stelle noch näher eingehen werden).

Aber ausgerechnet die mystische Frömmigkeit der Sufis und Derwische, wie sie Ghasali rühmte, sollte auch noch während folgender Jahrhunderte zu erheblichen Spannungen mit der Orthodoxie führen. Zu einer ihrer herausragendsten Persönlichkeiten wurde der Mystiker Ibn al-Arabi. Dieser Sufi aus Andalusien ließ sich mehr als ein Jahrhundert nach Ghasali in Damaskus nieder und verfasste dort wegweisende Schriften.

Ibn al-Arabi, der umstrittene Sufi

Dem Damaszener Vorort Salihiye, wo der Sufi Ibn al-Arabi begraben liegt, nähere ich mich zu Fuß. Noch während des 19. Jahrhunderts haben sich zwischen Salihiye und Damaskus üppige Gärten mit einem weitverzweigten Bewässerungsnetz ausgedehnt. Davon ist nichts mehr zu sehen. Längst hat die Großstadt auch die letzten Gärten unter Stein, Beton und Asphalt begraben und ist nahezu übergangslos mit dem Vorort verschmolzen. Ich gehe durch Straßenschluchten, deren Betonbauten, Läden und kleine Restaurants ein mediterranes Vorstadtviertel von Athen oder Saloniki repräsentieren könnten. Den freien Blick aber habe ich zwischendurch auf die ockergelben Steilhänge des 1200 Meter hohen Berges Qassiyun, an dessen unteren Flanken mich die kubisch übereinander geschachtelte Häuserfront von Salihiye erwartet, die durchsetzt ist mit Minaretten und Kuppeln. Der Ort mit seinem traditionell anmutenden Panorama lässt schon aus der Ferne vage ahnen, dass dort seit dem 11. Jahrhundert Moscheen und Mausoleen für berühmte Philosophen, Heilige, Minister und Feldherren errichtet wurden. Das zweifellos berühmteste Grabmal ist das des Sheik Ibn al-Arabi.

Steil und eng winden sich die Straßen den Berg hinauf, Marktstraßen, die von Menschen, Eselskarren und ratternden Lieferautos überquellen. Die Häuser mit vorspringenden Erkern und hölzernen Fenstergittern verraten türkischen Charakter; viele wirken allerdings verfallen, die Löcher in ihren Ziegeldächern sind durch Wellblech notdürftig bedeckt, zerbrochene Fenstergitter mit Brettern vernagelt. Dazwischen recken sich schon blockige Betonbauten und geben einen Hinweis darauf, wie das in seiner historischen Bausubstanz extrem vernachlässigte Viertel während der nächsten Jahrzehnte sich wandeln könnte. Aber die Gassen mit ihren Obstständen, Gemüseauslagen, dampfenden Garküchen sind bunt, grell. Aus Transistorradios dringt lautstark arabische Musik in das Rufen von Händlern und das Knattern von Motoren. Unvermutet rückt nach einer Wegbiegung inmitten des Basargewimmels ein herrlich ornamentiertes Minarett mit zwei umlaufenden Balkonen ins Blickfeld. Ich stehe vor der Moschee mit dem Mausoleum des Ibn al-Arabi.

Das Pilgerzentrum findet sich in einer Gruft seitlich der Moschee, ich muss eine schmale Treppe hinabsteigen. Vier Sufis sind dort begraben: Die beiden vorderen Steinsärge, die mit koranversbestickten Tüchern und grünen Turbanen bedeckt sind, beherrschen das Bild; in ihnen ruhen Ibn al-Arabi und sein Sohn, der Dichter Saadaddin. Nach dem Straßenlärm wirkt die Stille in diesem hochgewölbten Raum nahezu mystisch entrückend. Sonnenstrahlen dringen wie Speere durch die geometrisch angeordneten Kuppelöffnungen und lassen die an der Wand hängenden Bilder aufleuchten: Moscheen von Mekka, Medina und anderen heiligen Orten. Dort, wo ich mich niedergelassen habe, drängen sich Männer an das silberne Gitter vor dem Sarkophag des Ibn al-Arabi, beim Gebet aber flüstern sie nur und geben damit der Stille umso mehr Gewicht. Viele sind traditionell mit dem Keffiye, manche auch mit dem weiten Umhang der ländlichen Bevölkerung gekleidet.

Eine Gruppe Frauen kommt die Treppe herab, in ihrer Begleitung etliche kleine Kinder, die Frauen durchwegs mit dem halsverhüllenden Kopftuch, manche in bunter Tracht. Sie ziehen sich in den hinteren Teil des Kuppelraums zurück, der durch ein breit gespanntes Tuch den Blicken der Männer entzogen ist. Hinter dem Tuch höre ich sie laut beten und singen, zwischendurch schwatzen sie aber auch, beruhigen ihre greinenden Kinder, kichern. Sie bleiben lange, ja scheinen sich darauf eingerichtet zu haben, während der Mittagshitze hier zu rasten. Der Wärter, ein bärtiger alter Mann, fühlt sich in seiner Ruhe gestört und weist die Frauen immer wieder barsch über die Trennwand hinweg zurecht. Die Ruhe dauert allerdings nie lange. Kindergeschrei wechselt weiterhin mit laut gesungenen Gebeten, mit Schwatzen, Kichern. Während der zwei Stunden meines Aufenthalts treffen immer neue Pilger ein, mehr Frauen als Männer. Ist Ibn al-Arabi etwa vorwiegend zum Schutzpatron der Frauen avanciert, zum Fürsprecher bei

Gott, wenn es um Kindersegen, einen guten Ehemann oder Hilfe gegen Krankheiten geht?

Wie auch immer: Ibn al-Arabi scheint ein allseits anerkannter, ja volkstümlicher Heiliger geworden zu sein. Diesem Eindruck entspricht auch die Tatsache, dass der ganze Stadtbezirk hier »Sheikh Muhyiddin« genannt ist, wie ich einem Stadtplan des Tourist Office entnehmen kann; Muhyiddin, »Wiedererwecker der Religion«, ist ein vielsagender Ehrentitel, den einst Sufis ihrem großen Meister Ibn al-Arabi verliehen haben.

Einige Berichte aus der Vergangenheit widersprechen allerdings dem Eindruck, dass der »Wiedererwecker der Religion« überwiegend verehrt worden sei. Als Ibn al-Arabi 1240 in Damaskus starb, kam er nur kurz in einem ehrenvollen, von seinen Anhängern geschaffenen Grab zur Ruhe. Erbitterte Gegner zerstörten das Mausoleum. Einer anderen Überlieferung zufolge erlitt er gar den Märtyrertod, weil orthodoxe Gläubige ihn aus Wut über seine »Ketzerei« erschlugen. Wieder anderen Quellen zufolge soll ihn ein frommer Sheik vor der Wut orthodoxer Fanatiker beschützt und ihn schließlich aus dem Gefängnis gerettet haben.[6] Ibn al-Arabi besaß in einflussreichen Damaszener Familien Gönner, selbst Sultane der Ayyubiden-Dynastie, Söhne und Enkel Saladins, sollen ihm ihre Gunst geschenkt haben.[7] Aber unter der Herrschaft der Mamluken-Sultane, die 20 Jahre nach dem Tod Ibn al-Arabis in Syrien und Ägypten an die Macht kamen, gewannen die Gegner die Oberhand. Die neue Dynastie war machtpolitisch eng mit einem radikal-orthodoxen Klerus verflochten, und entsprechend verfolgten sie Mystiker, die ihrer Meinung nach alle »Ketzer« waren. Mehr als zwei Jahrhunderte lang war die Grabstätte Ibn al-Arabis ziemlich unscheinbar. Die Moschee wie das Mausoleum, in dem Ibn al-Arabi heute bestattet ist, wurden erst 1518 auf Befehl des Osmanen-Sultans Selim I. errichtet, nachdem er in Syrien und Ägypten die Mamluken besiegt hatte. In dessen türkischer Heimat genossen Derwisch-Orden ohnehin großes Ansehen, schließlich hatten Sufis und Derwische einst maßgeblich mitgewirkt, Türken zum Islam zu bekehren. Den Osmanen-Sultanen kam es nicht ungelegen, nach dem Prinzip »teile und herrsche« einzelne mystische Bruderschaften als Gegengewicht gegen eine erstarkende, mehr Macht beanspruchende Orthodoxie zu unterstützen.

Ibn al-Arabi ist bis heute unter den Muslimen heftig umstritten. Aus der Masse der Kommentare und religiösen Gutachten, die über ihn im Verlauf der Jahrhunderte verfasst wurden, können wir ersehen, dass sich die Anhänger und Gegner nahezu die Waage halten: die einen, die den Nachweis versuchen, Ibn al-Arabi sei eben doch ein rechtgläubiger Muslim gewesen; die anderen mit dem Vorwurf, seine Lehre sei unvereinbar mit den Grundpositionen des Islam.[8] Welch ein Kontrast zu der Volksfrömmigkeit. Viele Frauen und Männer, die zu seinem Sarkophag pilgern, scheinen nichts von der umstrittenen Größe dieses Mannes zu wissen, ja scheinen seine wahre Bedeutung für den Islam nicht einmal zu ahnen. Für viele ist er wirklich nur noch ein Heiliger, dessen »unsterbliche Seele« in der Lage sei, Gebete der Pilger zu erhören und an Gott weiterzuleiten.

Abu Bakr Mohammed Ibn al-Arabi, so sein vollständiger Name, wurde 1165 in der südspanischen Stadt Murcia geboren. In Sevilla, der damals prächtigsten und vitalsten Metropole des maurischen Spanien, studierte er Koranwissenschaft und setzte seine Ausbildung in Cordoba und Lissabon fort. Aber das geistige Klima war zu dieser Zeit im maurischen Spanien nicht mehr von der legendären islamischen Toleranz geprägt. Die Berberdynastie der Almohaden, die 1147 Andalusien erobert hatte, zeigte wenig Verständnis für eine weltläufige, urbane Kultur. Sie, aus dem tiefsten marokkanischen Süden kommend, fühlte sich von den strengen und einfachen Maßstäben islamischer Orthodoxie angezogen, und entsprechend machten die meisten Herrscher den Intellektuellen das Leben schwer. Im Jahr 1202, nun 37 Jahre alt, brach Ibn al-Arabi von Sevilla zu einer Pilgerreise nach Mekka auf. Aber er kehrte nicht mehr in seine Heimat zurück. Er hoffte, dass er im Nahen Osten unter kulturell liberaleren Bedingungen wirken könne.

Ibn al-Arabi lebte jeweils längere Zeit in Bagdad, Kairo, Damaskus, Aleppo und Konya, rastlos lehrend und schreibend, von einer rasch wachsenden Zahl von Anhängern verehrt, aber auch dort zeitweise von Gegnern beträchtlich angefeindet. 1223 kehrte er endgültig nach Damaskus zurück und ließ sich in dem gartenumsäumten Vorort Salihiye nieder, wo große Teile seines Hauptwerks »Mekkanische Offenbarungen« entstanden. Ibn al-Arabi, der 75 Jahre alt wurde, war in eine Epoche großer Umwälzungen hineingeboren. Er, ein Zeitgenosse sowohl des Sultans Saladin als auch des großen Mediziners Ibn an-Nafis, erlebte noch die Spätblüte der klassischen islamischen Kultur, aber auch zunehmend kulturelle wie politische Krisen. Zu seinen Lebzeiten bekämpften sich Muslime und Christen auf syrischem Boden in drei Kreuzzügen.

Was konnte aus der Sicht orthodoxer Muslime an Ibn al-Arabi »ketzerisch« erscheinen?

Ibn al-Arabi, den seine Anhänger ehrfürchtig den »größten aller Sheiks« und die »Achse des wahren Wissens« nannten, lehrte, es gebe zwei Erscheinungsformen des Propheten Mohammed: zum einen den Mann, der in Mekka und Medina als »Siegel der Propheten« den Islam verkündet habe, zum anderen den »ewigen Mohammed« – jene spirituelle Kraft, die in allen großen Propheten gewirkt habe, besonders auch in Jesus. Ibn al-Arabi unterschied zwischen der »äußeren« und der »inneren« Wahrheit des Koran. Dieses »Äußere« deckte sich mit den eindeutigen Anweisungen für das Verhalten in einem »islamischen Staat«, Aussagen, die von jedermann wahrnehmbar und zu befolgen seien. Dieses »Äußere« nannte er – ganz in der Tradition der Sufis – »Schale«. Das »Innere«, der »Kern«, besitze dagegen einen verborgenen Sinn, der sich allein dem Meditierenden jenseits der verengenden Fesseln der Sprache offenbare. Nur wenigen Gläubigen mit speziellen mystischen Fähigkeiten sei es möglich, vom vordergründigen Verständnis des Koran zu dessen tieferem Gehalt vorzudringen. Sowohl das Befolgen koranischer Gebote als auch die mystische Erfahrung seien für ihn unverzichtbare Formen gelebter Religiosität, so betonte er. Und mit einem solchen Bekenntnis hätte er durchaus auch noch die Zustimmung eines Ghasali erhalten können, der ja das mystische Erleben in die Orthodoxie hatte einbinden wollen. Aber viele Gegner unterstellten Ibn al-Arabi, sein Bekenntnis zur Orthodoxie sei nur eine Schutzbehauptung, tatsächlich entferne sich seine Interpretation des »Inneren« beträchtlich vom Islam.

Von Ibn al-Arabi stammt ein Vers wie: »Mein Herz umfasst sämtliche Formen: das Mönchskloster, den Tempel der Idole, die Weide der Gazellen und die Kaaba des Gläubigen, die Tafeln der Thora und den Koran. Die Liebe ist, wozu ich mich bekenne: Wohin seine [des Herzens] Kamele sich auch wenden mögen, die Liebe ist und bleibt mir Glaube und Gesetz.«[9] Und noch kühner: »Wer den Blitz im Osten aufleuchten sieht, dürstet nach dem Osten; wenn dieses Licht für einen anderen im Westen scheint, so möge er nach dem Westen dürsten. Ich begehre das Funkeln des Blitzes und nicht die Orte, die er streift.«[10]

Mussten orthodoxe Muslime nicht wirklich Grund haben, in der mystischen Lehre von der inneren Einheit aller Religionen etwas Unislamisches zu sehen? »Mein Herz umfasst sämtliche Formen ...« Das hieße in letzter Konsequenz: offen zu sein auch für Hinduismus und Buddhismus, Glaubensformen, die in ihrer Struktur kaum mehr etwas gemeinsam haben mit dem Monotheismus von Islam, Christentum und Judentum. Im zitierten Vers deutet ja eine Metapher wie »Tempel der Idole« auf die Göttervielfalt fremder Kulte hin. Ebenso weisen die Metaphern »Osten« und »Westen« über die drei monotheistischen Weltreligionen hinaus, ebenso das »Funkeln des Blitzes«, das allen Orten in Ost wie West gemeinsam ist.

Solche Verse sprengen die herkömmliche Glaubenshaltung des Islam. Und nicht nur des Islam: Auch ein orthodoxer Christ oder Jude müsste derartige Aussagen als »Ketzerei« einstufen. Kein religiöses Dogma kann den Anspruch erheben, mit seiner rational begrifflichen Festlegung schon die ganze Wahrheit zu erfassen und damit Andersgläubige als bloß Unwissende oder gar Ungläubige abzutun. Letztlich steht den Mystikern aller Religionsbekenntnisse der Weg offen, sich vom »Äußeren« ihrer geistigen Herkunft zu lösen und sich – aus unterschiedlichen Richtungen – dem »Innern«, dem »Kern«, anzunähern. In der höchsten Form mystischer Gotteserfahrung verschwimmen die Grenzen zwischen Monotheismus und Polytheismus, entzieht sich das Absolute aller Definition. Diese Art von Gotteserfahrung ebnet den Weg für eine neue Form der Toleranz – jenseits der herablassenden Duldung.

Provozierender als viele andere brachte Ibn al-Arabi diese Haltung zum Ausdruck. Trotzdem war er nur einer unter vielen Sufis, die im Verlauf der Jahrhunderte orthodoxe Muslime durch eine solche Auffassung von »Religion« herausgefordert haben. Und einer der größten mystischen Dichter des Islam steht ihm geistig nahe: Mohammed Dschelaleddin Rumi. Betrachten wir Verse beider Sufis nebeneinander, dann verstehen wir umso deutlicher das eigentlich »Ketzerische« am Sufismus.

Möglicherweise haben sich beide Sufis sogar in Damaskus persönlich kennengelernt; etliche Quellen weisen darauf hin, aber keine kann als historisch zuverlässig gelten. Rumi, 1207 in der afghanischen Stadt Balch geboren, war in jungen Jahren (auf der Flucht vor den Mongolen Dschingis Khans) nach Bagdad gekommen, hatte dann einige Zeit in Damaskus und Aleppo gelebt, bevor er im türkischen Konya unter der Schirmherrschaft einer Seldschuken-Dynastie heimisch wurde. In Konya begründete Rumi die Mevlevi-Bruderschaft (bei uns besser bekannt unter dem Namen der »Tanzenden Derwische«, berühmt für die rituellen Tänze), ein Orden, der bald weit über die Grenzen Anatoliens hinaus wirkte und auch in Syrien eine beträchtliche Anhängerzahl fand. So ungesichert seine Begegnung mit Ibn al-Arabi ist, in Konya lernte Rumi nachweislich Sadreddin Qonawi, den Stiefsohn Ibn al-Arabis, kennen und führte mit ihm intensive Diskussionen über das Werk des »größten aller Sheiks«. Eine Reihe Interpreten neigt dazu, viele Verse Rumis im Licht der Lehren Ibn al-Arabis zu deuten – wenn damit auch wesentliche Unterschiede zwischen diesen beiden großen Mystikern außer Acht gelassen werden. Fest steht jedenfalls, dass es bedeutsame Berührungspunkte gab.[11]

Ein Vers von Rumi erinnert gar in verblüffender Weise an Ibn al-Arabi: »Das Kreuz und die Christen nahm ich von allen Seiten in Augenschein. Er war nicht am Kreuz. Ich ging zum Hindu-Tempel, zu der alten Pagode. An beiden Orten fand ich keine Spur von ihm [...] Ich ging zur Kaaba und traf ihn dort nicht. Ich fragte Ibn Sina nach seinem Wesen: Er war jenseits der Definitionen des Philosophen [...] Ich schaute in mein eigenes Herz. An diesem Ort sah ich ihn. Er ist an keinem anderen Ort.«[12] Auch bei Rumi sind neben Islam, Christentum und Judentum indische Religionen angesprochen: durch die Metaphern »Hindu-Tempel« und »Pagode« (die letztere für den Buddhismus). Auch bei ihm ist entschieden auf eine Einheit hinter allen unterschiedlichen Glaubensformen abgehoben.

In Rumis Hauptwerk »Mathnawi« findet sich folgende Geschichte: Vier Inder, die nie zuvor einen Elefanten gesehen haben, betreten einen dunklen Raum, in dem ein solches Tier steht. Der erste betastet im Dunkel den Rüssel, kommt heraus und erzählt, der Elefant sei der Spitze eines Bootes ähnlich. Der zweite Inder, der die großen Ohren anfasst, meint, es müssten Fächer sein. Der dritte betastet den Fuß und versichert, der Elefant gleiche einer Säule. Der vierte, der den Rücken streichelt, behauptet, der Elefant müsse die Gestalt eines Thrones haben.

Ein Weiser, der die vier Inder beobachtet hat, gibt jedem eine Kerze und schickt sie hinein. Diesmal können alle das Tier bei Licht betrachten und kommen mit derselben Beschreibung des Elefanten heraus.[13]

Das Gleichnis vom Elefanten bringt besonders anschaulich die Grundüberzeugung der Sufis zum Ausdruck: Alle Suchenden vermögen nur einen Teil des Ganzen zu ertasten. Eine Ausnahme macht allerdings ein »Weiser« – eben ein Sufi, wie es die Fabel in diesem Zusammenhang nahelegt –, und indem er Lichter an die Suchenden austeilt und damit »Erleuchtung« bringt, kann er den ganzen Elefanten sichtbar machen. Aber welche der Religionen steht für das »Ganze«? Der Islam? Auch nicht der Islam. Der moderne persische Mystiker Idries Shah (der in London lebt) deutet dieses Gleichnis nach einer alten Auslegung der Sufis und Derwische: »Dies ist nicht eine Religion, dies ist Religion.« Oder: »Der Sufismus ist die Essenz aller Religionen.«[14] Oder eben wie es Ibn al-Arabi formuliert hat: Das »Funkeln des Blitzes« sei wichtiger als die »Orte«, die er »streift«.

Das Gleichnis vom Elefanten, wie es Rumi präsentiert, weist mit einigen Details auffallend in Richtung östliches Asien. Rumi lässt weder Griechen noch Araber noch Perser noch Türken den Elefanten betasten, sondern Inder. In der Tat: Rumi hat das Gleichnis nicht selber erfunden, sondern aus östlichen Quellen übernommen und für den eigenen Kulturkreis interpretiert. Der eigentliche Autor ist Buddha. Nahezu dasselbe Gleichnis, nur in Einzelheiten variierend, findet sich im Pali Kanon, der klassischen Schriftensammlung des Buddhismus, unter dem Titel »Von den Blindgeborenen«.[15] Nach Auskunft dieser Schrift hat Buddha das Gleichnis seinen Schülern erzählt, um sie zu überzeugen, dass kein Gläubiger die begrifflich fassbare Dogmatik der eigenen Religion schon als »ganze Wahrheit« ansehen dürfe. Buddhisten wie Hindus haben auf der Grundlage solcher Perspektiven eine wesentlich größere

Toleranz zumindest in Glaubensfragen gegenüber anderen Religionen entwickelt als Muslime und Christen. Rumi hatte buddhistische Literatur kennengelernt, kam er doch aus der afghanischen Stadt Balch, die vor der islamischen Eroberung ein wichtiges buddhistisches Zentrum gewesen ist. So gründlich Muslime buddhistische Tempel zerstörten, weil ihnen jene als »heidnisch« galten, so sorgsam haben sie Bibliotheken geschont und selbst buddhistische Schriften zur kritischen Sichtung in islamische Wissenschaftszentren transportiert. Rumi aber hatte Texte ausgewertet, die bei den Orthodoxen weitgehend auf Ablehnung stoßen mussten.

Wie Ibn al-Arabi hatte sich auch Rumi gegen Kritiker zu verteidigen. Auch ihn verdächtigten Orthodoxe, er gebe dem »Inneren« eine übermächtige Bedeutung und vernachlässige gegenüber der mystischen Erfahrung das »Äußere«, ihm sei die Orientierung an den Vorschriften von Koran und Hadith weniger wichtig. Aber auch Rumi betonte, dass er sich beiden Formen der Religiosität verpflichtet fühle – und er kleidete diese Antwort in ein Bild, das viele Kritiker zum Schweigen brachte: »Wenn du nur den Aprikosenkern in die Erde pflanzest, so wird nichts wachsen; wenn du ihn zusammen mit seiner Umhüllung pflanzest, wird er wachsen.«[16] Mit dieser Antwort hätte Rumi auch die Zustimmung des orthodoxen Mystikers Ghasali gefunden.

Die Mystik hat ungebrochenen Zulauf bis heute. Seit dem 14. Jahrhundert hat sie sich allerdings in ihrem Charakter verändert. Weiterhin zeigten sich zwar gebildete Städter fasziniert, religiöse Erfahrungen jenseits einengender Orthodoxie zu machen. Aber die Sufis und Derwische haben es zunehmend vermieden, die etablierten Autoritäten durch eigene Standpunkte herauszufordern. Indem sie unter wachsendem politischem Druck das »Äußere« selbst in seiner erstarrenden Dogmatik – und seinen hierarchisch verfestigten Machtstrukturen – anerkannten, blieb ihnen nur noch die Freiheit, mit

Hilfe sublimer Meditationstechniken den »Weg nach innen« zu suchen. Es war ein Weg vollends in die apolitische Innerlichkeit. Wenn auch selbst ein solcher Weg Entlastung von äußerem Anpassungsdruck brachte, so verzichteten nun doch viele Anhänger des »mystischen Pfades« darauf, Einfluss auf Veränderung, auf Erneuerung einer stagnierenden islamischen Kultur zu nehmen. Kritische Denkanstöße sollten für Sufis und Derwische erst wieder im 20. Jahrhundert durch den Kontakt mit westlichen Religionswissenschaftlern und Orientalisten kommen.

Was aber zieht einfache Menschen, ja völlig Ungebildete zu den Mausoleen mystischer Meister?

Jeder aufmerksame Beobachter kann entdecken, dass sich im bunten Pilgertreiben eine Reihe Bräuche entfalten, die sich kaum mit den strengen Maßregeln der Orthodoxie vertragen. Zahlreiche Pilger verehren sufische »Meister« (arabisch unter dem Titel »Sheik«, persisch »Pir«, maghrebinisch »Marabut«) als Heilige, deren »unsterbliche Seele« alle Gebete hört und an Gott weiterleitet. Manche Sufis und Derwische werden sogar als Heilige verehrt, die selbst noch als Tote Wunder an den Betenden vollbringen. Das sind Attribute, wie sie sich kaum auf berühmte Korangelehrte der nüchternen Orthodoxie, sondern nur auf legendenumwobene, geheimnisumwitterte Persönlichkeiten übertragen lassen. Orthodoxe Autoritäten müssten sich durchwegs gegen derartige Mystifizierungen wehren, denn nicht einmal dem Propheten Mohammed erkennt die koranische Überlieferung das Prädikat des wundertätigen Heiligen zu.

»Strenggläubige« Korangelehrte aber dulden in ihrer Mehrheit stillschweigend entsprechende Wallfahrtskulte, und damit verhalten sie sich nicht anders als viele »strenggläubige« Politiker. Beide wissen sehr wohl, dass eine solche Form der Volksfrömmigkeit, wie sie von Nordafrika bis Bangla Desh verbreitet ist, ein Ventil für unterdrückte Impulse jenseits der strengen Gesetzesreligion bietet. Manchen Korangelehrten wird auch bewusst sein, dass die provozierend kritische Philosophie eines Sufi zunehmend in den Hintergrund tritt, je mehr wundergläubige Muslime an Sufi-Gräbern Wallfahrtskulten huldigen.

Gespräch mit einem Unzufriedenen

Was ist von Ibn al-Arabi und ähnlich kritischen Geistern des Islam geblieben? Auf diese Frage sollte ich gerade in Damaskus eine sehr persönliche Antwort erhalten.

In einem kleinen Restaurant des Souks Hamadiye setzt sich ein Student zu mir an den Tisch. Nach den üblichen Fragen über »Germany« seinerseits und »Syria« meinerseits kommen wir auf die Religion zu sprechen. Sein besonderes Interesse gilt der islamischen Mystik. Ob ich Ibn al-Arabi kenne? Unweigerlich landen wir im weiteren Gespräch bei der Frage, ob es für Religionen einen objektiv vertretbaren Anspruch auf »absolute«, »alleinige Wahrheit« geben könne. Nach welchen Kriterien könnten etwa der Koran, die Bibel und andere heilige Schriften als unantastbar gelten?

Der Student beruft sich in seinen Ausführungen vorwiegend auf Ibn al-Arabi. Was die absolute Wahrheit sei? Der Student zieht einen Notizblock aus der Umhängetasche und malt mit einem Kugelschreiber auf die Blattmitte einen Punkt. Das hier solle ich als den Bezugspunkt für das Absolute ansehen, sagt er. Er zeichnet um diesen Punkt etliche Ellipsen, wobei manche sich in der Linienführung überschneiden. Diese Ellipsen hier, fährt er fort, solle ich einmal als die einzelnen Religionen wie auch Philosophien betrachten. Sie alle umkreisten das Absolute, mal näher an der endgültigen Erkenntnis, mal ferner, aber keine sei mit dem Absoluten identisch. – Auch nicht der Islam? – Keine Religion und keine Philosophie, bekräftigt er. – Und welche dieser Ellipsen repräsentiere für ihn den Islam, frage ich. – Jene Ellipse, die mit ihrer Linie am engsten um den absoluten Punkt gezogen sei, antwortet er lächelnd. Aber natürlich würde ein Christ genauso diese Ellipse als Symbol für die eigene Religion beanspruchen. – Das klinge sehr freizügig. Mit einem orthodoxen Muslim könne er da aber nicht einer Meinung sein, sage ich.

Er seufzt. Er sehe im traditionell festgefahrenen Denken der Muslime ein großes Problem. – Ob es leicht sei, in arabischen Ländern Texte von Ibn al-Arabi oder Bücher über sein Werk zu bekommen, frage ich. – Das schon. Aber was für Bücher. Die meisten muslimischen Autoren versuchten zu beweisen, dass Ibn al-Arabi im streng orthodoxen Sinn Muslim gewesen sei. Was nicht in diese Beweisführung passe, sei im Buchhandel kaum zu bekommen. Er lese da lieber englischsprachige Veröffentlichungen. Deprimierend sei das: Wenn er selber möglichst unvoreingenommen und aus unterschiedlichsten Perspektiven etwas über die Vielfalt islamischer Philosophie und Geistesgeschichte erfahren wolle, dann könnten ihm da viel besser westliche Orientalisten als ein Großteil der arabischen Intellektuellen weiterhelfen. Und wenn er kritische, wissenschaftlich gewichtige Kommentare über arabische Geschichte lesen wolle, dann finde er sie eher bei westlichen als bei muslimischen Autoren. Die Orthodoxie, ob in Syrien oder anderswo, verhindere alle tiefer gehenden Diskussionen. Eine ganze Reihe höchst bedeutsamer Philosophen und Denker islamischer Geistesgeschichte seien den meisten Muslimen in ihrer eigentlichen Bedeutung nicht geläufig, ja teils sogar unbekannt.

Der gewohnheitsmäßige Glaube, den viele Muslime so gerne mit dem »richtigen Glauben« verwechselten, bedeute für den Islam heute die größte Gefahr, erklärt er zusammenfassend. Zwar seien viele Moscheen zu den Hauptgebetszeiten brechend voll – und das sei anders als in Europas Kirchen –, aber wenn man beobachte, mit wieviel leerer Routine oft gebetet werde, dann erscheine die Gefahr wohl klarer. Vorbei seien die Zeiten, als Europäer von den Muslimen lernen konnten. Muslime müssten sich endlich wieder auf das kritische Potenzial ihrer eigenen Kultur und Religion besinnen.

Ob er von orthodoxen Muslimen angefeindet werde, will ich wissen. – Oh, er verstehe sich selber als orthodox, antwortet er heftig, allerdings meine er damit etwas völlig anderes als die gewohnheitsmäßig Orthodoxen. Innerhalb des Islam gebe es zahlreiche Richtungen, wie innerhalb jeder anderen Religion. Es sei schon sehr viel gewonnen, wenn die Gläubigen endlich wieder unvoreingenommen über ihre Gegensätze hinweg diskutieren könnten. Muslime sollten sich endlich einmal ehrlicher mit der Frage auseinandersetzen, weshalb ihre Kultur seit einigen Jahrhunderten immer starrer, immer rückständiger geworden sei. Erst dann könne der Islam wieder werden, was er einmal war.

Er verabschiedet sich mit einem bitteren Lächeln.

Wachsende Front
gegen »unislamische« Wissenschaft

Das Jahr 1258 brachte eine der tiefsten Zäsuren in der islamischen Geschichte. Damals rückte Hülägü, ein Enkel Dschingis Khans, mit einem Mongolenheer gegen Bagdad vor. Im iranischen Großraum hatten die Mongolen bereits Buchara, Samarkand und Isfahan gebrandschatzt und geplündert, nun aber, in Bagdad, der damals glanzvollsten aller islamischen Metropolen, wüteten die Eroberer am schlimmsten. Vierzig Tage dauerte das Rauben und Morden, innerhalb dieser sechs Wochen sanken sämtliche Paläste, Moscheen und Bibliotheken in Trümmer.

Dies geschah 18 Jahre nach dem Tod des Ibn al-Arabi, aber noch zu Lebzeiten von Dschelaleddin Rumi und Ibn an-Nafis.

Nicht wenige Historiker meinen, die Zerstörung Bagdads

1258 habe bei den Muslimen weltweit eine Erschütterung ausgelöst, von der sie sich nicht mehr erholt hätten. Mit Bagdad sei nicht nur die Residenz des Kalifen, des nominellen Oberherrn aller Gläubigen zerstört, sondern ebenso das Maßstab setzende Zentrum aller Wissenschaft, Philosophie und Dichtung ausgelöscht worden. Und damit sei den Muslimen in einer ohnehin schon politisch zerrütteten Welt ein wesentliches Stück Identität verloren gegangen. Was nach dem Jahr 1258 im Islam an glanzvollen Zentren entstand, sei nur noch ein spätes Erbe der überreichen Ausstrahlung Bagdads gewesen.

Immerhin: Die Alhambra in Granada wurde erst während des 14. Jahrhunderts errichtet, ebenso die Bou Inania in Fes. Und einige andere Höchstleistungen islamischer Baukunst entstanden erst während des 17. Jahrhunderts, so die Sultan-Achmed-Moschee (»Blaue Moschee«) in Istanbul, so der Königsplatz mit seinen prachtvollen Moscheen in Isfahan, das Taj Mahal in Agra. Obwohl zu jener Zeit endgültig das Arabische aufgehört hatte, die universal verbindende Sprache für Wissenschaftler, Philosophen und Dichtung zu sein – indem nun auch das Persische und Türkische zu ähnlicher Geltung kamen –, schufen Muslime weiterhin kulturell bedeutsame Werke.

Und doch: Das 13. Jahrhundert brachte untrügliche Symptome, dass der Zenit des islamischen Aufstiegs überschritten war. Hierbei konnte die Zerstörung Bagdads nur ein äußeres Signal für die längst schon morsche Substanz im Inneren setzen. Dies war, um in einem Bild zu sprechen, wie eine Fäulnis, die vom Kern ausging, wobei das äußere Gehäuse lange anscheinend unbeschädigt weiter existierte.

Es begann mit der zermürbenden Rivalität der zwei maßgebenden Institutionen im höheren Bildungsbereich. Auf der einen Seite stand die »Madrasa« (auch: Medrese), die Hochschule der Religionswissenschaft, auf der anderen Seite der »Dar al-Ilm«, die Akademie der Wissenschaft. Der Gegensatz ist gravierend. An einer Madrasa unterrichteten Professoren nur in »islamischer« Wissenschaft, zum Beispiel die Auslegung von Koran, Hadith und Scharia, die arabische Grammatik als Hilfsmittel zum sprachlichen Verständnis des Koran. Dagegen lehrten Professoren am Dar al-Ilm »fremde«, »nicht-islamische«, »griechisch« beeinflusste Wissenschaft, etwa kritisch rationale Philosophie, Mathematik, Naturwissenschaften.[17] Die Madrasa war die ältere der beiden Institutionen, und entsprechend misstrauisch hatten ihre Korangelehrten den religiös ungebundenen Lehrbetrieb der Wissenschaftsakademien beobachtet, wie er sich seit dem 9. Jahrhundert machtvoll unter dem Patronat der Kalifen von Bagdad entwickelte. »Rechtgläubige« äußerten von Anfang an den Verdacht, das »fremde griechische Denken« könne den Islam in seiner ursprünglichen Substanz bedrohen, könne die Muslime von der Botschaft Gottes entfremden.

Von Anfang an hat es Korangelehrte gegeben, die im Namen des »rechten Glaubens« versuchten, den Einfluss »griechischer« Akademien möglichst einzudämmen oder gar völlig zu unterdrücken. Aber die Mehrheit tendierte länger als zwei Jahrhunderte zu einer gemäßigten, wenn nicht gar einer relativ liberalen Haltung. Viele befürworteten – beeindruckt durch die rasche Aufwärtsentwicklung ihrer Zivilisation – eine frei sich entfaltende Wissenschaft und neigten kaum einmal dazu, »griechisch« beeinflusste Denker als »Ketzer« zu verdächtigen.

Hierzu passt, dass zu jener Zeit Korangelehrte noch einen relativ weiten Spielraum besaßen, religiöse Überlieferung zu interpretieren. Wenn weder der Koran noch der Hadith ausreichend Anleitung für Rechtsfragen im Alltag boten, dann war es den geistlichen Rechtsgelehrten gestattet, durch individuelle Entscheidung zu einem Ergebnis zu kommen – also das Prinzip des »Igtihad« (sprich: Idschtihad), der freien Urteilsfindung, anzuwenden. Aber schon zu Beginn des 10. Jahrhunderts erklärten eine Reihe Korangelehrter die »Tore des Igtihad« für »geschlossen«, denn die religiöse Überlieferung sei inzwischen vollständig interpretiert und das islamische Rechtssystem habe den Zustand der Perfektion erreicht. Zur neuen verbindlichen Richtlinie erklärten sie nun den »Taqlid«, die Unterwerfung unter die Autorität der Vorfahren.

Dieses Bekenntnis zu einem rigorosen Traditionalismus bedeutete sehr früh eine Gefahr für die geistige Vielfalt islamischer Kultur. Aber die Traditionalisten benötigten die Zeit von zwei bis drei Jahrhunderten, um innerhalb der »Madrasa« eine Vormachtstellung zu erringen, dann erst vermochten sie ihre Vorstellung von »Taqlid« gegenüber den Verfechtern des »Igtihad« durchzusetzen. Und erst als die traditionalistisch Orthodoxen diesen Etappensieg errungen hatten, konnten sie zu einem geballten Angriff auf die »griechisch« geprägten Philosophen und Wissenschaftler des »Dar al-Ilm« ansetzen, konnten sie zur ernsten Bedrohung für den kulturellen Pluralismus werden. Doch um zu siegen, mussten die Orthodoxen veränderte soziale und politische Rahmenbedingungen vorfinden.

Bis weit ins 13. Jahrhundert hinein – in jene Zeit, als Ibn al-Arabi und Ibn an-Nafis wirkten – wurden die Medresen als Ausbildungszentren für »islamische Wissenschaft« durch private religiöse Stiftungen finanziert. Viele der Stifter sahen zwar die »griechischen« Wissenschaften als »unislamisch« an, bekämpften sogar die Akademien, aber sie selber bekannten sich zu sehr unterschiedlichen religiösen Strömungen. Gerade ein solcher Meinungspluralismus unter den Korangelehrten begünstigte weiterhin das Prinzip der »freien Urteilsfindung«. Dieses System änderte sich, als Sultane und Emire gegen Ende des 13. Jahrhunderts dazu übergingen, selber die Medresen zu finanzieren und damit unter ihre politische Kontrolle zu bringen. Nun, da in den einzelnen Fürstentümern die unterschiedlichen Hochschulen für »islamische Wissenschaft« jeweils zentralistisch dem Interesse eines einzigen Finanziers dienten, war es für die Verfechter einer »freien Urteilsfindung« sehr eng geworden. Den Regierenden lag mehr an den Traditionalisten, die den »Taqlid«, die Unterwerfung unter die Autorität der Vorfahren, befürworteten. Mit deren Hilfe ließ sich die eigene autoritäre Herrschaft umso leichter durch religiöse Gutachten absichern.[18]

Entscheidenden Anstoß für diese verschärfte Entwicklung gab ohne Zweifel das Schicksalsjahr 1258, in dem Bagdad als das überragende Zentrum freier Wissenschaftsakademien in Schutt und Asche sank. Ratlosigkeit, Pessimismus und Zukunftsangst bemächtigten sich der Muslime, als die Mongolen während der folgenden Jahre immer weiter nach Westen vordrangen und 1260 auch Damaskus und Aleppo brandschatzten, schließlich sogar Konya und Kairo bedrohten. Was die Kreuzritter nicht vermocht hatten, erreichten die Mongolen: den Muslimen im Vorderen Orient als die lebensbedrohende Gefahr, als »Geißel Gottes« zu erscheinen. Gerade dieses wachsende Krisenbewusstsein bereitete jenen Korangelehrten den Boden, die nun umso überzeugender den verstörten Gläubigen predigen konnten: Die Muslime müssten von ihrem »Unglauben« ablassen und zu den Wurzeln ihrer Religion zurückkehren; erst wenn sie das religiöse und soziale Leben von allen »fremden«, »unislamischen« Einflüssen »gereinigt« hätten, würde Gott sie wieder mit seiner Gnade belohnen.

Ähnlich sollten im 20. Jahrhundert Fundamentalisten aus wachsendem Krisenbewusstsein ideologisch-politisches Kapital schlagen.

Ibn Taimiya, der »erste Fundamentalist«

Bereits gegen Ende des 13. Jahrhunderts trat in Damaskus ein Korangelehrter auf, der einige wesentliche Grundthesen des islamischen Fundamentalismus vorweggenommen hat – ja gar von den Fundamentalisten unserer Zeit zum bedeutsamen Vorläufer erklärt wurde.

Ahmad Ibn Taimiya wurde 1263, fünf Jahre nach der Zerstörung Bagdads, in Harran bei Damaskus geboren. Im heftig wogenden Disput war er ein herausragender Wortführer konservativer koranischer Rechtswissenschaft. Aber er ging mit seinen Thesen weiter als seine orthodoxen Mitstreiter. »Wesensfremd« und damit »unislamisch« erschien ihm jeder Versuch, Einflüsse fremder Kulturen im religiösen Denken des Islam fruchtbar zu machen. Ibn Taimiya lehnte nicht nur schroff »griechisch« beeinflusste Philosophen und Wissenschaftler wie Ibn Sina und Omar Chaijam ab, nicht nur »ketzerische« Sufis wie Ibn al-Arabi und Dschelaleddin Rumi. Ihm erschien sogar der Theologe Mohammed al-Ghasali als »zu griechisch«, obwohl Ghasali die aristotelische Philosophie einer grundlegenden Kritik unterzogen hatte und hiermit Zustimmung bei vielen orthodoxen Korangelehrten fand. Am heftigsten kritisierte Ibn Taimiya allerdings Aristoteles selbst – jenen Philosophen, den noch während des 13. Jahrhunderts viele muslimische Geistesgrößen »erster Meister« nannten. Ibn Taimiya bezeichnete Aristoteles als den »ignorantesten aller Menschen«.[19] Ibn Taimiya glaubte, dass der Islam gleichermaßen durch »griechisch«-rationalistische Philosophie und Theologie wie auch durch den Sufismus verdorben worden sei. Aus dieser Meinung heraus entwickelte er als erster Korangelehrter systematisch die Forderung, die Muslime müssten kompromisslos zu einem Ur-Islam zurückkehren, wie er allein zur Zeit Mohammeds und der vier »rechtgeleiteten« Kalifen bestanden habe. Nur im Geist eines so »gereinigten Islam« könnten die Muslime wieder die Kraft haben, ihren Glauben unaufhaltsam in aller Welt zu verbreiten.

Ibn Taimiya war eine viel beachtete Größe seiner Zeit. Korangelehrte wie Fürsten diskutierten seine Schriften. Am Hof der Mamluken-Sultane, die seit dem Jahr 1260 über Ägypten und Syrien regierten, war der Syrer ein gern gesehener Gast. Ibn Taimiya vertrat am entschiedensten das Interesse dieser Herrscher mit seiner Forderung: Militär und Klerus sollten in untrennbarem Bündnis regieren und rigoros gegen alle »Ketzer« vorgehen, die diese Herrschaftsform gefährdeten. Trotzdem blieb seiner Lehre über Jahrhunderte der entscheidende Durchbruch versagt. Ibn Taimiya scheiterte. Indem er radikal nicht nur unorthodoxe Denker anprangerte, sondern schließlich auch Fürsten wegen ihres »unislamischen« Lebenswandels kritisierte, wurde er den Machthabern zunehmend unbequem. Ibn Taimiya war in Damaskus wie in Kairo einige Jahre eingekerkert, und einen Teil seiner Schriften verfasste er dort. Er starb 1328 in einem Damaszener Gefängnis. So sehr die Fürsten einzelne Aspekte seiner Lehre als ideologische Stütze ihrer Herrschaft begrüßten, lehnten es doch die meisten ab, ihren Herrschaftsstil nach den Prinzipien eines sogenannten Ur-Islam auszurichten.

Aber die Lehre des Ibn Taimiya lebte in den Diskussionen der Korangelehrten weiter. Das Denkmuster war vorgegeben, auf das sich die Muslime in besonders schweren Krisenzeiten zurückbesannen. Anregungen aus seinen Lehren sollte sich im 18. und 19. Jahrhundert vor allem die radikal-fundamentalistische Bewegung der Wahhabiten holen, die auf der arabischen Halbinsel ihr Zentrum besaß. Im 20. Jahrhundert schließlich knüpften die Muslim-Bruderschaften in Ägypten und Syrien an seine Lehre an. Kein Korangelehrter früherer Epochen sollte bei Fundamentalisten unserer Gegenwart zu einer derartigen Popularität gelangen wie der Syrer Ibn Taimiya. Zu seinem späten Nachruhm trug nicht zuletzt die Tatsache bei, dass dieser »erste Fundamentalist« zugleich auch Märtyrer geworden war. Dieses tragische Ende ließ sich bestens zum vorbildhaften Mythos verklären. Radikal-orthodoxe Muslime des 20. Jahrhunderts verlangen geradezu nach solchen heroisch-tragischen Vorbildern, schließlich sind viele von ihnen in ihrer Opposition gegen »ungläubige« Machthaber selber davon bedroht, als »Märtyrer« für den »heiligen Islam« zu sterben.

Von der Moderne ins Mittelalter

Während des 14. und 18. Jahrhunderts verengten sich Religion und Kultur der islamischen Welt entscheidend. Nun errang die Madrasa endgültig das Bildungsmonopol und konnte es unangefochten bis ins 19. Jahrhundert, in manchen Ländern gar noch länger behalten – bis zum Zusammenprall mit der technologisch und wissenschaftlich überlegenen Zivilisation des Westens.

Im pädagogischen Schatten der alles beherrschenden Madrasa galten nicht mehr Mediziner, Mathematiker und kritisch rationale Philosophen als ideale Verkörperungen des Wissenschaftlers, sondern die Korangelehrten. Diese »islamischen« Gelehrten maßen einer analytischen Theologie (»Kalam«) nur noch eine untergeordnete Bedeutung bei und erklärten die koranische Rechtswissenschaft (»Fiqh«) zur »Königin der Wissenschaften«. Sie definierten sich als »Ulema«; der arabische Begriff (im Singular »Alim«) bedeutet »Wissenschaftler«.[20] Aber welche Kluft trennt diesen Begriff von dem, was etwa Ibn Sina, Ibn an-Nafis und Omar Chaijam unter Wissenschaft verstanden!

Im Verlauf dieser Entwicklung ist die Bezeichnung »griechisch« immer mehr zu einem Schimpfwort verkommen: gleichbedeutend mit »unislamisch«, ja »heidnisch«. Selbst Ghasali, die »Autorität des Islam«, hätte bei aller Kritik »griechischen Denkens« eine solche Gleichsetzung energisch zurückgewiesen. Während des 14. und 15. Jahrhunderts schrumpfte der »griechisch« beeinflusste Dar al-Ilm, die Akademie der Wissenschaft, zur Bedeutungslosigkeit. Damals verschwanden Ibn Sina, Ibn an-Nafis, Omar Chaijam und andere Geistesgrößen aus dem allgemeinen Bewusstsein. Endgültig besetzten nun die geistlichen Rechtsgelehrten (die »Ulema«) alle Schlüsselpositionen und bestimmten, was »richtige« und was »falsche« Wissenschaft war. Endgültig triumphierte nun auch als Prinzip wissenschaftlichen Arbeitens der »Taqlid«, die Unterwerfung unter die Autorität der Vorfahren, über den »Igtihad«, die freie Urteilsfindung.

Der Endzustand erinnert sehr an das, was wir gerne vergröbernd und abwertend als »Mittelalter« bezeichnen. Aber wenn wir schon die islamische Geschichte mit derart subjektiven Wertungen aus unserem Begriffsarsenal bestücken, dann sollten wir fairerweise die vorangegangene Entwicklung in Vorderasien, Nordafrika und dem maurischen Spanien als ein Zeitalter der »Renaissance«, ja der beginnenden »Aufklärung« bezeichnen. Erst im 14. und 15. Jahrhundert ist es zu der uns geläufigen Umkehrung bisheriger Tendenzen gekommen: Während die Muslime das »Griechische« weitgehend aus ihrer Kultur verdrängten, begannen die Christen – durch die Überlegenheit islamischer Zivilisation zunehmend verunsichert –, von den Arabern das abendländisch-antike Erbe zu übernehmen und mit 500 Jahren Verspätung aufzuarbeiten. Während in islamischen Ländern die geistlichen Institute das Bildungsmonopol übernahmen, lösten sich gegenläufig im christlichen Abendland Philosophie und Wissenschaft aus der dogmatischen Bevormundung der Religion.

Es ist kein Zufall, dass in Europa eine solche Entwicklung dort zuerst einsetzte, wo die Handelskontakte mit dem islamischen Orient am weitesten gediehen waren. Das geschah, wie ich bereits schilderte, ansatzweise schon in Paris und Chartres seit dem 12. Jahrhundert. Ausschlaggebend waren dort die Verbindungswege zum maurischen Spanien. Aber die arabischen Einflüsse in Frankreich vermochten eher dem geistigen Leben des Hochmittelalters völlig neue Impulse zu geben und konnten vage erst eine Weiterentwicklung zur Moderne einleiten. Das Letztere können wir viel eindeutiger in Italien entdecken, der eigentlich großen kulturellen Drehscheibe zwischen Okzident und Orient.

Die Begegnung der Kulturen konzentrierte sich zunächst in

Sizilien und Apulien, wo während der ersten Hälfte des 13. Jahrhunderts unter dem herausragenden Stauferkaiser Friedrich II. das kulturelle Erbe arabischer Herrschaft fortlebte. Ein Teil der Untertanen waren dort weiterhin muslimische Araber, auch blieb die Wissenschaftssprache Arabisch. (Der Kaiser selber sprach fließend Arabisch.) Sizilien und Apulien bildeten die erste Region außerhalb der islamischen Welt, wo muslimische und christliche Wissenschaftler in direkten Gedankenaustausch traten.

Sizilien und Apulien unter Friedrich II. wurden auch der erste Herrschaftsbereich des Abendlandes, in dem man das »arabische« Papier verwendete und nach Norden exportierte. 1276 entstand in Italien die erste Papiermühle – nahezu fünf Jahrhunderte nach der Einführung in Bagdad (und rund 1200 Jahre nach der Erfindung in China). Welch eine Revolution wurde hier in Gang gesetzt! Seit die Massenware Papier das teure Pergament ersetzte, ließ sich Wissenswertes rascher verbreiten, waren Manuskripte billiger zu vervielfältigen – eine wichtige Voraussetzung für die Erfindung des Buchdrucks. Erheblich zahlreicher als zuvor gelangten seit Ende des 13. Jahrhunderts wissenschaftliche Bücher, auf Papier geschrieben, in den Norden. Erstmals lernten so Europäer in größerem Ausmaß – anhand »arabischer« Literatur – die hohe geistige Bedeutung der vorchristlichen Antike kennen.

Es lag nahe, dass italienische Gelehrte – mit ihren besonders intensiven Kontakten zu Sizilien und Apulien – die Ersten waren, die eine breitenwirksame Rückbesinnung auf das philosophische und wissenschaftliche Erbe der Antike propagierten. Italiener wurden so zu den Urhebern der sogenannten »Renaissance«, und mit dieser Bewegung hat die Moderne in unserem heutigen Sinn begonnen. Italien sollte während des 14. und 15. Jahrhunderts die ersten christlichen Mediziner und Naturwissenschaftler hervorbringen, die nach »arabischem« Vorbild auf rein empirischer Basis forschten. Es ist auch kein

Zufall, dass in jenen norditalienischen Metropolen, die intensiv Handel mit Syrien und Ägypten trieben, erste moderne Verwaltungsstrukturen, Bildungsinstitutionen, das Bankenwesen und Krankenhäuser entstanden: so in Pisa, Florenz, Venedig, Genua. Der Kaufmann Leonardo von Pisa, der sowohl in Damaskus als auch in Kairo mathematische Studien trieb, hatte bereits zu Beginn des 13. Jahrhunderts aus dem Orient die sogenannten »arabischen« Zahlen eingeführt (die eigentlich indische Zahlen sind) und er hatte durch die leichtere Art des Rechnens eine neue Dynamik im Handelsgewerbe wie in der Wissenschaft ausgelöst.

In Italien sind somit die Voraussetzungen dafür geschaffen worden, dass das christliche Abendland den islamischen Orient an Modernität überholen konnte.

Die islamische Welt nahm den dynamischen Aufstieg des Abendlandes lange nicht zur Kenntnis. In hartnäckiger Realitätsverweigerung hielten Muslime am Gefühl eigener Überlegenheit fest, weil ja aus ihrer Sicht allein der Islam die »vollendete« Religion sein konnte, das Christentum dagegen nur ein unvollkommener Vorläufer. Entsprechend konnte Gott nur die wahren Gläubigen auch mit einer überlegenen Kultur belohnen. Die Muslime betrachteten Europa weiterhin allein unter dem Aspekt religiöser Kultur. Aber zu ignorieren vermochten sie den sozialen, wissenschaftlichen, technologischen und besonders militärischen Fortschritt in westeuropäischen Industriestaaten nur, solange von diesen fernen Machtzentren keine Bedrohung für die islamische Welt ausging. Bis hinein ins 18. und 19. Jahrhundert fanden es selbst gebildete Muslime unnötig, eine westliche Sprache zu lernen, denn ihrer Ansicht nach konnten Europäer weiterhin nur Schüler der Muslime sein.[21]

Muslime ähnelten mit dieser bornierten Realitätsverweigerung fatal den Christen des frühen Mittelalters. Die Christen hatten einst im Hochgefühl ihrer religiösen Überlegenheit den kulturellen Aufstieg der Muslime nicht zur Kenntnis genommen. Umso tiefer war bei den Christen der Schock, als sie sich mit der Realität einer hoch entwickelten islamischen Zivilisation konfrontiert sahen. Ein solcher Modernitätsschock stand nun umgekehrt den Muslimen im 19. und 20. Jahrhundert bevor.

Das Trauma der Kreuzzüge

Saladin: ein Mythos und die Folgen

Nahe dem Eingang des Souk Hamadiye, vor den wuchtigen Mauern der Zitadelle, die über viele Jahrhunderte den Sultanen, Emiren und Paschas von Damaskus als Festung diente, erhebt sich seit 1992 ein martialisches Gruppenstandbild aus Bronze. Den Mittelpunkt bildet ein Reiter in arabischer Ritterrüstung mit Helm und Kettenpanzer, den Krummsäbel gezogen, das bärtige Gesicht in grimmiger Angriffslust. Beide Seiten des Pferdes decken gepanzerte Krieger zu Fuß, auch sie mit gezückten Krummsäbeln. Das Denkmal, an die patriotische Heldenverherrlichung des 19. Jahrhunderts in Europa erinnernd, ist, wie eine Inschrift verrät, Sultan Salah ad-Din gewidmet. Wir kennen diesen Herrscher unter dem verballhornten Namen Saladin. Sein eigentlicher Name lautet Yusuf Ibn Ayyub (was in der Übersetzung sehr biblisch klingt: Josef, Sohn des Hiob). Salah ad-Din ist ein Titel und bedeutet »die Ehre der Religion«.

Das Standbild hat eindeutigen Appellcharakter, nicht nur für die Araber, sondern auch für die westlichen Besucher. Am Steinsockel ist auf Arabisch und in verschiedenen europäischen Sprachen dasselbe Wort eingemeißelt; in der deutschen Version lese ich: »Jerusalembefreiung 1187«. Das Datum verweist auf die zum Mythos gewordene Schlacht von Hattin nahe dem See Genezareth. In Hattin schlug Sultan Saladin das Kreuzritterheer vernichtend und konnte nach diesem bahnbrechenden Sieg noch im selben Jahr Jerusalem für die Muslime zurückgewinnen. Fast 90 Jahre lang hatten die Kreuzritter in der Heiligen Stadt regiert, und während ihrer unduldsamen Herrschaft waren alle Moscheen entweder zerstört oder in Kirchen umgewandelt worden. Dann aber, als Saladin an der Spitze seiner Truppen in Jerusalem eingeritten war, konnten die Muslime wieder die Kreuze von den Kuppeln des Felsendomes wie der Al-Aqsa-Moschee herunterholen und die heiligen Kultstätten des Islam endgültig in Moscheen zurückverwandeln – wogegen sie Kirchen, die immer Kirchen gewesen waren, unangetastet ließen.

Der Standort des Saladin-Denkmals ist gut gewählt: an einer der belebtesten Durchgangsstraßen von Damaskus. Dort wimmelt der Gehsteig den ganzen Tag von Passanten, die aus den modernen Stadtteilen in den traditionellen Souk und weiter zur Omayaden-Moschee strömen. Syrer wie auch Muslime anderer Staaten sind durch entsprechende Propaganda darauf eingestimmt, angesichts eines solchen Denkmals eine brisante Parallele zur Gegenwart zu ziehen. Eine Situation wie zur Zeit der Kreuzzüge ist nach weitverbreiteter Meinung spätestens seit 1948 entstanden, als sich Israel inmitten islamischer Länder als Staat mit einer fremden Religion und Kultur etablierte. Noch schmerzender erscheint die Parallele, nachdem Israel 1967 auch noch den arabischen Teil Jerusalems mit dem Felsendom und der Al-Aqsa-Moschee erobert hatte. Arabische Propaganda verkündet, Israel sei nur ein »Werkzeug des westlichen Imperialismus«, um die islamische Welt erneut zu schwächen. Besonders Syrer, Ägypter, Iraker und erst recht Palästinenser sind anfällig für die Parole, heute finde ein »moderner Kreuzzug« statt und die Muslime müssten zum zweiten Mal die Aggressoren aus dem Herrschaftsbereich des Islam, vor allem aus der heiligen Stadt Jerusalem, vertreiben.

Hattin ... Beim Bummel durch Straßen und Gassen von Damaskus entdecke ich Plakate auf Hausmauern, die im Stil schwülstiger Historienmalerei die legendäre Schlacht abgebildet zeigen: das Heer Saladins im Ansturm auf fliehende Kreuzritter.

Jerusalem als ein zentrales Wallfahrtsziel muslimischer Pilger ist in der politischen Propaganda aber nur das herausragende Symbol, eben weil sich für diese heilige Stadt Sunniten wie Schiiten, Araber, Perser und Turkvölker jenseits aller sonstigen Gegensätze mobilisieren lassen. Arabische Nationalisten dagegen, und hier besonders Syrer, vereinnahmen Saladin nicht nur als Befreier Jerusalems und Palästinas. Gerade Syrer beziehen in ihre Propaganda auch den Libanon ein, den sie als eine abgespaltene Provinz Syriens betrachten. Fast zwei Jahrhunderte lang war der Libanon ein strategisch wichtiger Teil der Kreuzritter-Fürstentümer gewesen und hatte damit ebenso einen Fremdkörper inmitten der arabischen Welt gebildet. Syrische Nationalisten argumentieren, heute gelte es, den Libanon zum zweiten Mal zu befreien, denn wieder hätten Imperialisten aus dem Westen dort ihre eigensüchtige Interessenpolitik betrieben und einen künstlichen Staat geschaffen, was nicht dem Willen der Araber entspreche.

Dem Bericht einer deutschen Zeitung entnehme ich, dass im Arbeitszimmer über dem Schreibtisch des syrischen Präsidenten Assad ein Bild des Sultans Saladin hängt.[1] Nach anderen Informationen soll es ein Gemälde der Schlacht von Hattin sein.[2] Es ist kein Zufall, dass gerade dieser Präsident, ein glühender arabischer Nationalist und radikaler Gegner des »westlichen Imperialismus«, 1992 Saladins Standbild im Zentrum von Damaskus hat aufstellen lassen. Dabei war Saladin gar kein Araber, sondern ein Kurde – landesfremd wie viele türkische Fürsten, die zur damaligen Zeit weite Teile der arabischen Welt beherrschten. Aber diese Tatsache braucht den arabischen Nationalisten bei ihrer Heldenverehrung keine Schwierigkeiten zu bereiten. Mühelos können sie Saladin für die eigene Geschichte und Kultur vereinnahmen, denn der Kurde sprach fließend Arabisch, und da er sich überwiegend in Syrien und Ägypten aufhielt, fügte er sich bruchlos in die Lebensweise der dominierenden arabischen Kultur ein.

Politisch instrumentalisiert wurde Saladin aber bereits von Gamal Abd an-Nasser, dem charismatischen Ideologen und Führer des panarabischen Nationalismus. Nasser, der von 1954 bis 1970 Ägypten regierte, ließ sich als den »Saladin unserer Zeit« feiern. Ihm werde es wie einst dem großen Sultan gelingen, Jerusalem und Palästina von der Fremdherrschaft zu befreien. Arabische Nationalisten unterschiedlichster Länder prägten das Schlagwort von einem »neuen Kreuzzug«, als 1956 Frankreich und Großbritannien im Suez-Krieg Kairo bombardierten. Eine der drei palästinensischen Befreiungsarmeen hatte sich programmatisch den Namen der legendären Schlacht von Hattin gegeben.[3]

Politisch instrumentalisiert wurde der Mythos Saladin auch von Saddam Hussein, dem Diktator des Irak. Der skrupellose Machtpolitiker und ebenfalls radikale Gegner Israels nützte den Zufall, dass er in derselben Stadt Takrit geboren ist wie einst im Jahr 1138 der Kurde Saladin. Unmittelbar vor dem Ausbruch des Golfkrieges 1991 tat Saddam Hussein alles, um diese Gemeinsamkeit auszuschlachten: Er werde in der Nachfolge Saladins die »modernen Kreuzritter« vom geheiligten islamischen Boden vertreiben und er rufe alle Gläubigen auf, als Endziel die Befreiung von Al Quds, der heiligen Stadt Jerusalem, im Auge zu haben.

Saladin starb 1193 in Damaskus, jener Stadt, von der aus er den Abwehrkampf gegen die Kreuzritter organisiert hatte. Das Mausoleum befindet sich in einer kleinen Gartenanlage an der nördlichen Umfassungsmauer der Omayaden-Moschee, ein auffallender, weiß getünchter kubischer Bau mit roter Kuppel. Dort sah ich Postkarten mit Saladins Porträt zum Verkauf ausgelegt. Deren arabische Darstellung aus dem 17. Jahrhundert zeigt einen graubärtigen, gütig und weise blickenden Mann und widerspricht damit dem Eindruck des Kriegerstandbilds. Das ist jener Saladin, den wir uns gerne als Figur in Lessings »Nathan der Weise« vorstellen: ein Sultan, der gleichermaßen tolerant mit Muslimen, Juden und Christen umgeht. Saladin, so lesen wir bei Lessing, stimmte voll und ganz dem Juden Nathan zu, als dieser das Gleichnis von den drei Ringen – der grundsätzlichen Gleichrangigkeit der drei großen monotheistischen Weltreligionen – erzählte.

Das ist *unser* Saladin. Lessing hat ihn 1779 im Geist der Aufklärung umgeformt zu einem Herrscher, der ohne jedes Vorurteil fremden Religionen und Überzeugungen begegnet. »Modern« in diesem Sinne konnte der historische Saladin allerdings nicht gewesen sein.

Sultan Salah ad-Din, ein orthodoxer Sunnit, war voll und ganz von der unantastbaren Überlegenheit des sunnitischen Islam überzeugt und ging streng gegen alle Abweichler innerhalb der eigenen Reihen vor, besonders gegen Schiiten. Er ließ sogar »Ketzer« hinrichten, welche die Rechtmäßigkeit seiner sunnitischen Herrschaft anzweifelten. Andererseits ist historisch verbürgt, dass er das Toleranzgebot des Koran gegenüber Christen und Juden großzügig handhabe. Den Christen tief eingeprägt hat sich sein Verhalten, als er 1187 an der Spitze seiner Truppen siegreich in Jerusalem einzog. Er ließ die meisten Christen nach Bezahlung eines relativ geringen Lösegeldes abziehen und er ließ den Witwen gefallener Kreuzritter aus der Staatskasse Reisegeld aushändigen. Welch ein Kontrast zum Jahr 1099: Damals hatten die Kreuzritter, als sie Jerusalem eroberten, gnadenlos alle Muslime und Juden niedergemetzelt, selbst Frauen, Kinder, Greise; nur »Christen« sollten in der Stadt Jesu leben. Saladin hingegen hatte lediglich etliche prominente Kreuzritter köpfen lassen, dies aber in erster Linie, weil sie einige mit ihm abgeschlossene Verträge gebrochen hatten. Den Christen muss eine solche Milde gegen Andersgläubige derart ungewöhnlich erschienen sein, dass sie

rückblickend ihren »heidnischen« Gegner zu verklären begannen. Schon zu Beginn des 13. Jahrhunderts fingen christliche Troubadoure an, in ihren Liedern vom »edlen Saladin« zu
berichten.

Aus bloßer Großzügigkeit und Güte handelte Saladin allerdings nicht. So sehr er vorgab, all seine Entscheidungen seien
von der Ethik des Islam geprägt, war er doch auch Taktiker,
war er Realist – eben ein im Umgang mit der Macht geübter
Politiker. Zwar hatte er die Kreuzritter in der Schlacht von
Hattin vernichtend geschlagen, aber er hütete sich, diesen
Sieg zu überschätzen. Seine Truppen waren nicht stark genug,
um auch noch das befestigte Jerusalem im Sturm zu nehmen.
Nur indem er mit den Belagerten großzügige Übergabebedingungen aushandelte, vermochte er die Kreuzritter davon ab-
zuhalten, dass sie, den sicheren Tod vor Augen, in letzter Wut
und Verzweiflung den Felsendom und die Al-Aqsa-Moschee
zerstörten. Es stärkte Saladins Prestige, wenn er die als besonders heilig verehrten Kultstätten des Islam unbeschadet
übernehmen und den Gläubigen zurückgeben konnte. Und es
gelang dem Sultan, durch seine taktische Milde die Gegner zu
spalten. Angesichts der liberalen Übergabebedingungen zeigten sich etliche politische Führer der Kreuzritter zu weiteren Zugeständnissen an die Muslime bereit, dagegen blieben
andere unversöhnlich und begannen im Verlauf der folgenden
Jahre, Intrigen gegen die »Verräter« in den eigenen Reihen zu
spinnen. Saladin hatte auf diese Weise die Gegner noch einmal
schwächen können – und vermochte die Muslime unter seiner
Führung umso fester zu einigen.

Saladin, der große Einiger! Dies ist ein weiteres Element in
der Propaganda arabischer Nationalisten. Schließlich hatte es
Saladin besser als alle anderen Fürsten verstanden, die untereinander zerstrittenen Emire und Atabegs auf ein gemeinsames Ziel hin zu aktivieren. Auch dies ein Appell an die zerstrittenen Muslime von heute.

Da Saladins Persönlichkeit derart vielschichtig war, können Araber sein historisches Andenken heute mit sehr unterschiedlichen Zielsetzungen verwerten – und zu Propagandazwecken ausschlachten. Den Muslimen kann es nützlich sein, Saladin auch als edlen großmütigen Sieger zu feiern. Gerade so lässt sich am besten die moralische Überlegenheit eines angeblich friedlichen Islam über den letztlich »aggressiven Westen« demonstrieren.

Während der achtziger Jahre sah ich in Kairo einen ägyptischen Spielfilm mit dem Titel »Salah ad-Din«. Dieser Film ist laut Auskunft von Ägyptern einer der großen Publikumserfolge in arabischen Ländern geworden. Die Filmemacher porträtierten Saladin als den überlegenen, listenreichen Feldherrn, der das eine Mal hart entschlossen mit dem Schwert zu siegen, das andere Mal mit taktischem Geschick die Gegner zu übertölpeln weiß – um dann im entscheidenden Moment die Kreuzritter als wahrhaftiger Muslim mit seiner Menschlichkeit zu beschämen. Saladin vermochte, so zeigt der Film, mit seinem bedeutendsten Widersacher, dem englischen König Richard Löwenherz, erfolgreich zu verhandeln. Saladins Fairness nötigte dem Gegner zunehmend Respekt ab. Die Schlussszene des Films ist allerdings nicht historisch, denn Saladin und Richard Löwenherz sind sich nie persönlich begegnet, sondern haben ihre Kontakte nur über Unterhändler gepflegt. Aber gerade diese Schlussszene enthält die eigentlich zukunftsweisende Botschaft – und eine ironische Pointe zu Lasten des »christlichen Abendlandes«. Als Richard Löwenherz nach dem Friedensabkommen das Pferd bestieg, zog er, der Christ, zum Abschied pathetisch das Schwert aus der Scheide und huldigte mit einer etwas tumb anmutenden »ritterlichen« Ehrenbezeugung dem einstigen Feind. Der Muslim Saladin aber ließ sein Schwert in der Scheide stecken, verweigerte sich milde lächelnd, mit einem Anflug von Ironie, dem militärischen Gruß und legte freundlich die Hand aufs Herz. Sichtlich verblüfft steckte der englische König seine Waffe wieder zurück und ahmte etwas unbeholfen Saladins zivile Geste nach.

Nicht das »Schwert« sei das beste Mittel, politische Probleme zu lösen. Auch diese Botschaft verbinden viele Muslime mit dem Mythos Saladin. Es hängt von der jeweiligen Regierung und deren Ideologie ab, ob sie Saladin als Symbol weiser Versöhnungsbereitschaft oder aggressiver militärischer Entschlossenheit zu ihren Zwecken nutzt. Aber *eine* Botschaft kommt bei allen Muslimen gleichermaßen an: Zur Zeit der Kreuzzüge hätten es die Gläubigen nach anfänglichen Niederlagen vermocht, die Bedrohung aus dem »Westen« abzuwehren – und diese Entschlossenheit gelte es wiederzugewinnen.

Das Zeitalter der Kreuzzüge spielt heute im Bewusstsein gerade der arabischen Muslime eine viel größere Rolle als die Jahrhunderte zuvor. Das hat seine historische Logik. Damals hatten die Kreuzritter bei den Muslimen keinen nachhaltigen Eindruck hinterlassen können, obwohl die Europäer anfangs siegreich vordrangen. Damals war ja das christliche Abendland dem islamischen Orient kulturell noch beträchtlich unterlegen, entsprechend hatten die Angreifer aus Europa unter dem Trauma zu leiden, dass die »Ungläubigen« und nicht die »Rechtgläubigen« die hoch entwickelten Städte, die bessere Wissenschaft, die verfeinerten Künste besaßen. Umgekehrt konnten die Muslime die Kreuzzüge bald als eine überwundene Besatzungszeit von »Barbaren« abtun, als eine Episode ohne große Folgen für die eigene Geschichte.

Anders ist die Situation seit Mitte des 19. Jahrhunderts, nachdem die Europäer zum zweiten Mal als Eroberer gekommen sind. Diesmal vermochten die Europäer kulturell wie wirtschaftlich Überlegenheit zu demonstrieren und nun war es an den Muslimen, einen Kulturschock zu erleiden und sich erheblich in ihrem Selbstbewusstsein erschüttert zu sehen. Heute können die Europäer aus ihrer Machtposition heraus die einstige Niederlage zur Zeit der Kreuzzüge als längst erledigte Vergangenheit abtun. Dagegen erscheint diese Epoche plötzlich den Muslimen in einem völlig neuen Licht. Jetzt verlangt es die Araber nach Kompensation, und umso wichtiger wird für sie die Rückbesinnung auf Siege von einst.

Saladin ist eine solch wegweisende Symbolfigur aus einer besseren Zeit. Aber nicht die einzige.

Nuraddin: immer noch ein Idol

Das Zeitalter der Kreuzzüge ist besonders in Damaskus mit einer Reihe auffälliger Denkmäler lebendig geblieben. Nicht nur das Mausoleum des Sultans Saladin, nicht nur das ihm gewidmete moderne, demonstrativ aggressive Reiterstandbild weist bis heute auf die so verhängnisvoll nachwirkende Epoche hin. Nahe der Omayaden-Moschee finden wir im Gassenlabyrinth der Altstadt noch die Mausoleen zweier weiterer Regenten, die im Kampf gegen die Kreuzritter eine große Rolle spielten: Nuraddin und Baibar.

Nuraddin konnte politisch wie militärisch die Vorbedingungen schaffen, die erst Saladins Siege ermöglichten. Baibar vermochte acht Jahrzehnte nach Saladins Tod die Kreuzritter endgültig vernichtend zu schlagen. Obwohl diese drei Fürsten in Syrien wie Ägypten gleichermaßen regierten, haben sie doch alle ihre letzte Ruhe in Damaskus gefunden. Denn die syrische Metropole war das strategische Zentrum im »Heiligen Krieg« gegen die Kreuzritterstaaten. Eine derart exponierte geopolitische Lage gibt den Syrern selbst heute die Rechtfertigung, in Rivalität mit den Ägyptern an dem Mythos festzuhalten, die eigentliche historische Mission im Abwehrkampf gegen »Aggressoren aus dem Westen« zu erfüllen.

Nuraddin ... Saladin ... Baibar: Keiner dieser Herrscher, die für die arabische Geschichte des 12. und 13. Jahrhunderts so wichtig wurden, ist selber Araber gewesen. Saladin war, wie gesagt, Kurde, Nuraddin und Baibar waren Türken. Ihre Vorfahren waren als fremde Eroberer ins Land gekommen. Und doch haben gerade sie nachhaltig das Denken und Fühlen der Araber beeinflusst. Sie haben nacheinander das Ideal des »Jihad«, des »Heiligen Krieges«, neu belebt und ihm für folgende Jahrhunderte eine eminent wirksame ideologische Stoßrichtung gegeben.

Nuraddin stand am Anfang. Im Rang kann er als die zweite große Symbolfigur gewertet werden. Sein Name, exakt Nur ad-Din geschrieben, ist wie Salah ad-Din ein Ehrentitel, er bedeutet »Licht der Religion«. Eigentlich hieß er Mahmud Ibn Zangi. Eine Reihe Koranschulen, Moscheen, Spitäler und Bäder tragen in Syrien noch heute den Namen Nuraddin und weisen den Fürsten auch als einen der großen Kulturförderer aus.

Um historisch richtig einzuschätzen, worin die große Leistung des Fürsten Nuraddin besteht, müssen wir die Situation der islamischen Welt zur Zeit der Kreuzzüge vor Augen haben. Nuraddin wurde in ein religiös wie politisch heillos zerrüttetes Gefüge rivalisierender Kleinfürstentümer hineingeboren. Gerade die Zwietracht unter den Muslimen hatte es damals den Europäern erlaubt, im »Heiligen Land« Fuß zu fassen. Weil die Muslime anfangs zu keiner geschlossenen Abwehrfront fanden, vermochten die Kreuzritter wenigstens vorübergehend der Illusion zu huldigen, sie könnten den Großraum Syrien und sogar Ägypten – einstige Kernländer des Christentums – zurückerobern.

Zu Beginn des 12. Jahrhunderts galt der Kalif von Bagdad nur noch nominell als der »Beherrscher der Gläubigen«. Von Nordafrika bis Indien orientierte sich kein Fürst mehr politisch am Oberhaupt aller sunnitischen Muslime, sondern war nur noch – im Kampf gegen andere Fürsten – auf Erweiterung des eigenen Machtbereichs bedacht. Sogar in Bagdad selber besaß der Kalif nicht mehr die volle Macht. Dort regierten an seiner Stelle Fürsten rasch wechselnder Dynastien und ließen ihm nur die äußerlich glanzvolle, aber faktisch ausgehöhlte Stellung einer religiösen Autorität. Eine Reihe dieser Regenten gab sich prahlerisch den türkischen Titel »Atabeg«, »Vater der Fürsten«, eifersüchtig Herrschaftsansprüche gegenüber benachbarten Fürstentümern behauptend.

Innerhalb der rivalisierenden Fürstentümer des Nahen Ostens hatte sich der türkische Atabeg Immamuddin Zangi eine führende Stellung erkämpfen können. Er, der anfangs nur im irakischen Fürstentum Mossul regierte, eroberte 1127 das Emirat Aleppo. Zangi begründete die Dynastie der Zangiden und schuf die Voraussetzungen für den bleibenden Ruhm seines Sohnes Nuraddin. Aufsehen über die islamische Welt hinaus erregte Zangi, als er im Jahr 1144 auch noch das benachbarte Fürstentum Edessa (heute das türkische Urfa) eroberte. Edessa war damals ein Kreuzritterstaat. In Europa löste die Nachricht vom Sieg der Muslime beträchtliche Unruhe aus und gab den Anlass zum zweiten Kreuzzug, um das verlorene Terrain zurückzuerobern. 1147 erreichte das neue Kreuzritterheer Syrien. Der gefürchtete Atabeg Zangi war inzwischen tot, seit einem Jahr regierte in Aleppo sein Sohn Nuraddin: ein noch unerfahrener Regent, so hofften die Gegner.

Nuraddin besaß seines Vaters Tugenden, aber nicht dessen Fehler. Der Vater war trotz allem militärischen Genie und politischen Geschick völlig skrupellos gewesen, er hatte sowohl gegen Kreuzritter wie auch gegen muslimische Fürsten gekämpft, weil es ihm eben nur um bloße Machterweiterung gegangen war, nicht um religiös-politische Prinzipien. Grausam und launisch hatte er Besiegte behandelt, und selbst seine engsten Vertrauten hatten seine Unbeherrschtheit wie seinen Zorn gefürchtet. Zum Islam hatte sich Zangi recht oberflächlich bekannt. Nuraddin dagegen kannte keine despotische Maßlosigkeit und garantierte seinen Untertanen eine solide Rechtsprechung. Vor allem aber intensivierte er den Kontakt zu Korangelehrten. Wie kein anderer Fürst seiner Zeit berief er sich auf den Islam als das bestimmende ethische Moment seiner Politik. Nuraddin bekannte sich demonstrativ dazu, den »Dar al-Islam«, den gesamten islamischen Herrschaftsbereich, gegen alle Bedrohung durch »Ungläubige« zu verteidigen. Er wollte Muslime nur bekämpfen, sofern sie Bündnisse mit den Kreuzrittern schlossen.

Keiner der sonstigen Fürsten des Nahen Ostens orientierte sich während der frühen Phase der Kreuzzüge am Ideal des »Heiligen Krieges«. Im Gegenteil. Die meisten Regenten waren derart auf Machtkämpfe untereinander konzentriert, dass ihnen religiöse Zugehörigkeit eher als Nebensache erschien. Sunniten kämpften mit Schiiten gegen Sunniten, oder umgekehrt, soweit es der politische Vorteil gebot. Mehr noch: Kaum hatten die Kreuzritter im Nahen Osten Fuß gefasst, boten sich auch schon etliche sunnitische wie schiitische Fürsten den Christen aus Europa als Bündnispartner an.

Eines der folgenreichsten Bündnisse hatte der Emir von Damaskus mit dem christlichen König des Kreuzritterstaates Jerusalem bereits im Jahr 1140 geschlossen. Das geschah 13 Jahre, nachdem der Atabeg Zangi das Fürstentum Aleppo erobert hatte. Das Motiv dieses Emirs war bezeichnend: Ihm erschien der christliche Feind für den eigenen Machterhalt weniger gefährlich als der muslimische Bruder im Nachbarstaat. Der Emir hegte zu Recht den Verdacht, der machtgierige Rivale aus Aleppo wolle auch bald Damaskus erobern und würde hierbei ganz nach seiner Gewohnheit mit den Besiegten sehr brutal umgehen.

Zangis Sohn Nuraddin aber trat mit einer neuen, überraschenden Forderung auf: Der Emir von Damaskus solle sich in die Glaubensfront der Muslime im Kampf gegen die »Ungläubigen« einreihen, dann habe er keinen Angriff aus Aleppo zu befürchten. Nuraddin verkündete, es gelte, den sunnitischen Islam als Herrschafts- und Lebensform gegen alle Andersgläubigen durchzusetzen, ob nun gegen schiitische »Ketzer« oder gegen Christen. In diesem Sinn ließ Nuraddin »Erneuerung«

predigen, »Rückkehr zu den Wurzeln des Islam«. Er rief die »Gläubigen« zum Widerstand gegen alle »ungläubigen« muslimischen Fürsten auf, die aus persönlichem Machtstreben religiös gleichgültig geworden und deshalb verantwortlich seien für alle Niederlagen gegen die Kreuzritter. Seine Residenzstadt Aleppo machte Nuraddin zum Ausgangspunkt dieser religiös-politischen Propaganda. Aleppo wurde damit zum frühesten Zentrum des Abwehrkampfes gegen die Kreuzritter. Nuraddin fand mit seiner Propaganda breite Zustimmung auch bei Muslimen außerhalb seines eigenen Herrschaftsbereichs. Eine große Zahl der Gläubigen, durch die militärischen Siege der Christen wie das intrigante Taktieren ihrer Fürsten gleichermaßen ratlos geworden, sah in Nuraddin zunehmend die überragende Führerpersönlichkeit. Nuraddin gelang es, die Kreuzritter in etlichen Kämpfen zurückzuschlagen. Und als der Emir von Damaskus weiterhin zwischen allen Fronten taktierte, anstatt sich der Führung in Aleppo zu unterstellen, konnte Nuraddin 1154 Damaskus ohne großen Widerstand einnehmen, denn längst sympathisierten viele Einwohner mit dem unbestechlichen, »glaubensstarken« Fürsten aus Aleppo.

Nuraddin verlegte seine Residenz nach Damaskus und regierte nun ein syrisches Groß-Emirat, das die Fürstentümer Mossul (heute nördlicher Irak), Edessa (heute südöstliche Türkei), Aleppo und eben Damaskus umfasste. Umso bedrohlicher musste den Kreuzrittern die Absicht erscheinen, die ihnen aus der islamischen Propaganda immer machtvoller entgegenschlug: die heilige Stadt Jerusalem zurückzuerobern und schließlich den Feind auch von der syrischen Küstenregion und aus dem Bergland des Libanon zu vertreiben.

Zunächst aber nutzte Nuraddin die Chance, Ägypten zu erobern. Dort hatte die schiitische Fatimiden-Dynastie in zermürbenden Machtkämpfen und Nachfolgestreitigkeiten ihre Widerstandskraft weitgehend eingebüßt. Nuraddin schickte seinen kurdischen Feldherrn Shirkuh mit einem starken Heer nach Ägypten. Shirkuh starb zwar unmittelbar nach dem erwarteten Sieg, aber sein Neffe Yusuf Ibn Ayyub, mit dem Beinamen Salah ad-Din, nahm seine Stelle ein.

Im Jahr 1174 starb Nuraddin sechzigjährig an einer schweren Angina. Damit beschleunigte sich der Aufstieg Saladins. Ohnehin war Saladin als mächtiger Statthalter Ägyptens schon zum Rivalen seines Oberherrn in Syrien geworden. Und da Nuraddin nur einen elfjährigen Sohn als direkten Nachfolger hinterließ, nützte Saladin das plötzlich entstandene Machtvakuum, rückte von Kairo aus mit einem Heer nach Damaskus vor und machte sich selber zum Regenten des vereinigten Großfürstentums von Syrien und Ägypten. Er begründete die Dynastie der Ayyubiden. Allerdings benötigte er noch neun Jahre, um den letzten Widerstand seiner Gegner in Aleppo niederzukämpfen. Damaskus machte er zum Zentrum seines Kampfes gegen die Kreuzritter. Von dort aus gelang ihm dann, was Nuraddin versagt geblieben war: die heilige Stadt Jerusalem zu erobern und die Kreuzritter auf ein schmales Gebiet an der syrisch-libanesischen Küste zurückzudrängen. Es war ein überwältigender Sieg, der in Europa einen Schock und damit den dritten Kreuzzug auslöste.

Nuraddin und Saladin hatten nicht nur das gleiche außenpolitische Ziel verfolgt, sondern auch eine ähnliche Innenpolitik betrieben. Beide zeigten nur wenig Toleranz gegen Muslime, die sich nicht ihrem politisch-religiösen Ziel der »Erneuerung« unterordnen wollten. Und so gingen sie energisch besonders gegen Schiiten vor, die zur damaligen Zeit noch in wesentlich größerer Zahl Syrien bewohnten. Keine politische Einheit ohne religiöse Einheit, dies war ihre Überzeugung, und zu diesem Zweck stärkten sie die sunnitische Orthodoxie im Kampf gegen alle abweichenden religiösen Gruppierungen. Aber obwohl sich beide Regenten in Glaubensfragen als strenge Aufseher erwiesen, ja etliche »Ketzer« hinrichten ließen, haben sie sich dem Bewusstsein der arabischen wie türkischen Untertanen als gute Herrscher eingeprägt. Denn beide galten als unbestechlich, gerecht und milde gegenüber Besiegten, sofern jene sich unterwarfen und zur politischen Zusammenarbeit bereit zeigten. Beide hatten sich auch als rege Bauherren und Kulturförderer erwiesen, sie hatten durch eine Reihe prächtiger Moscheen, Medresen, Souks, Karawansereien und modernster Spitäler den Residenzen Damaskus wie Kairo neuen Glanz verliehen. Ihnen war es gelungen, vor allem Syrien nach zwei Jahrhunderten des Niedergangs wirtschaftlich und kulturell stark zu beleben. Und sie machten Syrien wieder zu einem Mittelpunkt der islamischen Welt, was es seit der Herrschaft der Omayaden-Kalifen nicht mehr gewesen war.

Saladin allerdings hat sich dem Gedächtnis der Nachwelt, besonders des Westens, intensiver eingeprägt als Nuraddin. Das lag an seiner Persönlichkeit. Nur Saladin vermochte seinen besiegten Gegnern mit einer derartigen Noblesse zu begegnen, dass diese sich beschämt fühlen mussten – so vor allem bei der Eroberung Jerusalems. Ob Saladin hierbei mehr aus moralischer Überzeugung oder eher taktischem Gespür handelte, sei dahingestellt. Entscheidend ist, dass Saladin als erster muslimischer Herrscher bei den Kreuzrittern den Fanatismus dämpfen konnte, mehr noch, ihnen Respekt vor dem andersgläubigen Gegner abzunötigen vermochte.

Nachdem Saladin 1193 im Alter von nur 55 Jahren in Damaskus gestorben war (zeit seines Lebens besaß er eine schwache Gesundheit), konnten nur noch seine Nachfolger, zuerst der Bruder al-Adil, dann dessen Sohn al-Kamil, eine gemäßigte Politik gegenüber den Kreuzrittern weiterführen. Danach verschlechterte sich die Situation rasch. Die Fürsten der Ayyubiden-Dynastie schwächten sich in heftigen Thronfolgekriegen, sodass im Jahr 1250 eine neue Dynastie von Kairo aus die Macht eroberte: die Mamluken.

»Mamluk« ist im Arabischen eine Bezeichnung für Sklave. Zu den Gepflogenheiten des islamischen Orients hatte es seit dem 9. Jahrhundert gehört, dass Kalifen, Sultane und Emire für ihre Elitetruppen vorwiegend Türken der zentralasiatischen Steppen rekrutierten, Militärsklaven, deren Führer manchmal bei Nachfolgekämpfen niedergehender Dynastien selber die Macht ergriffen. Die Mamluken standen im Dienst der Ayyubiden. Einer ihrer Generäle, der Mamluk Baibar, tötete den letzten Ayyubiden-Sultan. In Ägypten regierten die Mamluken bereits seit 1250, in Syrien zehn Jahre später. Baibar betrachtete sich als den legitimen Erben der Ayyubiden-Dynastie Saladins. Entsprechend energisch ging er daran, das in Kleinfürstentümer zerfallene Syrien erneut zu einigen. Und da er während der folgenden Jahre zahlreiche strategisch wichtige Kreuzritterburgen erobern konnte, ist auch er zu einem der legendären »Glaubenskrieger« geworden. Aber er ließ – anders als Nuraddin und Saladin – die besiegten Kreuzritter samt ihren Familien meist töten und ihre Häuser zerstören. Grundsätzlich wollte Baibar Angst und Schrecken verbreiten, um die Christen massenweise zur Flucht zu zwingen. Die Mamluken waren nach mehr als eineinhalb Jahrhunderten Krieg mit den Christen entschlossen, die Bedrohung durch die Kreuzritter endgültig, notfalls mit äußersten Terror, zu beenden. Die Mamluken regierten Syrien und Ägypten, mit Kairo als Residenz, bis zum Jahr 1516, um dann nach blutigem Kampf von einer ebenfalls türkischen Dynastie abgelöst zu werden: den Osmanen.

Nuraddin, Saladin, Baibar. Diese drei herausragenden Herrscher haben – mit sehr unterschiedlichem Toleranzverständnis gegenüber Andersgläubigen – das Ideal des »Heiligen Krieges« für ihre Zwecke genutzt. Beklemmend ist hierbei, dass die Entwicklung sich radikalisierte. Schließlich haben die Mamluken-Sultane den »Heiligen Krieg« mit jener kompromisslosen Härte geführt, wie wir sie heute aus der Praxis radikaler Fundamentalisten kennen.

Der »Heilige Krieg« wird neu erfunden

Jihad Islami, »Islamischer Heiliger Krieg« ... Dieses Schlagwort ist uns heute zur Genüge geläufig, seit unterschiedliche fundamentalistische Organisationen mit Terroraktionen gegen »Ungläubige« Unruhe in die internationale Politik bringen. All diese Fanatiker treten mit der offiziellen Begründung auf, der »wahre Glaube« und die »gottgewollte« islamische Gesellschaftsordnung seien nur noch mit Waffengewalt gegen »satanische« Feinde durchzusetzen. Je häufiger uns die Medien gegen Ende des 20. Jahrhunderts Nachrichten über kriegerische Aktionen, Überfälle und politische Morde durch muslimische »Glaubenskrieger« von Nordafrika bis Mittelasien liefern, desto eindringlicher scheint bestätigt: Die Fundamentalisten kehren zu jenen Grundsätzen ihrer Religion zurück, die ohnehin das »Fundament« ausmachen – Glaube und Schwert; der Islam sei in erster Linie mit Gewalt zu verbreiten.

Blicken wir aber auf das Zeitalter der Kreuzzüge zurück, so entdecken wir dort eine paradoxe Verkehrung jener Vorstellungen, wie sie uns geläufig sind. Nur die Christen ließen sich in der ersten Phase der Kreuzzüge vom Ideal eines »Heiligen Krieges« gegen »Ungläubige« leiten, nicht die Muslime.

»Der Soldat Christi, sage ich, tötet unbekümmert, noch sicherer stirbt er. Wenn er stirbt und wenn er tötet, überstellt er sich Christus. Denn nicht ohne Grund trägt er das Schwert: Er steht im Dienst Gottes, um den zu bestrafen, der Böses tut ...« So lesen wir in einem der Predigttexte des Bernhard von Clairvaux, einem charismatischen Mystiker, der im Gedächtnis der Nachwelt als Heiliger, aber auch als namhafter Ideologe eines überaus aggressiven Kreuzzugsfanatismus weiterlebt. »Wenn er [der Soldat Christi] den Übeltäter erschlägt, ist er gewiss kein Menschentöter, sondern ein Übeltöter. [...] Durch den Tod der Heiden wird der Christ verherrlicht [...]. Die sind keine Mörder, die mit Eifer gegen die Feinde der Kirche kämpfen.«[4]

Diese Worte schrieb der heilige Bernhard in seinem »Lob an die Neue Ritterschaft« – gemeint sind die Tempelritter als die militärisch schlagkräftigste und ideologisch radikalste Kerntruppe der Kreuzzugsbewegung. In diesem Text ist alles enthalten, was wir heute nur im düsteren Fanatismus einer islamischen Ideologie des »Heiligen Krieges« zu finden glauben: Der andersgläubige Gegner gilt nicht als Mensch, sondern allein als Verkörperung des Bösen, sodass das Töten leichter fällt. Im Kampf gegen »Ungläubige« getötet zu werden, öffnet dem Märtyrer auf direktem Weg das Tor ins Paradies; daher ist das eigene Sterben leichter.

Christliche Theologen konnten eine derartige Ideologie allerdings nicht aus dem Evangelium herleiten. Um einen »Heiligen Krieg« durch eine religiöse Autorität zu rechtfertigen, mussten sie sich auf Augustinus, den politisch folgenreichsten aller Kirchenväter, berufen. Augustinus hatte im 5. Jahrhundert, als der christliche Staat sich machtpolitisch zu entfalten begann, die dazu passende Ideologie des »bellum iustum«, des »gerechten Krieges«, geliefert. Selbstverständlich hätte dieser »gerechte Krieg« stets nur ein Verteidigungskrieg zu sein – alle »heiligen Kriege« werden anscheinend auf diese Weise gerechtfertigt –, und im Falle der Kreuzzüge, so interpretierten 700 Jahre später die Theologen, mussten die Christen das ihnen geraubte Besitztum im »Heiligen Land« wieder der Herrschaft der »Heiden« entreißen. Dass die Theologen in Zusammenarbeit mit Bischöfen und Päpsten eine solche Ideologie gerade zu einem Zeitpunkt entwickelten, als Westeuropa unter unlösbar erscheinenden Konflikten litt – Machtkampf zwischen Papst und Kaiser, schwerwiegende wirtschaftliche Probleme der Ritterschaft –, passt hierzu. Der Aufruf zum Kreuzzug bot ein willkommenes Ventil, um den angestauten Druck im eigenen Machtbereich durch einen Kampf gegen äußere Feinde zu entladen.

Anders die Muslime. Ihre Fürsten und Adligen waren ja im

Machtkampf ganz auf ihre eigene Welt konzentriert geblieben. Selbst als Nuraddin zum gemeinsamen »Heiligen Krieg« gegen die »Ungläubigen« aufrief, schickte anfangs kaum ein Fürst Truppen.

»Jihad«. Dieses Schlagwort war Kernpunkt der Propaganda Nuraddins. Das arabische Wort ist allerdings vielschichtiger, als es in diesem Zusammenhang erscheint. Wir neigen dazu, diesen Begriff ausschließlich mit »Heiliger Krieg« zu übersetzen. Tatsächlich finden sich im Koran eine ganze Reihe Verse, die einen derartigen Zusammenhang nahelegen. Etwa: »Rege, oh Prophet, die Gläubigen zum Kampf an; denn zwanzig Ausharrende von euch werden tausend Ungläubige besiegen; denn jene sind ein unverständiges Volk.«[5] »Ich [Gott] bin mit euch, stärkt daher die Gläubigen, aber in die Herzen der Ungläubigen will ich Furcht bringen; darum haut ihnen die Köpfe ab.«[6] Solche Sätze hatte Mohammed zu jener Zeit formuliert, als sich die Muslime noch in größter Bedrängnis gegen eine Übermacht von Feinden zu verteidigen hatten. Damals entstanden auch jene Verse, die besonders dem Märtyrer und »Glaubenskrieger« das »Paradies« versprechen.[7]

Aber wenn auch »Krieg« und »Kampf« von »Gott vorgeschrieben« sind, so doch nur, um den »richtigen Glauben« in großer Not gegen Angreifer zu »verteidigen«. Auf diese Weise zumindest legen orthodoxe Muslime die Koranverse aus. Es handelt sich um religiöse Texte, die ebenso wenig wie bei den Christen gegen politischen Missbrauch gefeit sind. Doch gerade weil ein »Glaubenskrieg« letzten Endes nur zur Verteidigung dienen darf, war es den Muslimen möglich, dieses Ideal in den Hintergrund zu rücken, sobald »Ungläubige« nicht mehr die Grenzen islamischer Staaten bedrohten. Dann konnten Muslime das Ideal des »Jihad« in einer anderen, ebenfalls durch den Koran vorgeschriebenen Haltung befolgen: die »wahre Religion« eifrig durch Predigt zu verbreiten; die Andersdenkenden durch Diskussion zu überzeugen; den »Ungläubigen« durch vorbildliche Moral ein Beispiel zu geben; darauf zu achten, dass der Islam frei bleibt von allem Missbrauch. »Jihad« bedeutet wörtlich übersetzt zwar »Kampf« und »Anstrengung«, gemeint ist aber »Anstrengung im Glauben«, auch »Kampf« gegen die niederen Triebe in der eigenen Seele.[8]

Exakt diese letztere Interpretation von »Jihad« herrschte bei den Muslimen zu Beginn des 12. Jahrhunderts vor. Seit nahezu drei Jahrhunderten hatten ja damals die meisten Araber, Perser und Türken nicht mehr in dem Gefühl leben müssen, durch andersgläubige Völker bedroht zu sein. Vielmehr konnten sie sich in dem Bewusstsein sonnen, eine höhere Kulturstufe als die nichtmuslimischen Nachbarn erreicht zu haben. Ihre Aufmerksamkeit war längst durch Konflikte innerhalb des eigenen Kulturkreises in Anspruch genommen: durch Gegensätze zwischen orthodoxen und »ketzerischen« Geistesrichtungen, zwischen muslimischen Völkern unterschiedlicher Traditionen, zwischen rivalisierenden sozialen Gruppierungen. Bis die Kreuzritter kamen.

Die besondere Rolle der Maroniten

Ich nähere mich dem Craq des Chevaliers, der mächtigsten und besterhaltenen Kreuzritterburg auf syrischem Boden, ja des ganzen Vorderen Orients. Schon von Weitem sehe ich die Burg wuchtig die Felder und Olivenhaine auf einer grünen Hügelkette überragen.

Ich gehe zu Fuß. An einer Abzweigung der viel befahrenen Schnellstraße von Homs nach Tartus hat mir der Chauffeur des Sammeltaxis zu verstehen gegeben, ich könne es die restlichen zehn Kilometer per Anhalter versuchen. Auf der schmalen Asphaltstraße in das Seitental verkehren kaum Autos. Mehrmals kommen mir Mauleseltreiber entgegen, ab und zu knattert ein Lastauto vorbei, sonst nur Stille. Vogelgezwitscher. Auf den Feldern grasen Schafe, Frauen in bunten Trachten harken

Ackerfurchen. Flammend rot blüht Mohn an den welligen Berghängen, auf deren Kuppen sich vereinzelte Dörfer erheben. Kirchtürme überragen meist die würfelförmigen Häuser, eher selten ein Minarett.

Je näher ich der Festung komme, desto wuchtiger und abweisender muten die Mauern an. Vergeblich haben einst Nuraddin und Saladin die Burg des Johanniter-Ordens in der zerklüfteten Berglandschaft belagert. Diese Burg hatte zu ihren Glanzzeiten während der Jahre 1180 bis 1230 mit über hundert Ordensrittern und 1500 Fußsoldaten den wichtigsten Handelsweg von der Küstenebene ins Landesinnere wirksam kontrolliert. Erst Baibar hat die Johanniter 1271 zur Übergabe zwingen können, um dann selber die Festung zu eigenen Zwecken noch weiter auszubauen. In der Folge ist der Craq des Chevaliers nie wieder belagert worden, weshalb diese Burg nahezu unzerstört überdauern konnte. Ihre gotische Bausubstanz hat in neuerer Zeit ohne Schwierigkeiten restauriert werden können.

Nirgends sonst strahlt Syrien noch derart intensiv die Atmosphäre der Kreuzritterzeit aus wie im Craq des Chevaliers und dessen Umgebung. Arabische Christen bilden in etlichen Dörfern nach wie vor die Mehrheit, in anderen leben sie mit den Muslimen nahezu in gleicher Zahl. Die Muslime hier sind teilweise Alawiten, die sich kaum Moscheen, sondern eher unauffällige Versammlungshäuser gebaut haben, weshalb im dörflichen Erscheinungsbild Kirchtürme umso mehr hervorstechen. Die Berglandschaft, die sich wie ein langgezogener Riegel zwischen die Küstenebene und das Hinterland schiebt, war von jeher ein Rückzugsgebiet für religiös verfolgte wie auch militärisch bedrohte Minderheiten. Neben den Alawiten wohnen in dieser Gegend viele Maroniten. Diese christliche Minderheit hat im großsyrischen Raum immer wieder von sich reden gemacht, mal stand sie im Brennpunkt des politischen Geschehens, mal war sie an den Rand gedrängt, um dann erneut wieder enorme Bedeutung zu gewinnen. So auch zur Zeit der

Kreuzzüge. Damals wurden die Maroniten zu den wichtigsten Verbündeten der Kreuzritter.

Von den Türmen des Craq des Chevaliers blicke ich in Richtung Süden auf die Schneeberge des Libanon. Greifbar nahe wirkt das bis zu 2600 Meter ansteigende Gebirge nach einem Regentag, als ich das Panorama bestechend klar erleben kann. Nahe ist auch die dort verlaufende Staatsgrenze zwischen Syrien und dem Libanon. Diese Grenze ist allerdings sehr jung – sie geht auf das Ende der französischen Kolonialherrschaft zurück. 1943 lösten die Franzosen, bevor sie ihr »Mandat« über Syrien aufgeben mussten, die Provinz Libanon aus dem syrischen Staatsgebiet heraus und gaben ihr – gegen den heftigen Widerstand syrischer Muslime und Nationalisten – die Selbständigkeit. Maßgebende Verbündete bei dieser umstrittenen Aktion waren wiederum die Maroniten.

Durch die Gründung des Staates Libanon sind die Maroniten plötzlich innerhalb einer begrenzten Region zur dominierenden Macht geworden. Bis heute betrachten die Syrer den »Maroniten-Staat« Libanon nur als eine vorübergehende Erscheinung, nicht anders als einst die Kreuzritterstaaten auf syrischem Boden. Der Craq des Chevaliers liegt demnach wieder wie zur Zeit der Kreuzzüge an einer äußerst fragilen, bloß als vorläufig angesehenen Grenze. Allerdings hat die mächtige Burg heute keine strategische Bedeutung mehr. Dagegen ist sie, gerade weil sie mit ihren gotischen Bauelementen besser erhalten blieb als die meisten Burgen in Europa, ein Touristenziel erster Ordnung geworden.

Der Libanon gilt heute als einziger Staat des Nahen Ostens, in dem die Christen eine beträchtliche politische Macht bilden. An Zahl sind sie fast genauso stark wie die Muslime. Innerhalb der Christen stellen die Maroniten die bei Weitem größte Fraktion. Entsprechend ist die libanesische Regierung seit 1943 nach einem Proporz aufgeteilt, wie er sonst in einem Nahoststaat unmöglich wäre: Staatspräsident mit beträchtlichen Vollmachten ist stets ein maronitischer Christ, Ministerpräsident ein Sunnit, Parlamentspräsident ein Schiit. Die Maroniten haben sich im Libanon wesentliche Schlüsselfunktionen in Regierung, Verwaltung und Wirtschaft sichern können. Dass es zu solch einem Staat überhaupt kommen konnte, sehen viele Muslime – nicht nur syrische – als ein »Komplott des westlichen Imperialismus« an, in deutlicher Parallele zur Gründung des Staates Israel. Auch im Libanon seien »moderne Kreuzritter« am Werk, so können wir immer wieder von Arabern hören, »Kreuzritter« mit dem Ziel, die Niederlage von einst rückgängig zu machen und nun erneut den Islam zu schwächen und schließlich zu verdrängen.

Die historische Wirklichkeit ist komplexer. Tatsächlich aber wäre es ohne gezielte Hilfe westlicher Kolonialmächte (neben den Franzosen noch die Briten) niemals zur Gründung eines christlich dominierten Staates Libanon gekommen. Und tatsächlich lassen sich die Wurzeln des heutigen Libanon-Konflikts bis in das Zeitalter der Kreuzzüge zurückverfolgen. Schon während des 11. und 12. Jahrhunderts waren die Maroniten in eine Sonderrolle gedrängt: Sie waren erheblich mehr als andere christliche Konfessionen von den Muslimen isoliert, entwickelten aber auch den nötigen Kampfgeist, um sich gegen islamischen Widerstand Machtpositionen zu erobern, und so waren sie zu Verbündeten der Kreuzritter geworden.

Ihre Ursprünge hat die Gemeinde der Maroniten im 5. Jahrhundert. Ihr Name geht auf den Mönch Maron zurück, der um das Jahr 400 in einer Einsiedlerklause am Fluss Orontes nahe Apameia lebte. Damals wurde Syrien noch von einem byzantinischen Statthalter im Namen des christlichen Kaisers regiert. Die Anhänger des Mönches Maron lebten in Dörfern und Städten am Orontes zwischen dem römischen Emessa (heute: Homs) und Antiochia. Unter byzantinischer Herrschaft hatten sie kein leichtes Leben, denn ihr Glaube ging nicht konform mit den Dogmen der byzantinischen Staatskirche. Die Maroniten gehörten zu jenen »Ketzern«, die erleichtert die Muslime als Befreier begrüßten und bereit waren, eher den Omayaden-Kalifen als den christlichen Kaisern zu dienen.

Unter der Herrschaft der Omayaden ging es den Maroniten relativ gut. Viele von ihnen, Kaufleute und Handwerker, kamen zu Wohlstand. Die Maroniten lebten dank ihrer Arbeitsdisziplin wirtschaftlich besser als Angehörige anderer Kirchen und jene Christen, die zum Islam übergetreten waren. Ihre Situation änderte sich allerdings, als die Omayaden im Jahr 750 durch den Klan der Abbasiden gestürzt wurden. Die neue Dynastie, in Bagdad regierend, war nicht mehr im selben Maß auf ein Bündnis mit christlichen Untertanen angewiesen. (Die Abbasiden stützten sich, wie schon mehrmals erwähnt, stärker auf die muslimischen Perser im Osten.) Daher verfuhren die Abbasiden im Allgemeinen mit Christen weniger tolerant. (Ausgenommen von aller Benachteiligung waren die Nestorianer, die wertvolle Hilfe bei der Übersetzung griechischer Werke ins Arabische leisteten.) Abbasidische Gouverneure setzten besonders die Maroniten unter Druck. Hierbei waren aber weniger religiöse Affekte ausschlaggebend als die Aussicht, durch extrem hohe Steuern die wohlhabenden Maroniten zu schröpfen. Die Unterdrückten wichen vor dieser Willkürherrschaft in die damals unwegsamen Bergtäler des Libanon zurück. Dort entwickelten sie zwischen dem 9. und 11. Jahrhundert eine kriegerische, auf Abwehr bedachte Gemeinschaft.

Ende des 11. Jahrhunderts traf aus Europa das erste Heer der Kreuzritter ein. Und so wie einst die Maroniten die Muslime als Befreier vom byzantinischen Joch begrüßt hatten, jubelten sie nun den Kreuzrittern als den Befreiern vom islamischen Joch zu. Entschiedener als alle anderen arabischen Christen zeigten sich die Maroniten zu einem Bündnis mit den neuen Eroberern bereit. Maroniten dienten den Kreuzrittern nicht nur als Führer durch Täler und Schluchten des Libanon, sie halfen ihnen mit Truppen gefürchteter Bogenschützen auch beim Sieg über syrische Küstenstädte, vor allem aber bei der Eroberung Jerusalems 1099. Zum Lohn verliehen ihnen die Kreuzritter bisher unvorstellbare Privilegien: Maroniten durften im christlichen Königreich Jerusalem unbeschränkt Land erwerben, ein Vorrecht, das sonst nur die Franken selber genossen, nicht aber die arabischen Christen, ohnehin nicht die unterworfenen Muslime. Und solange die Kreuzritter Teile Syriens beherrschten, übersiedelten Maroniten wieder in syrische Städte, um dort wohlhabender denn je Seite an Seite mit den Eroberern ihre Macht auszubauen.

Unter solch gewandelten Bedingungen waren die Maroniten sogar bereit, ihren Glauben dem der Kreuzritter anzunähern. Nominell erkannten sie nun den Papst in Rom als Oberherrn auch ihrer Kirche an. Dieser Wandel im Religiösen sollte dazu beitragen, dass sich die Maroniten immer stärker vom arabisch-orientalischen Christentum entfernten.

Für die Maroniten verschlechterte sich die Lage allerdings dramatisch, nachdem die Mamluken-Sultane endgültig die Kreuzritter besiegt und aus Vorderasien vertrieben hatten. Die Mamluken behandelten zwar insgesamt christliche Minderheiten härter als frühere muslimische Machthaber, aber ihr Druck richtete sich besonders gegen die Maroniten als die eifrigsten Bündnispartner der Kreuzritter. Noch erheblich mehr als früher hatten die Maroniten wegen ihres Reichtums unter einer schweren Steuerlast zu leiden. Sobald ihre Klanführer Widerspruch wagten, ließen mamlukische Gouverneure reihenweise Maroniten köpfen, auch ließen sie Kirchen niederreißen und verboten den Wiederaufbau. Zum zweiten Mal zogen sich nun die Maroniten massenhaft aus den syrischen Städten zurück in den damals schwer zugänglichen Libanon.

Die Maroniten blieben auch unter der Herrschaft der Osmanen großem Druck ausgesetzt. Doch erneut sollte es zu einem tiefgehenden Umbruch kommen. Je schwächer die Zentralgewalt der Osmanen-Sultane während des 19. Jahrhunderts wurde, desto mehr räumten lokale Machthaber den Maroniten wieder größere Freiheiten ein. Zunehmend kehrten Maroniten in Städte wie Tartus, Damaskus und Aleppo zurück, wenngleich der Libanon weiterhin ihr Zentrum blieb.

Die Maroniten hatten allen Grund, sich den Libanon als Bastion zu erhalten, denn nur dort konnten sie sich frei entfalten. Soweit sie in syrischen Städten unter der strikten Kontrolle osmanischer Statthalter wohnten, lebten sie äußerst eingeschränkt. Bis in die zwanziger Jahre des 19. Jahrhunderts war es ihnen dort verboten, ein Reittier zu benutzen, mussten sie zur besonderen Kennzeichnung eine schwarze Mütze tragen und hatten im Berufsleben erheblich schlechtere Bedingungen als die Muslime oder als alle anderen Christen. Aber selbst im Bergland des Libanon konnten sie auf Dauer nicht ungestört leben. In dieselbe Region hatten sich ja auch die Drusen zurückgezogen, die anderswo unter der Herrschaft orthodoxer Sunniten als »Abtrünnige« oder »Ketzer« unterdrückt wurden. Maroniten und Drusen begannen, erbittert um den knapp bemessenen Lebensraum in den Bergtälern zu kämpfen. Sie überfielen die Dörfer der anderen und schufen schließlich, zu unversöhnlichen Feinden geworden, zwei scharf voneinander abgegrenzte Herrschaftsgebiete. Unter dieser zunehmenden Bedrängnis suchten die Maroniten wieder nach Verbündeten, und wieder richteten sie, in Erinnerung an vergangene Zeiten, ihre Hoffnung auf Europa.

Tatsächlich kam von dort Hilfe. Seit Mitte des 19. Jahrhunderts sollten die Maroniten zum zweiten Mal von der Tatsache profitieren, dass die Europäer politisches Interesse am Nahen Osten zeigten und für ihre Invasion Verbündete benötigten. Eine neue Epoche begann damals im Nahen Osten: das Zeitalter des europäischen Imperialismus und Kolonialismus.

Der »neue Kreuzzug« im Namen der Moderne

Imperialismus … Kolonialismus … Für diese neue Epoche prägten die Muslime schließlich jene Schlagworte, die geeignet waren, bei den Arabern Emotionen in altvertrauten Bahnen zu wecken: Wieder würden Kreuzzügler versuchen, die islamische Welt zu unterwerfen und zu zerstören; ein neuer, moderner Kreuzzug habe begonnen, den es siegreich abzuwehren gelte wie einst.

Schlagworte mit Realitätsgehalt?

Auf den ersten Blick hat die neue Epoche keinerlei Verbindung zur Vergangenheit. Gar zu unterschiedlich erscheinen die Voraussetzungen in den westlichen Industriestaaten des 19. und 20. Jahrhunderts. Es bedarf einiger weiterer Gedankengänge, um eine Beziehung zwischen dem Imperialismus und dem Zeitalter der Kreuzzüge herzustellen.

Den Begriff »Imperialismus« haben Historiker erstmals für die Eroberungspolitik Napoleons I. benützt, später für das schrankenlose Ausdehnungsstreben aller westlichen Großmächte. Während des 19. Jahrhunderts waren die reichen Industrienationen Europas dazu übergegangen, ihre Macht auf fremde, selbst weit entfernte Völker auszudehnen. Allen voran rückten Frankreich und Großbritannien bis in entlegene Regionen unserer Erde vor, um dort billige Quellen für ihre rohstoffhungrige Industrie zu erschließen und die Gebiete mit überlegener militärischer Technik unter ihren Einfluss zu zwingen.

Mitte des 19. Jahrhunderts wussten Franzosen und Briten allerdings noch nichts von den reichhaltigen Erdölvorkommen des Nahen Ostens. Zunächst kamen sie, um in Syrien und Ägypten schrittweise die Kontrolle über die Handelswege des zerfallenden Osmanenreiches zu gewinnen. Vor allem lag ihnen daran, bei Suez einen Kanal zu bauen und damit den Seeweg nach Indien und Fernost beträchtlich abzukürzen (ein Vorhaben, das sie von 1859 bis 1869 gegen den Widerstand der

Osmanen ausführten). Um dieses Ziel zu erreichen, unterstützte Großbritannien den osmanischen Statthalter in Ägypten, der gegenüber der Zentralregierung von Istanbul eine größere Selbständigkeit erkämpfen wollte. Frankreich dagegen versuchte, in der rebellierenden Osmanenprovinz Surya Fuß zu fassen. Die Eingangspforte zu Syrien aber war vom Meer aus der syrische Verwaltungsbezirk Libanon, dort, wo die starke christliche Minderheit der Maroniten ohnehin auf einen Bündnispartner wartete.

Religiöses Sendungsbewusstsein spielte beim Expansionsdrang der Kolonialmächte kaum mehr eine Rolle. Keiner ihrer Ideologen und Politiker griff auf den Wortschatz der Kreuzritter zurück, weder forderten sie den »Heiligen Krieg« im Namen des allein selig machenden Glaubens, noch die Befreiung des »Heiligen Landes« aus den Händen der »Ungläubigen«. Die neuen Invasoren repräsentierten ein Europa, wie es den Muslimen und auch den arabischen Christen noch lange fremd bleiben sollte: eine »säkulare« Gesellschaft, in der Staat und Kirche, Religion und Politik mehr oder weniger getrennt waren, Religion demnach als »Privatsache« galt. Nahezu gleichlautend haben Franzosen und Briten, überhaupt die Ideologen aller Kolonialmächte, betont weltliche Argumente vorgebracht, mit denen sie die aggressive Expansionspolitik rechtfertigten. Aber betrachten wir die Propaganda der europäischen Imperialisten näher, dann zeigt sich, dass sich ihr neues Verständnis von Politik durchaus auch mit einem neuen, nahezu religiös anmutenden – aggressiven – Sendungsbewusstsein verband. Daher erscheint das islamische Schlagwort von einem »neuen«, einem »modernen Kreuzzug« nicht als bloßes Hirngespinst.

Drei Beispiele stehen für viele. 1885 trat Frankreichs Ministerpräsident Jules Ferry im Pariser Parlament für eine energische Kolonialpolitik mit folgenden Worten ein: »Die überlegeneren Rassen haben außerdem ein Recht gegenüber den unterlegeneren Rassen, und in dieser Hinsicht sollte Frankreich sich nicht der Pflicht entziehen, die Völker zu zivilisieren, die mehr oder minder barbarisch geblieben sind.«[9] Noch deutlicher stellte Ende des 19. Jahrhunderts Gabriel Hanotaux, Frankreichs damaliger Außenminister, die säkulare Missionsidee in den Vordergrund: »Es handelt sich darum, in der Nähe und in der Ferne ebenso viele neue Frankreiche zu schaffen. Es handelt sich darum, unsere Sprache, unsere Sitten, unser Ideal, den französischen Namen inmitten der stürmischen Konkurrenz der anderen Rassen, die alle auf demselben Weg marschieren, zu schützen. Die französische Ausdehnung hatte zu allen Zeiten zivilisatorischen und religiös-missionarischen Charakter [...] Frankreichs Aufgabe ist die intellektuelle und moralische Evangelisation der Völker.«[10] Der britische Premierminister Lord Salisbury schließlich demonstrierte 1898 in London mit seiner Rede vor Abgeordneten recht unverblümt, was Europäer von jeder Kultur außerhalb des abendländischen Kulturkreises zu halten hätten: »Man kann die Nationen der Welt verallgemeinernd in lebende und sterbende Völker einteilen. Einerseits gibt es Länder mit enormer Macht [...] Doch neben diesen großen Ländern gibt es Gesellschaften, die ich nur als sterbend bezeichnen kann. [...] Es sind meist nichtchristliche Gesellschaften [...] In diesen Staaten schreiten Auflösung und Zerfall fast so schnell voran wie das Anwachsen der Macht bei den lebenden Nationen neben ihnen.«[11]

Die betont weltlichen Imperialisten kamen in den Nahen Osten mit einem Sendungsbewusstsein, das sich ähnlich aggressiv und verächtlich gegen Muslime äußerte wie einst das der Kreuzritter: Anstelle einer unfehlbar richtigen Religion hatten sie nun den angeblich erlösungsbedürftigen Völkern die unfehlbar richtige Zivilisation zu bringen. Wenn die meisten von ihnen auch nicht mehr im Sinn hatten, »Ungläubige« zum Christentum zu bekehren, so doch »Barbaren« zu »zivilisieren«. Bei manchen schlug gar unverhohlen Rassismus durch: Eine überlegene Rasse durfte das Recht für sich in Anspruch neh-

men, über unterlegene Rassen zu herrschen und deren »unter-
entwickelte« Kultur unter westlicher Regie zu verändern, ja
auszulöschen. Die imperialistischen Ideologen standen dem
Islam durchwegs ablehnend gegenüber, nun aber in spezifisch
weltlicher Variante: Der Koran mit seinen mittelalterlichen
Satzungen habe wesentlich dazu beigetragen, den Fortschritt
zu verhindern, entsprechend werde der Islam unter dem Druck
der Modernisierung rapide an Einfluss auf gebildete Völker verlieren.

Was aber der Ideologie der »neuen Kreuzritter« besonderes
Gewicht verlieh: Diesmal brachten die Europäer tatsächlich
eine überlegene Kultur. Hatten die Muslime 600 Jahre zuvor
die Kreuzritter noch mit dem wohlbegründeten Gefühl bekämpfen können, »christliche Barbaren« zu vertreiben, von
denen es kaum etwas zu lernen gab, so sahen sich die Muslime
des 19. Jahrhunderts selber auf die Rolle von »Barbaren«, von
»unterentwickelten« Völkern herabgestuft. Völlig ratlos blieben sie zunächst angesichts der Frage, was denn die Ursachen
dieser Umkehrung seien. Umso stärker mussten diesmal die
geistigen und politischen Erschütterungen für die Muslime
werden. Und umso gefährlicher die Situation für die christlichen Minderheiten in islamischen Ländern. Denn bei Muslimen wirkte die Erinnerung nach, dass etliche Gruppen arabischer Christen einst mit den Kreuzrittern sympathisiert
hatten.

Die Krise spitzte sich erstmals Mitte des 19. Jahrhunderts
explosiv zu, noch bevor der europäische Imperialismus seine
volle Dynamik im Nahen Osten entfaltet hatte.

Imperialismus und Nationalismus

Das Massaker an Christen in Damaskus

Sämtliche Kirchen brannten, dazu viele Basargewölbe, Handwerkerstuben, Wohnhäuser. Die Zahl der Männer, Frauen und Kinder, die während der Nacht vom 9. auf den 10. Juli 1860 im Christenviertel von Damaskus unter den Keulen, Äxten und Messern aufgehetzter Muslime starben, kann nur geschätzt werden: wahrscheinlich über 3000, vorwiegend arabische Christen, deren Familien seit vielen Generationen in Syriens Hauptstadt heimisch waren, aber auch europäische Priester, Lehrer, Kaufleute, Techniker. Der türkische Gouverneur hatte wenig unternommen, um mit seinen Soldaten die bedrängte Minderheit zu schützen.

Etwa 32 000 Christen hatten 1860 in Damaskus gelebt, das war nahezu ein Viertel der damaligen Einwohner. Aber der Schock dieses Massakers ging so tief, dass Tausende abwanderten, viele in den Libanon, vor allem nach Beirut, wo sie glaubten, sicherer leben zu können. Nur rund 10 000, weniger als die Hälfte, sind geblieben.

Jahrhundertelang hatten arabische Christen relativ unbehelligt in Damaskus wie auch in vielen anderen islamischen Städten leben können. Im schlimmsten Fall hatte ein Kalif, Sultan, Emir, Pascha sie durch überhöhte Steuern drangsaliert oder ihnen verboten, neue Kirchen zu bauen. Aber alle Machthaber hatten sich prinzipiell daran gehalten, den Schutz ihrer christlichen Untertanen zu garantieren. Mit einer Ausnahme im Jahr 1260, exakt sechs Jahrhunderte früher. Auch damals waren Rauchschwaden über den Kirchendächern von Damaskus aufgestiegen, auch damals hatten Muslime Christen durch die Gassen gejagt und erschlagen. Beide Male jedoch, 1260 wie 1860, hatte die Politik die Grundlagen religiösen Zusammenlebens unterhöhlt.

Um das Jahr 1260 befand sich nicht nur Syrien, sondern der gesamte islamische Orient in einer seiner schwersten Krisen. Als damals vom Westen her die Kreuzritter Syrien und Ägypten bedrohten, bestand vom Osten her eine noch größere Gefahr durch die Mongolen. 1258 hatten die Mongolen Bagdad, das kulturelle Zentrum des Islam, völlig zerstört, zwei Jahre später Damaskus und Aleppo gebrandschatzt. An der Seite der Mongolen aber hatten Kreuzritter gekämpft, in der trügerischen Hoffnung, mit Hilfe dieser gefürchteten Eroberer könnten die Christen doch noch die Muslime aus dem »Heiligen Land« vertreiben. Außerdem hatten arabische Christen in Damaskus, unter dem harten Regime der Mamluken leidend, eine Abordnung zu den Mongolen geschickt. Als dann jedoch der Mamluken-Sultan Baibar die Mongolen vertreiben konnte, kehrten die Sieger ihre Wut erst recht gegen die Christen, weil viele von ihnen nicht bereit gewesen waren, weiterhin loyal unter islamischer Oberhoheit zu leben.

1860 war in Syrien wiederum eine Situation entstanden, die den Muslimen Anlass bot, ihrer christlichen Minderheit gründlich zu misstrauen. Die Gefahrensignale kamen diesmal aus dem Libanon. Dort war Frankreich bereits als »Schutzmacht« einheimischer Christen aufgetreten und hatte von den Osmanen gefordert, dem Libanon einen Sonderstatus innerhalb der Provinz Surya zu verleihen. Unter diesen neuen Bedingungen sollten die Maroniten alle Schlüsselpositionen der Verwaltung besetzen. Arabische Christen würden so im Bündnis mit europäischen Christen – ganz wie einst zur Zeit der Kreuzzüge – wieder eigenständig eine Region inmitten des islamischen Herrschaftsgebiets regieren. Es schien absehbar, dass damit eine viel weiter greifende Bedrohung folgen werde.

Besonders die traditionelle islamische Elite sah eine Gefahr für Kultur und Gesellschaft. Mit wachsendem Unbehagen hatten Emire, Paschas und Korangelehrte registriert, dass die Franzosen 1831 begonnen hatten, in Beirut erste Schulen mit westlichen Lehrplänen einzurichten. Mitte des 19. Jahrhunderts gab es Schulen dieser Art auch schon in Damaskus, wo französische, britische und amerikanische Lehrer unterrichteten. Offiziell dienten diese Schulen vor allem den Familien der westlichen Diplomaten, Techniker und Kaufleute, die sich in Beirut und Damaskus niedergelassen hatten. Tatsächlich aber hatten die Europäer von Anfang an auch unter den arabischen Christen um Schüler geworben, und die Umworbenen hatten sehr bald erkannt, welche Vorteile das westliche Bildungsgut brachte: Wendiger als ihre muslimischen Herren würden sie von den Errungenschaften der überlegenen Industriezivilisation Europas profitieren können.

Traditionell denkende Muslime mussten sich stark verunsichert fühlen, als Mitte des 19. Jahrhunderts schließlich auch Familien der eigenen Oberschicht, beeindruckt vom Standard westlicher Wissenschaft und Technik, dazu übergingen, ihre Kinder an westliche Schulen zu schicken. Auch etliche Osmanen-Sultane und eine Reihe türkischer Gouverneure zeigten Interesse an dem neuen Schultyp. Sie erkannten, wie reformbedürftig, ja hoffnungslos unterlegen die traditionellen Bildungsinstitutionen der Koranschulen und der Medresen waren. Andererseits aber fürchteten sogar viele reformbereite Muslime, die westlichen Lehrer könnten mehr als nur wissenschaftliche Nutzanwendung vermitteln. Die Lehrer würden im Unterricht gezielt den Islam als unveränderbares Wertesystem in Frage stellen und so Unruhe in die Köpfe ihrer muslimischen Schüler bringen.

Die geistlichen Rechtsgelehrten traten naturgemäß als die

schärfsten Kritiker aller Veränderung auf. Denn gerade sie, die bestimmende Kraft traditioneller Bildung, mussten sich elementar in ihrer Macht bedroht sehen. Aus ihrer Sicht erschienen Schulen nach westlichem Vorbild die bestehende religiös-politische Ordnung ebenso stark zu gefährden wie ein bewaffneter Angriff der Franzosen und Briten. Entsprechend wiegelten sie das Volk auf. Vor allem bei Basarhändlern, Kaufleuten und Handwerkern fanden sie Gehör, all jenen, die sich zunehmend durch die Konkurrenz westlich ausgebildeter Christen bedroht fühlten.

Die Drusen, ermutigt durch osmanische Regierungsbeamte, begannen mit Massakern an Maroniten im Libanon. Rasch sprang der Funke auf Damaskus über. Bezeichnenderweise entzündeten sich die Unruhen in der syrischen Hauptstadt am Streit zwischen muslimischen und arabisch-christlichen Kaufleuten. Ein nichtiger Anlass hatte genügt, um den Affekt von Muslimen gegen jene Berufsgruppe der Christen zu mobilisieren, die damals am sichtbarsten die bedrohliche Umschichtung wirtschaftlicher wie politischer Macht repräsentierte.

Die Massaker an Christen im Libanon wie in Damaskus lieferten Frankreich den Vorwand, nun verstärkt als »Schutzmacht der Christen« zu agieren. Noch im selben Jahr 1860 rückten französische Truppen im Libanon ein. Die rivalisierenden Briten setzten zwar sehr bald wieder den Abzug der Soldaten durch und arrangierten sich hierbei kurzfristig mit den Osmanen. Hinter den Kulissen aber einigten sich die Briten mit den Franzosen und ließen es zu, dass diese ihren Einfluss im Libanon weiter ausbauten – während die Briten wieder mit französischem Einverständnis ihre Interessen auf Ägypten konzentrierten.

1864 zwangen die europäischen Großmächte dem geschwächten Osmanenreich einen Vertrag auf, der den »Frieden« bis zum Ausbruch des Ersten Weltkriegs festigte. Dieser Vertrag machte den Libanon mit Ausnahme der Küstenebene und der Bekaa-

Region unter dem französischen Namen »Mont Liban« endgültig zu einer autonomen Provinz. Das höchste Regierungsamt dort sollte stets einem Gouverneur aus den Reihen der Maroniten vorbehalten sein. Nominell unterstand dieser Gouverneur allerdings dem Sultan in Istanbul. Faktisch aber bedeutete ein derartiger Vertrag in erster Linie einen Erfolg für die Franzosen. Denn unter der Dauerherrschaft maronitischer Statthalter konnten die Franzosen wesentlich ungehinderter als zuvor ihre Aktivitäten im Libanon entfalten und die Provinz vollends zu einem Brückenkopf im Nahen Osten ausbauen.

Die Franzosen unterstützten nun großzügig den Bau maronitischer Kirchen, förderten maronitische Dörfer, holten Maroniten an französische Schulen nach Beirut, schickten begabte Studenten nach Paris. Französische Lehrer drillten die Maroniten in der Überzeugung, als »Christen« eigentlich »Europäer« zu sein und damit einer »überlegenen Zivilisation« anzugehören. Die Maroniten seien dazu ausersehen, an der Seite der Franzosen über »Ungläubige« zu herrschen. Vorbei seien die Zeiten, nur »Schutzbefohlene« von »unterentwickelten Mohammedanern« zu sein. Diese Ideologie – mehr nationalistisch als religiös – war geeignet, die ohnehin schon schwelende Feindschaft zwischen den religiös unterschiedlichen Gruppen weiter zu vertiefen. Arabische Christen sollten bald in Syrien wie im Libanon die traditionelle Führungsschicht der Muslime an wirtschaftlicher und kultureller Dynamik überflügeln – mit der Folge, dass diese Christen immer weniger bereit waren, sich in einem islamischen Staat mit dem Status von »Schutzbefohlenen« abzufinden.

Der äußere Erfolg konnte die Franzosen wie die Maroniten in ihrer Haltung nur bestätigen. Beirut entwickelte sich innerhalb weniger Jahrzehnte zum Wirtschaftszentrum des ganzen Nahen Ostens und überrundete nicht nur Syriens traditionelle Handelsstädte Damaskus und Aleppo, sondern auch Kairo und Alexandria, die nahöstlichen Wirtschaftszentren der britischen »Schutzmacht«. Diese dominierende Stellung sollte Beirut bis zum Ausbruch des libanesischen Bürgerkriegs 1975 behaupten. Vorrangig Beirut wurde so zu einer Brücke zwischen Orient und Okzident – aber lange Zeit verliefen die Kontakte von Beirut mehr nach Europa als in das arabische Hinterland.

Seit dem Ende des 19. Jahrhunderts wuchs den arabischen Christen ein Einfluss auf die geistige und politisch-ideologische Entwicklung des Nahen Ostens zu, wie er bis dahin unvorstellbar gewesen war. Das brutale Aufbegehren verunsicherter Muslime gegen christliche Minderheiten im Libanon und in Damaskus hatte das Gegenteil dessen erreicht, was beabsichtigt gewesen war.

Die Kolonialmächte ziehen neue Grenzen im Nahen Osten

Der Erste Weltkrieg veränderte die Situation im Nahen Osten noch einmal gravierend. Frankreich und Großbritannien standen nun in offenem Krieg gegen das Osmanische Reich, das sich mit Deutschland und der Österreichischen Donaumonarchie verbündet hatte. In einer letzten militärischen Anstrengung versuchten die Türken, ihre Herrschaft über die verbliebenen Provinzen Surya und Irak zu behaupten. Frankreich und Großbritannien hingegen, den sicheren Sieg vor Augen, teilten bereits 1916 die arabisch-osmanischen Herrschaftsgebiete nach eigenen Bedürfnissen auf. In London und Paris zogen der englische Diplomat Mark Sykes und sein französischer Kollege François Georges Picot im sogenannten Sykes-Picot-Abkommen die Grenzen der neuen Einflusssphären. Großbritannien, das schon 1882 Ägypten zum »Protektorat« gemacht hatte, sollte nun außerdem als »Mandat« den Irak wie auch den Südteil der Provinz Surya erhalten. Dieser Südteil deckte sich mit der Regionalprovinz Palästina (den heutigen Staaten Jordanien und Israel). Frankreich dagegen sollte im nördlichen Surya (in den heutigen Staaten Syrien und Libanon) das »Mandat« ausüben.

Die europäischen Siegermächte hatten aber gegenüber den Arabern das Abkommen verheimlicht. Schlimmer noch: Den Arabern hatten sie versichert, diese würden nach Kriegsende ein »Großarabisches Reich« bilden können, ein sehr weitreichendes Gebiet, das die osmanische Provinz Surya (mit Ausnahme des Libanon) sowie den Irak und die arabische Halbinsel umfassen sollte. Eine solche Lüge hatte nur dazu gedient, die Araber als Verbündete im Kampf gegen die türkische Fremdherrschaft zu mobilisieren. Umso größer war die Empörung bei den Betrogenen – und sollte zum Ausgangspunkt für einen arabischen Nationalismus mit gezielt antiwestlicher Propaganda werden.

Frankreich und Großbritannien nahmen die Wut der Araber gelassen in Kauf, sie waren sogar bereit, mit größter militärischer Härte Volksaufstände niederzuschlagen und ihren Kolonialstatus zu verteidigen. Das wichtigste Motiv konnten damals die Araber in seiner ganzen Tragweite noch gar nicht erkennen: Erdöl. Schon während der siebziger Jahre des 19. Jahrhunderts hatten die Briten im Iran und schließlich auch in den arabischen Ländern große Erdölvorkommen vermutet. 1872 hatten sie dem damaligen Schah durch politischen Druck eine Bohrkonzession abgerungen, 1901 Erdölquellen entdeckt und 1913 hatten sie im Iran als dem ersten Land des Nahen Ostens mit der Ölförderung begonnen. Während des Ersten Weltkriegs waren britische Ingenieure auch im Irak bei Mossul fündig geworden, worauf Suchtrupps intensiv in den gesamten arabischen Raum ausschwärmten.

Die Araber ließen die Europäer zunächst gewähren, erwarteten sie doch von ihnen Hilfe gegen die verhasste Fremdherrschaft der Türken. Zwischen 1925 und 1940 waren die meisten Erdölquellen auf arabischem Gebiet entdeckt, und überall hatten sich schon britische, französische und amerikanische Firmen Bohrkonzessionen gesichert. Damit aber solche Verträge mit politisch ohnmächtigen Völkern zu kolonialen Bedingungen abgeschlossen werden konnten, mussten Frankreich und Großbritannien ihre Machtpositionen rechtzeitig ausgebaut und abgesichert haben.

Syrien, Libanon und Palästina blieben vom Erdölboom ausgeschlossen. (In Syrien sollten erst 1955 bescheidene Erdölvorkommen entdeckt werden.) Trotzdem zogen Franzosen wie Briten großen Vorteil daraus, auch diese Regionen zu beherrschen. Denn dort konnten sie die Handelswege strategisch kontrollieren, auch den Ölhandel.

Über die Zukunft des syrischen Großraums nach dem Ende des Osmanenreiches wurde nicht in Nahost selber, sondern an den Konferenztischen Westeuropas entschieden. In Sèvres, einem Vorort von Paris, erklärten die Westmächte laut Friedensvertrag von 1920 Syrien zu einem »autonomen Staat«. Aber: Dieses Syrien umfasste nur die Nordregion der ehemaligen Provinz Surya und deckte sich exakt mit dem Gebiet, in dem Frankreich sein »Mandat« ausübte. Der Libanon war damals noch als »ein Teil Syriens« definiert. Die Franzosen nützten das »Mandat« zu ihren Gunsten: Nach dem Prinzip »teile und herrsche« gliederten sie den »autonomen Staat« Syrien in Verwaltungszonen, wobei sie religiöse Minderheiten durch die Grenzziehungen besonders begünstigten: so unter den Muslimen die Alawiten, so unter den Christen nun erst recht die Maroniten.

Die Franzosen erweiterten das ehemals autonome Gebiet »Mont Liban«, in dem die Maroniten regierten, nun um den libanesischen Küstenstreifen und die Bekaa-Ebene. So entstand der »Grand Liban« (dessen Grenzen mit denen des heutigen Staates Libanon identisch sind). Der »Grand Liban« wurde von einem französischen Gouverneur in Beirut verwaltet und war dem »Hohen Kommissar für Syrien und Libanon« unterstellt. Dieser Hohe Kommissar, General Gourod, proklamierte am 1. September 1920 die »Unabhängigkeit« für den Libanon, das heißt die Trennung von Syrien. Was aber unterschied diese neue »autonome« Region von der alten? Im ehemaligen »Mont Liban« hatten die Maroniten die Mehrheit gebildet, nun aber, im »Grand Liban«, besaßen die Muslime eine knappe Mehrheit. Weiterhin besetzten jedoch die Maroniten, im Bündnis mit den Franzosen, sämtliche Schlüsselpositionen der Verwaltung. Die Maroniten taten alles, um die Muslime von einer Teilhabe an der Macht möglichst fernzuhalten. Sie banden sich damit umso enger an die Franzosen.

1926 gewährten die Franzosen dem Libanon eine eigene Verfassung. Offiziell hieß der Kolonialstaat nun »Libanische Republik«. Diese scheinbare Freizügigkeit diente aber nur dazu, die tatsächlichen Machtverhältnisse hinter einer demokratischen Fassade zu verschleiern und die Abtrennung von Syrien endgültig zu machen.

Der Zweite Weltkrieg brachte wiederum eine Wende. Da der Krieg alle Kräfte der Franzosen und der Briten in Europa konzentrierte, konnten arabische Nationalisten erneut Teile des Volkes gegen die Mandatsmächte mobilisieren. Den Franzosen wie den Briten blieb angesichts der explosiven Lage nichts anderes übrig, als den unruhig gewordenen Völkern die Unabhängigkeit zu gewähren. Widerstrebend gestattete die französische Mandatsregierung im Frühjahr 1943, dass in Syrien freie Wahlen abgehalten wurden. Und diese Wahlen brachten für den »Nationalen Block«, damals die Partei des schärfsten antikolonialen Widerstandes, einen überwältigenden Sieg. Unter dem Druck der Ereignisse schlossen die Franzosen am 27. Dezember desselben Jahres mit den Syrern in Damaskus ein Abkommen zur Unabhängigkeit – übertrugen aber dem Libanon gesondert die Selbstverwaltung. Damit war endgültig die Voraussetzung für zwei autonome Staaten gegeben. Am 1. Januar 1944 wurde Syrien offiziell in die Unabhängigkeit entlassen, am selben Tag verabschiedete das syrische Parlament die schon seit Monaten ausgearbeitete Verfassung der »Syrischen Arabischen Republik«. Als nach langer Verzögerung endlich 1946 die letzten französischen Truppen abzogen, war die Abtrennung des Libanon von Syrien längst eine unabänderliche Tatsache. Die Franzosen hinterließen eine explosive Situation. Umso gefährlicher wurde die Lage, weil die Franzosen hatten durchsetzen können, dass auch in der neuen libanesischen Verfassung von 1943 die Maroniten trotz ihrer knappen Minderheit politisch bevorzugt blieben.

Das Amt des Staatspräsidenten mit beträchtlicher Machtkonzentration ist im Libanon nach wie vor für einen Maroniten reserviert, das des Ministerpräsidenten für einen Sunniten, das des Parlamentspräsidenten für einen Schiiten. Diese politische Hierarchie deckt sich mit dem Wohlstandsgefälle: Die Maroniten sind die Reichsten, die Schiiten sind die Ärmsten, ausgebeutet sowohl von maronitischen als auch sunnitischen Feudalherren. Aber die Schiiten haben die höchste Geburtenrate, und bereits während der sechziger Jahre bahnte sich eine folgenschwere Verschiebung an: Die Schiiten wurden von der Bevölkerungszahl her die stärkste der drei Gruppen. Das Konfliktpotenzial musste daher rasch wachsen, sogar Gegensätze unter den Muslimen mussten explosiv werden – die Entwicklung hin zum Bürgerkrieg lag nahe. Zunächst aber konnten die Franzosen davon profitieren, dass ihnen die Maroniten als die eigentlichen Herren der unabhängigen Republik Libanon besonders günstige Handelsbedingungen einräumten.

Die Republik Libanon bezeichnen viele Muslime ja bis heute als »ein künstliches Gebilde des Kolonialismus«. Bereits während der zwanziger Jahre hatte sich im französischen Mandatsgebiet eine arabisch-syrische Nationalbewegung formiert, sie allerdings teilte sich in zwei unterschiedliche Strömungen. Die einen strebten einen »großsyrischen« Staat an, in den die gesamte ehemalige Osmanenprovinz Surya – der Libanon wie das britische Mandatsgebiet Palästina – eingegliedert sein

sollte. Die anderen sprachen zwar ebenfalls von einer »großsyrischen« Lösung, bezogen sich aber nur auf das französische
Mandatsgebiet – mit dem Libanon als einem »Teil Syriens«.

Hinzu kam ein weiteres, sehr folgenreiches Problem, das
die Emotionen syrischer Nationalisten aufheizte. 1937 verhandelte die Mandatsmacht Frankreich mit der Türkei über den
Status des grenznahen Verwaltungsbezirks Alexandrette. Das
Gebiet westlich von Aleppo mit Syriens bedeutendster Hafen-
stadt Iskenderun und der geschichtsträchtigen Stadt Antakya
(Antiochia) beanspruchte die Türkei für sich, weil dort eine
beträchtliche Minderheit Türken lebte. Diesem Gebiet war
bereits 1921 vertraglich ein Sonderstatus zugebilligt worden,
um die dortige türkische Volksgruppe zu schützen. 1937 aber
zeigte sich Frankreich bereit, der Türkei weitere Zugeständnisse zu machen, und 1939 verzichtete die Mandatsregierung
endgültig auf Alexandrette. Türkische Truppen marschierten
in den Verwaltungsbezirk ein, worauf viele Tausende Araber
ihre bisherige Heimat verlassen mussten und ins französische
Mandatsgebiet Syrien strömten.

Frankreich ignorierte die Empörung der Araber. Der Mandatsmacht war zu diesem Zeitpunkt besonders an einem guten
Einvernehmen mit der Türkei gelegen. Am Vorabend des Zweiten Weltkriegs benötigte Frankreich die Türkei als verbündeten Staat gegen Hitler-Deutschland, und diese Koalition, so
glaubten die Franzosen, sei nur durch ein derartiges »Geschenk«
zu erreichen. Seit 1939 sind die ohnehin gespannten Beziehungen zwischen Syrien und der Türkei bis an den Rand eines
Krieges belastet. Syrien hat die »koloniale« Grenzziehung niemals anerkannt, auf seinen Landkarten ist nach wie vor die
Region, die die Türken »Hatay« nennen, als syrisches Gebiet
eingezeichnet.

Libanon ... Alexandrette ... Palästina ... Diese Namen wurden während der zwanziger und dreißiger Jahre zu Reizwor-
ten syrischer Nationalisten und sind es bis zum heutigen Tag

geblieben. Die Stimmung heizte sich noch einmal auf, nachdem 1948 innerhalb des vormals britischen Mandatsgebiets Palästina ein nichtarabischer Staat, Israel, entstand.

Die Wurzeln
des antiwestlichen Nationalismus

Antiwestlich war der arabische Nationalismus von Anfang an, und antiwestlich musste er aus seiner inneren Logik heraus sein. Aber welche Ziele die Nationalisten auch proklamierten – ob nun ein »Großsyrien« oder eine »Vereinigte Arabische Republik« –, ihr Vokabular, ihr ganzes Denken erschien eindeutig westlich geprägt. Bei ihrem Widerstand gegen europäische Fremdherrschaft riefen die Muslime nicht etwa im Namen des Islam zum »Heiligen Krieg« gegen »Ungläubige« auf. Sie forderten im Namen des arabischen Volkes (oder der Syrer, Ägypter, Palästinenser) den »Freiheitskampf« gegen »Imperialisten« und »Kolonialisten«. Gerade diese politischen Schlagworte entstammten westlich-nationalistischem Denken und nicht dem traditionell religiösen Gedankengut. Eine solche Form der Auseinandersetzung zwischen Orient und Okzident war neu, sie sollte jedoch bis in die siebziger Jahre die politische Bühne beherrschen – und erst dann sollten islamische Fundamentalisten für den Westen zu gefährlicheren Gegnern werden als die arabischen Nationalisten.

Es gehört zu den Paradoxien im Dauerkonflikt von Islam und Abendland, dass der antiwestliche Nationalismus der Araber ohne die geistige Geburtshilfe westlicher Kolonialmächte gar nicht hätte entstehen können. Das ideologische Material hatten sich die Nationalisten weitgehend an jenen westlichen Schulen erworben, die die Franzosen, Briten und Amerikaner im Nahen Osten eingerichtet hatten, oder gar an westlichen Universitäten. Der Begriff einer »Nation« war den Muslimen, ebenso wie den arabischen Christen, bisher völlig fremd gewesen.

Bis ins 20. Jahrhundert hinein hatten sich die meisten Bewohner des Nahen Ostens nur nach ihrer Stadt, ihrem Dorf, ihrer Religion und manchmal auch als Untertanen einer bestimmten Dynastie definiert – ähnlich den Christen des europäischen Mittelalters. Ein Bewohner von Damaskus etwa fühlte sich als Damaszener, darüber hinaus als sunnitischer oder schiitischer Muslim oder Christ oder Jude, nicht aber als »Syrer« oder »Araber«. Er kannte zwar die Bezeichnung »arabisch« für seine Sprache und Kultur. Aber es blieb den Europäern vorbehalten, »Syrer« und »Araber« als Namen für Völker einzuführen, die sich durch eine gemeinsame Sprache oder regionale Kultur verbunden fühlten. Die Europäer prägten die Begriffe, weil sie mit derartigen Kategorien den Nahen Osten nach eigenen Denkgewohnheiten »verstehen« konnten. Bemerkenswert ist allerdings, dass die Einheimischen diese fremden Begriffsschemata sehr erfolgreich zu ihren eigenen machten.

Ein Volk, eine Sprache, eine Kultur! Diese Maxime hatte sogar den Völkern Europas erst seit dem 18. Jahrhundert ein völlig neues Selbstverständnis gegeben. Zur wesentlichen Triebkraft war innerhalb dieser Entwicklung der französische Nationalismus geworden, angespornt durch die Französische Revolution. Gerade solche Inhalte lernten Araber an französischen Gymnasien des Libanon und Syriens kennen und waren davon ebenso beeindruckt wie vom Unterricht in westlicher Natur- und Geisteswissenschaft. Die »Araber« würden sich von »Rückständigkeit« befreien können, sobald sie nach westlichem Vorbild einen dynamischen Nationalismus entwickelten und zu den »Wurzeln« ihrer »Kultur« zurückfänden. Dies war die Konsequenz, die ihre aufmerksamsten Schüler aus dem Gelernten zogen. 1885 entstanden in Syrien und im Libanon schon in ersten Ansätzen arabisch-nationalistische Bewegungen.

Die Franzosen sahen es anfangs gerne, dass Araber zu Nationalisten nach westlichem Vorbild wurden – solange die Araber diesen Nationalismus gegen die türkische Fremdherrschaft richteten. Denn eine arabische Bildungselite, fasziniert von französischer Zivilisation, würde später den massiven Wirtschaftsinteressen Frankreichs im Nahen Osten Sympathie entgegenbringen. Es kam anders. Die Franzosen und die Briten hatten zwar einkalkuliert, dass »Araber« nach dem Zusammenbruch des Osmanenreiches ihren Nationalismus auch gegen die neue Fremdherrschaft der Europäer wenden könnten. Aber sie hatten die Stoßkraft dieser Bewegung weit unterschätzt.

Auf die Europäer wartete eine zusätzliche Überraschung. Unter den arabischen Nationalisten mit betont antiwestlicher Ideologie waren auffallend viele Christen. Eine Ausnahme machten einzig die Maroniten: Diese, eng verflochten mit der französischen Kolonialmacht, bekannten sich politisch nahezu geschlossen zum »Westen« und gaben vor, den »Europäern« näher zu stehen als den »Orientalen«. Aber Christen anderer Konfessionen, die weniger von der Fremdherrschaft profitierten und den Aufstieg der Maroniten mit Unbehagen registrierten, neigten dazu, sich eher mit den arabischen Muslimen zu verbünden. Zwar zeigten sich diese Christen wie die Maroniten beeindruckt von den Errungenschaften westlicher Zivilisation, distanzierten sich jedoch entschieden von der »Ausbeutung« durch »westliche Kolonialisten«. In diesem Zusammenhang bekannten sie sich dazu, »Araber« zu sein. Aus der traditionellen Rivalität zwischen den zerstrittenen christlichen Konfessionen entwickelte sich hier eine neue Variante.

Syrer spielten in der frühen Phase des christlich-arabischen Nationalismus die herausragende Rolle. Das lag nahe, schließlich hatten die Franzosen im Großraum der Osmanenprovinz Surya schon westliche Schulen eingerichtet, ehe es die Briten in Ägypten taten. Wie stark unter den Syrern der Anteil an »arabisch« gesinnten Christen war, zeigte sich bereits 1913, als unter der Führung von Syrern in Paris der erste »Panarabische

Kongress« stattfand. Von den 24 syrischen Delegierten waren immerhin elf Christen, also nahezu die Hälfte.[1]

Auf den ersten Blick mag es überraschen, dass die Nationalisten nicht in einer arabischen Stadt tagten. Vor dem Ersten Weltkrieg hatten jedoch die Araber Paris als geistiges Zentrum im Kampf gegen die Fremdherrschaft der Türken geschätzt – nicht nur, weil sie dort dem Zugriff der osmanischen Polizei entzogen waren, sondern weil sie in Frankreichs Hauptstadt besser als anderswo Bestätigung für ihre Ideologie finden konnten. Ein syrischer Christ war es auch, der drei Jahrzehnte später nach Studienjahren in Paris dem arabischen Nationalismus die folgenreichste Ideologie bescherte: Michel Aflak wurde 1943 zum Begründer der Baath-Ideologie und der Partei gleichen Namens.

In späteren Jahrzehnten wuchs deutlich der Anteil christlich-arabischer Nationalisten auch in anderen Staaten, unter ihnen eine Reihe Politiker mit internationalem Bekanntheitsgrad. Ein irakischer Christ, der Nestorianer Tarik Aziz, sollte unter dem Regime des Baath-Sozialisten Saddam Hussein zum Außenminister, schießlich zum Stellvertreter des Diktators aufsteigen.

Arabische Christen, meist griechisch-orthodox, spielten auch in der Nationalbewegung der Palästinenser gegen Israel eine herausragende Rolle. So etwa Georges Habbash, der an der Amerikanischen Universität Beirut Medizin studierte, bevor er sich zum gefürchteten Terroristen entwickelte und Gegenspieler des zunehmend gemäßigt agierenden PLO-Führers Jassir Arafat wurde. (Habbash hat in Syrien Asyl gefunden.) Arafats Frau Suha war ebenfalls Christin, bevor sie nach ihrer Heirat aus politischen Gründen zum Islam übertrat. Christen sind auch Hanan Ashrawi, die politische Sprecherin der Palästinenser und seit 1994 Kulturministerin in Arafats Regierung, ebenso Elias Frej, der von 1972 bis 1997 Bürgermeister von Bethlehem war, seit 1994 außerdem Tourismusminister unter Arafat. (1998 starb er achtzigjährig.) Gerade unter Palästinensern sollte der Nationalismus für arabische Christen ein wichtiges Instrument werden – denn mit dieser Ideologie hofften auch sie sich aus der Rolle einer bisher ungesicherten Minderheit zu lösen und als »Araber« endlich gleichberechtigt neben arabischen Muslimen zu stehen.

»Großsyrien«, der Libanon und Palästina

»Großsyrien« in seinen »ursprünglichen« Grenzen wiederherzustellen, ist ein vielfach proklamiertes Ziel syrischer Nationalisten. Historisches Unrecht müsse korrigiert werden. Das Programm birgt zur Genüge Zündstoff mit allen Nachbarstaaten, nicht nur durch den Anspruch auf die »Provinz Libanon«. Wenn es um »Palästina« geht, sehen sich Israel und Jordanien gleichermaßen betroffen. Beim Anspruch auf Antakya und Iskenderun ist die Türkei herausgefordert.

Syriens Nationalisten haben sich allerdings im Verlauf der Jahrzehnte immer wieder pragmatisch den wechselnden politischen Machtverhältnissen angepasst: Sie halten sich zurück, wenn militärisch überlegene Gegner sie bedrohen, aber sie preschen vor, sobald ein Gegner Schwäche zeigt. Ein augenfälliges Beispiel bietet hierfür der Libanon. Je mehr dieser Nachbarstaat durch Bürgerkrieg sich selber ruinierte, desto stärker wurden Syriens regierende Baath-Sozialisten aktiv, um den Libanon wieder schrittweise zu einer »syrischen Provinz« zu machen.

1975 war im Libanon zwischen den verfeindeten Religionsparteien von Muslimen und Christen der Bürgerkrieg ausgebrochen. Sunniten, Schiiten und Drusen rebellierten nun mit Waffengewalt gegen die politische und wirtschaftliche Vorherrschaft der Maroniten, verstrickten sich aber bald auch untereinander in heillose Interessenkonflikte und schießlich ebenfalls in blutige Rivalitätskämpfe. Dieser Bürgerkrieg übertraf an Härte und Zerstörungswut bei Weitem die ersten großen Unruhen, die bereits 1958 die unabhängige Republik Libanon zutiefst gefährdet hatten. Entsprechend sah Syriens Regierung Mitte der siebziger Jahre die beste Chance, die Krise zu ihren Gunsten zu nutzen. Im Januar 1976, nur acht Monate nach Beginn des Bürgerkriegs, marschierten syrische Truppen im Libanon ein, um als »Ordnungsmacht« die verfeindeten Parteien unter Druck zu setzen und, wie es offiziell hieß, sie an den Verhandlungstisch zu zwingen. Präsident Assad hatte sich für dieses Vorgehen das Mandat der »Arabischen Liga« (einer 1945 gegründeten Organisation unabhängiger arabischer Staaten) sichern können. Darüber hinaus konnte Assad mit stillschweigender Billigung der Westmächte handeln, die glaubten, allein Syrien verfüge über den nötigen Einfluss, um die Ruhe wiederherzustellen.

Der Bürgerkrieg im Libanon dauerte allerdings bis 1990, und die syrischen Truppen blieben als Besatzungsmacht im Land, nach und nach auf eine Stärke von 35 000 Soldaten angewachsen. Offiziell ging es den Syrern noch immer nur darum, den Libanon zu »befrieden«, ohne dessen staatliche Souveränität anzutasten. Geschickt taktierte die Regierung in Damaskus, indem sie einmal sunnitische, einmal schiitische, einmal christliche Gruppierungen unterstützte und gegeneinander ausspielte. So blieb der Anschein gewahrt, die Baath-Regierung begnüge sich mit einem politisch fügsamen Nachbarstaat und stelle ihre »großsyrischen« Ambitionen zurück. Umso eher konnten sich die Syrer darauf verlassen, dass die Westmächte sich nicht weiter einmischten.

Tatsächlich aber hat sich die Situation im Libanon während zweier Jahrzehnte, von 1975 bis 1995, grundlegend verändert. Der Bürgerkrieg zwischen Muslimen und Christen hat mehr zerstört als nur Menschenleben, Städte und die zuvor blühende Wirtschaft, mehr als das ohnehin labile Gleichgewicht zwischen den rivalisierenden Religionsgruppen. Inzwischen ist für den Libanon fraglich geworden, inwieweit er sich noch als souveräner Staat definieren kann. Seit Assad 1991 auf Seiten der Westmächte im Golfkrieg Front gegen den Irak bezog, haben die USA und die Europäische Union der »Schutzmacht« Syrien im Libanon einen noch größeren Handlungsspielraum zugestanden.

Wohin letztlich die Funktion einer »Schutzmacht« zielt, demonstrierte seit Mitte der neunziger Jahre Syriens politische Propaganda unverblümter denn je. Reisende erwartete bei ihrer Ankunft in der Halle des Flughafens Beirut zwar noch immer die libanesische Flagge. Aber an den Wänden der Halle dominierten Porträts des syrischen Präsidenten Assad, erst im hinteren Teil fand sich ein Bild des libanesischen Staatspräsidenten Elias Hrawi, eines maronitischen Christen.[2]

Der Demonstration von Machtsymbolen sind längst politisch handfeste Entscheidungen gefolgt. Wenn auch weiterhin ein Maronit das Amt des Staatspräsidenten ausübt (und damit weiterhin die von den Franzosen durchgesetzte Verfassung gültig ist), behandelt Syrien den Nachbarstaat in mancher Hinsicht bereits wie eine eingegliederte Provinz. Syrien schickt Arbeitslose aus dem eigenen Staat in den Libanon, wo sie, wie es offiziell heißt, das vom Bürgerkrieg zerstörte Land wiederaufbauen helfen. 1995 waren schätzungsweise 700 000 Syrer im Nachbarstaat beschäftigt, der nur rund drei Millionen Einwohner zählt. Die Einnahmen, die ausnahmslos nach Syrien fließen, betrugen im selben Jahr umgerechnet offiziell rund 350 Millionen Mark, inoffiziell geschätzt jedoch über eine Milliarde Mark. Dabei verfügten zu dieser Zeit mehr als die Hälfte aller Libanesen nicht über ein geregeltes Einkommen, waren mehr oder weniger arbeitslos. Aber die Regierung Assad sorgte dafür, dass kein libanesischer Grenzbeamter arbeitssuchenden Syrern bei der Einreise Schwierigkeiten machte; oberste Kontrollinstanz an den Grenzposten war Syriens Militär.[3]

Die Parlamentswahlen im Libanon, Mitte August bis Mitte

September 1996, lieferten ein weiteres Indiz, wohin die Entwicklung nach dem Willen Syriens zu gehen hat. Unter dem Druck von Damaskus hatte die libanesische Regierung ein neues Wahlgesetz verabschiedet, wonach die Chancen prosyrischer Kandidaten durch maßgeschneiderte Wahlkreise überproportional stiegen. Vergeblich formierten sich gegen das neue Gesetz Gegner, überwiegend aus den Reihen der Maroniten. Ihr Hauptargument: Die Wahlen mit einem voraussehbaren Sieg der prosyrischen Kandidaten seien die Vorstufe zur Zwangsvereinigung des Libanon mit der »Mutter Syrien«.[4]

Diese Warnung trifft den eigentlichen Sachverhalt. Syrien, noch einmal gestärkt durch weitere prosyrische Libanesen im Parlament, hält offiziell zwar weiter am Status quo fest. Aber wieder sind Syriens Nationalisten ihrem Ziel einen Schritt näher gekommen, den Libanon zu dem zu machen, was er unter türkischer Fremdherrschaft gewesen ist: eben zu einem Teil Syriens. Ohnehin ist die Position der Maroniten von der Zahl her geschwächt. Sie, die einst fast die Hälfte der Libanesen bildeten, stellen gegen Ende der neunziger Jahre nur noch 21 Prozent (bei rund 40 Prozent Christen in der Gesamtbevölkerung). Viele Maroniten sind wegen des Krieges ausgewandert. Auch ist bei ihnen die Geburtenrate niedriger als bei den Muslimen. Inzwischen ist die Zahl der Schiiten auf rund 30 Prozent der Libanesen gewachsen, die Sunniten machen etwa 23 Prozent aus, die Drusen rund sieben Prozent. Soweit absehbar, wird sich die Verschiebung zugunsten der Muslime fortsetzen. Aber gerade bei den Muslimen ist am wenigsten ein »libanesisches« Nationalgefühl verbreitet.

Völlig anders als im geschwächten Libanon ist die Situation für syrische Nationalisten in Palästina – dort, wo nach dem Zweiten Weltkrieg die Staaten Jordanien und Israel entstanden sind.

Aus der ideologischen Perspektive der »Großsyrer« müssten die Palästinenser ihr Gebiet als den südlichen Teil Syriens ansehen, ebenso die Jordanier. Ja, Palästinenser wie Jordanier müssten sich selber als Syrer fühlen. Aber nichts dergleichen. Von Anfang an hatten die Palästinenser bei ihrem Abwehrkampf gegen die britische Kolonialmacht und schließlich gegen den »Fremdkörper« Israel nur das Bedürfnis gezeigt, auf »befreitem Boden« den Staat Palästina, »Filastin«, zu errichten. Hauptstadt wie geistige Mitte kann ihnen nur Jerusalem sein; Damaskus liegt ihnen fern. Auch die Jordanier, mal mit den Palästinensern verbündet, mal in blutiger Rivalität zerstritten, bleiben ausschließlich auf jenen Raum »Palästina« konzentriert, der unter britischer Herrschaft von der osmanischen Provinz Surya abgetrennt war. Die osmanische Verwaltungseinheit Surya war eben nie identisch mit jener nationalistischen Konzeption von »Syrien«, die sich ja erst während des 19. Jahrhunderts in den Köpfen einer schmalen Schicht von Intellektuellen herausgebildet hatte. Schließlich war die Region Surya, die von der Südgrenze Anatoliens bis zum Golf von Aqaba reichte, nach den Kriterien von Stamm und Klan geordnet. Bei den ethnisch vielfältig aufgefächerten Gruppen konnte höchstens die Religion ein Zusammengehörigkeitsgefühl über größere Räume stiften, aber religiös war ja die Gesellschaft zusätzlich aufgesplittert. Umso schlechter standen die Chancen für einen großräumigen, »großsyrischen« Nationalismus und umso günstiger für kleinräumige Nationalbewegungen, die sich nebeneinander – und gegeneinander – entwickelten.

Pragmatisch wendig, haben die Syrer schon während der fünfziger Jahre diese Sachlage zur Kenntnis genommen und sich zurückgehalten, »großsyrische« Ansprüche auf Palästina anzumelden. Welche Politiker auch in Damaskus den Ton angaben, sie alle argumentierten in der blumigen Rhetorik eines panarabischen Nationalismus: Palästina und Jerusalem müssten durch die »Araber« wieder befreit werden. Die Syrer selber definierten sich als »arabische Brüder« im Bündnis mit Palästinensern, Jordaniern, Libanesen, Ägyptern, Irakern –

wohl wissend, dass selbst »Brüder« oft regionale Sonderinteres-
sen über das gemeinsame Ziel stellen.

Aber eines haben die Syrer gerade mit ihrer pragmatischen
Haltung erreicht: Sie konnten sich politisch den Rücken frei-
halten, um gegenüber dem Libanon umso zielstrebiger das
Ideal von »Großsyrien« zu vertreten.

Toleranzkrisen
im 20. Jahrhundert

Gespräche mit Christen über Muslime

An einem Sonntagmorgen unterwegs im Christenviertel der Altstadt von Damaskus.

Zahlreich strömen die Menschen in die Kirchen, durch deren offene Türen Gesang auf die Gassen dringt. Kontrastreich erlebe ich schon während eines kurzen Streifzugs die Vielfalt der sehr unterschiedlichen Liturgien orientalisch-christlicher Konfessionen, wie sie sich besonders in Syrien unter islamischer Oberhoheit erhalten konnten: syrisch-orthodox, syrisch-katholisch, griechisch-orthodox, griechisch-katholisch, maronitisch, armenisch-gregorianisch, armenisch-katholisch.

In einigen Gassen haben Männer Farbdrucke zum Verkauf ausgelegt: Jesus-Bilder, Marienbilder. In keinem anderen islamischen Land habe ich derart auffällig christliche Bilder öffentlich ausgestellt gesehen.

Aber im Christenviertel entdecke ich gehäuft auch nationalistische Symbole: allen voran Propagandaplakate der Baath-Partei, dazu große Porträts des Diktators Assad und immer wieder die syrische Flagge. Gerade Syriens Christen stellen demonstrativ ihre Staatstreue, ja ihre »Liebe« zum derzeitigen Regime zur Schau, andernfalls müssten sie befürchten, als Sympathisanten einer feindlichen Macht verdächtigt zu werden. Dafür bleibt ihnen umgekehrt erlaubt, in einem islamischen Land auffällig ihre religiöse Eigenart zu betonen. Gespräche mit Christen bringen aufschlussreiche Einzelheiten.

Beim Bummel durch eine Gasse nahe der Kirche des Ana-
nias, jenes legendären Christen, der laut biblischem Bericht
einst den Apostel Paulus getauft haben soll, treffe ich auf ein
palastartiges Gebäude. »Please, come in. Nasam Palace«, so lese
ich auf einem kleinen handgeschriebenen Schild neben dem
offenstehenden, mit Eisenbeschlägen verzierten Holztor. Ich
trete in einen geräumigen, arkadengesäumten Innenhof, in
dessen Mitte ein Springbrunnen plätschert. Die Hauswände
sind üppig mit Ornamenten im arabischen Stil verziert. Nachdem mich zwei bunt gekleidete, kopftuchverhüllte Frauen
von einem Fenster aus beobachtet haben und kurz darauf verschwunden sind, kommt ein alter Mann, auf einen Stock
gestützt, aus einem der Eingänge. Schlohweiß das Haar, ein
hageres, sehr aristokratisch wirkendes Gesicht mit gutmütig
blickenden Augen, geht er auf mich zu und stellt sich auf Englisch unter dem Namen George Nasam vor. Allein der Vorname
verrät, dass er Christ ist.

Das ganze arabische Flair des Hauses wie auch die bunt
gekleideten Frauen, die wieder neugierig am Fenster erscheinen, hätten ebenso auf einen traditionell wohnenden Muslim
hinweisen können. Er sei griechisch-katholisch, erklärt er auf
meine Frage. Seine Familie lebe schon seit vielen Jahrhunderten hier in Damaskus, und solange er sich zurückerinnern
könne, seien auch seine Vorfahren Kaufleute gewesen. Seine
Familie treibe Handel mit Brokat, Holzschnitzereien und arabischen Stilmöbeln, die Handelsbeziehungen gingen hauptsächlich nach Ägypten und Marokko, aber seit dem letzten
Jahrhundert zunehmend auch nach Frankreich und Großbritannien. Seine Familie besitze eines der traditionsreichen
Handelshäuser in Damaskus.

Herr Nasam führt mich durch einige Repräsentationsräume
seines Hauses, die alle mit arabischen Stilmöbeln ausgestattet
und deren Wände mit üppigen, etwas überladen wirkenden
Ornamenten überzogen sind. Das sei ja wie in einem Palast,

sage ich. »Das *ist* ein Palast«, erklärt Herr Nasam mit Nachdruck. In ganz Damaskus nenne man sein Haus Nasam Palace, den Namen habe nicht er erfunden, den hätten andere dem Haus gegeben. – Andere Christen? – Ja, Christen, aber auch Muslime, antwortet er. Das Haus habe er selber renoviert, alles habe er selber im altarabischen Stil während der letzten 15 Jahre hergerichtet. – In Damaskus sehe man sonst wenige derart schön hergerichtete traditionelle Häuser, lobe ich. – Er habe das aus Liebhaberei gemacht, erklärt er sichtlich geschmeichelt, im Alter habe er ja viel Zeit, seit seine Söhne das Geschäft führten. – Ob das Haus schon seit vielen Jahrhunderten hier stehe, frage ich. – Es sei mehrmals umgebaut worden, sagt er, aber im Prinzip sei die Architektur viele Jahrhunderte alt. Auch sei das Haus stets Besitz seiner Familie gewesen.

Ob es je mit Muslimen Probleme gegeben habe, frage ich. – Nein, nie, zumindest keine wirklichen Probleme, er sei Syrer wie die Muslime, antwortet Herr Nasam lächelnd und konform mit der offiziellen Regierungspropaganda.

Nichts an seinem Auftreten und der Umgebung hier scheint dieser Auskunft zu widersprechen.

Ob es nie Unruhen gegeben habe, hake ich nach. – Nie, und er lebe schließlich schon achtzig Jahre in Damaskus. – Ob seine Eltern oder Großeltern je Unruhen erlebt hätten, will ich wissen. – Nein, nicht dass er wüsste. Herr Nasam dreht mir den Rücken zu und geht vor mir her in den nächsten Raum. Wie mir Damaskus gefalle? Mit dieser abrupten Frage leitet er zu unverfänglichen Themen über.

Keine der Kirchen im weit ausgedehnten Christenviertel ist von der Bausubstanz her wesentlich älter als hundert Jahre. Während des Massakers vom Juli 1860 hatten ja aufgeputschte Muslime während einer einzigen Nacht sämtliche Kirchen niedergebrannt und an die 3000 Christen getötet. Der Besitzer des Nasam-Palastes gehört anscheinend zu jenen, die sich an nichts erinnern können oder wollen.

An interessanten Begegnungen sollte es trotzdem nicht fehlen.

»Sind Sie Deutscher?« Überrascht, hier mitten in der Altstadt von Damaskus in der eigenen Sprache angesprochen zu werden, drehe ich mich nach einem hochgewachsenen Mann im dunklen Sonntagsanzug um. Er scheint sichtlich erfreut, dass ich bejahe. Er habe schon lange nicht mehr deutsch reden können, erklärt er nahezu akzentfrei, er lebe jetzt schon seit zehn Jahren hier in Damaskus. Zuvor habe er fünf Jahre in Hannover gearbeitet und sei dort mit einer Deutschen verheiratet gewesen, drei Jahre lang, dann sei er geschieden worden. Nach zwei weiteren Jahren habe er seinen Job verloren, es sei in Deutschland ja nicht mehr so einfach mit Arbeit, und dann sei er eben wieder nach Syrien zurückgekehrt. Er handle mit Autoersatzteilen, die er aus Deutschland einführe. Inzwischen habe er sich ganz gut in Damaskus eingelebt. – Er stamme also nicht aus Damaskus? – Nein, er sei Armenier, genauer: armenisch-gregorianischer Christ. Er habe im Laufe seines Lebens schon an vielen Orten gewohnt.

Die Vorfahren stammten aus der Region Ararat im östlichen Anatolien, erzählt er, dort habe seine Familie über viele Generationen gelebt, bis es in der Türkei mit diesem schrecklichen Nationalismus angefangen habe. Die Türken hätten, wie ich wohl wisse, seit Ende des letzten Jahrhunderts und während des Ersten Weltkriegs Hunderttausende Armenier in Anatolien ermordet und eine Million aus ihrer Heimat vertrieben. Seine Großeltern seien nach Beirut geflohen, er selber sei dort geboren und aufgewachsen. Doch als der Bürgerkrieg zwischen Muslimen und Christen immer schlimmer geworden sei, als schließlich Muslime seine Mechanikerwerkstatt in Beirut niedergebrannt hätten, sei es für ihn im Libanon unerträglich geworden. Eine Heimat habe er erst in Syrien gefunden, Syrien sei das einzige islamische Land, in dem Christen wirklich ohne Bedrohung leben könnten. – Ob er die syrische Staatsbürgerschaft habe, frage ich. – Ja, er sei Syrer, er sei überzeugter Syrer. Alle Christen hier seien überzeugte Syrer. In Syrien gebe es echte Religionsfreiheit.

Was er von der Baath-Partei und von der jetzigen Regierung halte, frage ich. – Es werde gute Politik in Syrien gemacht, antwortet er ohne Zögern, sehr gute Politik sogar. Die Regierung sorge dafür, dass sich hier diese verrückten Fundamentalisten nicht breitmachten. Was in Ägypten, in Algerien und im Iran passiere, sei ja entsetzlich. Er sei in Alexandria und Kairo gewesen, aber nach seinen Gesprächen mit Kopten habe er jede Lust verloren, länger zu bleiben. Die Christen in Ägypten hätten es zunehmend schwerer, ihm mache die Entwicklung dort große Sorgen. Aber solange hier in Syrien die Baath-Partei regiere ...

Der Armenier redet laut und lebhaft, und dies, obwohl er über die Baath-Partei spricht. Im Allgemeinen vermeiden ja Syrer, auf offener Straße über Politik zu sprechen, aus Angst vor möglichen Spitzeln. Der Armenier kennt diese Hemmung nicht, vielleicht, weil er deutsch redet und sich ohnehin als überzeugter Anhänger des Regimes zu erkennen gibt.

Die Regierung, so betont er, habe hart durchgegriffen gegen alle radikalen Muslime, die den religiösen Frieden in Frage stellten, und das sei gut so. – Aber die Regierung lasse politische Gegner einsperren oder gar hinrichten, sage ich in gedämpftem Ton. – »Na und?!« Die jetzige Regierung habe verhindert, dass in Syrien Unfrieden herrsche wie im Libanon, in Ägypten oder in Algerien. Hier müsse schon mit eisernem Besen gekehrt werden, Syrien sei nicht Europa. Hier werde nur dem gehorcht, der sich mit äußerster Härte durchsetzen könne. Dafür aber habe die jetzige Regierung etwas zu bieten: nicht nur religiösen Frieden, auch sozialen Frieden, sie habe die Wirtschaftslage beachtlich gebessert. In Syrien werde man nicht von Bettlern belästigt wie etwa in Ägypten, noch müsse man Angst vor Diebstahl haben wie etwa in Italien. Die Polizei habe alles im Griff. Christen könnten hier ihre Geschäfte betreiben, ohne sich vor Schikanen und Belästigungen fürchten zu müssen. Das sei zwar auch mal in Syrien anders gewesen, aber das sei lange her. Man werde kaum einen Christen in Syrien finden, der ein Gegner des jetzigen Regimes sei, im Gegenteil, alle seien sie froh über die Situation heute. Syriens Christen seien sogar eine wichtige Stütze der Regierung.

In anderen Ländern, so ereifert sich der Armenier, hätten die Muslime wenig Grund, stolz auf ihre Toleranz zu sein. Vor allem nicht die Türken. Kein Volk habe so viele Morde an Christen auf dem Gewissen wie die Türken. Er hoffe, noch den Tag erleben zu dürfen, an dem die Türkei zusammenkrache und in Ostanatolien ein freies Armenien entstehen könne, vereint mit dem armenischen Staat auf ehemals sowjetischem Gebiet. Er werde dann in seine Heimat zurückkehren. Und wehe, ein Türke käme ihm dann in die Quere ...

Ich höre schweigend zu.

Unser Gespräch wird unterbrochen. Rhythmisch dröhnt Marschmusik vom Ende der Gasse her. Musikanten mit Trommeln, Pauken, Trompeten und Querflöten nähern sich uns, gefolgt von einem Trupp Jugendlicher in Khakiuniform, dazu Fahnen mit arabischer Aufschrift. Ungefähr hundert Jungen und Mädchen, um die 12 bis 16 Jahre alt, marschieren stramm im Takt vorbei – ein Bild, wie ich es von Propagandafotos der Baath-Partei kenne. Das sei keine Baath-Gruppe, sondern die Jugendorganisation armenischer Christen, erklärt der Armenier. – Ob hier ausschließlich Armenier marschierten, frage ich. – Natürlich, schließlich befänden wir uns hier im Armenierviertel. Jede christliche Konfession unterhalte ihre eigene Jugendorganisation. Jede Glaubensgemeinschaft wohne auch in einem eigenen Stadtviertel rund um die eigenen Kirchen.

Ob Christen diese Trennung nach Konfessionen noch immer strikt einhielten, will ich wissen und denke hierbei an die scharfen konfessionellen Abgrenzungen vergangener Jahrhunderte. – Weitgehend ja, antwortet er, zumindest hier in den traditionellen Christenvierteln. Und nicht anders bei den Muslimen. Sunniten, Schiiten, Alawiten, Drusen, sie alle wohnten in eigenen Vierteln, und auch bei ihnen würde es kaum jemandem einfallen, in das Wohngebiet einer anderen islamischen Konfession überzusiedeln. Nur in Neubaugebieten ändere sich das teilweise. – Ob er die Trennung nach Konfessionen gut finde, frage ich.

Er lacht etwas verlegen. In Deutschland sei das anders, jaja, das sei ihm schon klar, aber er befinde sich hier in Syrien, und in Syrien habe das schon seinen Sinn. Wer etwa würde einem armenischen Christen helfen, wenn er in Not geriete? Doch nur ein armenischer Christ, kaum ein Maronit, kaum ein Griechisch-Orthodoxer oder Katholik, erst recht kein Muslim. Die Armenier hätten für ihre Glaubensbrüder und -schwestern eine Sozialorganisation geschaffen, ebenso hätten das andere Konfessionen für die ihren getan, aber bei den Armeniern funktioniere es am besten. Eine staatliche Sozialhilfe, wie die Deutschen es gewohnt seien, gebe es in Syrien nicht, in keinem arabischen Land. Die einzelnen Gruppen müssten sich schon selber helfen. Natürlich sei es da praktisch, wenn armenische Christen möglichst nahe beieinander wohnten. Armenier hätten ihre eigenen Restaurants, Teestuben, Bäckereien, genau wie andere Konfessionen. – Ob eine Heirat zwischen unterschiedlichen Konfessionen vorkomme, will ich wissen. – So gut wie nie. Denn wohin sollte das Ehepaar dann gehören? Nein, nein, jeder heirate innerhalb der eigenen Konfession, alles andere bringe ja nur Schwierigkeiten. – Ob er Freunde außerhalb der eigenen Konfession habe? – Nein, das ergebe sich nicht. Mit Armeniern habe er alle nur denkbaren Gemeinsamkeiten, warum also solle er nach anderen Kontakten suchen. – Und beruflich? – Beruflich sei das anders, natürlich sei das anders. Er habe in dieser Hinsicht Kontakte zu allen Konfessionen, auch zu Muslimen. Und solche Kontakte verliefen sehr korrekt, auch mit Muslimen. Das gefalle ihm an Syrien.

Ob er mit Christen und Muslimen gleich gut zurechtkomme, frage ich. Er zögert mit der Antwort, schließlich wiegt er den Kopf und lacht wieder verlegen. Es sei ein großer Unterschied in der Mentalität, in der Zivilisation, in der Bildung, sagt er schließlich und sucht angestrengt nach den richtigen Worten. Natürlich gebe es auch unter den Muslimen gebildete Leute, aber ihre Zahl sei doch relativ klein. Besonders mit den einfachen Leuten sei es schwierig. Da ... Er weist mit einer weit ausladenden Geste die Gasse entlang. Ich müsse doch zugeben, dass die Gassen in den Christenvierteln viel sauberer seien als bei den Muslimen. Es sei vielen Muslimen nicht beizubringen, den Abfall in eine Mülltonne zu werfen, alles würden die achtlos auf die Straße fallen lassen. Keine Disziplin, keine Arbeitsmoral bei sehr vielen dieser Leute. Falls er etwa einen Muslim beauftrage, gegen gute Bezahlung vor der Werkstatt die Straße zu kehren, sei der Platz nach getaner Arbeit immer noch dreckig. Da lasse er doch lieber einen Armenier saubermachen oder nehme selber den Besen in die Hand. – Ob das alle Christen hier so sehen würden, frage ich. – Natürlich, natürlich. Die Christen hätten doch ohnehin den Fortschritt nach Syrien gebracht. Die arabischen Christen hätten sehr schnell von den europäischen Christen gelernt.

Mit der jetzigen Regierung sei er zufrieden, variiert er die Antwort auf meine wiederholt gestellte Frage. Die Baath-Partei sei mehr syrisch als islamisch, mehr nationalistisch als religiös. Er wage sich nicht auszudenken, was passieren könnte, wenn diese Regierung gestürzt würde oder wenn die Baath-Partei insgesamt verschwände. Dann würden wieder typische Muslime an die Macht kommen: engstirnig, intolerant ...

Man solle den Islam als Religion und Kultur nicht grundsätzlich negativ einstufen, unterbreche ich. Er müsse doch unterscheiden zwischen der ursprünglichen Intention und der späteren Entwicklung, ja Fehlentwicklung.

Er winkt ab. Einen libanesischen Pass habe er besessen, einen syrischen besitze er jetzt. Ägypten habe er zweimal besucht. Seine Großeltern hätten in der Türkei gelebt ... Nein, an die Türkei wolle er gleich gar nicht denken. Er habe viel gesehen, viel erfahren im Lauf seines Lebens.

Aber in Syrien lebe er doch gerne, frage ich.

Ja, ja, ja. Es gehe ihm gut hier. Solange sich die Situation nicht ändere. Die Situation habe sich im Lauf seines Lebens eben schon so oft geändert, und der Gedanke lasse ihm keine Ruhe. Manchmal denke er, es wäre besser gewesen, er hätte in Europa bleiben können, etwa in Deutschland, wo er allerdings keine Arbeitsgenehmigung mehr bekomme. Aber dann denke er auch wieder: Wozu eigentlich in Europa? Sein Zuhause sei hier, seine Familie, seine Freunde, er habe sich in Syrien eine Existenz aufgebaut. Es gehe ihm gut, jajaja, es gehe ihm gut, wiederholt er.

»Grüßen Sie mir Deutschland«, sagt er beim Abschied.

Unterschiedliche Auffassungen von Toleranz

Syrien, Türkei, Libanon, Ägypten. Der armenische Christ mit syrischem Pass hat diese Staaten genannt, die in seinem Leben wie in seinen Gedanken die größte Rolle spielen. Vier Staaten, die eines gemeinsam haben: Viele Jahrhunderte lang lebten dort Muslime und Christen zusammen, teils in friedlicher Nachbarschaft, teils in krisenreicher Spannung. Trotzdem ist die Entwicklung in jedem dieser Staaten anders verlaufen.

Für den Armenier – für die meisten Armenier – bedeuten Erinnerungen an die Türkei das Trauma schlechthin. Dabei haben im türkischen Kernland, bevor das Osmanische Reich zusammenbrach, die Christen lange Zeit unter besonders günstigen Bedingungen neben den Muslimen gelebt. Dort wohnte noch zu Beginn des 20. Jahrhunderts ein wesentlich höherer Prozentsatz an Christen als etwa im benachbarten Syrien: fast zwei Millionen Griechen und eineinhalb Millionen Armenier – dies bei einer Einwohnerzahl von damals insgesamt nur neun bis zehn Millionen, wie die zeitgenössischen Lexika registrierten. Rund ein Drittel waren also Christen. Aber innerhalb zweier Jahrzehnte veränderte sich das Zahlenverhältnis dramatisch. In der 1923 gegründeten Republik Türkei machte der Anteil der Christen bald nur noch rund zwei Prozent der Bevölkerung aus! Gegen Ende des 19. Jahrhunderts, vor allem jedoch während der Jahre 1915 und 1916, richteten türkische Muslime verheerende Massaker unter den Armeniern an, sie töteten Hunderttausende und vertrieben die anderen aus dem Land, und auf der Flucht in Richtung Syrien kamen noch einmal Hunderttausende durch Entkräftung ums Leben. 1923 zwangen die Türken außerdem über eine Million Griechen, das westliche Kleinasien zu verlassen, wo deren Vorfahren mehr als zwei Jahrtausende gesiedelt hatten. War es religiöser Fanatismus, war es religiöse Intoleranz? Dieser Verdacht lässt sich nicht erhärten, schließlich hatten ja Christen zuvor in beträchtlicher Anzahl unter der Herrschaft türkischer Muslime leben können.

Armenische Christen hatten als »Schutzbefohlene« unter den Seldschuken wie den Osmanen mehr Freiheiten genossen als unter den byzantinischen Kaisern. Gerade die Armenier hatten allen Grund gehabt, die muslimischen Eroberer in Anatolien gegen Ende des 11. Jahrhunderts mit Erleichterung zu begrüßen. Denn die Armenier waren wie viele andere christliche Glaubensgemeinschaften durch die byzantinische Zentralgewalt als »Ketzer« blutig verfolgt worden. Erst das Turkvolk der Seldschuken und später die Osmanen erlösten sie von diesem Druck und gewährten ihnen, wie allen anderen Christen, Glaubensfreiheit. Eine Idylle bedeutete ihr Dasein als »Schutzbefohlene« unter islamischer Oberhoheit zwar nicht, zumal Emire,

Paschas und Sultane sie immer wieder mit hohen Steuern belasteten. Aber viele jener armenischen Kirchen, deren mittelalterliche Architektur wir heute in Anatolien bewundern, konnten erst unter der religiös freieren Herrschaft der Muslime gebaut werden. Bedingung war nur, dass sich die Christen widerspruchslos in den osmanischen Vielvölkerstaat fügten.

Gerade dieses Wohlverhalten änderte sich bei den Armeniern während des 19. Jahrhunderts grundlegend. Damals zeigte das Osmanische Reich bedenkliche Zerfallserscheinungen, politisch, sozial, kulturell. Es war eine Zeit, in der die türkischen Provinzgouverneure mehr denn je das Volk ausbeuteten und jeden Widerstand gegen ihre Willkürherrschaft in Blut erstickten. Damals fingen die Armenier an, das immer despotischer sich gebärdende Staatswesen abzulehnen, ja sie äußerten zunehmend Sympathie für die europäischen Staaten mit besseren Lebensbedingungen. Mehr noch: Die Armenier begannen, nach europäischem Vorbild nationalistisch zu denken und sich einen eigenen Staat zu wünschen. Und erst unter diesen Bedingungen wandten sich die türkischen Muslime mit brutaler Härte gegen ihre christlichen Untertanen – nicht im Affekt gegen die andere Religion, sondern gegen den europäischen, anti-osmanischen Nationalismus.

Die unheilvollen Spannungen im Vielvölkerstaat der Osmanen verschärften sich zu Beginn unseres Jahrhunderts weiter. Nun bestimmte in Istanbul die revolutionäre Gruppe der sogenannten »Jungtürken« die Richtlinien der Politik, und diese Neuerer waren selber glühende Nationalisten. Sie hielten nichts von vermehrter Eigenständigkeit der verschiedenen Völker, sondern wollten die Untertanen im schrumpfenden Osmanenreich möglichst »türkisieren«. Den »Jungtürken« waren religiöse Kriterien weitgehend gleichgültig, sie huldigten mehr einem fanatischen, menschenverachtenden Nationalismus. Ihre Führer befahlen die Massaker und die Vertreibung der unruhig gewordenen Armenier.

Ähnlich gefährlich war die Spannung mit den Griechen gewachsen. Bereits 1821 hatten die Griechen einen nationalen Freiheitskampf gegen die Türken begonnen – mit Hilfe Frankreichs und Großbritanniens – und acht Jahre später Südgriechenland aus der osmanischen Herrschaft lösen können. Seither waren die Griechen von dem Ziel beseelt, auch den weiterhin osmanisch besetzten Nordteil der Balkanhalbinsel ihrem Staat einzugliedern. Erst 1912 konnten sie diesen Traum, nach einer Serie griechisch-türkischer Konflikte, zur Gänze verwirklichen. Als dann aber das geschwächte Osmanische Reich nach dem Ende des Ersten Weltkriegs zusammenbrach, rückten griechische Truppen bis nach Anatolien vor. Die griechischen Nationalisten wollten nun auch noch den Westteil des türkischen Kernlandes erobern, wo eine beträchtliche Minderheit von Griechen lebte. Für die Türken war dies in der Tat eine existenzbedrohende Situation. Atatürk hatte 1922 die Griechen in einem energisch geführten Abwehrkrieg zurückschlagen können, und nun erst lag es nahe, mehr als eineinhalb Millionen Griechen – als Verbündete des Feindes – aus Kleinasien zu vertreiben. Umgekehrt mussten nahezu eine halbe Million türkischer Muslime die den Griechen zugesprochenen Gebiete verlassen. Bei dieser Politik ging es nicht um Religion. Atatürk bezeichnete nach westlichem Vorbild die Religion als »Privatsache« und hätte es als absurd empfunden, gegen Christen im Namen Allahs einen Krieg zu führen. Er schickte seine Truppen mit gleicher Härte gegen muslimische Kurden – also gegen alle Völker, die seiner Meinung nach den Bestand des türkischen Nationalstaates bedrohten.

Anders die Situation im Libanon. Nach Beirut waren ja 1916 die Großeltern jenes Armeniers, mit dem ich in Damaskus ein längeres Gespräch führte, vor den Massakern der Türken geflohen. Damals schon hatten die maronitischen Christen auf Drängen der Franzosen alle Schlüsselstellungen der Verwaltung besetzt. Dieser Sonderstatus mochte die Armenier dazu bewogen haben, gerade dort zu siedeln, wo sie glauben konnten, vor weiterer Unterdrückung geschützt zu sein. Nicht ahnen konnten sie allerdings, dass sich die libanesischen Muslime später gegen die Vormacht der Maroniten auflehnen würden – womit ein langer Bürgerkrieg zwischen Muslimen und Christen begann.

Anders die Situation in Ägypten. Der Staat am Nil besitzt heute, nach dem Libanon und Syrien, den größten Anteil an Christen innerhalb der islamischen Welt. Die dort lebenden Kopten bilden sogar als in sich geschlossene Glaubensgemeinschaft die zahlenmäßig größte aller christlichen Minderheiten: Es sind rund sieben Millionen angesichts einer Gesamtbevölkerung von über 60 Millionen Ägyptern. Wie in Syrien die christlichen Konfessionen seit vielen Jahrhunderten in eigenen Stadtvierteln leben, so auch Ägyptens Kopten: besonders in Kairo und Alexandria, und sie stellen in Assiut, Dendera und Luxor die Mehrheit. Gebildete Ägypter, aufgeschlossen gegenüber westlichen Besuchern, äußern sich meist stolz über die religiöse Toleranz in ihrem Staat. Die Posten des stellvertretenden Außenministers wie des stellvertretenden Erziehungsministers werden stets mit Kopten besetzt, so bestätigten mir einige Studenten in Kairo. Solche Fakten hat die westliche Öffentlichkeit erst zur Kenntnis genommen, als Anfang der neunziger Jahre der damalige stellvertretende Außenminister Boutros Boutros-Ghali, ein Kopte, zum Generalsekretär der Vereinten Nationen gewählt wurde. Boutros-Ghali gilt als der eigentliche Architekt des Friedensvertrags zwischen Ägypten und Israel, nicht der damals amtierende Außenminister. Weshalb aber konnte er mit so vielen Fähigkeiten nicht selber Außenminister werden? Weil Boutros-Ghali Christ ist. Hohe politische Ämter müssen einem Muslim vorbehalten bleiben. Spätestens an diesem Punkt endet auch für liberale Muslime die Gleichberechtigung christlicher Minderheiten.

Für eine Reihe ägyptischer Muslime endet die Toleranz noch früher. Besonders fundamentalistisch orientierte Gruppierungen kritisieren lautstark, dass die christliche Minderheit bereits zu viel Einfluss in Ägypten habe, und sie schüren entsprechend die Stimmung gegen die Kopten. Lang angestaute Spannungen haben sich seit den siebziger Jahren periodisch in immer stärkerem Maß entladen. Muslime stürmten Wohnviertel wohlhabender Kopten, zündeten Häuser an, zerstörten etliche Kirchen, töteten Priester.

Aber die Kopten haben nahezu 1300 Jahre lang unter islamischer Oberhoheit ihr Glaubensleben freier entfalten können als zuvor unter byzantinischer Herrschaft. Wie die armenischen Christen und die Maroniten waren sie von der byzantinischen Zentralmacht als »Ketzer« geächtet, und wie sie hatten sie von den muslimischen Regenten zwar zeitweise politische Willkür zu erdulden, kaum aber wurden sie wegen ihres Glaubens unterdrückt. Die Spannungen von heute sind vorrangig, wie im Libanon, durch den Einfluss westlicher Kolonialherrschaft entstanden. Die Briten, die 1882 Ägypten besetzten, begünstigten die Kopten, um sie als Verbündete bei der Durchsetzung ihrer Kolonialinteressen zu gewinnen. Den Kopten vor allem ebneten sie den Weg, um an westlichen Schulen Wissen zu erwerben und so einen Vorsprung gegenüber den Muslimen gewinnen zu können. Ohnehin taten sich Ägyptens Christen leichter, ihre Vorbehalte gegen Neuerungen aus dem »Westen« abzulegen, denn sie sahen in den europäischen Christen Geistesverwandte. So gelang es den Kopten, gemessen an ihrer Zahl überproportional hoch in Spitzenpositionen des internationalen Handels wie auch des akademischen Bildungsbürgertums aufzusteigen. Es ist bezeichnend, dass die Plünderer und Mordbrenner in koptischen Wohngebieten vorwiegend aus Slumvierteln kamen, wo sozial benachteiligte Muslime ohne Hoffnung leben. Die Suche nach Sündenböcken gedeiht besonders in den Reihen derjenigen, die immer mehr an den Rand der

Gesellschaft gedrängt werden. Ein sozialer Affekt verbindet sich mit religiös bedingter Abneigung.

Während ich über gefährdete Toleranz in einigen wichtigen Staaten des Nahen Ostens recherchierte, kam mir eine Zeitungsmeldung auf den Tisch, die eine weitere Variante lieferte. »Vergebliche Bitte um Toleranz«, las ich im August 1995 als Überschrift, und im Untertitel: »Eine Kirche wird es in Saudi-Arabien vorerst nicht geben.«[1]

Das Königreich der Saudis, wo die fundamentalistische Sekte der Wahhabiten den Ton angibt, unterscheidet sich in einer Hinsicht von allen islamischen Ländern: Eine andere Religion darf in Saudi-Arabien öffentlich nicht in Erscheinung treten. Strikt verboten bleibt es, etwa eine Kirche zu bauen, auch wenn sie sich noch so klein und unauffällig ausnehmen würde. Die dort ansässigen Christen (ohnehin meist nur Techniker und Geschäftsleute aus dem Westen oder Billiglohnarbeiter von den Philippinen) können lediglich in Privatwohnungen oder Baracken, von der Öffentlichkeit unbemerkt, Gottesdienste abhalten. Kreuzsymbole dürfen nirgendwo im Straßenbild oder an Gebäuden erscheinen. Anfang der neunziger Jahre ist es gar zu einem uns grotesk anmutenden Zwischenfall gekommen, als fromme Saudi-Araber die Flagge der Schweizer Botschaft verboten haben wollten, weil sie das weiße Kreuz auf rotem Grund für »christliche Propaganda« hielten. Solche Missgriffe im eigenen Land hindern saudi-arabische Politiker und Geschäftsleute allerdings nicht, sich im westlichen Ausland zur koranisch vorgeschriebenen Toleranz gegenüber den »Buchreligionen« zu bekennen. Es ist eine bloß verbale Toleranz, deren Heuchelei im Westen nicht widersprochen wird – solange die Geschäftsbedingungen in Sachen Erdöl erfreulich bleiben.

In Syrien wie auch in Jordanien und Ägypten – in Ländern, in denen eine beträchtliche Anzahl von Kirchen stehen – konnte ich erleben, dass Muslime sich verächtlich über die provinzielle Enge des saudisch-wahhabitischen Islam äußerten. Eine Ägypterin, die etliche Jahre in Jeddah als Lehrerin gearbeitet hat, fasste ihre Abneigung in ein drastisches Bild: Die Muslime Saudi-Arabiens besäßen große Mägen, aber kleine Gehirne. Aus ihren Worten sprach der Affekt der Gebildeten. Sie, in der eigenen Heimat ohne Arbeit, sah sich gezwungen, dort ihr Geld zu verdienen, wo außer westlich installierter Erdölindustrie kaum Fortschritt, dagegen umso mehr kulturelle Rückständigkeit zuhause ist. Ein Ägypter, der eine Zeit lang als Ingenieur auf saudischen Erdölfeldern tätig war, nannte die Saudis gar »Atheisten des Islam« und erklärte, in keinem Land widerspräche die zur Schau gestellte Frömmelei so krass der tatsächlich gelebten Unmoral.

Syrien, Türkei, Libanon, Ägypten, Saudi-Arabien. Fünf Staaten mit sehr unterschiedlicher Kultur und Tradition. Fünf Staaten, in denen Toleranz (oder Intoleranz) gegenüber religiösen wie ethnischen Minderheiten sehr unterschiedlich praktiziert wird. Bereits der Ausschnitt gibt einen Eindruck davon, wie schwierig es ist, das aktuelle Problem islamischer Toleranz auf einen Nenner zu bringen.

Auf der Suche nach dem Judenviertel

In Reisehandbüchern finde ich es meist nicht oder bestenfalls nur kurz erwähnt: das Judenviertel von Damaskus. Ich suche in dem detaillierten Stadtplan, den mir ein Angestellter des Damaszener Tourist Office ausgehändigt hat. Dem Plan ist eine ausführliche deutschsprachige Merktafel beigefügt, dort aufgelistet kann ich aber nur »altertümliche Moscheen« (15 an der Zahl) und »altertümliche Kirchen« (neun) finden, das Stichwort Synagoge fehlt. Unter »altertümliche Schulen« sehe ich einige islamische Namen angeführt, nicht jedoch »Ibn Maimun«, die zentrale, ehemals viel besuchte Schule im Judenviertel (benannt nach dem berühmtesten jüdischen Gelehrten des

Mittelalters und Arzt am Hof des Sultans Saladin; wir kennen ihn unter dem Namen Maimonides).

Was ist in Damaskus vom einst dicht bevölkerten Judenviertel geblieben?

Durch Zeitungsberichte im Herbst und Winter 1994 war ich vorgewarnt. 40 000 Juden hatten vor dem Jahr 1949 in Syrien gelebt, davon rund 20 000 in Damaskus (die andere Hälfte überwiegend in der Handelsstadt Aleppo). Die Zahl der Damaszener Juden war 1992 bereits auf nahezu 3000 geschrumpft, aber nur zwei Jahre später war davon ein Zehntel, meist ältere Leute, übrig geblieben: knapp 300. Von den einst 22 Synagogen waren in Damaskus noch vier geöffnet. Eine der beiden jüdischen Schulen hatte wegen der geringen Schülerzahl schließen müssen und an der anderen, der »Ibn Maimun«, wurden gerade noch 40 schulpflichtige Kinder unterrichtet; 1992 waren es immerhin noch an die 500 gewesen.[2]

Ich gehe in der Altstadt von Damaskus auf die Suche, nur mit dem arabischen Namen des Judenviertels Harat al-Jahud vertraut sowie der Angabe, dass dieses Wohngebiet einen halben Kilometer südöstlich von der Omayaden-Moschee liegen müsse. Ich erreiche ein Viertel, das jenem entspricht, wie ich es aus Zeitungsberichten kenne. Auf den ersten Blick ist es ein traditionell erhaltener Wohnbezirk mit Häusern, die teils noch strohdurchflochtene Lehmwände haben. Viele der Gassen sind so eng, dass nicht einmal ein Kleinwagen hindurchfahren kann. Auffallend ist gerade hier der Zerfall historisch interessanter Bausubstanz: rissige Mauern, teils leere Fensterhöhlen. Manche Gassen sind ohne Menschen. Es scheint, als ob die wenigen Bewohner weder das Geld noch die Energie hätten, das Viertel in seiner ursprünglichen Funktion weiter zu erhalten. Welch ein Kontrast zu den vital pulsierenden Christenvierteln in unmittelbarer Nachbarschaft. Dabei hat es in Damaskus unter islamischer Oberhoheit niemals ein Massaker an Juden gegeben.

Juden hatten gerade im syrischen Raum eine Heimat, wo sie als ein Volk der »Buchreligion« die gleiche Toleranz wie die Christen genossen: von manchen Herrschern eher großzügig, von anderen eher despotisch und launisch behandelt, aber stets im Religiösen unbehelligt. Juden hatten sich zeitweise sogar freier entfalten können als Christen und wurden von Muslimen freundlicher geduldet. Dies geschah aus politischen Gründen. Während eine Reihe arabischer Christen immer wieder dazu neigte, ihren muslimischen Herren den Gehorsam aufzukündigen und sich mit Staaten des christlichen Europa zu verbünden, blieben Juden fast durchwegs loyal gegenüber den muslimischen Regenten.

Juden bezogen eher Front gegen die Christen. Dazu hatten sie auch allen Grund, schließlich sind Juden über viele Jahrhunderte von Christen als »Gottesmörder« diffamiert und auf den Status der Rechtlosigkeit gedrückt worden. Unter islamischer Oberhoheit konnten sie dagegen unbehelligt Karriere auch als Wissenschaftler, Philosophen und Ärzte machen. Nachdem Juden Ende des 15. Jahrhunderts in Spanien den Zusammenbruch der maurischen Herrschaft erlebt hatten und unter dem Druck fanatischer Christen Andalusien verlassen mussten, war die Wahl ihrer neuen Heimat kein Zufall: Die Juden reisten überwiegend in arabische Länder aus, kaum nach Westeuropa. Syrien war damals neben Marokko und Ägypten ein bevorzugtes Ziel. Über viele Jahrhunderte sollten Juden diese Wahl nicht bereuen. Außerdem blieben Juden unter islamischer Herrschaft vom Unwesen rassistischer Polemik verschont; schließlich gelten ja auch die Araber als »Semiten«.

Ein Wandel zum Schlechteren bahnte sich erst im 20. Jahrhundert an. Und wie zuvor schon gegen die Christen, sollte die Politik den Ausschlag geben. Erste Spannungen entstanden während der dreißiger Jahre, als Großbritannien in seinem Mandatsgebiet Palästina zunehmend die Einwanderung von

Juden aus Europa begünstigte. Die Zionisten kamen, um Palästina als ihre historische Heimat nach mehr als einem Jahrtausend Exil wieder zu besiedeln. Nahezu zwangsläufig prallten die Einwanderer mit den dort wohnenden Arabern in schroffem Interessenkonflikt zusammen. Arabische Nationalisten begannen, den »Zionismus« als eine weitere Variante des »westlichen Imperialismus« zu verstehen. Scharf wandten sich die Araber nun aber auch gegen jüdische Minderheiten im eigenen Land, sofern die »arabischen« Juden Sympathie für die jüdischen Zuwanderer aus Europa und Amerika äußerten. Besonders steigerte sich so die Spannung in Syrien, Ägypten und dem Irak. Erstmals mussten sich nun jüdische Bürger kollektiv dem Verdacht ausgesetzt sehen, nicht mehr loyal zur islamischen Regierung zu stehen.

Eine tragische Zäsur bildete das Jahr 1948. Nationalistische Juden hatten im Westteil des vormals britischen Mandatsgebietes Palästina den Staat Israel gegründet. Ein Krieg zwischen Israel und den arabischen Nachbarstaaten folgte, der mit einer Niederlage der Araber endete. Dieser Krieg von 1948 brachte die jüdischen Minderheiten unter islamischer Oberhoheit vollends in Bedrängnis. Erstmals entlud sich nun die Wut von Muslimen gegen jüdische Bürger als den angeblichen Sympathisanten Israels. Bis heute verwahren sich die Araber allerdings entschieden gegen den Vorwurf westlicher Kritiker, sie würden Juden religiös unterdrücken. Ihnen gehe es nur darum, politische Parteigänger Israels und »Agenten des Zionismus« zu bekämpfen. Aber für jüdische Minderheiten war die Lage damals derart bedrohlich, dass viele auswanderten – soweit die islamischen Regierungen dies gestatteten.

Besonders schlimm wurde der Druck in Syrien. Schon während des ersten Nahostkrieges 1948 floh nahezu die Hälfte der 40 000 syrischen Juden nach Israel oder in die USA, und bereits Anfang der fünfziger Jahre war ihre Zahl auf nur noch 4000 geschrumpft. Dieses verbliebene Zehntel syrischer Juden hatte immer schlimmere Schikanen zu erdulden. Im Dezember 1949 verbot Syriens Regierung den Judenrat von Damaskus. Und nach dem verlorenen Sechstagekrieg von 1967 sahen sich die syrischen Juden nahezu auf den Status einer rechtlosen Minderheit gedrückt. Die nun folgenden Schikanen erinnerten in mancher Hinsicht an den Terror der deutschen Nationalsozialisten. Juden mussten in ihren Pässen durch roten Stempeleindruck als »mussawi« (arabisch für »mosaisch«) ausgewiesen sein und waren als solche für die Polizei sofort erkennbar. Juden mussten alle Posten in öffentlichen Ämtern räumen. Sie durften sich nur noch vier Kilometer von ihrem Wohnort entfernen, durften weder Grundstücke erwerben noch verkaufen. Telefon und Radio waren für sie fortan verboten. Ihren Kindern wurde der Zugang zur Universität versagt.[3]

Unter der Regierung von Assad, der sich 1970 an die Macht geputscht hatte, blieben die Juden vorerst weiter in dieser demütigenden Form diskriminiert. Erst als Syrien sich Mitte der achtziger Jahre schrittweise dem Westen zu nähern begann, lockerte die Regierung die Verbote, stellte die Juden rechtlich wieder den anderen religiösen Minderheiten gleich und erlaubte einigen Juden auch wieder Auslandsreisen. Weiterhin blieb es ihnen allerdings untersagt, außerhalb der jüdischen Viertel zu wohnen. In ein anderes Land auszuwandern, sich gar in Israel anzusiedeln, ist syrischen Juden erst erlaubt, seit 1992 auf Druck der USA die (zähen) Friedensverhandlungen zwischen Syrien und Israel begonnen haben. Und seither ist die Massenauswanderung der noch verbliebenen 4000 Juden nicht mehr zu stoppen.

Die lange Geschichte einer einst beachtlich großen jüdischen Minderheit in einem Kernland des Islam nähert sich damit unaufhaltsam ihrem Ende – ein Zusammenleben, das über weite Zeiträume weniger Spannungen geschaffen hat als das zwischen Christen und Muslimen.

Die Kluft zwischen Muslimen und Juden wächst. Nur wenige

auf beiden Seiten scheinen bereit zu sein, die politische und kulturelle Biographie der anderen auch nur im Ansatz verstehen zu wollen. Viele Muslime verharmlosen oder ignorieren beharrlich das jüdische Trauma, das durch den europäischen Antisemitismus und schließlich den Holocaust des deutschen Nationalsozialismus entstanden ist – ein Trauma, das wesentlich zur Auswanderung vieler Juden ins »Gelobte Land« und zur Gründung des Staates Israel beigetragen hat. Umgekehrt zeigen Juden oft wenig Verständnis für das arabische Trauma, das ohne das Unrecht westlicher Kolonialpolitik nicht denkbar wäre: dass die heutigen Staatsgrenzen des Nahen Ostens hauptsächlich durch Europäer festgelegt wurden, nicht aber durch die Araber selber.

Baath und Islam

Michel Aflak: Ein Christ gründet die Baath-Partei

Nichts erinnert Mitte der neunziger Jahre in Syrien an Michel Aflak, den Gründer der Baath-Partei. Sogar in seiner Geburtsstadt Damaskus finden wir kein einziges Denkmal, nicht einmal Hinweise auf sein ehemaliges Wohnhaus oder seine Wirkungsstätten. Welch ein Kontrast zum sonst so üppigen Personenkult um den Staatspräsidenten Hafis al-Assad, mit dessen Porträts in oft monströser Größe die Syrer auf Schritt und Tritt konfrontiert sind.

Nur einem einzigen weiteren Baath-Politiker huldigt die Partei noch mit Plakaten: Basil al-Assad, dem ältesten Sohn des Staatspräsidenten. Obwohl er 1994 durch einen Autounfall ums Leben kam und Syriens Geschichte nur wenig beeinflusste, verschafft ihm ein staatlich verordneter Totenkult noch Jahre später größte Aufmerksamkeit. Weshalb ist das bei Michel Aflak, dem 1989 verstorbenen Schöpfer des Baath-Sozialismus und dem ungleich bedeutenderen Politiker, so ganz anders?

Wenn wir uns näher mit der Geschichte der Baath-Partei beschäftigen, stoßen wir auf die heikle Tatsache, dass Aflak im heutigen Syrien eine Unperson ist. Er, der mehr als drei Jahrzehnte lang als Generalsekretär die ideologische Richtung der Partei vorgab, starb im Exil, angefeindet von einer Reihe politischer Weggefährten. Seine Lebensgeschichte ist aufschlussreich für das Verständnis der Baath-Partei sowohl in ihren ideologischen und politischen Stärken als auch in ihren Widersprüchen.

Als Michel Aflak 1910 in Damaskus geboren wurde, war die Metropole noch das Zentrum der osmanischen Provinz Surya, regiert von einem türkischen Gouverneur. Damals zählte Syriens Hauptstadt erst rund 154 000 Einwohner, davon etwa 10 000 Christen. Aflak, der einer alteingesessenen Kaufmannsfamilie griechisch-orthodoxer Christen entstammte, besuchte eine westliche Schule wie viele andere syrische Christen und Muslime der Oberschicht. Seine Eltern waren wohlhabend genug, um den Neunzehnjährigen zum weiterführenden Studium nach Frankreich zu schicken. Die Sorbonne in Paris genoss damals auch in der arabischen Welt den besten Ruf.

Aber so sehr die Familie Aflak die westliche, besonders die französische Zivilisation schätzte, so sehr empörte sie sich andererseits über die Kolonialherrschaft. Für den politisch aktiven Vater, einen glühenden Nationalisten, war es eine schwere Enttäuschung, dass die Franzosen und Briten nach ihrem Sieg über die Türken am Ende des Ersten Weltkriegs nicht wie versprochen den Arabern ein »Großarabien« oder wenigstens regionale, unabhängige Staaten zugestanden hatten. Als im Juli 1920 französische Truppen im Norden der ehemals osmanischen Provinz Surya einmarschierten und britische Truppen im Süden, war Aflaks Vater unter den Demonstranten, die durch die Straßen von Damaskus zogen und gegen die neue Fremdherrschaft protestierten. Er hatte bereits unter der türkischen Regierung einige Zeit wegen seines arabischen Nationalismus im Gefängnis verbracht und musste nun zusammen mit Gesinnungsgenossen wiederum für etliche Monate in Haft.

Michel Aflak, politisch entsprechend vorbelastet, studierte in Paris neben der europäischen Geschichte auch die Geschichte arabischer Völker, wie sie sich aus dem Quellenmaterial westlicher Orientalisten erschloss. In diesem Zusammenhang lernte er begreifen, dass es außer den religiös-kulturellen Verschiedenheiten auch eine ethnisch-kulturelle Gemeinsamkeit gab: das »Arabische«. Wie der europäische Nationalstaat religiöse Gegensätze überwölben konnte, so sollte in diesem Fall die »arabische« Nationalität das Konfliktpotenzial zwischen Islam und Christentum beseitigen. Für Aflak, den Angehörigen einer beargwöhnten Minderheit, bedeutete das eine befreiende Erfahrung. Auf ihm wie auf vielen anderen lastete das Trauma, dass Christen trotz offiziell garantierter Religionsfreiheit unter islamischer Regierung immer auch gefährdet blieben. Das Massaker von 1860 in Damaskus war noch in lebhafter Erinnerung. Arabische Christen konnten sich also, wenn sie nationalistisch dachten, aus dem Zustand einer geduldeten Minderheit lösen – sie konnten sich als »Araber« den Muslimen ebenbürtig fühlen. Gerade diese Zukunftsvision ließ, wie ich schon ausführte, arabische Christen in großer Zahl zu arabischen Nationalisten werden. Ebenso sahen Mitglieder unorthodoxer muslimischer Sekten im arabischen Nationalismus einen Ausweg aus ihrer bisherigen Isolierung.

Aflak näherte sich während seines Studiums in Paris kommunistischen Gruppierungen an. Er befasste sich nicht nur ausführlich mit den Lehren von Karl Marx, sondern auch mit Lenin, und schließlich trat er der Kommunistischen Partei Syriens bei, die in Paris gegründet worden war. Er blieb Mitglied im Politbüro bis 1943, jenem Jahr, als er die Baath-Partei gründete. Wie das, wo sich doch Marx und Lenin ausdrücklich zum Atheismus bekannten? Der arabische Kommunist Aflak bekannte sich, wie viele seiner Parteifreunde, zu den »kulturellen Werten religiöser Tradition«. Er bezeugte demonstrativ seinen Respekt vor dem Islam, wohl wissend, dass er sonst nur wenige Muslime für seine Idee eines übergreifenden arabischen Nationalismus gewinnen konnte. Trotzdem sollte er gerade mit dieser Haltung später in Syrien bei orthodoxen Muslimen auf Widerstand stoßen. Sie kritisierten, dass er den Islam nur als »Kultur« bezeichnete, nicht als Offenbarung Gottes. Aflak selbst war kein Atheist, aber er entfernte sich entschieden von jenem gesellschaftlichen Konsens in seiner Heimat, wonach Religion, soziales Leben und Politik eine Einheit bilden.

1934 kehrte Aflak nach Syrien zurück und wirkte in Damaskus an einer staatlichen Schule als Geschichtslehrer. Es war eine Zeit größter politischer Umwälzungen. Zielstrebig arbeitete damals die französische Mandatsregierung darauf hin, den Libanon als eigenständigen Staat aus Syrien herauszutrennen. Entsprechend gärte es im Volk, entsprechend wuchs in der schmalen syrischen Bildungsschicht die Zahl jener, die einen »antikolonialistischen« Nationalismus befürworteten. 1943 gründete Aflak die Partei der »Arabischen Wiedergeburt«, »Al-Baath al-Arabi«. Aflak verstand seine Parteigründung als Zeichen nationalen Protests. Der Protest richtete sich zuallererst gegen die Absicht der französischen Mandatsregierung, Syrien und den Libanon als zwei getrennte Staaten in die Unabhängigkeit zu entlassen.

Mitte der fünfziger Jahre vereinigte sich Aflaks Bewegung mit der »Arabischen Sozialistischen Partei«, die der Rechtsanwalt Akram Hourani aus Hama gegründet hatte. Der gemeinsame Name lautete nun »Sozialistische Partei der arabischen Wiedergeburt«, »Hizb al-Baath al-Arabi al Ishtiraki«. Damit hatte sich in der organisatorischen Struktur endgültig jene Partei herausgebildet, die während der folgenden Jahrzehnte die politische Zukunft des Nahen Ostens wesentlich mitgestalten sollte.

»Einheit, Freiheit, Sozialismus«, so lautete die Parole. Mit »Einheit« bezogen sich die Baathisten auf die »arabische Nation«, in der sich die einzelnen arabischen Völker – von den Irakern im Osten bis hin zu den Marokkanern im Westen – zusammenschließen sollten. Als Vorbild erschien ihnen die arabische Einheit zu Beginn der islamischen Geschichte. Die

»Araber« müssten aus politischer Vernunft ihre Einzelinteressen überwinden, denn geteilt lieferten sie sich wehrlos der wirtschaftlichen Ausbeutung durch den Westen aus. Unter »Freiheit« verstanden die Baathisten ein politisch unabhängiges »Großarabien«, das nach der Vertreibung der Kolonialmächte errichtet werden sollte. Die individuelle Freiheit des Einzelmenschen spielte in diesem Konzept keine Rolle. »Sozialismus« (»Ishtirakya«) schließlich bedeutete, die bisherigen Feudalstrukturen zu beseitigen und vor allem eine Landreform zugunsten der Kleinbauern durchzuführen. Es gelte eine »neue Gesellschaft« zu schaffen, in der die krassen Unterschiede von Reich und Arm, Gebildet und Ungebildet, überwunden seien.[1]

Ausdrücklich grenzten sich Aflak und auch spätere Baath-Sozialisten gegen die Regimes mit traditioneller feudalistischer Ideologie ab, besonders gegen die Monarchie in Saudi-Arabien und die Scheichtümer am Golf, aber auch gegen die Monarchien in Jordanien und Marokko. Dagegen warben sie um den schmalen bürgerlichen Mittelstand, auf dessen Kenntnisse und Wirtschaftskraft die Baathisten angewiesen waren. Ohnehin kamen ja die meisten revolutionären Nationalisten aus eben dieser Mittelschicht. Keine der Baath-Regierungen hat deshalb jemals das Prinzip des Privateigentums angetastet. »Sozialismus« als Programm blieb vage. Aflak hatte offen gelassen, ob eine Baath-Regierung eine Planwirtschaft nach dem Vorbild kommunistischer Ostblockstaaten schaffen oder mehr einer Privatwirtschaft freien Raum geben sollte. Er meinte, die sozialistische Ideologie müsse sich den arabischen Verhältnissen anpassen. Die Praxis sah dann später entsprechend zwiespältig aus. Einerseits unterwarfen die Politfunktionäre das Erziehungswesen wie das Wirtschaftsleben stark bürokratischen Zwängen. Andererseits aber ließen sie genug Nischen, innerhalb derer die Geschäftsleute ihren Privatbesitz wahren und mehren konnten.

In einer Hinsicht allerdings hatte Aflak von Anfang an zu

einer klaren Entscheidung gefunden: Eine bürgerlich-demokratische Verfassung, wie er sie in Frankreich kennengelernt hatte, lehnte er ab. Ausdrücklich betonte er, das »arabische Volk« sei noch nicht reif für die Demokratie, stecke noch zu tief im Stadium der Unterentwicklung. Bis das Volk die notwendige Bildung erworben habe, brauche es eine Partei, deren Führung aus einer Avantgarde der Gebildeten und Wissenden bestehe. Auf den Punkt gebracht: Dem unwissenden Volk könne nur durch eine Erziehungsdiktatur der Weg gewiesen werden.

Der Chefideologe der Baath-Partei berief sich mit dieser Forderung auf ein Vorbild innerhalb der islamischen Staatenwelt: auf Atatürk, den Schöpfer der modernen »säkularen« Türkei. Atatürk habe als erster muslimischer Politiker während der zwanziger und dreißiger Jahre auf revolutionärem Weg »fortschrittshemmende« islamische Traditionen beseitigt. Und er habe diese Reformen nur als Diktator durchsetzen können, argumentierte Aflak, denn im unwissend gehaltenen Volk habe das Bewusstsein für die Notwendigkeit solcher Reformen gefehlt. Entsprechend habe sich Atatürk auf eine schmale Schicht revolutionärer Offiziere und auf eine Minderheit fortschrittlicher Bürger stützen müssen.

Aber wenn wir nach Aflaks eigentlichem Vorbild suchen, dann rückt eine viel mächtigere Gestalt in den Vordergrund: Lenin. Der russische Revolutionär hatte das Konzept der Elitepartei als Motor des revolutionären Prozesses schon 1902 in seiner Schrift »Was tun?« entwickelt. Gerade auch Atatürk hatte sich von dieser Konzeption inspirieren lassen.

Atatürks »Republikanische Volkspartei« ging politisch allerdings bald andere Wege. Dessen Nachfolger Ismet Inönü hatte 1946 erstmals Oppositionsparteien zugelassen und damit in der Türkei den Übergang zu einer parlamentarischen Demokratie nach westlichem Vorbild eingeleitet. Aber Aflak und später die Baath-Sozialisten, ob nun in Syrien oder im Irak, hielten unbeirrt am Prinzip der Einparteienherrschaft nach dem Vorbild

Lenins fest. Sie wussten (und das gilt auch noch heute), dass sich die revolutionäre Baath-Partei angesichts der Masse orthodoxer Muslime nur durch eine straff organisierte Führungsgruppe und deren perfekten Überwachungsapparat an der Macht halten kann.

Aflaks Absage an eine Demokratie nach westlichem Vorbild billigten allerdings die meisten Araber, ob nun Muslime oder arabische Christen, ob traditionalistisch gesinnt oder von westlichem Denken beeinflusst. Da sich in ihrer eigenen Kultur keine Ansätze zu einem echten politischen Pluralismus hatten entwickeln können, fehlte ihnen das Verständnis für die Vorzüge einer parlamentarischen Demokratie.

Die eigentliche Bewährungsprobe für Aflak und seine Ideologie stand bevor, als die Baath-Partei an die Macht kam. Der Weg zur Macht dauerte exakt 20 Jahre. Relativ gut hatte Aflak bis dahin alle politischen Widerstände als ideologischer Führer der Baath-Partei überstehen können. Aber als er sich 1963 am Ziel seiner Träume sah und nun tatsächlich Macht ausüben konnte, traten die Interessenkonflikte verschiedener Gruppen innerhalb der Partei deutlicher zutage. Diese Konflikte entstanden dadurch, dass ihre Anhängerschaft aus unterschiedlichen sozialen Gruppen, Berufen und Religionen zusammengesetzt war.

Großarabische Träume und die Wirklichkeit

Der Erfolg der Baath-Ideologie besonders während der fünfziger und sechziger Jahre gibt Aufschluss über die Grundstimmung unter gebildeten Muslimen. Indem die Baathisten die Einheit aller »Araber« in ihrem Programm festschrieben – eine Einheit über alle religiösen und sozialen Barrieren hinweg –, trafen sie den Nerv im verunsicherten Bewusstsein der arabischen Bildungsschicht. Viele empfanden damals ein tiefes Unbehagen an erstarrten religiösen und sozialen Strukturen.

Unter den Anhängern der Baath-Partei sammelten sich von Anfang an unzufriedene Bürger, die sich durch die traditionell-religiöse Führungsschicht in ihrer Entfaltung gebremst sahen: Lehrer, Rechtsanwälte, Ärzte, Techniker, Studenten, in zunehmendem Maß auch Offiziere. Ihre politischen Interessenvertreter hofften, mit sozialrevolutionären Forderungen das Volk hinter sich zu bringen. Sie wollten die Masse der Benachteiligten mobilisieren, um mit deren Hilfe die Macht der bisherigen orthodox-traditionellen Elite zu brechen.

Besonderen Einfluss innerhalb der Baath-Partei gewannen die Offiziere. Dies hatte eine innere Logik. Das Offizierscorps fühlte sich in Syrien – wie in fast allen arabischen Ländern – berufen, den Staat politisch zu führen. Anders als die qualifizierten Wirtschaftsfachleute und die rivalisierenden Intellektuellen, die aus einer äußerst schmalen Bürgerschicht stammten, bildeten die Offiziere die einzige gut ausgebildete Gruppe mit Corpsgeist, Eigenbewusstsein und Gespür für Macht; daher konnten sie sich am ehesten durchsetzen. In Syrien kam noch eine Besonderheit hinzu, die gerade für die Baath-Partei entscheidende Folgen haben sollte: Das Offizierscorps bestand nicht – wie etwa die Gesamtbevölkerung – überwiegend aus sunnitischen Muslimen, sondern aus Christen, Alawiten und Drusen. Von Anfang an gelangte damit in die Partei das Element religiöser Rivalität.

Der fehlende Proporz geht auf das französische Kolonialregime zurück. Die Franzosen hatten nach dem Prinzip »teile und herrsche« dafür gesorgt, dass die Angehörigen religiöser Minderheiten bevorzugt Karriere in der Armee machen konnten. Diese Minderheiten sollten in hohe militärische Ränge aufsteigen und so der Kolonialregierung helfen, die Machtelite der sunnitischen Muslime wirksam zu kontrollieren, ja zu schwächen. Aber mit dieser Funktion gewannen die bisher Benachteiligten beträchtlich an Selbstbewusstsein und waren nach dem Abzug der Franzosen 1946 nicht bereit, die ihnen zugewachsene Macht abzugeben. Allerdings stritten Christen, Alawiten und Drusen auch untereinander heftig um Führungspositionen. Und da sie sich durch blutige Machtkämpfe gegenseitig schwächten, konnten sunnitische Muslime wenigstens vorübergehend verlorenes Terrain innerhalb der Baath-Partei zurückgewinnen. Solche Spannungen schmälerten zeitweise die Erfolgschancen der Baathisten gegenüber konkurrierenden Parteien.

Seit Mitte der fünfziger Jahre gingen die Baath-Sozialisten trotzdem verstärkt daran, auch in anderen arabischen Staaten unter jungen Intellektuellen und Offizieren um Anhänger zu werben. Mitglieder der »großarabischen« Baath-Partei beteiligten sich während der folgenden Jahre an Putschversuchen, nicht nur in Syrien, sondern auch im Irak, in Jordanien, im Jemen, im Sudan, in Tunesien. Aber vorerst brachte sie die rege Aktivität nirgends an die Macht.

1957 gelang den Baathisten in Syrien allerdings ein entscheidender Schritt nach vorne. Dort stellten sie sich an die Spitze einer breiten nationalistischen Bewegung, die eine »Großarabische Union« zwischen Syrien und Ägypten forderte. Baath-Politiker trugen wesentlich dazu bei, dass 1958 der Zusammenschluss beider Staaten unter dem Namen »Vereinigte Arabische Republik« zustande kam. Ein entscheidendes Zugeständnis mussten die Syrer allerdings machen: Sie mussten dem ägyptischen Präsidenten Gamal Abd an-Nasser auch die Präsidentschaft über Syrien anbieten, weil allein er überragende Autorität unter den arabischen Nationalistenführern besaß. Aber genau aus diesem Umstand heraus entstanden auch die ersten großen Probleme.

Die Ursachen für das Scheitern dieser »Großarabischen Union« schon nach drei Jahren sind vielfältig. Zum einen dachte Nasser nicht daran, seine Macht mit den verbündeten Baath-Sozialisten zu teilen. Er ließ alle syrischen Parteien verbieten, einschließlich der Baath-Partei, und besetzte die

Schlüsselpositionen in Syrien mit ägyptischen Funktionären der Nasseristischen Einheitspartei. Zum anderen lag das Scheitern am tief eingewurzelten Misstrauen zwischen Syrern und Ägyptern. Beide Völker hatten jahrhundertelang im Gefühl der kulturellen Verwandtschaft und gleichzeitig der Rivalität gelebt. Die Ägypter demütigten mit ihren Überlegenheitsdemonstrationen die Syrer, die sich umgekehrt mit ihrer Kultur und ihrem Lebensstandard den Ägyptern überlegen sahen.

Welche Emotionen aufgewühlt wurden, konnte ich noch drei Jahrzehnte später in Gesprächen erfahren. Viele Syrer und Ägypter betonen zwar bis heute, dass sie sich weiter als »Brüder« fühlten, andererseits sei aber die Union damals ein politischer Fehler gewesen. Ein Ägypter, mit dem ich in Wien sprach, bekannte bewundernswert selbstkritisch: Er sei damals wie viele seiner Landsleute mit dem Vorurteil nach Syrien gekommen, Syrien sei im Vergleich zu Ägypten in jeder Hinsicht der »kleine Bruder«, ein eher unterentwickeltes Land. Umso mehr habe ihn dann irritiert, dass er nirgends in Damaskus Barfüßige entdeckte, wie er es von Kairo gewohnt gewesen sei, auch hätten sich die Syrer höflicher und kultivierter verhalten als die Ägypter. Heute könne er gut verstehen, dass die anfängliche Sympathie der Syrer für Ägypten in Enttäuschung, in verletzten Stolz umgeschlagen sei.

Diese rasch wachsende Enttäuschung machte sich wiederum die Baath-Partei zunutze, um im Volk Unruhe gegen die »ägyptische Fremdherrschaft« zu schüren. Als es 1961 zum Militärputsch in Damaskus kam und die Union mit Ägypten zerbrach, hatten die Baathisten maßgebend zu dieser Kehrtwendung beigetragen. Aber auch dann noch mussten sie das Regieren einer Junta überlassen, innerhalb derer ihre Sympathisanten nur begrenzten Einfluss besaßen.

Die Stunde für Syriens Baath-Partei kam im März 1963. Ein weiterer Militärputsch brachte jetzt den Baathisten die Alleinherrschaft. Unter den ranghohen Offizieren, die diesmal den

Putsch vorbereitet hatten, fanden sich verhältnismäßig viele Alawiten, Drusen und Christen. Gerade die Angehörigen religiöser Minderheiten zeigten sich ja besonders vom überregionalen Nationalismus der Baath-Partei angezogen. Der Christ Michel Aflak erreichte nun als Generalsekretär den Höhepunkt seiner Karriere. Allerdings blieb das Amt des Staatspräsidenten wie des Ministerpräsidenten sunnitischen Muslimen vorbehalten, dies schon deshalb, um die sunnitische Mehrheit der Syrer nicht vor den Kopf zu stoßen. Staatspräsident wurde General Amin al-Hafis, Ministerpräsident Salah ad-Din al-Bitar. Der letztere war eng mit Aflak verbunden: Schon in Paris waren beide als Studenten befreundet gewesen, und 1943 hatte Bitar wesentliche organisatorische Hilfe bei der Gründung der Baath-Partei geleistet.

Formell blieb Syrien zwar auch unter dem Diktat der Baath-Regierung ein Mehrparteienstaat, denn nur knapp über die Hälfte der Parlamentsabgeordneten rekrutierten sich in der Folge bei Wahlen aus Baath-Sozialisten. Die übrigen traten als Repräsentanten etlicher kleinerer Parteien auf. Opposition war für diese Parteien jedoch unmöglich, ihr Überleben konnten sie nur sichern, wenn sie sich der Generallinie der Regierungspartei anpassten. Von nun an kontrollierten die Baath-Sozialisten diktatorisch mit mächtiger Unterstützung aus Militärkreisen die Medien und das gesamte öffentliche Leben.

Die Macht in Syrien bedeutete für die Baathisten nur die erste Station, um bald als überregionale Partei ein »vereinigtes Großarabien« zu regieren. In ihrem Ziel bestärkt fühlen konnten sie sich, weil nur einen Monat zuvor sich im Irak die Machtverhältnisse entscheidend verändert hatten: Irakische Baathisten hatten nach einem Militärputsch im Februar zumindest einen Teil der Regierungsverantwortung übernehmen können. Damaskus und Bagdad tauschten bald Freundschaftsgrüße aus, beide Regierungen entwarfen im Zeichen einer »großarabischen« Vision den Plan, Syrien und der Irak müssten sich nun zu einer Union zusammenschließen. Der Traum platzte jedoch schon im November desselben Jahres, als der irakische Präsident Aref die mit ihm verbündete Baath-Partei entmachtete und die Alleinherrschaft an sich riss.

Generalsekretär Aflak und Ministerpräsident Bitar gerieten verstärkt ins Kreuzfeuer der Kritik. Denn unerschütterlich hielten sie daran fest, dass sich alle arabischen Völker vom Golf bis zum Atlantik unter dem Banner einer »arabischen Nation« einigen müssten. Gegner in den eigenen Reihen hielten nach dem Scheitern auch der Union Syrien-Irak ein politisch geeintes »Großarabien« für ein zu fernes, ja unrealistisches Ziel. Syriens Baath-Partei sollte sich in nüchterner Selbstbeschränkung damit begnügen, ein »Großsyrien« zu schaffen, in das der Libanon und Palästina einzugliedern seien. Rasch verloren Aflak und Bitar innerhalb der Baath-Partei an Boden, zunächst profitierte davon Staatspräsident al-Hafis.

1966 erschütterte ein weiterer Militärputsch Syrien, nun der neunte Umsturz innerhalb von 17 Jahren. Der Putsch war so mörderisch wie viele andere auch, allein vor der Residenz des Staatspräsidenten al-Hafis starben unter dem Feuer von Maschinengewehren und Granatwerfern über 200 Soldaten. Die Putschisten aber waren Baath-Sozialisten, die ein »Großsyrien« statt eines »Großarabien« befürworteten. Sie übernahmen die Macht und bezeichneten sich als »Neo-Baathisten«. Mit ihrer Kurskorrektur erteilten sie allen »panarabisch« orientierten Bestrebungen und Parteien eine Absage. Aflak und Bitar verloren den letzten Einfluss innerhalb ihrer Partei.

Zwei Jahre später, 1968, gelang den Baathisten im Irak der entscheidende Putsch. Nach vergeblichen früheren Versuchen besetzten sie nun in Bagdad alle Schalthebel der Macht. (Stellvertreter des irakischen Baath-Präsidenten Hassan al-Bakr wurde Saddam Hussein.) Der Putsch im Irak blieb allerdings der einzige dauerhafte Erfolg der Baath-Sozialisten außerhalb Syriens. Überall sonst mussten die Baathisten während der sechziger Jahre endgültig regionalen Nationalbewegungen weichen. Den syrischen Baathisten brachte der Erfolg der »Bruderpartei« in Bagdad aber wenig Freude. Denn die irakischen Baathisten hielten ideologisch am Ziel einer Vereinigung aller arabischen Staaten zu einem »Großarabien« fest – natürlich unter irakischer Führung. Den Militärputsch der Neo-Baathisten 1966 in Damaskus bezeichneten sie als »Konterrevolution«, als Verrat an der ursprünglichen Idee. Umgekehrt schlossen die Neo-Baathisten die irakischen Abweichler von der Partei aus. Endgültig war so die überregionale Partei in zwei ideologisch feindliche Flügel gespalten, war das »großarabische« Band zerrissen.

Das weitere Schicksal von Aflak wie von Bitar illustriert diese Todfeindschaft gerade unter ideologischen Brüdern.

Aflak, der nach dem Putsch von 1966 zunächst zurückgezogen lebte, beobachtete mit wachsender Verbitterung den neuen Kurs seiner Partei. 1968 emigrierte er nach Bagdad, wo ihn die »Bruderpartei« mit offenen Armen aufnahm. Als Generalsekretär nun der irakischen Baath-Partei gab er den dortigen Machthabern die Möglichkeit, sich als die Erben des »wahren«, »unverfälschten« Baathismus zu bezeichnen.

Im Gespräch mit Irakern (das ich 1991 allerdings in Wien führte) erfuhr ich Näheres über die zweite Karriere des Parteigründers. Aflak habe unter Saddam Hussein eine Zeit lang das ehrenvolle Amt des Vizepräsidenten und Stellvertreters ausgeübt. Zwar habe es immer wieder Spannungen zwischen Aflak, dem Verfechter der großarabischen Idee, und Saddam Hussein, dem letztlich nur zynischen Machtpolitiker, gegeben, aber nach außen hin sei dies immer wieder notdürftig vertuscht worden. Als Aflak 1989 im achtzigsten Lebensjahr in einer Pariser Klinik starb, habe Saddam Hussein den Toten nach Bagdad überführen lassen und dort mit großem Pomp ein Staatsbegräbnis inszeniert. Saddam Hussein habe sogar das Gerücht in Umlauf gesetzt, der Christ Aflak habe ihm kurz vor seinem Tod anvertraut, er sei zum Islam übergetreten. Eine aufschlussreiche Information. Dem irakischen Diktator war anscheinend daran gelegen, den Begründer der »säkularen« Baath-Partei letzten Endes doch noch zu »islamisieren«. Die latente Opposition islamisch-orthodoxer Kreise im Irak ließ eine solche Aussage als nützlich erscheinen.

Tragischer endete das Exil für Salah ad-Din al-Bitar, den entmachteten Ministerpräsidenten und Mitbegründer der Baath-Partei. Er war nach Paris emigriert und arbeitete dort als Herausgeber einer Zeitschrift, mit der er sich an ein arabisches, vorwiegend syrisches Publikum wandte. In zahlreichen Artikeln verurteilte er scharf das Regime der Neo-Baathisten. Er versuchte, eine Exilregierung zu bilden, in der sich die Alt-Baathisten mit Exilpolitikern anderer oppositioneller syrischer Parteien zu einer Allianz zusammenschließen sollten. 1980, als der Neo-Baathist Hafis al-Assad bereits zehn Jahre an der Macht war, wurde Bitar von Geheimagenten des Diktators in Paris erschossen.

Zusammenstöße mit der Orthodoxie

Der Islam sei eine kulturelle Hochleistung des Arabertums, definierte Michel Aflak wegweisend für die syrische wie irakische Baath-Partei. In der Frühzeit der islamischen Geschichte hätten die Araber ihr Wesen am reinsten verwirklicht, und der Prophet Mohammed wie seine Gefährten könnten als die ideale Verkörperung des »arabischen Wesens« verstanden werden.

Solche Formulierungen sehen auf den ersten Blick sehr islamfreundlich aus. Aflak, der als syrischer Christ und Intellektueller in Paris selbst zur eigenen Religion eine kritische Distanz aufgebaut hatte, definierte den Islam nicht als eine Offenbarung Gottes, sondern als eine große Leistung »arabischer Kultur«. Mehr noch: Diese religiös-soziale Kultur sei durch Menschen gestaltet und von Einflüssen anderer Kulturen abhängig, sie habe sich dementsprechend auch während späterer Jahrhunderte verändert. Aflak bemängelte, der Islam habe, als er sich bis Spanien und Indien ausbreitete, viel von seinem »arabischen Wesen« eingebüßt. Im selben Maß habe die »arabische Kultur« an Kraft verloren. Nun aber sei es für die Araber an der Zeit, sich auf das ursprüngliche Wesen ihrer Kultur zurückzubesinnen.[2]

Orthodoxen Muslimen kam es einer Gotteslästerung gleich, den Islam von einer allumfassenden Offenbarung Gottes auf eine »kulturelle Schöpfung der Araber« zu reduzieren. Das hieße ja, der Islam sei letztlich eine von Menschen geschaffene, für menschliche Fehler anfällige Institution. Auch konnten orthodoxe Gläubige nicht akzeptieren, den Islam vorrangig mit den Arabern zu verknüpfen. Schließlich betont der Islam die Einheit aller Gläubigen jenseits der unterschiedlichen Kulturen und Nationen – und von daher kann nur der Islam und nicht eine »arabische Kultur« das ideelle Zentrum des Staates bilden. Aus orthodox-islamischer Sicht musste die Baath-Ideologie stark vom »Unglauben« des »Westens« beeinflusst sein. Dass Aflak ohnehin kein Muslim war, machte die Kritik leichter. Beunruhigend erschien aber, dass dieser Christ gerade gebildete Muslime auf seine Seite ziehen konnte.

Der Konflikt zwischen orthodoxen Sunniten und Baathisten spitzte sich bereits 1950 zu, als das syrische Parlament eine neue Verfassung ausarbeitete. Damals waren die Baath-Sozialisten zwar noch weit von der Macht entfernt, übten aber neben den gemäßigten Nationalisten schon beträchtlichen Einfluss aus. In der Diskussion um die neue Verfassung traten vor allem die Baathisten für einen »säkularen« Staat, für eine weitgehende Trennung religiöser und politischer Instanzen ein. Hierbei wussten sie die politischen Sprecher der religiösen Minderheiten wie Christen, Drusen und Alawiten hinter sich. Ihnen widersprachen heftig die Interessenverbände orthodoxer Sunniten, sie wollten den Islam als Staatsreligion mit allen damit verbundenen Vorrechten für Muslime festgeschrieben haben. Allerdings verweigerte sich eine größere Anzahl sunnitischer Politiker dem Antrag der Orthodoxen. Wie das? Sie fürchteten, die Konflikte zwischen den einzelnen Religionsgemeinschaften könnten eskalieren, falls die Orthodoxen sich mit ihrem Ziel durchsetzten.

Nach monatelangen Auseinandersetzungen kam schließlich der Kompromiss zustande, nur ein Muslim dürfe Staatspräsident sein. Mehr noch: »Hauptquelle der Gesetzgebung« sei »die islamische Rechtswissenschaft« (»al-Fiqh al-islami«), wenn auch nicht die einzige Quelle.[3] Dieses (vorläufige) Ende des Verfassungsstreits ließ erkennen, dass beide Seiten nicht stark genug waren, ihre Ziele durchzusetzen: weder die sunnitische Orthodoxie ihre Vorstellung eines traditionell »islamischen« Staates noch die Gegner ihr »säkulares« Verfassungsmodell nach dem Vorbild Atatürks. Der Kompromiss konnte keine der beiden Seiten wirklich befriedigen und bot letztlich nur Anlass zu neuen Spannungen.

Als 1963 die Baath-Partei in Syrien durch einen Putsch an die Macht gelangte, bekannte sie sich weiter zum Verfassungskompromiss von 1950. Das Amt des Staats- wie des Ministerpräsidenten blieb ja ohnehin, wie schon erwähnt, sunnitischen Muslimen vorbehalten, um die Bevölkerungsmehrheit der Sunniten zu beschwichtigen. Auch achteten die neuen Machthaber strikt darauf, ihre politischen Manifeste stets mit der traditionellen Formel »Im Namen Gottes« zu eröffnen. Damit unterschieden sie sich erheblich von ihrem Vorbild Atatürk. Andererseits aber betonten sie weiterhin, sie wollten einen »sozialistischen Staat« schaffen, in dem die Menschen ohne Ansehen von Religion und sozialer Herkunft als »Araber« gleichberechtigt leben könnten. Energisch drängten religiöse Minderheiten, Schiiten wie Christen, diese Politik in konkrete Ergebnisse umzusetzen.

Nach dem Putsch der Neo-Baathisten 1966 hatten die gemäßigten Sunniten ein weiteres Stück Macht innerhalb der Baath-Partei an die religiösen Minderheiten verloren – besonders aber an die Alawiten. Nach diesem Putsch schufen sich die gestärkten Minderheiten eine Schutzgarde, die sie aus den unteren sozialen Schichten ihrer jeweiligen Religionsgemeinschaften rekrutierten. Im neuen Bündnis vereinigten sich jetzt vorwiegend Alawiten, Drusen und Christen. Wenn auch Sunniten weiterhin die höchsten Ämter besetzten, so wurde nun dem politischen Führer der Alawiten die Schlüsselposition des Verteidigungsministers eingeräumt. Damit begann der Aufstieg von Hafis al-Assad.

Unter den gewandelten Machtverhältnissen verschärfte sich der Konflikt mit der sunnitischen Orthodoxie. Baath-Sozialisten, nun vor allem aus den Reihen der Alawiten, kritisierten mit bisher nicht üblicher Radikalität den Einfluss der geistlichen Rechtsgelehrten auf die Gesetzgebung. Die Polemik der Neo-Baathisten fand 1967 in einer Armeezeitung ihren Höhepunkt. Damals bekannte sich ein Journalist in einem Artikel offen zum Atheismus und stellte das Ideal des »arabisch sozialistischen« Menschen dem Ideal des religiös geprägten Menschen entgegen. Dieser Artikel löste in ganz Syrien Empörung aus, nicht nur bei Muslimen, sondern auch bei vielen Christen. Mit Mühe konnte die Regierung die aufflammenden Unruhen unterdrücken und sah sich gezwungen, auf Drängen hoher muslimischer Geistlicher den Autor wie den Redakteur zu verurteilen.[4]

Die radikale Propaganda der Neo-Baathisten fand selbst in Ägypten Widerspruch bei den ideologisch verwandten Nationalisten unter Gamal Abd an-Nasser. Es kam zum Eklat, als Radio Damaskus Nassers »Philosophie der Revolution« kritisierte und Anzeichen »veralteter religiöser Ideen« zu entdecken glaubte. Nun bezeichnete Nasser unter dem Druck der öffentlichen Meinung Syriens Baathisten als »gottlos«. Der Sheik der Al-Azhar-Universität, höchste Autorität des sunnitischen

Islam, unterstrich dieses Urteil mit einem entsprechenden religiös-rechtlichen Gutachten.[5]

In anderer Hinsicht allerdings gerieten syrische Neo-Baathisten, irakische Baath-Sozialisten und ägyptische Nasseristen gleichermaßen ins Schussfeld konservativer Kritik. Orthodoxe Muslime warfen den Regierungen aller drei Länder vor, die politische Annäherung an die Sowjetunion bedeute auch Sympathie für die »atheistischen Kommunisten«. Ein Missverständnis. Bündnisse dieser Art dienten ganz offensichtlich nur politischer Taktik im Zeichen des Ost-West-Gegensatzes und in der Frontstellung zu Israel. Ein Erfolg dieser konservativen Kritik aber war, dass die Diktatoren in Syrien, Ägypten und dem Irak sich genötigt sahen, ihr Bekenntnis zum Islam zu bekräftigen. Sie taten dies entweder mit öffentlichen Erklärungen oder medienwirksam inszenierten Moscheebesuchen führender Politiker.

Die irakischen Baathisten schlugen zeitweise einen ähnlich radikalen Konfrontationskurs ein wie die syrischen Neo-Baathisten. Dabei fehlen im Irak unorthodoxe Sekten wie Alawiten und Drusen, auch machen Christen nur rund zwei Prozent der Bevölkerung aus. Knapp über die Hälfte aller irakischen Muslime sind Schiiten, die seit vielen Jahrhunderten von Sunniten beherrscht werden. Entsprechend hielten im Irak von Anfang an Sunniten die entscheidenden Machtpositionen auch in der Baath-Partei besetzt, und ausschließlich Sunniten definierten den Islam als eine »Privatsache« des einzelnen Bürgers. Ihre maßgeblichen Ideologen verkündeten während der siebziger und achtziger Jahre: Der Islam als Gesellschaftsordnung sei überholt und ungeeignet, einen modernen, fortschrittlichen Staat zu verwirklichen.[6] Im Irak kam Widerstand gegen solche Art von Ketzerei gleichermaßen aus den Reihen orthodoxer Sunniten wie Schiiten.

Iraks Diktator Saddam Hussein besuchte allerdings unmittelbar vor dem Golfkrieg 1991 demonstrativ die Moscheen und ließ sich dabei effektvoll während des Gebets filmen. Mehr noch: Damals ließ er auf der irakischen Nationalflagge die Worte »Allahu akbar«, »Gott ist am größten«, anbringen, eine religiöse Formel also, wie sie bisher auf keiner arabischen Flagge üblich gewesen war – mit Ausnahme des fundamentalistisch regierten Saudi-Arabien. Eine solch aufdringliche Frömmigkeit, dazu noch ausgerechnet von einem Baath-Sozialisten, bedeutete aber nur einen vorübergehenden Wandel in der Taktik. Zu diesem Zeitpunkt des »nationalen Notstands« war der zynische Machtpolitiker auf die Unterstützung auch der orthodoxen Muslime angewiesen.

Hafis al-Assad und die Baath-Partei

Im November 1995 war ich wiederum in Damaskus, wenige Tage bevor sich die Regierungsübernahme von Hafis al-Assad zum 25. Mal jährte. Ich erlebte einen Personenkult ohnegleichen. Zahlreiche Bauten waren mit Porträts des Staatspräsidenten und seines Sohnes Basil verhängt, manche Hausfassaden verschwanden völlig hinter der Propaganda. Eine Reihe Plakate, von roten Herzen umrahmt, zeigten einen lächelnden, händeschüttelnden Assad inmitten einer begeisterten Menschenmenge – Bilder, die eine Volksnähe des extrem öffentlichkeitsscheuen und misstrauischen Diktators nur vortäuschten. Man kann einen derartigen Personenkult als Schwäche des Regimes auslegen, aber Tatsache ist: Ausgerechnet Hafis al-Assad, der politische Führer einer unorthodoxen schiitischen Minderheit, hat sich länger an der Macht halten können als jeder andere syrische Präsident.

Assad (der arabische Name bedeutet »Löwe«) wurde 1930 im Dorf Qardaha, 15 Kilometer südöstlich der Hafenstadt Lattakia, geboren. Das Dorf ist heute von breiten Autostraßen, Betonwohnblocks und protzigen Villen, den Zeichen des neuen Reichtums, geprägt. Vor dem Regierungsantritt Assads lebten die Menschen dort wie in vielen anderen Alawiten-Dörfern in bitterer Armut. Assad wuchs noch in dem Bewusstsein heran, dass die Alawiten von den Sunniten als »Ketzer« verächtlich, sogar feindselig behandelt wurden. Es war eine Zeit, in der es noch kein Alawit gewagt hätte, sich in Städten wie Damaskus oder Aleppo zu seinem Glauben öffentlich zu bekennen. Es war aber auch jene Zeit, in der die französische Kolonialmacht die Angehörigen religiöser Minderheiten gezielt für die Armee anwarb und sie bevorzugt in höhere Ränge aufsteigen ließ. Für den jungen Assad bedeutete die Armee und schließlich die Offizierslaufbahn die große Chance, aus dem Ghetto einer verfemten religiösen Minderheit auszubrechen. Eine weitere Chance bot sich ihm schließlich in der Baath-Partei, die ja auf Alawiten, Christen und Drusen besondere Anziehungskraft ausübte. 1950 trat der zwanzigjährige Assad einer Geheimgesellschaft von Berufsoffizieren bei, die mit der Ideologie des Baath sympathisierten.

Assads Karriere beschleunigte sich, nachdem die Baath-Partei 1963 die Regierung übernommen hatte. Vom Generalleutnant stieg er zum Generalmajor auf, dann zum Chef der Luftwaffe. Und nach dem Putsch der Neo-Baathisten von 1966 wurde er bereits Verteidigungsminister. Damit war er hinter dem Staatspräsidenten und dem Ministerpräsidenten – beide ja damals noch Sunniten – zum mächtigsten Mann Syriens geworden. Am 14. November 1970 umzingelten Truppen, von Alawiten geführt, den Regierungspalast und besetzten die Rundfunkstation. Der zehnte Militärputsch seit 1948 brachte Hafis al-Assad an die Macht.

Das Jahr 1970 bedeutete nicht nur für Syrien, sondern für den gesamten Nahen Osten eine Zäsur. Nur sechs Wochen vor dem Putsch Assads, am 28. September, war in Kairo Gamal Abd an-Nasser gestorben; den arabischen Nationalisten fehlte damit die überregionale Leitfigur. Wer sollte, wer konnte in Nassers Fußstapfen treten? Assad sind von Anfang an solche Ambitionen nachgesagt worden, später ebenso seinem schärfsten Rivalen Saddam Hussein und auch Libyens Diktator Muammar al-Gaddafi. Aber die Zeichen der Zeit deuteten in eine andere Richtung. Zu Beginn der siebziger Jahre, als die Träume eines »Großarabien« längst an den politischen Realitäten nationaler Egoismen gescheitert waren, konnten die einzelnen Diktatoren ihre Macht und ihren Nimbus ausreichend nur noch im eigenen Staat entfalten. So auch Assad. Diese Macht aber sicherte er gründlich.

Assad benötigte nur wenige Monate, um die vollständige Kontrolle über alle Schaltstellen der Baath-Partei zu erlangen. Im Februar 1971 trat ein neuer Machtapparat an die Stelle des alten: der sogenannte »Volksrat«, der im März Assad zum Staatspräsidenten ernannte. In diesem Volksrat dominierten Alawiten, die wie Assad zum Stamm der Matawirah gehörten. Die wichtigsten Entscheidungsträger stammten aus Assads Geburtsort Qardaha. Bei einer Minderheit innerhalb einer religiösen Minderheit liefen demnach alle Fäden der Macht zusammen. Das System von Assads Herrschaft demonstriert so aufs Neue, dass in Syrien das Ideal einer nationalen Zusammengehörigkeit noch immer nicht gefestigt ist. Außer einer schmalen Bildungsschicht fühlten sich die meisten Einheimischen eben doch nicht in erster Linie als »Syrer«, sondern als Sunniten, Schiiten, Drusen, Alawiten oder Christen. Gerade deshalb konnte Assad letzten Endes nur der eigenen Religionsgemeinschaft vertrauen, voll und ganz sogar nur dem eigenen Stamm, dem eigenen Klan.

Um seine Machtbasis zu verbreitern, sah sich Assad gezwungen, das bisher harte Regime zu lockern. Vor allem musste er die schmale, aber wirtschaftlich entscheidende Schicht des Bürgertums für sich gewinnen, die unter den Einschnürungen einer doktrinären Planwirtschaft litt. Assad liberalisierte die Einfuhr ausländischer Waren, milderte die Devisengesetze und verringerte die Zahl der Geheimpolizisten. Auch hob er das

Ausnahmegesetz auf, das bisher jeder Baath-Regierung erlaubt hatte, Regimegegner ohne Angabe von Gründen zu verhaften.

Nicht minder umwarb Assad orthodoxe Muslime, vor allem Sunniten. Bei ihnen hatte er die stärksten Vorbehalte, nicht nur gegen die Baath-Partei, sondern erst recht gegen die »ketzerischen« Alawiten, zu zerstreuen. Assad kam demonstrativ an hohen islamischen Festtagen zum Gebet in die sunnitische Omayaden-Moschee von Damaskus und er sorgte dafür, dass Rundfunk, Fernsehen und Presse ausführlich über die frommen Auftritte des Staatspräsidenten berichteten. Kein syrischer Baath-Diktator hatte sich bisher für eine derartige Demonstration hergegeben, was umso bemerkenswerter erschien, da ja die Alawiten den Moscheebesuch als bloß »äußerlich« und unwichtig für das religiöse Heil einstufen.

Aber bald drohte eine neue Phase harter Unterdrückung. Das kritische Jahr wurde 1973.

Assad ließ eine neue Verfassung ausarbeiten, die auf die Bedürfnisse seines Regimes zugeschnitten war. Im Gegensatz zur Verfassung von 1950 fehlte nun jede Aussage über den Islam und über die Religion des Staatspräsidenten. Das bedeutete, dass nach dem neuen Entwurf auch ein Nichtmuslim, etwa ein Christ, Syriens Staatspräsident werden konnte. Der Zweck war, die starke Fraktion der Christen innerhalb der Baath-Partei zu beeindrucken und ihre Bindung an die Alawiten zu festigen. Ebenso wollte Assad die Drusen zufriedenstellen, denen ja viele Orthodoxe die Anerkennung als Muslime verweigern. Aber der Vertragsentwurf musste zahlreiche Sunniten wie Schiiten befremden, musste ihnen nach genauerer Prüfung als Skandal erscheinen. Ein Ärgernis bedeutete auch der vorgesehene neue Name: »Sozialistische Volksrepublik Syrien«. Gerade dieser Name schien Annäherung an Politik und Ideologie des kommunistischen Ostblocks zu signalisieren.

Von einem Tag auf den anderen zerstörte Assad wieder das Vertrauen, das er mit seiner Politik der »Öffnung« gewonnen hatte. Jetzt war er dem Verdacht ausgesetzt, er habe ohnehin nur taktische Zugeständnisse gemacht, um die gläubigen Muslime über seine wahren Absichten zu täuschen.

Alawiten, Drusen, Christen ... Sunnitische Regimegegner stellten während dieser unruhigen Monate einen unheilvollen Zusammenhang zwischen den drei religiösen Minderheiten her. Hatten einst nicht die französischen Kolonialherren wechselweise diese Gruppen gefördert, um sie bei Bedarf als Verbündete gegen die Mehrheit der Sunniten auszuspielen? Ohne die Hilfe der Franzosen wäre es den Alawiten niemals möglich gewesen, sich aus dem Status einer unkultivierten, verachteten Minderheit zu lösen. Außerdem hatten die Franzosen die Voraussetzungen dafür geschaffen, dass die Alawiten bereitwilliger als alle anderen Syrer unislamisches Gedankengut in die islamische Welt transportierten. Bis heute seien die Alawiten daher als die gefährlichsten Agenten fremder Mächte zu betrachten.

Die Ulema, das sunnitische Gremium hoher geistlicher Rechtsgelehrter, griff nachhaltig in den Streit ein. Die Ulema hatte allen Grund, durch die neue Verfassung ihre traditionelle Machtstellung gefährdet zu sehen. Aus ihrer Sicht würden es die Machthaber bald wagen, den geistlichen Rechtsgelehrten vollends den Einfluss auf die Politik zu rauben. Die Ulema rief das Volk zum Widerstand gegen die Regierung auf. Es war ein Akt der Verzweiflung aus dem Gefühl heraus, in der Substanz bedroht zu sein.

Unruhen brachen in einer Reihe von Städten aus, besonders heftig tobten blutige Straßenschlachten in Homs und Hama, den Hochburgen von Syriens orthodoxen Sunniten. Militär marschierte zur Unterstützung der regionalen Polizei auf und schoss rücksichtslos in die Menge. Obwohl es Tote gab, ließen sich die Demonstrationen nicht beenden. Ruhe kehrte erst ein, nachdem Assad angekündigt hatte, in die neue Verfassung werde wie zuvor der Passus aufgenommen: »Die Religion des

Präsidenten der Republik ist der Islam.« Aufgeschreckt durch den landesweiten Widerstand, zeigte sich Assad sogar noch zu einem weitergehenden Zugeständnis bereit: Im Artikel drei der neuen Verfassung wurde verankert, das islamische Recht, die Scharia, sei die Hauptquelle der Gesetzgebung. Das verschob die Akzente um ein weiteres Stück: In der Verfassung von 1950 war die Scharia zwar ebenfalls als Hauptquelle, aber nicht als »die« Hauptquelle bezeichnet worden.[7]

Wieder erwies sich Assad als ein Pragmatiker, der sich rasch und wendig veränderten Kräfteverhältnissen anpassen konnte. Je nach Bedarf machte er wechselweise Zugeständnisse an gemäßigte und radikale Baathisten oder eben auch an orthodoxe Muslime. Vordergründig konnte er mit den neuen Zugeständnissen einen taktischen Erfolg sogar für die Alawiten verbuchen. Denn die Sunniten stimmten ja der geänderten Verfassung zu, der Staatspräsident Syriens habe Muslim zu sein, und damit erkannten sie formal an, dass Assad, der »ketzerische« Alawit, ein Muslim sei. Nicht länger konnten Sunniten die Alawiten als »ungläubig« abwerten. Erschüttert war dagegen Assads Image eines »offenen« Staatspräsidenten, dem es gelingt, zwischen »säkularistischen« und orthodox-islamischen Gruppierungen zu vermitteln. Das Misstrauen vieler Muslime gegen das Baath-Regime und besonders gegen die Alawiten war zurückgekehrt.

Gegen das »ungläubige« Regime organisierte sich nach 1973 eine neue Form des Widerstands. Terroristen verübten Attentate »im Namen Gottes« auf führende Politiker der Baath-Partei, besonders auf Mitglieder der Großfamilie Assads. Als Antwort verstärkte Assad den Polizeiapparat. Er stützte sich vor allem auf vier Kräftegruppen: auf den militärischen Geheimdienst; auf einen 22 000 Mann starken Sicherheitsdienst, dessen Führungsspitze sich fast ausschließlich aus Alawiten zusammensetzte; auf einen zentralen Sicherheitsdienst, der die eigene Partei überwachte; und schließlich auf die »Rifaat-

Tiger«, eine junge Garde von 25 000 Alawiten, die, von Assads Bruder Rifaat angeführt, für »Ordnung« in Syriens großen Städten zu sorgen hatte.[8] Christen und Drusen arbeiteten in diesem Sicherheitssystem zwar in beträchtlicher Zahl mit, hatten aber auf die zentralen Machtorgane keinen Einfluss. Damit war Syriens Baath-Regierung endgültig zu einem Regime der Alawiten geworden – einer totalitären Herrschaft, unter der es lebensgefährlich geworden war, eine politisch abweichende Meinung zu äußern.

Aber selbst dieser massiv verstärkte Sicherheitsdienst konnte nicht verhindern, dass die Opposition wuchs und in etlichen Städten schließlich den offenen Aufruhr entfachte. Treibende Kraft unter den Rebellen war die syrische Muslim-Bruderschaft, eine Vereinigung radikal-orthodoxer Sunniten, die den Widerstand anderer orthodoxer Muslime für zu lau, zu halbherzig hielt. Ein Aufruhr unter Einsatz des Lebens, ein »Heiliger Krieg«, sei nötig, um das »gottlose« Baath-Regime zu stürzen, so forderten die Muslim-Brüder.

Ende der siebziger Jahre schien es so, als stünde Syrien ein lang andauernder Bürgerkrieg zwischen »säkularen« Baath-Sozialisten und muslimischen Fundamentalisten bevor. Auch Syrien drohte von einer Entwicklung überrollt zu werden, wie sie sich damals überall in der islamischen Welt als rasch wachsende Gefahr für die bestehenden Herrschaftssysteme abzuzeichnen begann.

Die Ideologie
der Muslim-Brüder

Die Achse Ägypten – Syrien

Die Stadt Homs, an der Hauptverkehrsstraße Damaskus – Aleppo gelegen, ist mit ihren Ölraffinerien und petrochemischen Fabriken einer der wichtigsten Wirtschaftsstandorte Syriens: eine hektische, pulsierende Stadt, die innerhalb dreier Jahrzehnte von 350 000 auf über eine Million Einwohner angewachsen ist. Historisch wertvolle Bauten haben sich nicht erhalten, wenngleich Homs schon zu römischen Zeiten ein Handelszentrum war. Beim ersten flüchtigen Augenschein muss es überraschen, dass dieser expandierende Industrieort im Ruf steht, eine Hochburg sunnitischer Orthodoxie zu sein. Homs ist seit Jahrzehnten ein Sammelpunkt des Widerstands gegen das Baath-Regime, ähnlich wie Aleppo und Hama.

1946, zwei Jahrzehnte bevor sich Homs in ein Industriezentrum verwandelte, war in der noch verschlafen wirkenden Provinzhauptstadt die »Ikhwan al-Muslimun«, Syriens Muslim-Bruderschaft, entstanden: eine Geheimorganisation, paramilitärisch aufgebaut, mit dem Ziel, »ungläubige« Reformer zu bekämpfen und den »säkularen« Staat in eine »islamische Republik« umzuwandeln. Von Anfang an stand diese Bruderschaft in heftiger Konkurrenz zu den syrischen Nationalisten und Modernisten. Erst drei Jahre vorher hatte Michel Aflak die Baath-Partei geschaffen.

Mustafa as-Sibai, der Gründer dieser radikal-islamischen Organisation, wurde 1915 in Homs geboren. Aber der Sohn eines stadtbekannten Predigers hat weder die politisch-religiösen Ideen noch die Struktur der Organisation in Syrien entwickelt. Sein geistiger Bezugsort war Kairo. Von 1933 bis 1937 hatte er in der ägyptischen Hauptstadt gelebt, ursprünglich mit dem Ziel, an der Al-Azhar-Universität religiöses Recht zu studieren. In Kairo hatte as-Sibai einen Mann kennengelernt, der seinem Leben und Denken eine entscheidende Wende geben sollte: Hassan al-Banna. Der Ägypter, ein Volksschullehrer und charismatischer Laienprediger, hatte 1928 in Kairo die erste Muslim-Bruderschaft gegründet. As-Sibai trat der ägyptischen Geheimorganisation bei und wurde einer ihrer eifrigsten Gefolgsleute. In die Heimatstadt Homs zurückgekehrt, wagte as-Sibai bereits 1937 den Versuch, eine syrische Fraktion der Muslim-Bruderschaft ins Leben zu rufen. Damals jedoch scheiterten seine politischen Aktivitäten noch am Widerstand der französischen Mandatsregierung. Erst als 1946 die letzten Kolonialtruppen Syrien verlassen hatten, konnte er Führer der nun offiziellen syrischen »Ikhwan al-Muslimun« werden. Er blieb jedoch nominell der Zentrale der Bruderschaft in Kairo untergeordnet – und bekannte sich auch ausdrücklich zur Autorität des Ägypters Hassan al-Banna.

Um zu verstehen, auf welchen geistigen Grundlagen die Rebellion muslimischer Fundamentalisten gegen »gottlose« Regierungen beruht, müssen wir uns mit den Ursprüngen dieses Denkens, besonders aber mit der Muslim-Bruderschaft in Ägypten vertraut machen. Denn die ägyptische Muslim-Bruderschaft hat stilbildend nicht nur für die syrische, sondern auch für alle späteren fundamentalistischen Massenparteien gewirkt.

Die Wurzeln des islamischen Fundamentalismus reichen allerdings um viele Jahrhunderte zurück. Der früheste Wortführer eines derartigen Denkens, auf den sich heute radikal-islamische Bewegungen gerne berufen, war ein Syrer: der Korangelehrte Ibn Taimiya. Er wirkte gegen Ende des 13. Jahrhunderts in Damaskus und Kairo. Bereits er wollte, wie ich in anderen Zusammenhängen schon erörtert habe, den Islam von allen »wesensfremden« Zusätzen »unislamischer« Denker »reinigen«, bereits er sprach von einer Rückkehr zu einem sogenannten Ur-Islam und verurteilte rigoros eine zu weltliche Kultur. Aber die islamische Kultur des 13. und 14. Jahrhunderts war noch zu vital, zu vielfältig in ihren Strömungen, als dass ein ultra-orthodoxer Ideologe wie Ibn Taimiya schon damals hätte geschichtsmächtig werden können. Untergründig wirkte seine Lehre allerdings weiter. Gegen Ende des 18. Jahrhunderts, als der Niedergang des Osmanischen Reiches eine neue, tief gehende Krisenstimmung erzeugte, griff der in Arabien lebende Korangelehrte Mohammed Abd al-Wahhab auf die Ansätze Ibn Taimiyas zurück und gab dessen Lehre erstmals politische Durchschlagskraft. Die Bewegung der Wahhabiten hatte Erfolg mit ihrer Kritik an der religiösen »Dekadenz« des Osmanenreiches und breitete sich während des 19. Jahrhunderts von der arabischen Halbinsel über halb Nordafrika aus. Die Wahhabiten waren jedoch nicht flexibel genug, um sich auf die ganz andersartige Herausforderung der westlichen Industriezivilisation einzustellen. Entsprechend ließ ihr Einfluss bald wieder nach, heute können sie sich nur noch in einem extrem traditionalistisch orientierten Land wie Saudi-Arabien behaupten.

Anders die Muslim-Bruderschaften. Sie sehen zwar ebenfalls in dem Syrer Ibn Taimiya ihren geistigen Ahnvater. Aber sie haben seine Forderung nach einem »gereinigten Islam« den neuen Gegebenheiten angepasst. Schließlich entstanden sie aus dem Bedürfnis heraus, einer »modernen Fehlentwicklung« des 20. Jahrhunderts die rettende Alternative entgegenzusetzen.

Reaktion auf die Moderne

Das Jahr 1928, als Hassan al-Banna die Ikhwan al-Muslimun in Kairo gründete, markiert für orthodoxe Muslime eine tiefe Zäsur in der islamischen Geschichte.

In eben diesem Jahr hatte Atatürk die Republik Türkei offiziell zum »säkularen« Staat nach westlichem Vorbild erklärt. Den größten Schock für orthodoxe Muslime bedeutete hierbei, dass Atatürk die 1924 verabschiedete und ohnehin schon revolutionäre Verfassung noch einmal radikalisierte: Er ließ den bisherigen Passus, der Islam sei die Religion des türkischen Staates, ersatzlos streichen und vermied in der neuen Verfassung auch sonst jede religiöse Formel. Dies tat er mit dem Argument, das religiös begründete Staatswesen des Islam sei verantwortlich für die Rückständigkeit gegenüber westlichen Industrienationen. Die Politiker müssten ohne jede Bevormundung durch Geistliche regieren, es seien religiöse und staatliche Institutionen strikt zu trennen, erst dann könne die Türkei so modern und erfolgreich sein wie der Westen. Mit Atatürks Reformen wurde die Türkei das erste Land, in dem der Islam seine staatstragende und gesetzgebende Kraft verlor. Erstmals galt nun die Religion als bloße »Privatsache« des einzelnen Muslim.

Bestürzt mussten strenggläubige Muslime zur Kenntnis nehmen, dass im Rumpfstaat des einstigen Osmanenreiches ein türkischer General und Präsident genug Macht und Autorität besaß, um einen derart kühnen Bruch mit der Tradition gegen den Widerstand der Orthodoxen durchzusetzen. Und dies geschah ausgerechnet in einem der wenigen Staaten, die nicht durch eine westliche Kolonialmacht beherrscht wurden. Wie leicht also konnte der fremde Einfluss auch schon ohne militärischen Druck in islamischen Gesellschaften vordringen?

Besonders heftig reagierten Muslime in Kairo, weil vor allem dort während der zwanziger Jahre maßgebende Politiker und Intellektuelle Sympathie für die »säkularistischen« Reformen

Atatürks zeigten. Die Stimmung war bereits 1925 auf einen Siedepunkt gekommen, als Ali Abd ar-Raziq, ein prominenter Kleriker der Al-Azhar-Universität, entschieden für die Trennung von Moschee und Staat, Religion und Politik eingetreten war. Sein Buch »Der Islam und die Quellen politischer Macht« hatte nicht nur in Ägypten, sondern in der gesamten islamischen Welt einen Sturm der Entrüstung ausgelöst. Der prominente Kleriker hatte seinen Posten an der Universität Al-Azhar räumen müssen. Religiöse und politische Erschütterungen wie diese machten die Kluft deutlich, die eine schmale reformgesinnte Bildungsschicht von der Masse traditionalistisch orthodoxer Muslime trennte.

»Jede Neuerung, die sich nicht auf die Religion stützt, führt vom rechten Weg ab; ihr muss mit allen Mitteln Widerstand geleistet werden, sie ist mit allen Mitteln auszumerzen.« So formulierte Hassan al-Banna programmatisch für alle »Rechtgläubigen«.[1] Kategorisch forderte der Gründer der ersten Muslim-Bruderschaft, jeder Politiker müsse seine Entscheidungen wieder strikt dem Schiedsspruch eines Rats von geistlichen Rechtsgelehrten unterordnen, nur dann dürfe er sich als gläubiger Muslim betrachten. »Zurück zu den Wurzeln des Islam!« Dieses Schlagwort wurde zur Parole der ägyptischen wie der syrischen Muslim-Bruderschaft und später aller anderen radikal-islamischen Organisationen.

Ihre ersten Kampfmaßnahmen richteten die Muslim-Brüder gegen die ägyptische Monarchie, denn jene blieb auch nach der formellen Unabhängigkeit Ägyptens 1922 politisch, wirtschaftlich und kulturell von der ehemaligen britischen Kolonialmacht stark abhängig. In ihrem Widerstand sahen sich die Muslim-Brüder bis zu einem gewissen Grad noch mit den »antiimperialistischen« Nationalisten verbunden. Aber kaum regierten die Nationalisten, nachdem sie 1952 die Monarchie durch einen Militärputsch beseitigt hatten, richteten die Muslim-Brüder ihren Widerstand auch gegen die neue Führung.

Der Konflikt zwischen beiden Lagern verschärfte sich, als 1954 Gamal Abd an-Nasser sich innerhalb der Revolutionsregierung zum Diktator machte. Besonders Nasser zeigte keinerlei Neigung, seine Politik von der Aufsicht eines religiösen Wächteramts abhängig zu machen. Im Gegenteil: Nasser setzte umgekehrt die hohe Geistlichkeit unter Druck, dass sie die Ideologie eines »arabischen Sozialismus« mit religiösen Gutachten rechtfertigte.

Über die Art und Weise, wie denn Widerstand gegen »unislamische« Regierungen zu leisten sei, entstanden von Anfang an Meinungsverschiedenheiten innerhalb der Muslim-Bruderschaft. Gemäßigte Parteigänger begnügten sich mit der Strategie, dass Muslim-Brüder alle Bereiche des öffentlichen Lebens unterwandern und als Lehrer, Journalisten, Verwaltungsbeamte, Geschäftsleute, Soldaten, Offiziere ein verändertes Meinungsklima schaffen sollten. Umso stärker könne die Muslim-Bruderschaft dann Einfluss auf das Volk nehmen, umso besser könne sie Druck auf die Regierung ausüben und sie zu Reformen im Sinne des wahren Islam zwingen. Die Gemäßigten argumentierten aus der realpolitischen Einsicht heraus, die Muslim-Bruderschaft sei zu schwach für einen gewaltsamen Umsturz. Ihnen widersprachen radikal gesinnte Ideologen: Die unislamischen Machthaber würden eine wachsende friedliche Opposition sehr bald rigoros unterdrücken; man müsse von vornherein auf einen gewaltsamen Umsturz hinarbeiten, um nicht Opfer fremder Gewalt zu werden.

Die Muslim-Bruderschaft Ägyptens splitterte sich beim Streit über solch unterschiedliche Strategien auf, und die rivalisierenden Gruppierungen operierten oft unabhängig voneinander, ja gegeneinander. Diese Entwicklung erfasste während der folgenden Jahrzehnte auch die syrische Muslim-Bruderschaft, schließlich die fundamentalistischen Bewegungen in nahezu allen Ländern und sollte sie auffächern und manchmal spalten.

Bereits während der vierziger Jahre begannen radikale Gruppen innerhalb der Muslim-Bruderschaft mit Terroraktionen gegen die ägyptische Monarchie, Mitte der fünfziger Jahre in gleichem Maß gegen die Nasseristen. Die Monarchisten wie die Nasseristen schlugen hart zurück. Hunderte Muslim-Brüder verschwanden hinter Gefängnismauern, viele wurden hingerichtet. Hassan al-Banna starb 1949 unter den Kugeln eines Attentäters, der vom Regime des ägyptischen Königs Faruk gedungen war. Sayed Outb, ein Nachfolger al-Bannas, wurde 1966 auf Befehl Nassers wegen angeblicher Verschwörung gehängt.

As-Sibai, dem Begründer der syrischen Muslim-Bruderschaft, blieb der gewaltsame Tod erspart. Er starb 1964 in Damaskus nach langer Krankheit. Doch auch er musste einen Großteil seiner politischen Wirkungszeit im Untergrund verbringen und konnte nie sicher vor Verhaftung sein. 1949 hatte er als gewählter Volksvertreter seiner Partei in ein kurzfristig existierendes freies Parlament einziehen können, bevor ein Militärputsch die Ansätze einer syrischen Demokratie im Keim erstickte. Jeder weitere Militärputsch, der dem Land eine neue Regierung arabischer Nationalisten bescherte, setzte Syriens Muslim-Bruderschaft einem Wechsel von Verbot und Anerkennung, Verfolgung und stillschweigender Duldung aus. Die Zahl ihrer Anhänger wuchs zwar trotz aller Unterdrückung, aber erst in den siebziger Jahren konnte die radikal-orthodoxe Organisation in Syrien das Baath-Regime ernsthaft gefährden.

Und ebenso lange dauerte es, bis im Westen die politische Bedeutung des islamischen Fundamentalismus erkannt wurde.

Fundamentalismus und Islamismus

Wir im Westen haben uns angewöhnt, die radikal-orthodoxen Strömungen im gegenwärtigen Islam unter dem Begriff »Fundamentalismus« zusammenzufassen. Dieser Begriff ist aber zu

Beginn des 20. Jahrhunderts in den USA entstanden. »Fundamentalisten« sind demnach ursprünglich Christen, die vorgeben, sich auf das »Fundament« zu besinnen und ihre Religion rigoros von allen späteren Verfälschungen zu reinigen. Allerdings haben wir schon früh eine Parallele zu ähnlichen Entwicklungen in den geistesverwandten Weltreligionen, im Judentum und Islam, gezogen.

Muslime jedoch wahren Distanz zu unserer Definition, sie verwenden erst seit den achtziger Jahren zögernd das arabische Wort »Usuliyya« entsprechend der westlichen Bedeutung.[2] Dagegen haben sich die radikal-orthodoxen Muslime einen eigenen Namen gegeben: »Islamiyun«, »Islamisten«. Diese Benennung hilft ihnen, sich als die kämpferisch engagierten »wahren Gläubigen« und »wiedergeborenen Muslime« von der Masse der passiven und gedankenlos gläubigen Muslime zu unterscheiden.[3] Und diesen Namen beginnen allmählich auch die westlichen Medien zu verwenden, im Bewusstsein, dass islamischer, christlicher und jüdischer Fundamentalismus eben nur bedingt gleichzusetzen sind.

Wo liegen die Gemeinsamkeiten?

Radikal-orthodox Gläubige, ob nun Christen, Juden oder Muslime, verstehen ihre Heilige Schrift gleichermaßen im Sinn des Buchstabenglaubens wortwörtlich. Sie lehnen die Auffassung ab, dass Wahrheiten der Religion sich nur in historisch gebundener Sprache offenbaren können und somit in jeder Epoche einer zeitgemäßen Interpretation bedürfen. Entschieden verweigern sie sich der modernen Herausforderung, die »Heilige Schrift« – ob nun Bibel, Thora oder Koran – vor dem Hintergrund naturwissenschaftlicher, historischer und kulturwissenschaftlicher Erkenntnisse neu zu verstehen. Um dies an einem christlichen Beispiel zu verdeutlichen: Nach Ansicht christlicher Fundamentalisten fällt schon derjenige vom Glauben ab, der sich der naturwissenschaftlichen Erkenntnis anschließt, die Erde habe sich in Jahrmillionen erst zu ihrer heutigen Form entwickelt. Sie beharren in extremer Buchstabentreue darauf, Gott habe die Welt in sechs Tagen erschaffen, und weigern sich, den biblischen Schöpfungsbericht als eine mythische, historisch zeitgebundene Vorstellung aufzufassen. Folgerichtig neigen die »Fundamentalisten« der drei geistesverwandten Weltreligionen alle mehr oder weniger dazu, viele bedeutende Philosophen oder selbst Theologen abzulehnen, sofern diese mit ihrer »bloß menschlichen« Urteilskraft den Buchstabenglauben in Frage stellen und durch eigene Deutung »Gottes unveränderbares Wort« verfälschen.

Doch hier enden die Gemeinsamkeiten.

Für Muslime ist die Verbindung von Religion und Staat viel zwingender vorgegeben als für Christen. Wie Moses für die Juden gleichermaßen Prophet und Gesetzgeber ist, so ist es Mohammed für die Muslime. In dieser Hinsicht steht Mohammed näher bei Moses als bei Jesus. Die Meinungen gläubiger Muslime müssen daher vorrangig über die Frage auseinandergehen, wie intensiv denn die Verbindung von Religion und Politik zu sein hat.

Selbst gemäßigte Muslime sind einverstanden, dass Politiker in ihren Entscheidungen an sozialreligiöse Grundsätze des Koran gebunden bleiben. Nicht wenige befürworten (und sei es auch nur vage) das traditionelle Konzept, Politiker müssten einem Kontrollorgan geistlicher Rechtsgelehrter verantwortlich sein. Islamisten allerdings legen diese Kontrolle durch Geistliche erheblich radikaler aus, zudem haben sie eine viel engere Vorstellung von historischen Vorbildern. Während gemäßigte Muslime das sogenannte Goldene Zeitalter des Islam bis weit in das 13. Jahrhundert unserer Zeitrechnung dauern sehen, kann für Islamisten nur ein relativ kurzer Zeitraum islamischer Geschichte vorbildlich erscheinen: die sogenannte »Goldene Frühzeit« – jene Epoche, die mit dem Auftreten Mohammeds begann und die jäh endete, als im Jahr 661 Kalif Muawija, der Begründer der Omayaden-Dynastie, in Damaskus die Macht übernahm. Nur die ersten vier Kalifen als Weggefährten Mohammeds seien »rechtgeleitet« gewesen, so sehen es die sunnitischen Islamisten. Nur die zwölf Imame mit Kalif Ali an der Spitze hätten den »wahren Islam« gelebt, so lehren abweichend davon die schiitischen Islamisten. Aber bei allen Unterschieden im Detail, wie denn das »Fundament« auszusehen habe, ist sunnitischen wie schiitischen Verfechtern des Islamismus eines gemeinsam: Nur in der Frühzeit des Islam habe es den »idealen islamischen Staat« gegeben, alle späteren Entwicklungen seien Irrwege.

Noch entschiedener als für orthodox Gläubige steht für radikal-orthodoxe Islamisten die »Scharia« im Mittelpunkt des Denkens. Die Scharia – »Weg«, »Richtung« – ist allerdings, wie schon erwähnt, von geistlichen Rechtsgelehrten erst ein bis zwei Jahrhunderte nach Mohammeds Tod auf der Grundlage von Koran und Sunna detailliert ausgearbeitet worden. Entsprechend wird diese umfassende sakrale Rechtsordnung mit ihren ausgeklügelten Satzungen des Handels-, Familien- und Strafrechts nicht als ein unmittelbares »Wort Gottes« verstanden. Die Scharia gilt als eine Interpretation jener Richtlinien, die im Koran in großen Umrissen vorgegeben sind. Entsprechend ist die Scharia eine offene, wandelbare Form geblieben. Die Islamisten aber meinen: Während der ersten zwei Jahrhunderte nach Mohammeds Tod hätten Korangelehrte noch »rechtgeleitet«, von Gott inspiriert, gegen den wachsenden Widerstand »unislamischer« Muslime alle Satzungen des »göttlichen« Rechts ausgearbeitet. Daher müsse die Scharia zur damaligen Zeit als endgültig abgeschlossene Form betrachtet werden. Hätten sich die Muslime an diese sozial-religiöse Rechtsordnung von damals strikt gehalten, dann wäre später die islamische Gesellschaft von Niedergang und Zerfall verschont geblieben.

Der eigentliche Streit unter Muslimen heute entzündet sich an der Frage, ob geistliche Rechtsgelehrte in der Ausarbeitung der Scharia bis ins Detail »von Gott geleitet« waren – oder ob nicht zusätzlich zeitbedingte Einflüsse das Rechtssystem geprägt haben. Im letzteren Fall hieße das, es wäre den Rechtsgelehrten späterer Jahrhunderte erlaubt, auf veränderte gesellschaftliche Bedingungen zu reagieren; sie dürften also – unter Beachtung der koranischen Grundlinie – das Rechtssystem neuen Erfordernissen anpassen. Gerade dies ist auch in vielen islamischen Ländern immer wieder geschehen, so besonders im Osmanischen Reich. Aus einer solchen Einsicht heraus betrachten es liberale Muslime von heute nicht als »unislamisch«, das Rechtssystem zu modernisieren oder sich bei Reformen unzeitgemäßer Gesetze sogar an fremden Kultureinflüssen zu orientieren.

Allein Islamisten verurteilen jede Korrektur an der althergebrachten Scharia als einen unzulässigen »Modernismus«, als ein Abirren vom ursprünglichen Islam. Ihrer Meinung nach sind solche Reformen »nur von Menschen erdacht«, entgegen dem »ewigen«, »unveränderbaren«, »göttlichen« Recht, und diesen Modernismus sehen sie ausschließlich aus dem Abendland kommen. Islamisten betrachten es als ihre Aufgabe, die sakralrechtliche Staatsordnung in ihrer angeblich gottgewollten Form wiederherzustellen und alle Einflüsse westlicher Moderne in der islamischen Welt zu tilgen.

Wie stark beziehen Islamisten in diesem Zusammenhang Front auch gegen andere Religionen? Etwa gegen das Christentum als der wichtigsten Religion des Westens?

Betrachten wir das Feindbild der Islamisten genauer, dann erwarten uns einige Überraschungen. Islamisten können sowohl dem Christentum als auch einigen Aspekten modernen Denkens – einer »richtig verstandenen Moderne« – positive Aspekte abgewinnen.

Das Feindbild »Säkularismus«

In Syrien lernte ich keine Islamisten kennen, und das hatte ich
nicht anders erwartet. Zu groß ist dort die Furcht vor dem allgegenwärtigen Geheimdienst, der nach Jahren des Terrors die
Muslim-Bruderschaft wieder in den Untergrund hatte drängen
können. Allerdings war es mir möglich, während der letzten
zehn Jahre mit ägyptischen, türkischen, iranischen und algerischen Islamisten über Religion und Politik zu diskutieren,
und bei solchen Gesprächen rückte ein Punkt besonders ins
Blickfeld: Wenn sie auch »westliche« Kultur scharf kritisieren,
stehen sie dem Christentum keinesfalls unversöhnlich gegenüber. Denn radikal-orthodoxe Muslime befolgen ebenfalls das
koranische Gebot, Jesus als den wichtigsten Propheten nach
Mohammed zu ehren. Zwar verurteilen sie christliche »Irrtümer«, betonen aber andererseits die Verwandtschaft im
Glauben. Ich habe immer wieder erlebt, dass sie erklärten, ein
gläubiger Christ sei ihnen um Vieles sympathischer als ein
ungläubiger Muslim.

Formal halten die meisten Islamisten an der Toleranz gegenüber christlicher und jüdischer Glaubenslehre fest, auch gestehen sie Christen und Juden das Bürgerrecht in einem islamischen Staat zu, wie es der Koran vorschreibt. Allerdings fordern
Islamisten kompromisslos: Christen und Juden hätten unter
dem traditionellen Status der »Schutzbefohlenen« zu leben, und
als solche wären sie vom Militärdienst sowie von hohen politischen Ämtern ausgeschlossen und hätten eine besondere Kopfsteuer zu entrichten. Folgerichtig wenden sich Islamisten
aggressiv gegen christliche und jüdische Minderheiten, sofern
diese als Staatsbürger gleiche Rechte wie die Muslime beanspruchen.

Ihren besonderen Zorn richten Islamisten gegen muslimische Politiker, die den Christen und Juden über den traditionellen Rahmen hinaus Freiheitsräume zubilligen. Diesen

Politikern werfen sie vor, anstelle des »islamischen« einen »säkularen« Staat anzustreben: einen Nationalstaat, in dem die Bürger nicht mehr hierarchisch abgestuft als Muslime oder Nichtmuslime bewertet werden, sondern religiös neutral und gleichberechtigt als Syrer, Ägypter, Araber, Iraner, Türken.

»Säkular«. In diesem Schlagwort konzentriert sich alles, was das antiwestliche Feindbild der Islamisten ausmacht. »Säkular« bedeutet weltlich im Gegensatz zu geistlich. Wenn nun radikal-orthodoxe Muslime den »Westen« verurteilen, so konzentriert sich ihre Ablehnung – und auch ihre Furcht – vorrangig auf diese moderne Entwicklung des Abendlandes seit dem 18. Jahrhundert. In säkularen Industriestaaten des Westens fühlen sich die Bürger ja hauptsächlich durch eine gemeinsame Kultur und Sprache verbunden, weniger aber durch eine gemeinsame Religion und keinesfalls durch eine religiös bestimmte Sozialordnung. Islamisten sehen sich in ihrer Ablehnung bestärkt durch die Tatsache, dass nicht nur Demokratien, sondern auch faschistische und kommunistische Diktaturen dem Ideal eines säkularen Nationalismus huldigen – Diktaturen also, die sich ausdrücklich von Religionen distanzieren oder sie gar bekämpfen. Viele orthodoxe Muslime definieren diese unterschiedlichen »säkularen« Systeme in gleichem Maß als »westlich« und glauben, dass von ihnen dieselbe Gefahr auf islamische Länder ausgeht: Bald könnte unter westlichem Einfluss der Koran seine politisch sinnstiftende Autorität verlieren, so wie im Abendland längst die Bibel an Ansehen verloren habe und viele Christen zu Atheisten geworden seien. Der Säkularismus münde letzten Endes in den Atheismus.

Mit solcher Logik finden Islamisten oft sogar bei gemäßigten Muslimen Glauben, eben weil ein religiös wertneutraler Staat im Islam keine Tradition besitzt. Sie verweisen auf die Unterdrückung religiöser Freiheit in kommunistischen wie faschistischen Diktaturen. Und sie ignorieren oft, dass in westlichen Demokratien die einzelnen Religionsgemeinschaften als »private« Gruppierungen ausdrücklich vom Staat geschützt werden.

Besonders verwerflich erscheint Islamisten am säkularen Denken, dass es als höchsten Maßstab die menschliche Vernunft gelten lässt. Der säkulare Mensch versuche, Gesetze des Zusammenlebens zu konstruieren, die den Angehörigen aller Religionen und Weltanschauungen gleichermaßen als vernünftig und annehmbar erscheinen – auch den Atheisten. Aber gerade mit diesem Ansinnen wolle der Mensch als neuer, besserer Gesetzgeber an Gottes Stelle treten. Das Ergebnis könne nur Chaos sein. Sobald es dem Menschen freigestellt sei, nach eigenem Gutdünken Gesetze zu konstruieren, müsse er sich überfordert fühlen. Denn unweigerlich werde er sich in die Widersprüche und Unvereinbarkeiten menschlicher, naturgemäß unvollkommener Denksysteme verstricken. Am Ende stehe das Gefühl von Richtungslosigkeit, Sinnlosigkeit, Leere, der Zerfall aller Werte. Genau das sei ja die gegenwärtige Krise im Westen – und vor dieser Krise, dieser Dekadenz gelte es die Muslime zu bewahren. Mehr noch: Die Christen, die oft schon ihrer eigenen Religion entfremdet seien, müssten nun umso mehr im Islam die Alternative, den erlösenden Ausweg erblicken.

Von dieser Logik her verurteilen Islamisten entschieden die individuelle Entscheidungsfreiheit des Einzelnen als »Gefahr«, weisen sie die Demokratie als »säkulare Erfindung« des Westens zurück. Desto stärker fordern sie die Rückbindung des Menschen an ein Kollektiv – den Islam –, aus dessen festgefügtem Wertesystem sich niemand als Individuum lösen könne. Hier stimmen Islamisten weitgehend mit der Ansicht breiter Schichten traditionell denkender Muslime überein, sie sind also im wahrsten Sinn des Wortes volkstümlich. Prinzipiell stimmen sie sogar mit Christen überein, soweit jene in vor-aufklärerischem, vor-modernem Denken verhaftet sind (nur dass eben diese Christen an die Stelle des Koran die Bibel setzen).

Individualismus, Humanismus, Demokratie, individuelle Menschenrechte. Dass die propagierten Ideale in islamischen Ländern oft wenig überzeugen, hat aber zusätzlich mit der Politik westlicher Staaten zu tun. Zu widersprüchlich, häufig von doppelter Moral geleitet, ist westliche Politik. Das begann schon mit den Kolonialmächten Frankreich und Großbritannien. Ideale wie individuelle Freiheit und Demokratie hatten keine Bedeutung für die politische Praxis der Kolonialherren. Im Gegenteil: Die Franzosen und Briten verbündeten sich immer wieder mit einheimischen Machthabern und beuteten mit ihnen gemeinsam das Volk aus. In der Brutalität, mit der die Kolonialherren Aufstände niederschlugen, unterschieden sie sich kaum von muslimischen Despoten, denen sie oft mit viel Pathos jede Menschlichkeit, jede Kultur absprachen.

Diese Doppelzüngigkeit westlicher Politik setzt sich mit den USA fort, die seit den fünfziger Jahren als neue Großmacht verstärkt die Entwicklung des Nahen Ostens beeinflussen. Gerade die Amerikaner haben ohne Skrupel mit Diktatoren zusammengearbeitet, obwohl diese nach westlichen Maßstäben Demokratie und Menschenrechte auf das Schlimmste missachteten; so verbündeten sie sich mit der fundamentalistischen Monarchie Saudi-Arabiens, mit dem Baath-Regime Saddam Husseins, mit dem Schah-Regime im Iran, mit den radikal-fundamentalistischen Taliban in Afghanistan. Andererseits aber bekämpfen die Amerikaner im Namen der Demokratie und der Menschenrechte »unmenschliche« Diktaturen: so das Mullah-Regime im Iran, die Militärdiktatur des Muammar al-Gaddafi in Libyen und – in plötzlicher Kehrtwendung – Saddam Hussein. Wer Freund, wer Feind des Westens, wer gut, wer böse ist, bestimmt in letzter Konsequenz das massive Wirtschaftsinteresse. Mir erklärte ein Ägypter, der keineswegs mit Islamisten sympathisiert, sarkastisch: Sobald westliche Politiker im Nahen Osten Menschenrechte einforderten, hätten sie immer nur einen Hintergedanken: Erdöl. Ich konnte ihm da schwer widersprechen.

Islamisten haben es deshalb leicht, »Demokratie« und »Menschenrechte« als bloße Phrasen lächerlich zu machen, den Westen als »dekadent« und bloß »materialistisch« zu brandmarken. Umso besser können sie von Widersprüchlichkeiten und Heucheleien innerhalb der islamischen Welt – innerhalb der eigenen Bewegungen – ablenken.

»Islamische Moderne« gegen »westliche Moderne«

So sehr die Islamisten die Verwestlichung als ein Verhängnis zurückweisen, bekennen sie sich andererseits zur »Moderne«. Genau besehen unterscheiden sie aber zwischen einer »islamischen Moderne« und einer »westlichen Moderne«. Dieses Denkmuster haben die Islamisten allerdings nicht selbst entwickelt, sondern von einer geistig verwandten Bewegung übernommen: von den »islamischen Modernisten«.

Parallelen zwischen beiden Bewegungen ergaben sich vor allem während der zwanziger und dreißiger Jahre. Besonders augenfällig wird dies bei einer Buchveröffentlichung 1930 in Kairo mit dem Titel »Warum sind die Muslime rückständig, während andere über den Fortschritt verfügen?«. Autor war der libanesische Literat und Politiker Shakib Arslan, ein damals führender Kopf der islamischen Modernisten. Mit den »Anderen« war natürlich der Westen gemeint. Kein Buch traf um 1930 so exakt den Nerv muslimischer Bildungsschichten und keines ist bis heute mit seinen Thesen so aktuell geblieben. Zum damaligen Zeitpunkt hatten europäische Kolonialmächte einen Großteil islamischer Länder unter ihren Einfluss gezwungen, und ein Ende der demütigenden Abhängigkeit war nicht abzusehen. Eine erfolgreiche Neuauflage dieses Buches ist 1965 in Beirut erschienen.

»Rückständig… Fortschritt…« Shakib Arslan übernahm westliches Vokabular in seinem Buchtitel. Mehr noch, vordergründig verteilte er die Gewichte ganz so, wie es der Sicht vieler Europäer und Amerikaner entsprach: Der Fortschritt kommt aus dem Westen, rückständig sind die Muslime. Aber Arslan gab seinen Gedanken eine Wende, die das Minderwertigkeitsgefühl gegenüber dem Westen beseitigte. Nicht der Islam als Lehre sei rückständig, sondern seine Anhänger seien es, die vom wahren Glauben abgefallen seien. Der Koran als letzte und höchste Offenbarung Gottes könne gar nicht rückständig sein, sondern habe die beste denkbare Art von Fortschritt zu bieten. Die Muslime müssten sich nicht verwestlichen, um modern zu werden. Die Muslime müssten nur zu der reinen Quelle ihrer Überlieferung zurückkehren, müssten ihre Religion und Kultur von allen späteren Überlagerungen, allen Dekadenzerscheinungen reinigen – dann hätten sie wieder, wie einst im Goldenen Zeitalter des Islam, die Kraft, das Abendland an Modernität zu überflügeln. Die Zukunft gehöre nicht der Verwestlichung, sondern der islamischen Moderne. Der Westen befinde sich nur in einer Scheinblüte, eben weil seine Zivilisation nicht auf ewige, göttliche Werte gebaut sei. Folgerichtig müsse die westliche Zivilisation bald an wachsenden Widersprüchen zugrunde gehen.

Den gleichen Gedankengang brachte zur selben Zeit ein anderer führender Kopf der islamischen Modernisten, der Syrer Mohammed Rashid Rida, kurz und bündig auf den Punkt: »Die zivilisierten Nationen des Westens werden noch viel Ärger mit ihrer Zivilisation und ihrer politischen Dekadenz bekommen, sodass sie einen Ausweg suchen müssen; dieser Ausweg kann nur im Islam entdeckt werden. Im Islam des Koran und der Sunna und nicht der Theologen und Juristen.«[4]

In diesem Text ist komprimiert all das enthalten, was auch das Weltbild der Islamisten ausmacht. Da ist der Affekt gegenüber dem Westen, wobei die Ideologen ihr latentes Unterlegenheitsgefühl mit einem schroffen Überlegenheitsanspruch kompensieren. Da ist die Forderung nach einem »gereinigten Islam« jenseits aller »falschen« Zusätze durch Theologen und geistliche Rechtsgelehrte; ein solch »gereinigter Islam« soll die Muslime wieder über alle anderen Kulturen und Zivilisationen triumphieren lassen. Aber Ideologen wie Shakib Arslan und Rashid Rida waren in ihrem Denken wesentlich differenzierter als die Islamisten. Es sind Unterschiede, die ich hier nur andeuten kann. Islamische Modernisten sind mit dem Vorwurf des »Unglaubens« oder der »Ketzerei« gegenüber Politikern, Denkern und Künstlern zurückhaltend, sie befürworten eine größere Vielfalt des kulturellen Lebens und setzen sich weltoffener mit fremden Kulturen auseinander.

Der Syrer Rashid Rida hielt Kontakt zu Hassan al-Banna. Rida hoffte, die dynamische Muslim-Bruderschaft könnte zu einem politischen Arm der islamischen Modernisten werden. Sein Tod 1935 ersparte ihm die Enttäuschung, dass die Islamisten die intellektuellen Ansätze der geistesverwandten Bewegung erheblich vergröberten und gerade mit dieser Vergröberung den größeren Massenerfolg ernten sollten.

Für eine islamische Moderne! Gegen eine westliche Moderne! Indem die Islamisten auf diese Weise polarisieren, lehnen sie am Westen zwar das demokratische und pluralistische Wertesystem, die individuellen Menschenrechte und die Trennung von Staat und Religion ab. Aber andererseits bejahen sie die Industrialisierung und die technischen Erfindungen, die eben aus dieser viel geschmähten Gegenwelt kommen. Moderne Wissenschaft befürworten sie, soweit diese den technischen Fortschritt vorantreibt und soziales Elend vermindern hilft – und sie bekämpfen sie, sofern diese die religiösen Traditionen und Glaubenssätze kritisch hinterfragt. Die Islamisten hoffen, aus dem Westen die materiellen Standards übernehmen zu können, ohne auch Elemente des dahinterstehenden Denkens importieren zu müssen. Islamisten träumen, um mit dem

Syrer Bassam Tibi zu sprechen, den Traum von einer halben Moderne.[5]

Mit ihrer zwiespältigen Grundeinstellung zu Technik und Moderne ähneln die Islamisten vielen anderen rückwärtsgewandten Bewegungen. Gerade auch den christlichen Fundamentalisten. Eine Reihe amerikanischer Prediger etwa wirbt für ein vormodernes Bibelverständnis im Sinne des Buchstabenglaubens, wettert gegen »zersetzendes« modernes Denken – und findet nichts dabei, eine solche Botschaft mit Hilfe modernster elektronischer Massenmedien zu verbreiten. Von wenigen Ausnahmen abgesehen, haben christliche Fundamentalisten gegen eine fortschreitende Industrialisierung nichts einzuwenden.

Aber auch der Faschismus als nichtreligiöse Bewegung bietet eine beklemmende Parallele. Faschistische Ideologen schleudern ebenfalls ihren Bannfluch gegen eine »zersetzende« Moderne: gegen den Pluralismus der Werte, gegen das »Chaos« der Demokratie und die Zerstörung der Tradition durch den Liberalismus. Sie möchten ein angeblich naturgewachsenes, ewig gültiges Werte- und Herrschaftssystem wiederbeleben, das in weit zurückliegender Vergangenheit schon einmal existiert habe. Auch sie halten es für notwendig, ihre anti-moderne Utopie notfalls mit Gewalt durchzusetzen. Auch sie definieren sich als »modern«, indem sie einerseits technischen Fortschritt und andererseits »revolutionäre« Abkehr von einer »falschen Moderne« propagieren. Die Faschisten verkörpern somit eine säkulare Variante des Fundamentalismus.

Die überwiegende Mehrheit der Islamisten ist nicht technikfeindlich. Das beweist gerade die wachsende Zahl von Sympathisanten, die aus technischen Berufen kommen.[6] Selbst in der Führungsschicht finden sich viele Techniker. Das derzeit bekannteste Beispiel bietet Necmettin Erbakan, bis 1998 Führer der türkischen Refah-Partei; er ist Ingenieur für Maschinenbau. Sogar radikal-orthodoxe Geistliche bejahen meist vorbehaltlos den technisch-materiellen Fortschritt. (Auch Khomeini äußerte sich in dieser Hinsicht zustimmend.) Sie alle sehen in der Industrialisierung, Technisierung und Verstädterung einen unausweichlichen Prozess. Sie wissen sehr wohl, dass sie auf diese Art von Fortschritt nicht verzichten können, wenn sie mit dem Westen konkurrieren wollen – und ihn schließlich zu übertrumpfen hoffen. Keine islamistische Bewegung will den Traditionalismus einer vorindustriellen Gesellschaft wiederbeleben. (Eine gewisse Ausnahme bilden allerdings die radikal-islamischen Taliban in Afghanistan.) Auch Islamisten sehen eine archaisch-bäuerliche Kultur überwiegend als »rückständig« an. Kaum ein Islamist hat etwas gegen eine florierende Erdölindustrie, gegen Atomkraftwerke, Elektronik und modernste Waffensysteme einzuwenden, schon weil eine hoch entwickelte Technik unentbehrlich ist für den Machterhalt nach innen und außen. »Mit Koran und Computer in die Zukunft« ist ein gern gehörter Slogan bei städtischen Mittelschichten, die mit dem Islamismus sympathisieren.

Die Islamisten verstehen sich von ihrer Ideologie her als Neuerer, als Revolutionäre, anti-westlich und anti-traditionalistisch zugleich. Islamisten findet man vorrangig in jenen Volksschichten, die durch moderne Umbrüche aus ihrer gewohnten Lebensform gerissen wurden, ohne nun von dem verheißenen Fortschritt nach westlichem Vorbild zu profitieren, ohne aber auch in altvertraute, unreflektiert gelebte Traditionen zurückzufinden. Sie verlangen nach einem neuen Halt, der ihnen ebenso unbeirrbar richtig erscheinen soll wie einst der alte, der verloren ging. Daher haben Bauern, solange sie ungestört an ihren überlieferten Sitten festhalten können, wenig Verständnis für die Ziele der Islamisten.

Eine Massenbasis der Islamisten bilden auf der einen Seite die Slumbewohner. Viele von ihnen mussten aus Dörfern abwandern und suchen in der ungewohnten Umwelt nach materieller Sicherheit und nach einer neuen sozial-religiösen

Orientierung. Auf der anderen Seite sind es Angehörige der unteren Mittelschicht. Wenn auch viele von ihnen bereits längere Zeit in der Stadt leben, konnten doch zahlreiche Zuwanderer nicht wirklich Fuß fassen und sind selbst Generationen später noch vom Trauma der Landflucht geprägt.[7] Der Islamismus ist und bleibt so in erster Linie eine städtische Bewegung, oft eine Bewegung städtischer Randgruppen.

Syrien bildet darin keine Ausnahme. Auch dort gewannen die Islamisten rasch an Anhängern, nachdem Bauern massenhaft in die Städte abgewandert waren und viele Zuwanderer selbst in zweiter und dritter Generation vergeblich nach einem Ausweg aus ihrer Krise suchten.

Ein kurzer »Heiliger Krieg« in Syrien

Der späte Erfolg der Islamisten

1928 war in Ägypten die erste islamistische Partei entstanden. Ihr Führer Hassan al-Banna war überzeugt, dass die Muslim-Bruderschaft in vielen Staaten bald nicht nur Zweigorganisationen unterhalten, sondern auch die Macht ergreifen werde.

Was ist aus dieser Prophezeiung geworden?

Weltweit haben sich zwar zahlreiche islamistische Parteien gebildet. Viele aber blieben nicht nur wegen beträchtlicher ideologischer Unterschiede zerstritten und in rivalisierende Flügel aufgespalten. Bis in die siebziger Jahre haben sie nahezu überall ein Außenseiterdasein geführt, dann erst konnten sie sich zu erfolgreichen Massenparteien formieren. Trotzdem sind die meisten noch immer weit entfernt von den Schalthebeln der Macht.

Politisch wesentlich erfolgreicher waren bis dahin ihre schärfsten Gegner, die »Säkularisten«, geblieben: so in der Türkei die Kemalisten (die Anhänger Atatürks), in Syrien und im Irak die Baath-Sozialisten, in Ägypten die Nasseristen, im Westjordanland die Palästinensische Befreiungsfront (PLO), in Algerien die Nationale Befreiungsfront (FLN), in Tunesien die Neo-Destour unter der Führung von Habib Bourguiba. Aus unserer Sicht muss der ungebrochene Erfolg dieser »säkularen« Parteien bis weit in die siebziger Jahre hinein erstaunen. Denn eben jene Politiker, die den »westlichen Imperialismus« zu ihrem Hauptfeind erklärt hatten, verwendeten kaum religiöse

Parolen in ihrer Propaganda. Sie bezogen im Gegenteil oft scharf Front gegen »rückständige« Traditionen im islamischen Sozialsystem, sie ließen wesentliche Teile der Gesetzgebung wie auch der Lehrpläne an Schulen und Universitäten nach westlichem Vorbild ausarbeiten. Die »Säkularisten« rückten den sozialrevolutionären Charakter ihrer Reformen in den Vordergrund: eine Landreform zugunsten besitzloser Bauern, Schulunterricht und Gesundheitsfürsorge auch für die sozial Benachteiligten. Gerade solche Programme gaben den Ausschlag für den (vorläufigen) Massenerfolg. Ein grundlegender Wandel im Sozialen erschien den Notleidenden attraktiver als alle Kritik radikal-orthodoxer Muslime an angeblich »unislamischen« Gesetzen.

In Syrien führten die Baath-Sozialisten weitreichende Reformen durch. Seit den sechziger Jahren ist die Lebenserwartung der Syrer dank besserer medizinischer Versorgung von durchschnittlich 53 auf 68 Jahre gestiegen. Auch die Lage der Landbevölkerung besserte sich erheblich. Drei bis vier Jahrzehnte zuvor hatten vier Fünftel der Bauern kein Land besessen oder ackerten unter ärmlichsten Bedingungen auf Kleinstbesitz, aber die Baath-Sozialisten – so sehr sie sonst auch das Privateigentum unangetastet ließen – nahmen den Großgrundbesitzern rund 20 Prozent brachliegendes, ungenutztes Land ab und verteilten es an sozial Benachteiligte. Zudem ist die Zahl der Analphabeten von 55 auf 40 Prozent gesunken, nachdem die Regierung Assad 1971 die allgemeine Schulpflicht eingeführt hat.[1]

In Syrien – wie in vielen anderen Ländern auch – brachten solche Reformen allerdings zwiespältige Begleiterscheinungen und Folgen. Teils gingen die Reformer nur halbherzig ans Werk, teils ließen die Regierenden fortschrittliche Errungenschaften nur der eigenen westlich geprägten Oberschicht zukommen, ja manchmal nur den eigenen Klans. Und erst diese schwerwiegenden Fehler gaben den Islamisten die Chance, sich als die Partei mit der angeblich besseren, gerechteren und gottgewollten Politik zu präsentieren.

Zum heiklen Problem auch in Syrien wurde besonders die Landreform. Die Baath-Sozialisten verteilten zwar Land an Kleinbauern und bisherige Pächter, aber die besseren Böden blieben den reicheren Bauern. Deshalb arbeiteten viele Kleinstbauern weiterhin unrentabel und ein Drittel aller Dorfbewohner blieben nach wie vor landlose Arbeiter ohne jede soziale Absicherung.[2] Zwar hatte die Regierung Assad im Fünfjahresplan von 1976 bis 1981 vorgesehen, Syrien zum Selbstversorgerland zu machen, aber 1980 musste bei der mangelnden Produktivität der Bauern noch immer nahezu die Hälfte aller Lebensmittel eingeführt werden.[3] Wie auch viele andere Reformer, die nach westlichem Vorbild das Sozialgefüge modernisieren wollten, begingen Syriens Baath-Sozialisten den Fehler, vorrangig die Industrialisierung in Ballungsräumen zu fördern und die Landwirtschaft zu vernachlässigen. Die Not trieb die Bauern massenhaft auf Arbeitssuche in die städtischen Industriezentren.

1980 lebte bereits die Hälfte der Syrer in Städten. Innerhalb von nur zwei Jahrzehnten waren Syriens größere Städte teilweise bis auf das Dreifache gewachsen. Der Druck einer zunehmenden Überbevölkerung tat ein Übriges, um die soziale Krise zu verschärfen: so hatte sich Syriens Einwohnerzahl zwischen 1960 und 1980 von 4,5 auf nahezu 9 Millionen Menschen verdoppelt. Unter solchen Bedingungen vergrößerte sich Damaskus während dieser kurzen Zeitspanne von 500 000 auf 1,5 Millionen Einwohner, Aleppo von 500 000 auf eine Million. Viele der Zuwanderer fanden aber in den industriell aufstrebenden Städten nicht den erhofften Arbeitsplatz, sie konnten sich oft nur mit Gelegenheitsarbeiten durchschlagen und vegetierten, herausgerissen aus ihren sozialen Traditionen, in überfüllten Slums.

Dieser Umbruch vollzog sich während der sechziger und

siebziger Jahre in zahlreichen islamischen Ländern, ja fast in allen Ländern der sogenannten Dritten Welt – in vielen noch erheblich dramatischer. Innerhalb von nur 15 bis 20 Jahren schwoll etwa Kairo von 3,5 Millionen auf 8 Millionen Einwohner an, Teheran von 2 Millionen auf 6 Millionen, Istanbul von 2 Millionen auf 5 Millionen. Überall dort lebten damals schon mehr als die Hälfte aller Einwohner in Slums, viele oft unter wesentlich schlimmeren Bedingungen als in Syrien. Entsprechend stärker gärte es in Ägypten, im Iran, in der Türkei unter den sozial Entwurzelten.[4]

Für die Islamisten das beste Agitationsfeld. Nun erst, da in vielen islamischen Staaten die »Säkularisten« mit ihren Reformkonzepten offensichtlich zu scheitern drohten, konnten Radikal-Orthodoxe mit ihrer Propaganda Muslime in größerer Zahl beeindrucken und schließlich überzeugen. Die Gesetze der »verwestlichten« Reformer seien nur von Menschen erdacht und daher anfällig für Fehlentwicklungen. Also müssten die Muslime auf die »von Gott gegebenen« Anweisungen des Koran zurückgreifen und wieder strikt nach den Richtlinien der Scharia eine islamische Sozialordnung aufbauen. Erst wenn die »säkularistischen« Politiker ihre Macht verloren hätten, wäre für die wahrhaft gläubigen Muslime der Weg frei, nun von Neuem, wie einst im Goldenen Zeitalter des Islam, alle Andersgläubigen an Modernität und Fortschrittlichkeit zu übertreffen.

Die Islamisten gewannen in Syrien und Ägypten, den arabischen Kernstaaten des Nahen Ostens, zunächst rascher Anhänger als in anderen Regionen der islamischen Welt. Den Umbruch beschleunigte hier ein traumatisches Ereignis: der sogenannte »Sechstagekrieg« von 1967. Nach der verheerenden Niederlage der arabischen Staaten in ihrem dritten Krieg gegen Israel sahen sich die Muslime wieder einmal auf die längst schon formelhaft gewordene Frage zurückgeworfen: »Warum sind die Muslime rückständig…?« Geschockt reagierten die

Araber auf die Tatsache, dass ihre zahlenmäßig erdrückende Übermacht an Soldaten innerhalb von nur sechs Tagen gegen das kleine Israel mit seinen damals nur vier Millionen Einwohnern kapitulieren musste. Und mehr noch: dass Israel auf Kosten der Araber sein Staatsgebiet beträchtlich erweitern konnte. Eine überlegene Technik und militärische Strategie hatten den Sieg Israels ermöglicht. Wenn auch kein arabischer Politiker und kaum ein Journalist diese Erkenntnis offen auszusprechen wagte, so war es doch für die Regierungen des Nahen Ostens unmöglich geworden, weiterhin durch Propaganda die Illusion von »Fortschritt« aufrechtzuerhalten. Ägyptens Nasseristen wie Syriens Baath-Sozialisten sahen sich einem bisher unvorstellbaren Vertrauensschwund ausgesetzt. Das Ausmaß der Kriegsniederlage ließ nun die unbewältigten Probleme von Unterentwicklung und Verelendung noch hoffnungsloser erscheinen.

Exakt zu dem Zeitpunkt, als der Nimbus von der Unbesiegbarkeit des weithin verehrten Revolutionsführers Gamal Abd an-Nasser zu verblassen begann, konnten erstmals die ägyptischen und syrischen Muslim-Bruderschaften bei den enttäuschten Volksmassen breiteren Zulauf finden. Nasser, der die verheerende Niederlage des »Sechstagekrieges« nicht hatte verwinden können, starb bereits drei Jahre später, im September 1970, politisch wie gesundheitlich schwer angeschlagen, im Alter von nur 52 Jahren. Sein Nachfolger Anwar as-Sadat ließ 1971 die wichtigsten Anhänger Nassers innerhalb des Machtapparats verhaften, die er als Gegner jeder politischen Kurskorrektur ansah. Auch das war ein Signal, dass der Nasserismus als Ideologie viel von seiner Strahlkraft verloren hatte.

Der vierte Krieg gegen Israel 1973 änderte nichts an der Autoritätskrise der einst so gefeierten Nasseristen und Baathisten. Zwar brachte der sogenannte »Oktoberkrieg« den Arabern einen militärischen Teilerfolg, aber vom Sieg blieben sie auch diesmal weit entfernt. Die Folgen waren besonders für Syrien problematisch. Denn den Baath-Sozialisten hatte es entgegen ihrer großtönenden Propaganda nicht gelingen können, wenigstens die von Israel besetzten Golanhöhen zurückzuerobern.

Für Syrien war 1973 ohnehin ein turbulentes Jahr. Denn wenige Monate vor Kriegsausbruch hatte Assad die Verfassung der »Sozialistischen Republik Syrien« proklamiert. In der neuen Verfassung war, wie schon dargestellt, nicht mehr festgelegt, dass der Staatspräsident Muslim sein müsse. Muslim-Brüder traten als Wortführer der nun anschwellenden Protestdemonstrationen hervor, bei denen das Militär rücksichtslos in die Menge schoss. Erstmals forderten Islamisten öffentlich, das Regime der ungläubigen Baath-Sozialisten müsse gestürzt werden. Ihre Propaganda verstärkten sie nach dem Oktoberkrieg desselben Jahres, da sie nun von der erneuten Enttäuschung vieler Syrer profitieren konnten.

Zu diesem Zeitpunkt hatten die Muslim-Brüder bereits in zahlreichen Moscheen wie auch an den Universitäten ihre geheimen Versammlungszentren ausgebaut, wo sie erfolgreich um Mitglieder aus allen Schichten des Volkes warben. Ihnen strömten nicht nur konservative Sunniten zu, die um den Bestand des »wahren Glaubens« und des »islamischen Staates« fürchteten. Sympathie brachten ihnen zunehmend auch Geschäftsleute, Studenten und Offiziere entgegen, von denen viele bis dahin nur wenig Interesse an religiösen Auseinandersetzungen gezeigt hatten. Diese hatten Grund genug, sich in ihren Aufstiegschancen bedroht zu sehen, da ja die Alawiten ihren Machtzuwachs nutzten, um Sunniten aus einflussreichen Posten im Wirtschaftsleben wie im Militär zu verdrängen. Die Muslim-Brüder versprachen den Verunsicherten, dieser Privilegienwirtschaft werde nach der Machtübernahme der wahrhaft Gläubigen sehr rasch ein Ende gemacht.

Darüber hinaus hatten Syriens Muslim-Brüder Anhänger in der Masse der Armen, der Arbeitslosen wie der Analphabeten gewinnen können. Werbewirksam hatten sie für sozial Benachteiligte private Hilfsdienste organisiert, einer Reihe Not leidender Familien Renten gezahlt, Vermittlungsstellen für Arbeitslose eingerichtet, Kranke durch Ärzte kostenlos behandeln lassen, sogar Krankenhausaufenthalte bezahlt – dies alles in Konkurrenz zur staatlichen Wohlfahrt, die nur unzureichend funktionierte. Solche privaten Hilfsdienste gewannen Ende der siebziger Jahre beträchtlich an Gewicht. Denn damals schlitterte Syrien nach vorübergehendem Aufschwung in eine neue Wirtschaftskrise, woraufhin die Arbeitslosenquote auf über 30 Prozent stieg. Die nötigen Gelder für ihr Sozialprogramm bezog die syrische Muslim-Bruderschaft, ähnlich wie die ägyptischen und später die algerischen Islamisten, aus dem reichen Erdölstaat Saudi-Arabien.[5] Die saudische Regierung, von der Ideologie der fundamentalistischen Wahhabiten geleitet, hatte einen Fonds für »islamische« Untergrundbewegungen eingerichtet. Saudi-Arabien unterstützt bis in die neunziger Jahre radikal-islamische Terrororganisationen in der Erwartung, dass sie »säkularistische« Regierungen stürzen oder wenigstens schwächen würden.[6]

Aber die syrische Muslim-Bruderschaft war keine geschlossene Partei, sondern – wie viele andere islamistische Vereinigungen – aufgefächert in gemäßigte und radikale Flügel. Entsprechend blieb ihr Kurs Schwankungen unterworfen. Auch in Syrien plädierten die Gemäßigten, man solle einen bewaffneten Kampf möglichst vermeiden, stattdessen schrittweise die Verwaltung, die Schulen und das Militär unterwandern. Auch in Syrien sahen die Gemäßigten für die Muslim-Bruderschaft keine Chance, die Regierung durch einen gewaltsamen Umsturz zu beseitigen. Aber je rücksichtsloser Assad seine Polizeitruppen gegen Demonstranten wüten ließ, desto mehr konnten innerhalb der Muslim-Bruderschaft radikale Gruppen Anhänger gewinnen. Die unislamischen Muslime würden ihre Macht niemals freiwillig abgeben, so argumentierten die Radikalen. Daher sei es unausweichlich, den islamischen Staat mit Gewalt durchzusetzen. Die Forderung nach »Jihad«, der »Anstrengung im Glauben«, bekam so in der Propaganda der Islamisten wieder die Bedeutung von »Heiliger Krieg«: Jeder, der im bewaffneten Kampf für einen wahrhaft islamischen Staat sterbe, könne als Glaubenskrieger und Märtyrer mit einem sicheren Platz im Paradies rechnen.

Die Radikalen sahen sich in ihrer Propaganda bestärkt durch die Vorgänge im Iran, wo Khomeini Millionen sozial Unzufriedene und kulturell Entwurzelte mit dem Kampfruf des »Heiligen Krieges« mobilisieren konnte. 1978 waren in iranischen Städten jeweils Hunderttausende Demonstranten in Protestmärschen gegen den Schah durch die Straßen gezogen, sie hatten sich nicht abschrecken lassen durch die immer brutaleren Massaker der Polizeitruppen. Im Gegenteil: Je öfter die Polizei rücksichtslos in die Menge schoss und Protestierende vor aller Augen starben, desto mehr ließen sich Demonstranten durch radikal-islamische Wortführer aufstacheln, »Märtyrer« für die »Sache Gottes« zu werden. 1979 trat im Iran schließlich ein, was bis dahin undenkbar erschienen war: dass Islamisten ein »ungläubiges« Regime, dazu noch die gefürchtete Militärmacht des Schahs, durch eine »islamische Revolution« stürzen konnten. Bald würde der revolutionäre Funke vom Iran auf andere Staaten überspringen ...

Syrien kam seit 1979 nicht mehr zur Ruhe. Die Terroristen, die schwer bewaffnet im Namen Allahs Polizeistationen überfielen und Gebäude in die Luft sprengten, beherrschten ihr Handwerk; meist hatten sie es in Ausbildungszentren der Palästinenser im benachbarten Libanon gelernt. Aber erst als Offiziere der syrischen Armee sich den Terrorkommandos anschlossen, musste Assad seine Macht ernsthaft bedroht sehen. Das erste Signal kam am 16. Juli 1979 aus der Artillerieschule von Aleppo. An diesem verhängnisvollen Tag hatte ein geheimer Anhänger der Muslim-Bruderschaft Wachdienst. Dem ranghohen Offizier gelang es, eine beträchtliche Anzahl von Mujaheddin (»Glaubenskrieger«) unbehelligt durch die Sicherheitskontrollen zu lotsen. Dann befahl er die Kadetten zu einer angeblich wichtigen Besprechung ins Offizierskasino. Als sich die Gerufenen, überwiegend Alawiten, in der Halle aufgestellt hatten, schossen die »Glaubenskrieger« aus dem Hinterhalt mit modernsten Schnellfeuergewehren auf die Versammelten. Über zweihundert Kadetten starben. Assad, durch die revolutionären Vorgänge im Iran ohnehin beunruhigt, reagierte schnell und mit größter Härte. Seine Polizeitruppen schwärmten aus, um Tausende zu verhaften, die auch nur im Verdacht standen, den Muslim-Brüdern nahezustehen. Tausende ließ er einkerkern, foltern und hinrichten. Seit 1979 galt für jeden, der als Mitglied der Bruderschaft enttarnt wurde, die Todesstrafe.

Alle Abschreckung nützte nichts. 1980 flammten in vielen Städten Syriens erneut Unruhen auf, besonders heftig in Damaskus, Aleppo, Homs und Hama. Die Gewalt eskalierte. Bei einer Demonstration in Aleppo erschoss die Polizeitruppe über 300 Protestierende. Im April und Mai 1981 umstellten Soldaten in Hama ganze Stadtviertel, durchsuchten zahlreiche Wohnungen nach Verdächtigen und töteten wahllos. Das wiederholte sich im Dezember desselben Jahres. Assad verstärkte den staatlichen Terror in dem Bewusstsein, dass sich Syriens Muslim-Brüder und ihre Sympathisanten durch alarmierende Erfolge der Islamisten anderer Staaten weiter ermutigen ließen. Nicht nur durch den Umsturz im Iran. Am 6. Oktober dieses Jahres konnte es Muslim-Brüdern einer radikalen Zweigorganisation in Kairo gelingen, Ägyptens Präsidenten Sadat zu erschießen. Es geschah während einer Militärparade, die Mörder hatten in Uniform an der Parade teilgenommen. Dies zeigte, dass das ägyptische Militär bereits von Muslim-Brüdern unterwandert war.

Im Januar 1982 sah sich Assad durch einen Militärputsch gefährdet. Ranghohe Offiziere der Infanterie und der Luft-

waffe – sie alle zwar keine Islamisten, aber mit der Vorherr-
schaft der Alawiten unzufrieden – hatten bereits detaillierte
Vorbereitungen zum Umsturz getroffen, als ein Überläufer die
Verschwörer verriet. 170 Offiziere endeten unter den Kugeln der
Hinrichtungskommandos. Konnte Assad nur noch mit äußers-
tem Terror den Niedergang seines Regimes hinauszögern?
Gerade die kampfentschlossenen Gruppierungen der syrischen
Muslim-Bruderschaft stellten sich diese Frage. Sie sahen die
Zeit reif, nun mit ihren zahlreichen Sympathisanten in allen
größeren Städten den schon lange vorbereiteten Aufruhr zu
entfesseln.

1982 mündete der Konflikt in einen Massenmord. Zum
schlimmsten Schauplatz der bürgerkriegsähnlichen Ereignisse
wurde die Stadt Hama.

Das Massaker von Hama

Die Fotos sind malerisch. Am baumbestandenen Ufer des Flus-
ses Nahr el-Assi (Orontes) spiegeln sich im Wasser monumentale Schöpfräder, deren jahrhundertealte Holzkonstruktion
noch bis in die Gegenwart zur Bewässerung der Felder benutzt
wurde. Hinter den Rädern gruppieren sich ineinander ver-
schachtelte Kuppelbauten und ornamentverzierte Minarette,
ein noch völlig intaktes Ensemble einer mittelalterlich anmutenden Altstadt.

Dieses Panorama, in zahlreichen Bildbänden und Reisepros-
pekten verewigt, hat Hama auch bei uns im Westen berühmt
gemacht. Intensiver als alle anderen Städte Syriens habe sich
Hama seine traditionelle Architektur, seinen orientalischen
Charme und auch eine äußerst konservative Lebensform bewahrt. So lautete bis Anfang der achtziger Jahre übereinstimmend die Auskunft in Reiseführern.

Hama, eine Stadt mit rund 400 000 Einwohnern, nur etwa
40 Kilometer von Homs entfernt, steht bei Syrern nach wie vor

im Ruf, die eigentliche Hochburg sunnitischer Orthodoxie im Land zu sein. Für die einen bedeutet dies ein Lob, für die anderen ein Ärgernis. Aber dass Hama auch die geheime Kommandozentrale syrischer Islamisten war, dies sollte für die historisch besterhaltene Stadt Syriens zu ihrer schlimmsten Katastrophe, zur Zerstörung vieler Stadtviertel und zum Massaker an ihren Bewohnern führen. Der Kampf um Hama ist zum tragischen Symbol geworden für den gewalttätigen, letztlich ungelösten Konflikt zwischen den »ungläubigen« Baath-Sozialisten und »gläubigen« Muslimen.

Als ich 1994 Hama besuchte, kam ich mit der düsteren Erwartung, dass die Fotos aus Bildbänden nur noch wenig mit der Wirklichkeit zu tun haben würden. In der Tat. Beim Bummel auf der Uferpromenade sah ich hauptsächlich schachtelförmige Betonziegelbauten. Nur noch drei der Schöpfräder zeigten sich unverändert an ornamentverzierten Fassaden, doch sie erschienen wie spärlich konservierte Versatzstücke. Vor allem fehlte jener Kuppelbau, an dessen Außenwand sich das größte aller hölzernen Schöpfräder gedreht hatte, einst das optische Wahrzeichen der Stadt. Umso beherrschender ragte am Ende der Promenade ein Betonhochhaus auf, »Cham Palace«, ein erst 1992 errichteter Komplex der staatlich geführten Hotelkette. Offensichtlich hoffte die Regierung auf bald einsetzenden Massentourismus. Was aber gab es noch zu besichtigen?

Ich durchstreife die »Altstadt« – in Reiseführern noch immer so genannt – nach allen Richtungen und treffe vorwiegend auf neue Betonwohnblocks. Vereinzelt nur kann ich noch Häuserzeilen mit Erkern, Kuppeln und Torbögen im traditionell arabischen oder türkischen Stil entdecken. Meist jedoch zeigen ihre Fassaden Einschusslöcher, oft sind im Obergeschoss Wände zusammengebrochen und nicht mehr neu errichtet, oft wuchert Unkraut auf Mauerstümpfen. Wenigstens scheint die Nuri-Moschee nahe dem Flussufer die Bombenangriffe heil überstanden zu haben, doch ist sie, wie ich später erfahre, erst zu Beginn der neunziger Jahre »restauriert« worden – ein dezenter Hinweis auf Kampfschäden.

Aber der Azm-Palast? Dieser Gebäudekomplex mit seinem lauschigen Innenhof, dem Brunnen, den ornamentverzierten Wänden und bunt bemalten Holzdecken aus dem 18. Jahrhundert erscheint als eine Insel unversehrt erhaltener osmanisch-arabischer Architektur. Der Bau lässt ahnen, wie vor den Bombenangriffen 1982 ein Großteil der Herrschaftshäuser in Hama ausgesehen hat. Der Azm-Palast ist zu einem Museum umfunktioniert. Den Eingang sehe ich umrahmt von Porträts des Präsidenten Assad – Jubelplakate, pflichtgemäße Huldigung an den Zerstörer von Hama, der sich als Förderer des Museums von Hama feiern lässt. Ein Student erklärt mir, den Palast habe man 1993 restauriert. Was er nicht sagt und ich erst später erfahre: Die Obergeschosse sind durch Granattreffer schwer beschädigt gewesen.

Neben den üblichen Assad-Bildnissen fällt in Hama eine völlig unübliche Darstellung seines Sohnes Basil auf: im weißen Umhang eines Mekka-Pilgers, im Gebet kniend, mit andächtig geöffneten Händen. Ein »ketzerischer« Alawit in Mekka! Anders als in sonstigen syrischen Städten ist die Baath-Propaganda hier auf die Erwartungshaltung strikt orthodoxer Muslime abgestimmt. Bemerkenswert ist aber, dass Assad selbst sich nie im Habitus eines frommen Pilgers zur Schau stellen ließ. Die Bildnisse von Vater und Sohn wenden sich mit ihrer Botschaft an unterschiedlich denkende Syrer.

Ich erreiche jenen Platz, auf dem vor dem Jahr 1982 die Große Moschee das Zentrum der historisch gewachsenen Medina bildete. Die Jami el-Kebir, auch Omayaden-Moschee genannt, wurde im 8. Jahrhundert unter der Herrschaft der Omayaden erbaut und gilt, wie ich in einem älteren Reiseführer nachlesen konnte, als eine der frühesten Moscheen Syriens, noch mit römischen Säulen und byzantinisch beeinflussten Mosaiken im Inneren ausgestaltet. Was ist von ihrer Pracht geblieben?

Ich blicke auf Steinhaufen zusammengebrochener Mauern und umgestürzter Säulen. Daneben aber rattern Betonmischmaschinen vor einer kuppelüberwölbten Halle, die in rohen Umrissen bereits die spätere Form ahnen lässt. Das Minarett ist schon zur halben Höhe aufgeführt und zeigt die gleichen Schmuckornamente wie das zerstörte Original. Zehn Jahre nach dem Massaker haben die Behörden die Gelder bewilligt, um die berühmteste Moschee von Hama möglichst originalgetreu wieder aufzubauen. In welchem Maß es gelingen wird, die Schönheit der einstigen Kultstätte wieder herzustellen, bleibt offen; die wenigen schon errichteten Bauten, mit Gerüsten und Holzverschalungen überzogen, können davon noch keinen Eindruck geben. Unwiderruflich verloren ist aber gerade hier das Flair der verwinkelten Souks, der Handwerksgewölbe, der Wohnhäuser mit ornamentverzierten Portalen und brunnenbestückten Innenhöfen. Gerade hier, wo die aufständischen Muslim-Brüder bis zur letzten Patrone gegen die Regierungstruppen gekämpft haben, ist unter dem Bombenhagel, dem Geschützfeuer aus Granatwerfern und Panzerrohren kein Stein mehr auf dem anderen geblieben. Und so ist die Moschee von Neubauten umschlossen, wie sie austauschbar überall in Syriens modernen Wohnvierteln zu finden sind.

Zurück im Hotel erkläre ich dem Geschäftsführer scheinbar ahnungslos, ich hätte Schwierigkeiten gehabt, die Jami el-Kebir zu finden. Ob ich denn falsch gegangen sei? Ich klappe den Stadtplan in einem Reiseführer von 1980 auf und zeige dem Gefragten die dort eingezeichnete Moschee. Der sonst so freundlich lächelnde Mann sieht mich mit zusammengepressten Lippen an. Zögernd antwortet er schließlich: Die Moschee existiere nicht mehr. Nach einer Pause, als er noch immer meinen beharrlich fragenden Blick spürt, fügt er hinzu: Die Moschee werde gegenwärtig restauriert. – Ich hätte eine Moschee in Trümmern gesehen, aber die sei wohl kaum die gesuchte. – Dazu wolle er nichts sagen, antwortet er vieldeutig.

Der Geschäftsführer könnte mir bei dem Frage-und-Antwort-Spiel viel unverbindlicher ausweichen. Er wählt aber einen Tonfall, der meine Neugierde geradezu anstacheln muss. Gleichzeitig verbietet sein abweisender Blick, weiter über die Moschee zu sprechen. Seine unruhig gewordenen Augen verraten, dass er Angst vor einer eindeutigen Auskunft hat. Dabei habe ich mit meinen Fragen ohnehin gewartet, bis wir uns allein im Hotelfoyer befinden und mit keinem unerwünschten Zuhörer rechnen müssen. Er habe jetzt zu tun, ich möge bitte entschuldigen, erklärt er sehr förmlich und verabschiedet sich mit kurzem Kopfnicken.

Die gleichen Fragen stelle ich dem Kellner in einem Restaurant, ebenso meinem Tischnachbarn in einer Teestube. Auch diesmal habe ich abgewartet, bis kein Verdacht erregender Zuhörer in der Nähe ist. Aber beide zögern wie der Geschäftsführer, und beiden ist anzusehen, dass sie sehr wohl verstehen, was ich eigentlich wissen will. Auch von ihnen bekomme ich nahezu gleichlautend zu hören: Dazu wollen sie nichts sagen. Ich verzichte in Hama auf weitere Fragen. Zu groß ist die Angst, zu groß auch das Trauma.

Im Februar 1982 hatte das Verhängnis seinen Lauf genommen. Die Katastrophe war schon darin begründet, dass der tonangebende radikale Flügel der Muslim-Bruderschaft sich in Illusionen wiegte und die militärische Schlagkraft des verunsicherten Baath-Regimes bei Weitem unterschätzte. Dazu kam, dass die Führer der einzelnen Regionalverbände untereinander rivalisierten und ihre Vorbereitungen zum landesweiten Aufstand nur unzureichend aufeinander abgestimmt hatten. Als am 2. Februar 1982 wieder einmal Polizeitruppen Assads in Hama wahllos Verdächtige verhafteten, ließ ein Unterführer über Funk den geheimen Code zum »Heiligen Krieg« verbreiten – ohne die Aktion mit dem übergeordneten Komitee abzusprechen. »Glaubenskrieger«, die untere Gesichtshälfte mit traditionellen Keffiyes vermummt, umzingelten während der darauffolgenden Nacht in Hama die neuen Wohnblocks, in denen Funktionäre der Baath-Partei und des Geheimdienstes lebten, holten die Überraschten aus ihren Betten und metzelten sie nieder. Die Imame sunnitischer Moscheen in Hama leisteten ihren Beitrag zum Aufstand, indem sie über Lautsprecher die »Rechtgläubigen« zum »Heiligen Krieg« gegen die »gottlosen« Alawiten aufriefen.[7]

Die Antwort der Baath-Regierung war von einer erschreckenden Brutalität. Unter der Führung von Rifaat al-Assad, dem Bruder des Präsidenten, kesselten 12 000 Soldaten mit rund 100 Panzern Hama ein. Kampfflugzeuge bombardierten tagelang die Altstadt, wo die Aufständischen sich verschanzt hatten. Vierzehn Tage dauerte die Belagerung, dann lag ein Großteil von Hama mit seinen Moscheen, Palästen und Souks in Trümmern, waren nahezu 30 000 Einwohner getötet, waren mehr als 10 000 in Gefängnisse verschleppt, aus denen sie nicht wiederkehrten. Mit ähnlicher Brutalität ging die Armee gegen Aufständische in anderen Städten vor, so in Homs und Aleppo, aber da dort der Widerstand erheblich rascher zusammenbrach, war die Zahl der Opfer, waren die Zerstörungen um Vieles geringer.

Assads Massaker beendeten die bürgerkriegsähnlichen Unruhen. Drei bis vier weitere Jahre blutiger Verfolgung genügten, um den letzten Rest von Widerstand zu ersticken und führende Muslim-Brüder ins Exil zu treiben. Deutschland ist seither ein wichtiger Aufenthaltsort der syrischen Muslim-Bruderschaft; sie hat ihren Schwerpunkt im sogenannten »Islamischen Zentrum« von Aachen und hält dort Kontakt zu anderen islamistischen Vereinigungen, die ebenfalls im Exil den Widerstand gegen die »ungläubige« Regierung ihres Landes organisieren.[8]

Ruhe kehrte in Syrien ein. Endgültig vorbei schienen die Zeiten, als man in den Schlagzeilen der Weltpresse lesen konnte, auch Syrien drohe die »fundamentalistische Gefahr«.

Ist es nur die Ruhe vor dem nächsten Sturm?

Bitterer politischer Humor

Ein Gefangener hängt in Ketten an einer kahlen Wand, der Körper ist mit Striemen übersät, ein Fuß und eine Hand liegen abgehackt in einer Blutlache auf dem Boden. Daneben steht der Folterknecht mit Peitsche, Säge und Zange, aber sein Blick geht an dem Geschundenen vorbei auf einen Fernsehapparat, wo er zu Tränen gerührt einen sentimentalen Liebesfilm genießt.

Diese mit gallenbitterer Ironie gezeichnete Graphik entstammt der Feder des Syrers Ali Farzat. Er lebt in Damaskus, wo er als Karikaturist bei der Zeitung »Tishrin« arbeitet. »Tishrin« ist neben »al-Baath« und »ath-Tahwa« eine der drei großen staatlich kontrollierten Zeitungen in Syrien, weicht jedoch manchmal in Nuancen von der offiziellen Ideologie der Baath-Partei ab. Und so ist es kein Zufall, dass Farzat gerade dort Arbeit gefunden hat. Farzat ist längst über Syrien hinaus eine Berühmtheit geworden, seine bissigen Zeichnungen werden sogar in Zeitungen der Vereinigten Arabischen Emirate und selbst in Saudi-Arabien veröffentlicht. Zahlreiche Preise hat er schon einheimsen können. 1984 erhielt er in Damaskus den ersten Preis für Karikaturisten, 1991 wurde er von den Lesern der saudischen Zeitung »Ash-Sharq al-Awsat« zum besten arabischen Karikaturisten gekürt. Immer wieder werden seine Bilder bei Wanderausstellungen in Staaten der arabischen Welt gezeigt. Längst hat er auch internationalen Ruhm ernten können, bereits 1985 erhielt er in Berlin den Weltpreis für graphische Kunst, 1987 in Sofia den Weltpreis für Karikatur.[9]

Wie aber kommt es, dass sich unter der Diktatur des syrischen Baath-Regimes ein Karikaturist wie Ali Farzat entfalten kann? Und dass er außerdem in anderen arabischen Diktaturen Arbeitsmöglichkeiten und ein zustimmendes Publikum findet? Ali Farzat ist berühmt, beliebt und zugleich gefährdet. Seine Genugtuung über den Erfolg ist gepaart mit der Angst vor Anfeindung, vor Zensur, vor Beschattung durch den Geheimdienst, vor Verhaftung, ja vor Attentaten. Trotzdem arbeitet er unverdrossen weiter und gibt damit ein Beispiel, dass auch Diktaturen Nischen bieten können für Kritik, für ein kritisches Publikum. Mehr noch: dass Diktaturen zeitweise sogar gezwungen sind, angestauten Unmut gerade in der Bildungsschicht durch vorsichtig dosiert zugelassene Meinungsäußerung zu kanalisieren und aufzufangen.

Ali Farzat stammt aus Hama, eben jener Stadt, die als Hochburg der syrischen Muslim-Bruderschaft besonders unter dem Terror der Baath-Regierung zu leiden hatte. Er selber ist allerdings über jeden Verdacht erhaben, mit radikal-islamischen Bewegungen zu sympathisieren, sonst wäre ihm von vornherein eine Karriere an einer der großen staatlich kontrollierten Zeitungen verwehrt gewesen. Als Regierungstruppen 1982 in Hama rund 30 000 Menschen getötet hatten und die Polizei weitere 10 000 hinter Gefängnismauern verschwinden ließ, war Farzat in Syrien bereits berühmt durch bissige Karikaturen zu zunächst allgemein menschlichen Alltagsproblemen: Konflikten in den Familien, zwischen Mann und Frau, zwischen Jugend und älterer Generation, soziale Nöte. Erst die wachsende Popularität gab ihm den Mut, politische Probleme deutlicher zur Darstellung zu bringen: Militarismus, Krieg, soziale Unterdrückung, staatliche Zensur, Verletzung der Menschenwürde.

Prompt geriet Farzat in Konflikt mit der Zensur und musste erfahren, wie eng die Grenzen tatsächlich für die angebliche Meinungsfreiheit in der »Volksdemokratie Syrien« sind. Wiederholt wurde er vom Ministerpräsidenten in dessen Amtsräume zitiert und musste dort heftigen Tadel wegen des brisanten Inhalts mancher Karikaturen einstecken. Zeitweilig wurde ihm ein Publikationsverbot auferlegt. Farzat verlor allerdings nie seine Stelle bei der Zeitung, auch bekam er weiterhin sein volles Gehalt. Behutsam gingen die Herrschenden mit ihrem unbequemen Kritiker um, was zeigt, wie wertvoll ihnen der populäre Karikaturist bereits geworden war. Farzat konnte nämlich, solange er nur »allgemein menschliche« Themen wählte, sehr nutzbringend als internationales Aushängeschild für die scheinbare Liberalität der »Volksdemokratie« dienen; die Herrschenden mussten es nur zuwege bringen, den Publikumsliebling durch sanften Druck immer wieder auf die vorgegebene Parteilinie zurückzuführen.

Jene böse Karikatur über den Folterknecht, der zu Tränen gerührt einen sentimentalen Liebesfilm im Fernsehen genießt, konnte bezeichnenderweise viele Jahre nicht in Syrien veröffentlicht werden. Längst hatte sie dagegen in einer Zeitung in Kuwait Aufsehen erregt und war dann in verschiedenen internationalen Ausstellungen gezeigt worden. Die Regierung Assad ließ besagte Karikatur erst 1985 in einer Ausstellung des Französischen Kulturzentrums in Damaskus einem begrenzten Publikum vorführen. Dies geschah zu einer Zeit, als dem Regime viel daran gelegen war, internationale Reputation zu gewinnen und als ein »liberaler« Staat dazustehen, dem es möglich ist, Kritik an Folter und Geheimdienst zuzulassen.

Farzat hat einen entsprechenden Darstellungsstil entwickelt, der ihm das Lavieren an der allgegenwärtigen Zensur vorbei ermöglicht. Seine Figuren sind nie konkret an bestimmten Politikern oder Staaten festzumachen, er bleibt im allgemein Ethischen und Prinzipiellen der »arabischen Welt«. Und so kann das syrische Baath-Regime bei Bedarf die aufgezeigten Missstände als Kritik an anderen Staaten interpretieren, ja propagandistisch ausschlachten (während nur eine Minderheit aufmerksamer Betrachter die Doppeldeutigkeit der Botschaft voll erkennt).

1989 kam es in einer Ausstellung in Paris zum Eklat, als dort unter den Arbeiten Farzats auch die Karikatur »Der General« gezeigt wurde. Abgebildet ist ein ordenbehängter General, der aus einem großen Topf mit der Schöpfkelle einem spindeldürren, ausgehungerten Mann in seine Bettelschale anstatt Essen militärische Orden schüttet. Heftig protestierte der irakische Botschafter, weil er überzeugt war, die Karikatur sei gegen seinen Präsidenten Saddam Hussein gerichtet, und verlangte, dass sie entfernt werde. Französische wie arabische Karikaturisten demonstrierten für ihren syrischen Kollegen Ali Farzat, seine Karikatur blieb hängen. Syrien schwieg. Dieser Eklat kam dem Regime Assad sehr gelegen, da es ja mit dem Regime Saddam Husseins verfeindet war.

Ali Farzat äußert sich bitter über die waghalsige Gratwanderung seiner politisch-künstlerischen Existenz: »Ich übertreibe nicht, wenn ich sage, dass oft mehr Mühe notwendig ist, eine Karikatur zu publizieren als sie zu produzieren [...] Ich muss mehrere Hindernisse überwinden: zunächst die Dummheit der Personen, die über die Veröffentlichung entscheiden, und dann die Zensur, deren strengen Regeln man unterworfen ist und die die kleinen Freiheiten, die man hat, auch noch verschlingt.«[10]

Eine solch freimütig sarkastische Äußerung war allerdings nur für ein westlich-liberales Publikum bestimmt. In Syrien ist sie, naturgemäß, nie veröffentlicht worden.

Brüchiger Friede

Tumult im Abbasiden-Stadion nördlich der Damaszener Altstadt. Während der Halbzeitpause des wöchentlichen Fußballspiels strömten Jugendliche in Scharen auf das Spielfeld, verneigten sich zum Gebet nach Mekka und riefen im Chor »Allahu akbar«, »Gott ist groß«. Militärpolizei vertrieb die Provokateure, aber sie tat es eher behutsam. Dies geschah mehrmals während der Sommermonate 1995. Orthodoxe Muslime, so legen derartige Demonstrationen nahe, wollten anscheinend testen, inwieweit sie die Baath-Regierung provozieren konnten, ohne sich selber ernsthaft zu gefährden. Sogar die Militärpolizei, treu dem Regime ergeben und andernorts vor Terror nicht zurückschreckend, zögerte beim Anblick provokativ betender Muslime.

Über die Tumulte erfuhr ich aus einer deutschen Zeitung.[11] Kein Syrer hatte mir solche Ereignisse auch nur angedeutet, als ich im Herbst 1995 wieder das Land bereiste. Niemand schien von diesen Demonstrationen gewusst zu haben. Solche Nachrichten gelangen in die Auslandspresse über ungenannte Informanten, während die einheimischen Zeitungen darüber nicht berichten dürfen.

Reisende aus dem Westen stoßen auf eine Mauer des Schweigens. Ausländer müssen schon vorher hellhörig geworden sein, um bei Gesprächen aus versteckten Andeutungen und dem Mienenspiel zu entnehmen, dass in Syrien nach wie vor eine Opposition gegen das Baath-Regime besteht. Sind es orthodoxe Sunniten, jederzeit bereit, eine Schwäche der Regierung zu nutzen? Hat gar die Muslim-Bruderschaft im Geheimen wieder ein intaktes Organisationsnetz aufbauen können? Oder sind es nur sozial Unzufriedene ohne einen speziellen religiösen Hintergrund?

Auffällig ist, dass es bei vereinzelten Unruhen bleibt. Demonstrationen steigern sich nicht zu größerem Aufruhr. An der einschüchternden Präsenz des Baath-Überwachungsapparats allein kann dies nicht liegen.

Wenn es hauptsächlich auf schlagkräftige Polizeitruppen, einen gefürchteten Geheimdienst und brutale Entschlossenheit der Machthaber ankäme, dann müssten »säkulare« Regierungen auch in manch anderen islamischen Staaten längst die Situation unter Kontrolle haben. Der Militärdiktatur in Algerien gelingt es jedoch nicht, die aufständische »Islamische Heilsfront« niederzukämpfen, obwohl sie es an Terror gegen Islamisten nicht fehlen lässt. Im Iran hatte Schah Mohammed Reza Pahlevi Ende der siebziger Jahre trotz härtesten Militäreinsatzes nicht die sogenannte »Islamische Revolution« aufhalten können. Was ist anders in Syrien?

Soziale Sicherheit bremst den Vormarsch der Islamisten. Im Unterschied zu vielen Ländern des Nahen Ostens und Nordafrikas, gerade auch zum Iran und Algerien, ist ja in Syrien die extreme Armut überwunden. Riesige Neubaugebiete wachsen an den Rändern syrischer Städte, Bettler fehlen weitgehend im Straßenbild. Syriens Wirtschaft war von 1990 bis 1994 von einem Boom erfasst und hatte ein jährliches Wachstum zwischen fünf und sieben Prozent, bei einer sehr moderaten Inflationsrate.[12] Solange die Regierung Assad eine auch nur halbwegs solide soziale Bilanz vorzuweisen hat, raubt sie den Islamisten ihr werbewirksamstes Argument: Gott würde mit Armut und Niedergang all jene Länder bestrafen, in denen die muslimischen Politiker Reformen nach westlichem Vorbild durchführen und nicht mehr die unfehlbaren Gesetze von Koran und Scharia befolgen. Syriens Regierung hat die Islamisten zunehmend um die Chance gebracht, sich mit ihrer Sozialarbeit in den Slums als die »besseren Muslime« zu profilieren.

Welch ein Kontrast zu den siebziger Jahren! Damals erhielten die Muslim-Brüder starken Zulauf, gerade weil die Baath-Sozialisten nach zwei verlorenen Kriegen gegen Israel auch einer ständig wachsenden Wirtschaftskrise immer hilfloser gegenüberstanden.

Die Gefahr ist allerdings für Syrien noch nicht gebannt. Denn der ökonomische Boom ist nur bedingt einer umsichtigen Wirtschaftspolitik des Baath-Regimes zuzuschreiben. Die alten Schwächen sind strukturell noch immer vorhanden: Nach wie vor lähmt eine ausufernde Bürokratie die Privatinitiative, weiterhin versickert mehr als die Hälfte der Staatseinnahmen für Rüstungsausgaben und für die aufwendigen Geheimdienste. Den entscheidenden Aufschwung verdankt Syrien seiner sehr pragmatischen, ideologisch völlig ungebundenen Außenpolitik. Assad konnte 1990 eine Finanzhilfe arabischer Golfstaaten und der Westmächte in Milliardenhöhe (!) für Syriens Wirtschaft kassieren, nachdem er zugesagt hatte, im damals drohenden Golfkrieg gemeinsam mit den USA und Europa Truppen gegen den Irak einzusetzen.

Wie lange hält der innere Friede? 1995 folgte auf Jahre des Booms die erste Ernüchterung. Erstmals fielen wieder die Reallöhne, stiegen die Preise, öffnete sich die Schere zwischen Reich und Arm stärker. Es ist kein Zufall, dass gerade 1995, als eine neue Wirtschaftskrise drohte, im Abbasiden-Stadion von Damaskus orthodoxe Muslime Tumulte provozierten und die Schwäche der Regierung zu nützen versuchten.

Aber schwerere Unruhen könnten erst ausbrechen, wenn die Ära Assad zu Ende geht. Nach dem jetzigen Stand der Dinge wird Assad allerdings kaum durch einen Militärputsch von der Macht verdrängt werden, dazu ist die wirtschaftliche Lage zu stabil, dazu funktioniert der Überwachungsapparat zu gut. Der bald siebzigjährige Präsident ist jedoch herzkrank, bereits 1983 musste ihm nach einem lebensbedrohenden Infarkt ein Herzschrittmacher eingesetzt werden. Assads plötzlicher Tod könnte ein Machtvakuum hinterlassen, denn in den eigenen Reihen ist bisher kein Nachfolger »aufgebaut« worden. Dieses Privileg eines potenziellen Nachfolgers genießt nicht einmal Rifaat al-Assad, der jüngere Bruder des Präsidenten. Dabei war Rifaat im Führungsrat einer der drei Vizepräsidenten und lange als Chef der schlagkräftigen Garde der »Rifaat-Tiger« dem Regime unentbehrlich. Er hat für »Sicherheit«, für die Einschüchterung der Bevölkerung mit drastischen Mitteln gesorgt und wurde als »Schlächter von Hama« berüchtigt. Aber im Februar 1998 hat ihn Hafis al-Assad all seiner Ämter enthoben; ein jahrelanger Konflikt um Führungskompetenzen war diesem Bruch zwischen den Brüdern vorausgegangen. Und der zweite Sohn des Präsidenten, Baschar al-Assad, scheint nicht die erforderlichen Führungsqualitäten zu besitzen, die man dem älteren Bruder, dem tödlich verunglückten Basil al-Assad, nachsagte.

Assads Tod müsste allerdings nicht zwangsläufig schon das

Ende der Baath-Herrschaft ankündigen. In der Ära nach Assad würden jedoch sunnitische Baath-Sozialisten wieder versuchen, die Führung von den Alawiten zurückzugewinnen. Und je stärker solche Auseinandersetzungen zwischen Sunniten und Alawiten die Baath-Partei einer Zerreißprobe aussetzten, desto wahrscheinlicher würde sich die Partei in feindliche Flügel spalten. Beträchtliche Folgen hätten die Unruhen für die ohnehin fragile Reformpolitik. Im Gefolge einer neuen Krise bekämen die Islamisten noch einmal eine Chance, bei verunsicherten und enttäuschten Syrern rasch Anhänger zu gewinnen mit der Parole: Der Islam ist die Lösung.

Trotzdem wäre die Muslim-Bruderschaft auch dann noch weit entfernt davon, die Macht zu erobern. Syriens Gesellschaft ist religiös und kulturell zu sehr aufgefächert, als dass es radikal orthodoxen Sunniten so leicht gelingen könnte, eine massive Mehrheit unter ihrer Führung zu einigen. Vielleicht könnten sie ein Bündnis mit gemäßigt orthodoxen Sunniten schließen. Aber auch ein solcher Erfolg würde noch nichts darüber aussagen, ob die Islamisten in Syrien eine Chance hätten, sich auf Dauer an der Macht zu halten. Ihre Basis wäre langfristig so brüchig wie die der Alawiten.

Ist Syrien ein Sonderfall?

Werfen wir einen vergleichenden Blick auf andere islamische Staaten, denen wie Syrien eine moderne Reformpolitik nachgesagt wird (oder wurde), so muss dies nachdenklich stimmen. Spätestens seit den achtziger Jahren sind in vielen dieser Staaten radikal-islamische Parteien zu einem Machtfaktor geworden.

Das gilt schon für die unmittelbare Nachbarschaft Syriens. Im Irak kann sich das Baath-Regime nur noch mit äußerstem Terror gegen schiitische Islamisten (wie andererseits gegen die Kurden) an der Macht halten. Im Gegensatz zu Syrien hat der

Irak nach dem Golfkrieg von 1991 mit wachsender Verelendung zu kämpfen, und gerade das legt den Keim für weitere Unruhen. Im religiös zersplitterten und wirtschaftlich ruinierten Libanon stiegen die schiitischen Hizbollah-Milizen, die mit dem Mullah-Regime des Iran sympathisieren, zur mächtigsten aller konfessionell orientierten Gruppierungen auf. Und im israelisch besetzten Westjordanland wurde die Bewegung »Hamas« (»Eifer«), eine sunnitische Muslim-Bruderschaft, zur gefährlichen Konkurrenz für die Palästinensische Befreiungsfront (PLO) um Jassir Arafat, seit die säkularen Nationalisten wirtschaftlich wie politisch immer stärker in die Krise gerieten. In Jordanien sieht sich der einst absolut regierende König Hussein zunehmend gezwungen, auf eine erstarkende islamistische Opposition Rücksicht zu nehmen: eine Muslim-Bruderschaft mit engen Kontakten zur Hamas-Bewegung im Westjordanland.

In Ägypten ging die Regierung bereits 1980 dazu über, die Gesetzgebung in Teilstücken der Scharia anzupassen. Seither ist es Richtern möglich, Wissenschaftler und Schriftsteller mit sehr eng gefassten Glaubensvorschriften zu überwachen, zu unterdrücken, einzuschüchtern. Anwar as-Sadat hat diese Entwicklung eingeleitet, um so der immer rascher wachsenden ägyptischen Muslim-Bruderschaft politisch den Wind aus den Segeln zu nehmen. Außerhalb der Kerngebiete des Nahen Ostens ist es nicht anders. Algerien bietet sogar Schlimmeres. Zwar ist im blutigen Bürgerkrieg die »Islamische Heilsfront« noch weit von einem Sieg entfernt. Aber 1996 änderte Algeriens »säkulare« Militärdiktatur unter politischem Druck die bisherige Verfassung. Seither kann ein »Islamischer Hoher Rat« sämtliche Gesetze auf ihre koranische Rechtmäßigkeit hin überprüfen und alles verbieten, was angeblich im Widerspruch zur »islamischen Moral« steht. Algerien ist damit, obwohl es noch mitten im Bürgerkrieg gegen Islamisten steht, dem Ideal eines radikal-islamischen Staates erheblich näher gekommen.

In der Türkei schließlich konnten die Islamisten ihre Basis sogar durch friedliche demokratische Wahlen beträchtlich verbreitern. 1995 vermochte dort die (gemäßigte) Refah-Partisi (Wohlfahrtspartei) zur stärksten Kraft zu werden. Dies geschah nicht zuletzt, weil die »säkularen« Parteien wegen Misswirtschaft und Korruptionsaffären massiv an Wählergunst eingebüßt hatten. Ein Jahr später konnten die türkischen Islamisten mit Necmettin Erbakan den Ministerpräsidenten stellen. Erbakan musste zwar 1997 auf Druck des Militärs bereits wieder zurücktreten und im Januar 1998 verbot gar das türkische Verfassungsgericht die Refah-Partei. Aber all diese Maßnahmen schaffen nur oberflächlich Abhilfe, denn die Unzufriedenheit bei den Wählermassen über die soziale Lage bleibt, ebenso eine unterschwellige Sympathie für die verbotene Partei. Eine solche Entwicklung vollzieht sich ausgerechnet in jenem Land, in dem Atatürk als erster muslimischer Politiker die Weichen in Richtung »säkularer Staat« gestellt hat.

Den gravierendsten Umbruch erlebte jedoch der Iran durch seine »Islamische Revolution« von 1979. Erstmals war nun das bisher Unvorstellbare in den Bereich des Möglichen gerückt: Islamisten können tatsächlich die Macht, die ganze Macht in einem Staat erobern. Sollte es Islamisten nun während der nächsten Jahrzehnte gelingen, eine ideologisch gemäßigte Regierung nach der anderen zu stürzen? Aus westlicher Sicht erschien mit einem Mal die Schreckensvision plausibel, bald werde sich das Abendland einem feindlichen Block eines radikalisierten Islam gegenübersehen.

Eine realistische Prognose?

Bereits während der achtziger Jahre begannen sich im Nahen Osten auch Entwicklungen abzuzeichnen, die nicht in das herkömmliche Blockdenken verfeindeter Ideologen passen.

Auch Feindbilder wandeln sich

Baath und das Mullah-Regime im Iran

Ich gehe durch die Hauptbasarstraße des Damaszener Vororts Sid Zeynab, Syriens bedeutendstem Wallfahrtsort der Schiiten. Wie immer sehe ich auch hier an Hausmauern, über den Türen mancher Verkaufsräume und an Außenwänden der Imbissbuden Porträts des Staatspräsidenten Assad. Da aber: Poster mit dem Kopf des Ayatollah Khomeini. Sein Bild taucht vor allem beim Warenangebot für den Pilgerbedarf auf. Düster asketisch das Gesicht, mit dem dunkelbraunen Kaftan des schiitischen Geistlichen und dem schwarzen Turban (zum Zeichen, dass er aus der weitverzweigten Nachkommenschaft des Propheten Mohammed stammt), so prägt sich hier Khomeini den Passanten ein. Sein Konterfei prangt auffallend oft neben den Porträts des Kalifen Ali und des Prophetenenkels Hussein, den Ahnvätern der schiitischen Bewegung.

Sid Zeynab ist heilig, besonders für Pilger der Zwölfer-Schia, dem schiitischen Hauptzweig. Ihre Zahl ist in Syrien selber bedeutungslos, Zwölfer-Schiiten leben vorwiegend im Libanon, Iran und Irak. Allerdings ist die Einreise irakischen Pilgern verwehrt, seit Syrien und der Irak verfeindet sind. Umso mehr Libanesen und Iraner kommen nach Sid Zeynab, die iranischen Männer erkennbar an den schwarzen Bärten und den dunklen Anzügen, die Frauen an den geblümten Tschadors.

Ich betrete die Zeynab-Moschee mit ihren türkis gekachelten Minaretten, der vergoldeten Kuppel, den bunt gefliesten

Wänden, den ockergelben Fayencemustern auf blauem Grund, ein Sakralbau, der exakt nach dem Vorbild persischer Architektur errichtet ist. Ich besuche das Mausoleum, in dem Zeynab, die Schwester des Prophetenenkels Hussein, begraben liegt. Auch hier ein Porträt von Khomeini. In einer Arkade seitlich entdecke ich sein Bild. Hier in einer Moschee, deren Bau das iranische Mullah-Regime finanziert hat, kann mich das weniger überraschen. Mich verblüfft dagegen, dass über dem Haupttor, dem Innenhof zugewandt, groß auch ein Porträt von Assad prangt. Niemals sonst habe ich das Bild des syrischen Diktators in einer Moschee gesehen. Das so ungewöhnlich platzierte Assad-Porträt soll wohl die Besucher, besonders iranische Pilger, daran erinnern, wer der eigentliche Herr auch im Schiiten-Wallfahrtszentrum Sid Zeynab ist.

Porträts von Assad und Khomeini so nahe beieinander! Ausgerechnet Assad, der die Islamisten im eigenen Land brutal verfolgen lässt, duldet einen Wallfahrtsort, in dem iranische Pilger unter Khomeini-Porträts schiitisch-fundamentalistische Frömmigkeit demonstrieren.

Die Kontraste im Wallfahrtszentrum Sid Zeynab befremden umso mehr, wenn wir uns verdeutlichen, dass beide Regierungen sich angesichts ihrer gegensätzlichen Ideologien erbittert bekämpfen müssten. Was Khomeini während der siebziger Jahre in seinem wegweisenden Buch »Welayat-e Faqih«, »Das Königreich der Rechtsgelehrten«, als Grundsatzprogramm für einen »wahrhaft islamischen Staat« formulierte, geht sogar weit über das hinaus, was etwa sunnitische Islamisten als Ideal einer »islamischen Regierung« propagieren.

Niemals, so schrieb Khomeini, dürften die Korangelehrten einem weltlichen Politiker die Schaltstellen der Macht überlassen, sie dürften ihm bestenfalls die untergeordnete Position eines Ministers zubilligen. Den Staat nach dem »Willen Gottes« regieren könnten am besten hohe Geistliche, da nur sie die Fähigkeit besäßen, aus dem Koran und der Scharia den »Willen

Gottes« unverfälscht und klar zu interpretieren. Khomeini stieß mit einem derartigen Anspruch, die Macht auf Geistliche zu konzentrieren, selbst bei einer Reihe streng orthodoxer Schiiten auf Widerspruch – erst recht aber bei Sunniten. Sunnitische Islamisten rückten von Anfang an durchwegs auf Distanz zu Khomeinis Doktrin, sowohl die syrische als auch die ägyptische Muslim-Bruderschaft, sowohl die Islamische Heilsfront in Algerien als auch die Taliban in Afghanistan, erst recht die Refah-Partei in der Türkei. Die Führer und Ideologen sunnitischer Islamisten kommen überwiegend aus weltlichen Berufen, sind Lehrer, Rechtsanwälte, Techniker, Offiziere – sie gestehen der Ulema, dem Gremium hoher Geistlicher, zwar einen stärkeren Einfluss bei der »Beratung« von Politikern zu, niemals aber das Regierungsamt selber.

Ohne Zweifel ist Syriens Staatspräsident Assad über diese ideologischen Differenzen innerhalb der einzelnen islamistischen Parteien informiert. Er, der Baath-Sozialist, könnte von der eigenen weltanschaulichen Position her noch weit eher mit den Führern der syrischen Muslim-Bruderschaft zu einem machtpolitischen Kompromiss finden als mit den Anhängern Khomeinis. Trotzdem beweist Assad gegenüber den vergleichsweise gemäßigten Muslim-Brüdern weniger Toleranz als gegenüber dem Mullah-Regime. Dies erscheint umso merkwürdiger, da doch Khomeini gerade den Baath-Sozialismus als eine aus dem »Westen« beeinflusste Ideologie scharf verurteilt hat. Die Baathisten, so lautete seine Propaganda, seien nur dem äußeren Anschein nach Muslime, tatsächlich aber würden sie wie die westlichen Imperialisten versuchen, die islamische Gesellschaft geistig und politisch zu zerstören. Dazu passe, dass der Urheber der Baath-Ideologie ein Christ sei. Es sei die heilige Pflicht eines jeden gläubigen Muslim, den Unglauben dieser Feinde Gottes mit allen Mitteln zu bekämpfen, auch mit Waffengewalt.

Aber Khomeini richtete seinen Bannfluch ausschließlich

gegen die Baath-Partei im Irak. Dabei hätte er keinen Grund gehabt, sein Urteil ausgerechnet über die Regierung Assad milder zu formulieren, auch wenn die Alawiten sich zur Schia bekennen. Denn besonders die Alawiten mit ihrem unorthodoxen Glauben an die Gottähnlichkeit des Kalifen Ali müssen jedem orthodoxen Schiiten als pure »Ketzer« erscheinen, dazu noch Alawiten, die sich zum Baath-Sozialismus bekennen.

Machtpolitik gab für Khomeinis Haltung den Ausschlag. 1980 hatte Saddam Hussein, Führer der irakischen Baath-Sozialisten, wegen eines lange schwelenden Grenzstreits um strategisch wichtige Gebiete im Schatt el-Arab den Krieg gegen den Iran begonnen und war so, massiv unterstützt durch Waffenlieferungen aus dem Westen, zu einem lebensbedrohenden Feind des Mullah-Regimes in Teheran geworden. Im selben Jahr bot Syriens Baath-Führer Assad den Iranern ein Bündnis gegen Saddam Hussein an. Assad plagte die Sorge, die irakische Baath-Partei könnte nach einem Sieg über den Iran zu mächtig und damit für die rivalisierende Baath-Partei Syriens zu gefährlich werden. Assad ließ es deshalb zu, dass fortan Waffenlieferungen aus dem Ausland im syrischen Hafen Lattakia ausgeladen und von syrischen Flughäfen in den Iran transportiert wurden.

Sowohl Assad als auch Khomeini handelten mit dem Bündnis von 1980 völlig entgegen ihrer Ideologie. In einer Hinsicht zumindest erinnert dieses Abkommen an den Hitler-Stalin-Pakt von 1939: Auch damals hatten zwei unversöhnlich scheinende Diktatoren plötzlich ein gemeinsames strategisches Interesse entdeckt und deshalb die Feindschaft ihrer unvereinbaren Ideologien von heute auf morgen zynisch aus der Propaganda verbannt. Assad sah seit 1980 darüber hinweg, dass das Mullah-Regime überall im Nahen Osten islamistische Parteien, ja Terroristen gegen »säkularistische« Regierungen mit Geld und Waffen unterstützte. Umgekehrt unterschlugen die iranischen Islamisten die Tatsache, dass Syriens Baath-Sozialisten im eigenen Land die Islamisten brutal unterdrückten. Das gemeinsame Interesse, den gefährlich gewordenen Diktator Saddam Hussein zu stürzen oder wenigstens empfindlich zu schwächen, hat Syrien und Iran zusammengebracht. Wieder einmal ist so über alle religiös-politischen Gegensätze hinweg die nüchtern realpolitische Devise zum Tragen gekommen: Der Feind meines Feindes ist mein Freund.

Das Bündnis bringt den syrischen Baath-Sozialisten wie den iranischen Islamisten noch weitere Vorteile.

Das Mullah-Regime hat seit dem Sieg der sogenannten »Islamischen Revolution« 1970 bis 1979 ein vitales Interesse, schiitische Bewegungen außerhalb des Iran zu stärken. Dies geschieht durch religiöse Propaganda, durch Geld für Bildungseinrichtungen und den Neubau von Moscheen, aber auch durch Waffenlieferungen. Der Hintergedanke ist, schiitische Minderheiten in sunnitisch regierten Staaten an den Iran zu binden. Je mehr dies gelingt, desto überzeugender kann der iranische Gottesstaat mit dem Anspruch auftreten, das Kernland aller Schiiten zu sein, ideeller Bezugsort für die vielen zerstreuten Gemeinden des Nahen Ostens. Besonders lag und liegt dem Mullah-Regime an einem Bündnis mit den Schiiten im Libanon, die sich ebenfalls überwiegend zur Zwölfer-Schia bekennen und nahezu 30 Prozent der Bevölkerung ausmachen. Aber um diesen Kontakt zu intensivieren, brauchten die Iraner die Hilfe der syrischen Baath-Sozialisten. Denn als Knotenpunkt für Material- und Waffenlieferungen vom Iran in den Libanon ist Syrien strategisch unentbehrlich. Es hing also von der Regierung Assad ab, inwieweit das Mullah-Regime seinen Einfluss auf den Libanon ausweiten konnte. Und Assad ließ es zu, dass der Iran libanesische Schiiten im Bürgerkrieg zwischen Muslimen und Christen stärkte.

Bereits Ende der siebziger Jahre war im Libanon die schiitische Miliz »Amal« (»Hoffnung«) entstanden, die aber 1982 durch die radikalere »Hizbollah« (»Partei Gottes«) in den Hintergrund gedrängt wurde. Der Name dieser neuen Organisation deutet bereits auf die enge Verbindung zum Mullah-Regime. Denn »Hizbollah« ist auch der Name jener Partei, die im Iran eine totalitäre Herrschaft ausübt. Zur Hizbollah im Libanon rollten seit 1982 Lastautos aus dem benachbarten Syrien, beladen mit iranischen Waffen, Munition, medizinischen Gütern. Reichlich flossen seitdem auch Unterstützungsgelder, abgezweigt von den Erdöleinnahmen des Iran; sie sollen zeitweise bis zu 60 Millionen Dollar pro Jahr betragen haben.[1] Dank solcher massiver Militär- und Finanzhilfe stieg die Hizbollah innerhalb eines Jahrzehnts zur schlagkräftigsten, mächtigsten Organisation im Libanon auf. Darüber hinaus konnte die »Partei Gottes« ein tragfähiges soziales Netz aufbauen und vermochte mit neuen Schulen und Spitälern für die Schiiten das Bildungsniveau wie auch die medizinische Versorgung erheblich zu bessern. Diese Aktivität der Hizbollah wog schwer bei einer Bevölkerungsgruppe, die bis dahin unter den religiösen Minderheiten am meisten benachteiligt war. Die Hizbollah wurde bei den libanesischen Schiiten nicht nur populär, sondern sogar zur höchsten Autorität. Einen Erfolg bedeutete dies aber auch für den Iran als Schutzmacht der Hizbollah: Überall, wo Schiiten im Libanon leben, sind Plakate mit dem Porträt Khomeinis an Moscheen, Hausmauern und Verkaufsbuden angebracht.

Welches Interesse können Syriens Baath-Sozialisten an einer derartigen Entwicklung haben? Müssen sie nicht fürchten, der Aufstieg einer radikal-islamischen Organisation im Nachbarland würde auch wieder Ansporn für die unterdrückte Muslim-Bruderschaft in Syrien sein?

Assad muss die Hizbollah nicht fürchten. Keinesfalls ist die Gefahr gegeben, dass die schiitischen Islamisten im Libanon etwa nach dem Vorbild des Iran einen Gottesstaat errichten könnten und dann Front gegen das »säkulare« Syrien beziehen würden. Dazu ist der Libanon religiös zu sehr aufgefächert. Dem Taktiker Assad würde es daher leichtfallen, aus gegebenem Anlass sofort Milizen pro-syrischer Sunniten oder gar pro-syrischer Christen gegen die Minderheit der Schiiten aus-zuspielen.

Umso eher kann Assad es sich leisten, die Hizbollah zu för-dern – soweit dies seinen Interessen dient. Er gestattete den Hizbollah-Milizen sogar, Trainingslager und Ausbildungs-stätten in Syrien einzurichten; ihre Lager konzentrieren sich sinnigerweise im Damaszener Vorort Sid Zeynab nahe der Wallfahrtsmoschee, dem spirituellen Zentrum schiitisch-ira-nischer Pilger.[2] Der Nutzen für Syrien ist offensichtlich. Die militärisch hochgerüstete Hizbollah-Miliz führt im Süden des Libanon einen Partisanenkrieg gegen Israel, dessen Truppen dort seit 1982 einen »Sicherheitsstreifen« besetzt halten. Die Hizbollah schießt aus versteckten Stützpunkten mit beweg-lichen Abschussrampen Raketen bis weit hinein in Israels Nordregionen. Da es den Israelis nicht gelingt, derart gut ver-steckte Gegner auszuschalten, können die schiitischen Parti-sanen mit unerwarteten Überfällen zu jedem ihnen günstigen Zeitpunkt den Friedensprozess im Nahen Osten sabotieren. Damit führt die Hizbollah auch im Interesse Syriens einen Stellvertreterkrieg. Die fundamentalistische Hizbollah, deren Mitglieder in Syrien ihre Ideologie niemals verbreiten dürften, bedeuten für Assad eine wichtige Trumpfkarte im Verhand-lungspoker mit Israel.

Von Assad hängt es ab, wie oft und wie intensiv die Hizbollah ihre Partisanenangriffe gegen Israel führen kann. Falls Israel Syrien die gewünschten Friedensbedingungen erfüllen würde – die Rückgabe der 1967 eroberten Golanhöhen –, könnte Assad sofort den Nachschub aus dem Iran sperren und damit den Par-tisanenkrieg beenden. Assad benützt die Dienste des Iran, um den Verhandlungspartner Israel unter Druck zu setzen.

Es ist abzusehen, dass dieses Bündnis zwischen so unglei-chen Partnern wie Syrien und dem Iran zerbricht, sobald ihnen die gemeinsamen Feinde Irak und Israel fehlen. Dann würden zwischen den »säkularistischen« Baathisten und den radikal-schiitischen Islamisten wieder jene Konflikte in den Vordergrund treten, die überall in der islamischen Welt ihre Sprengkraft haben. Dann würden auch sehr bald im Straßenbild von Syriens schiitischen Wallfahrtszentren die vielen iranischen Pilger fehlen, weil ihnen plötzlich die Einreise verboten wäre – wie das bisher Schiiten aus dem Irak verboten war.

Zwei alte Feinde versöhnen sich

Der Feind meines Feindes ist mein Freund. Von diesem Grundsatz ist Assad auch im Umgang mit anderen islamistischen Parteien geleitet.

Im Februar 1990 stieß ich auf eine Zeitungsnotiz, dass in Damaskus eine radikal-schiitische Organisation des Irak ein Büro unterhält; weitere Büros führt sie im Iran, in Kuwait, in London. Die Organisation nennt sich »Oberster Rat der Islamischen Revolution«. Ihr erklärtes Ziel ist es, auf den Sturz Saddam Husseins hinzuarbeiten und den Irak in eine »islamische Republik« umzuwandeln.[3] Das erste Ziel liegt ganz im Interesse Syriens, das letztere aber nur im Interesse des Iran. Trotzdem gestattete Assad, dass neben iranischen Islamisten nun auch noch irakische Parteigänger einer »islamischen Revolution« in Syrien ihre Aktivitäten entfalteten. Solange die irakische Baath-Partei ein Todfeind der syrischen »Bruderpartei« bleibt, ist anscheinend jeder Gegner Saddam Husseins ein willkommener »Gast« in Syrien.

Solange dies der Fall ist! Doch eine neue Kehrtwendung bahnte sich an. Im August 1997 überraschten Syrien und der Irak die Weltöffentlichkeit mit der Ankündigung, sie wollten ihre seit 1980 abgebrochenen diplomatischen Beziehungen wieder aufnehmen. Feindselige Propaganda zwischen beiden Baath-Parteien war zu diesem Zeitpunkt bereits eingestellt. Zwei Grenzübergänge waren schon im Frühjahr geöffnet worden, zwei weitere folgten im Herbst, nach 17 Jahren hermetischer Abriegelung. Hunderte syrische und irakische Geschäftsleute erhielten Lizenzen für bilateralen Handel. Bei einem wissenschaftlichen Kongress in Bagdad, an dem nun auch Syrer teilnahmen, waren – bisher unvorstellbar – plötzlich Porträts von Saddam Hussein und Assad einträchtig nebeneinander an den Wänden des Sitzungssaales angebracht.[4]

Wie das? Anlass für diese abrupte Kehrtwendung war ein Abkommen, das Israel und die Türkei 1996 über militärische und wirtschaftliche Zusammenarbeit geschlossen hatten. Seit 1997 erlaubt die Regierung in Ankara, dass israelische Kampfflugzeuge von Stützpunkten in Anatolien starten und im Luftraum entlang der syrischen, irakischen und iranischen Grenze patrouillieren. Die türkische Regierung hatte außerdem einen beträchtlichen Auftrag zur Modernisierung türkischer Kampfflugzeuge und Panzer an Israels Rüstungsindustrie vergeben. Im Gegenzug standen Militärfachleute aus Israel bereit, die Türken mit neuestem Know-how im Einsatz gegen kurdische Guerillagruppen zu unterstützen. Israelisches Militär nun auch im Norden? Syrien wie der Irak konnten sich angesichts dieser bis dahin undenkbaren Situation eingekreist fühlen.

Aus syrischer Perspektive musste die Lage an der Nordgrenze ohnehin brisant erscheinen, leben doch die Regierungen in Damaskus und Ankara seit Jahrzehnten in einem unseligen Spannungsverhältnis: Nach wie vor beansprucht Syrien die »geraubte« Provinz Alexandrette mit den Städten Antakya (Antiochia) und Iskenderun als sein Gebiet, und immer wieder kommt es zu Zwischenfällen entlang der umstrittenen Grenze. Das ist bei uns im Westen weniger bekannt, wurde mir aber von Syrern mehrmals bestätigt.

Syrien und der Irak sehen darüber hinaus noch einen Grund, den Nachbarstaat im Norden zu fürchten. Anfang der neunziger Jahre hatte die Türkei in Südostanatolien riesige Staudämme gebaut, um vom Oberlauf des Euphrat beträchtliche

Wassermengen in Dürregebiete abzuzweigen. Der Euphrat aber fließt in Richtung Süden, durch Syrien und den Irak und ist dort unentbehrlich für die Bewässerung. Die Türken könnten die Fluten des Euphrat so weit stauen, dass den arabischen Nachbarn zu wenig Wasser bliebe und sie das Austrocknen großer Landstriche zu erwarten hätten. Wasser wäre in diesem Fall für die militärisch starke Türkei eine zusätzliche Waffe, um Syrien wie den Irak bei Bedarf mit politischen Forderungen unter Druck zu setzen. Israel dagegen ist weit vom Euphrat entfernt und nur auf das Wasser des Jordan angewiesen.

Assad und Saddam Hussein versprachen sich durch ihren Schulterschluss gegen die israelisch-türkische Allianz aber auch schon kurzfristig wirtschaftliche Vorteile. Endlich konnten sie wieder jene Verbindungen aktivieren, die vor dem Abbruch ihrer diplomatischen Beziehungen bestanden hatten. So konnte die Pipeline endlich repariert werden, die das irakische Ölzentrum Kirkuk mit dem syrischen Hafen Tartus verbindet, jedoch seit 1982 unterbrochen war. Der Irak besaß nun wieder einen direkten Lieferweg zum Mittelmeer, Syrien wiederum konnte hohe Lizenzgebühren kassieren. Selbst wenn die überraschende Verbrüderung der beiden Baath-Regierungen bald an neuen Interessengegensätzen scheitern sollte, wird in Damaskus nun das Büro einer radikal-islamischen Opposition gegen Saddam Hussein auf unbestimmte Zeit geschlossen bleiben müssen.

Aber der Iran? Das Mullah-Regime toleriert stillschweigend die syrische Haltung. Noch haben der Iran und Syrien einige gemeinsame Interessen im Libanon. Noch.

»Gottlose« Regierungen

Mit neugierig gespannten Blicken kommen die Iraner auf mich zu, schwarzbärtige Männer, schwarz die Hemden, schwarz die Kappen. Ihre Frauen halten sich im Hintergrund, mich aus scheuer Distanz beobachtend, den Tschador über die untere Gesichtshälfte gezogen.

Schauplatz ist die Rukayya-Moschee, das zweite schiitische Wallfahrtsheiligtum in Damaskus. Während ich im Moscheehof herumgehe und die bunten persischen Fayencewände bewundere, strömen die Pilger nach einem Trauerritual zu Ehren der Märtyrerin Rukayya ins Freie. Die Männer umringen mich und einer fragt mich auf Englisch, weshalb ich die Moschee hier besuche. In seinem Blick kämpfen Neugierde und Misstrauen, auch die Gesichter der anderen erscheinen mir eher abweisend.

Mich interessiere der Islam, antworte ich. Den Wortführer der Gruppe scheint diese Auskunft allein noch nicht zu beeindrucken. Das hier sei eine schiitische Moschee, erklärt er mit Pathos, hier sei einst der Kopf des Imam Hussein bestattet gewesen, bevor ihn die Gläubigen nach Kerbela gebracht hätten, und in dem Schrein hier ruhe Rukayya, seine Tochter... Das alles sei mir bekannt, unterbreche ich und erkläre ihm meinerseits, was ich über Hussein und Rukayya weiß. Er sieht mich überrascht an. Imam Khomeini habe sich persönlich dafür eingesetzt, dass diese Wallfahrtsstätte so prächtig habe ausgestattet werden können, erklärt er nun schon freundlicher. Er mustert mich aber noch immer prüfend. In dieses gespannte Schweigen hinein sage ich: Der Islam als Religion und Kultur interessiere mich, weil es genug Verwandtes zwischen Islam und Christentum gebe. Er lächelt plötzlich, nickt. Ja, es gebe Verwandtes, viele Christen wollten das allerdings nicht wahrhaben, antwortet er und mustert mich nun erst recht neugierig.

Trotzdem zeichnet sich wieder neues Misstrauen in seinem Gesicht ab. Ob ich Amerikaner sei, fragt er. – Nein, ich sei Deutscher. – Oh, Deutscher! Er möge die Deutschen. Aber die Amerikaner möge er nicht. Kein gläubiger Muslim könne die Amerikaner mögen. In den USA regiere ein gottloser Präsident, die Amerikaner lebten ohne Moral, sie hätten die religiöse Orientierung verloren, nichts mehr sei ihnen heilig, in ihrer Gesetzgebung seien Religion und Politik strikt getrennt. - In Deutschland sei das nicht anders, antworte ich zögernd, auch Deutschland besitze eine säkulare Verfassung, aber gottlos sei das Regierungssystem deshalb nicht, ohne Moral lebten die Deutschen deshalb auch nicht. - In Deutschland sei es anders als in den USA, widerspricht er zu meiner Überraschung, Deutschland besitze eine weise Regierung, habe weise Gesetze. Deutschland zeige Verständnis für den Iran, Deutschland pflege sehr gute wirtschaftliche Beziehungen zum Iran. Die USA dagegen wollten den Iran politisch und wirtschaftlich ruinieren. Überhaupt wollten die USA allen anderen Völkern ihren Willen, ihr gottloses System aufzwingen. Von den USA gehe ein schlechter Einfluss auf die ganze Welt aus, die USA und ihr Vasall Israel seien ein Unglück für die ganze Welt.

Ich höre mit wachsendem Staunen zu; dass es nicht nur schlechte, sondern auch gute säkulare Regierungen gibt, vernehme ich nun erstmals aus dem Mund eines überzeugten Islamisten - noch dazu eines iranischen Schiiten. Sein Tonfall nimmt missionarisches Pathos an. Auch viele Muslime, so ereifert er sich, hätten heutzutage vergessen, was der tatsächliche Wille Gottes sei, dabei besäßen sie doch im Koran die einzig unverfälschte Offenbarung. Viele Regierungen islamischer Staaten ließen sich erheblich vom westlichen System beeinflussen, ja manche würden ebenso gottlos Religion und Politik zu trennen versuchen. Den Willen Gottes würden heute am konsequentesten die Iraner befolgen, ihr Regierungssystem sei wahrhaft gottgewollt, wahrhaft islamisch.

Wie islamisch denn aus seiner Sicht das Regierungssystem in Syrien sei, frage ich so beiläufig wie möglich. Seine Augen werden starr, die Frage scheint ihn sichtlich zu erschrecken. - Er rede nur allgemein über islamische Staaten, antwortet er ausweichend. - Mich würde aber seine konkrete Meinung über

Syrien interessieren, beharre ich und lächle unschuldig. – Er sei Gast in Syrien, sagt er gedehnt und lächelt bemüht. Mit demselben maskenhaften Lächeln verabschiedet er sich und entfernt sich mit der unruhig gewordenen Gruppe.

Ein Bündel an Fragen ließ er zurück. Offenbar hatte er sich nicht dazu durchringen können, lobende Worte für das Regime des Gastlandes Syrien zu finden. Sein Ausweichen ließ auf einen tief sitzenden Widerwillen schließen. Aber anscheinend wusste er, wie gut das Spitzelsystem funktionierte und wie gefährlich für ihn jedes falsche Wort werden konnte. Umso frappierender sein Urteil über Deutschland. Er blieb eine echte Antwort schuldig, weshalb er, der überzeugte Parteigänger Khomeinis, die säkulare Regierung der Deutschen für »weise«, jene der Amerikaner aber für »gottlos« hielt. Gaben tatsächlich die guten Handelsbeziehungen mit Germany den Ausschlag? Er würde dann nur unfreiwillig beweisen, wie opportunistisch auch Islamisten ihre Feindbilder definieren können, sobald es um politische und ökonomische Vorteile geht.

Das Gespräch hatte ich 1994 geführt. Drei Jahre später wäre die Situation allerdings völlig anders gewesen. Im April 1997 fällte das Berliner Kammergericht im spektakulären »Mykonos-Prozess« sein Urteil: Vier Iraner, die im Berliner Restaurant »Mykonos« vier iranische Exilpolitiker ermordet hatten, wurden zu langjährigen Haftstrafen verurteilt, und darüber hinaus hielt es das Gericht für erwiesen, dass das Mullah-Regime den Mordauftrag erteilt hatte. Dieser Schuldspruch, der den »Gottesstaat« vor den Augen der Weltöffentlichkeit bloßstellte, löste in Teheran massive antideutsche Demonstrationen aus. Deutschland habe sich dem Druck der USA gebeugt, hieß es in der Propaganda iranischer Islamisten.

Wie hätte der Iraner im Hof der Rukayya-Moschee zu diesem späteren Zeitpunkt reagiert? Wahrscheinlich hätte er nun auch die deutsche Regierung als »gottlos« bezeichnet.

Ein Muslim zwischen allen Fronten

Ich bummle auf der Promenade der mittelsyrischen Hafen-stadt Tartus. Die Cafés am Meer sind voll besetzt; Familien, die Frauen in bunten Trachten, sitzen bei Mokka, Tee oder Limo-nade. Die meisten beobachten die Vorbeigehenden und haben dem Meer den Rücken zugedreht, wo die Sonne die Wellen rot färbt. Gruppen von jungen Männern bevölkern die Promenade, miteinander redend, scherzend, lachend. Mich als den Auslän-der betrachten sie neugierig, es scheint nur eine Frage der Zeit, bis mich einer anspricht.

Überraschenderweise beginnt ein Ägypter, mit mir zu reden. Er stammt aus Kairo, lebt schon seit einem Jahr in Tartus, ist Lehrer und unterrichtet an einem College Englisch. Ja, es gefalle ihm in Syrien, antwortet er zögernd auf meine Frage, hier habe er Arbeit, in Ägypten sei das viel schwieriger. Ägyp-ten besitze zwar gute Universitäten und bilde zahlreiche Stu-denten aus, aber an Arbeitsplätzen für Lehrer, Ärzte und Inge-nieure fehle es. Viele Ägypter arbeiteten etliche Jahre hier in Syrien, andere in Jordanien, im Jemen, sehr viele in Saudi-Ara-bien …

Wir bummeln gemeinsam am Meer entlang, wobei haupt-sächlich er redet, von starkem Mitteilungsbedürfnis getrieben. Anscheinend lebt er als Zugereister hier relativ isoliert, auch scheint er sich zu freuen, Englisch zu reden. Für mich bietet sich umgekehrt die Chance, ihn ausgiebig zu befragen.

Ob er große Unterschiede im Islam Syriens und Ägyptens sehe, will ich wissen. Er stutzt, ihm scheint die Frage nicht präzise genug. Islam als gelebte Religion, als Alltagskultur, ergänze ich.

Er lächelt etwas verlegen und antwortet: Viele Ägypter wüss-ten wenig vom Islam, sie wüssten eher etwas von den Traditio-nen, in die sie hineingeboren seien. Und bei den Syrern sei das gar nicht so anders, wie er inzwischen habe feststellen können.

Er habe einige Zeit auch in Jordanien gearbeitet, auch dort sei es nicht anders. Er habe den Eindruck, es sei überall ähnlich.

Für einen Europäer klinge das überraschend. Wir Europäer seien oft der Ansicht, die Muslime seien allgemein immer noch stärker als die Christen in ihrer Religion verwurzelt.

Jajaja. Er winkt ab. Natürlich fänden sich unter den Muslimen bis heute kaum Atheisten, natürlich nicht, zumindest offiziell nicht, das sei anders als in Europa. Kein Muslim würde es wagen, sich zum Atheismus zu bekennen. Es sei ja bereits gefährlich, eine abweichende Meinung über den Islam zu haben. Die meisten Muslime würden es daher vorziehen, nichts Kritisches zu sagen, so könnten sie nichts falsch machen.

Ob er Probleme mit seiner Religion habe?

Er zögert. Und wieder lächelt er verlegen. Er sei unter Bedingungen aufgewachsen, die es ihm leicht gemacht hätten, Probleme mit der Religion zu vermeiden. Er sei in einem sehr armen Viertel von Kairo groß geworden, einem Slum, ja, Slum könne man das schon nennen. Seine Eltern seien Analphabeten, er sei der Erste in der Großfamilie, dem es möglich gewesen sei, nicht nur eine Grundschule, sondern darüber hinaus mit einem Begabtenstipendium eine höhere Schule zu besuchen. In dem Viertel, aus dem er stamme, spiele Religion keine Rolle. Nie besuche sein Vater eine Moschee, seine Mutter nicht, die Kinder nicht, die Nachbarn nicht. Das einzig Religiöse, was ihm an seinem Vater jemals aufgefallen sei: Sein Vater spreche, wenn ein Toter zur Beerdigung am Haus vorbeigetragen werde, eine Gebetsformel, und das meist sehr hastig. Über Religion und deren Glaubensinhalte sei in seiner Familie niemals gesprochen worden. Natürlich betrachte sich sein Vater als Muslim, natürlich glaube er an Gott. Selbstverständlich habe sein Vater darauf geachtet, dass die Kinder islamische Vornamen bekämen und nicht etwa christliche wie die Kopten. Sein Vater werde nichts tun, das gegen die Tradition verstoße. Aber das sei eben Tradition, die er befolge, weil schon dessen Eltern und

Großeltern sie befolgt hätten. Da werde nicht gefragt, ob das alles exakt mit dem Koran übereinstimme. Das seien Fragen für gebildete Leute, nicht für Analphabeten.

Er selber habe aber doch eine höhere Schule besucht und sei in Religion unterrichtet worden, unterbreche ich.

Natürlich, natürlich. In der Schule habe er schon einiges über den Islam zu hören bekommen. Aber als so besonders interessant habe er das nie empfunden. In der Schule werde so schrecklich viel auswendig gelernt, außerdem hielten sich die Lehrer viel zu sehr bei den rituellen Pflichten und Traditionen auf, die zu befolgen seien. Er hätte so manche Fragen gehabt, hätte aber nur selten gewagt, sie zu stellen. Ein Schüler gerate schnell in Gefahr, als Zweifler zu gelten, falls er mit einer Erklärung des Lehrers nicht zufrieden sei und noch einmal nachfrage. Ihm sei so manches nicht logisch erschienen, was er über berühmte Korangelehrte zu hören bekommen habe. Aber mit beharrlichen Fragen ziehe er ja nicht nur die Autorität von Korangelehrten in Zweifel, sondern er setze sich möglicherweise dem Verdacht aus, er zweifle am Islam. Da müsse er aufpassen. Er habe es schließlich vorgezogen, nichts mehr zu fragen.

Aber Ägypten besitze doch eine ganze Reihe von Autoren, die sich kritisch mit dem Islam auseinandersetzten, sage ich.

Jajaja. Er winkt wieder ab. Eine sehr kleine Minderheit lese solche Autoren. Und wie ich wohl wisse, hätten es solche Autoren heutzutage nicht leicht in Ägypten. Die Islamisten hätten es ja geschafft, vor 20 Jahren Sadat derart unter Druck zu setzen, dass der Präsident in die Verfassung den Passus habe einfügen lassen, die Rechtsprechung müsse sich an der Scharia orientieren. Unter Präsident Mubarak sei das nicht viel anders. Was habe da ein kritischer Autor noch für Chancen?

Ob er sich in Syrien nicht freier fühle, frage ich.

Er wiegt unschlüssig den Kopf, seine Augen wandern vorsichtig nach beiden Seiten, bevor er in gedämpftem Ton antwortet: Mit Islamisten gebe es in Syrien keine Probleme mehr, das sei anders als in Ägypten. Trotzdem müsse er auch in Syrien aufpassen, was er sage. Hier könne er zwar um Vieles freier über den Islam reden als in seiner Heimat, aber es sei umgekehrt viel gefährlicher, sich freizügig über Politik, über die Regierung zu äußern.

Er zieht eine Grimasse und deutet mir durch ein Fingerzeichen an, das Thema zu wechseln.

Ob er glaube, dass die Islamisten politisch in den Ländern des Nahen Ostens weiter auf dem Vormarsch seien?

Er zieht wieder eine Grimasse zum Zeichen, dass er auch bei diesem Thema nicht allzu lange verweilen wolle.

Im Wohnviertel seiner Eltern könne er so manches beobachten. Wirklich fromm sei dort ja keiner. Aber seit sich dort die Islamisten um ärmere Familien kümmerten, ihnen im Krankheitsfall kostenlos einen Arzt ins Haus schickten, ihnen Beratungsstellen für Arbeitslose einrichteten, hätten die Islamisten beträchtlich an Sympathie gewonnen und auch an Anhängern. Ein Regierungsbeamter ließe sich kaum einmal in den Slums blicken, die Sozialhelfer der Islamisten aber schon.

Er selber sei aber durch ein Stipendium der Regierung gefördert worden, unterbreche ich.

Ja, die Regierung tue schon etwas. Aber oft geschehe nicht genug. Man höre von irgendwelchen Fördergeldern, die für dieses oder jenes Viertel bewilligt worden seien. Solche Gelder kämen oft nicht dort an, wo sie sollten, sie würden oft bei irgendwelchen Beamten bleiben, die immer reicher würden. Die Gelder der Islamisten jedoch erreichten die Slums, zumindest kenne er ganz konkret solche Fälle.

Woher die Gelder der Islamisten kämen, will ich wissen.

Da gebe es verschiedene Quellen. Eine Reihe Golfstaaten, vor allem aber Saudi-Arabien unterstützten die Muslim-Bruderschaften, das wisse jeder in Ägypten.

Er bestätigt also, was ich hier und da schon in westlichen

Zeitungen und Sachbüchern gelesen hatte: dass reiche Bürger aus Saudi-Arabien und den Golfscheichtümern, ja sogar die Regierungen selber verschiedene radikal-islamische Parteien bis hin zu Terroristen finanziell unterstützten.[5]

Was er über solche Geldkanäle aus den Golfstaaten denke, frage ich den Ägypter.

Hauptsache sei für ihn, antwortet er, dass diese Gelder die Slums auch tatsächlich erreichen. Natürlich werde damit Politik gemacht, natürlich. Doch warum sollte den Islamisten verboten sein, mit Geld Politik zu machen, sofern es ärmeren Leuten helfe?

Religion halte er in diesem Fall wohl nicht für entscheidend, frage ich.

Über Religion redeten die Islamisten nicht viel, das käme erst später. Es sei schon möglich, dass die umworbenen Muslime allmählich öfter in die Moscheen gingen, ja manche sogar richtig fromm würden. Vielleicht wegen der Sozialhilfe, vielleicht auch weil sie das schlechte Gewissen plage. Möglicherweise werde bald auch noch sein Vater ab und zu in die Moschee gehen. Und warum sollten die Leute nicht all das glauben, was ihnen die Islamisten über den Koran erzählten? Leute, die vorher nur einer Tradition gefolgt seien, ohne selbst nachzudenken – wie sollten diese Leute plötzlich kritisch überprüfen können, was im Koran stehe?

Ob er auch unter einem Regime der Islamisten leben könne, frage ich.

Er könne unter einem Regime leben, das die Armut erfolgreich bekämpfe, bekräftigt er.

Und das traue er den Islamisten zu, frage ich.

Das habe er nicht gesagt. Er könne nur auf das vertrauen, was er konkret vor sich habe. Jetzt habe er Arbeit, jetzt in Syrien. Und das zähle für ihn, das, nur das.

Sadik al-Azm, der »Ketzer von Damaskus«

Der Name al-Azm hat Tradition. Al-Azm steht für eine Reihe von Paschas der türkischen Hocharistokratie, die über drei Jahrhunderte in verschiedenen Osmanenprovinzen regierten, darunter auch in Syrien. Selbst Touristen stoßen auf diesen Namen, wenn sie beim Bummel durch die verwinkelte Altstadt von Damaskus den Kasr al-Azm, den Azm-Palast, besuchen. Dieser um 1750 errichtete Komplex mit ornamentgeschmückten Wänden, einem baumbestandenen Innenhof und schönem Blick auf die Minarette der Omayaden-Moschee bildet den Höhepunkt vornehmer osmanischer Wohnarchitektur in Damaskus. Ebenso beeindruckt der Khan al-Azm, er ist mit seinen neun Kuppelgewölben die großartigste Karawanserei in Syriens Hauptstadt. Einen Besuch wert ist außerdem die nahe gelegene Mederse al-Azm.

Den berühmten Adelsnamen trägt auch ein prominenter Damaszener Bürger von heute: Sadik Jalal al-Azm. Er lehrt an der Universität von Damaskus seit 1979 Geschichte der modernen europäischen Philosophie, sein Schwerpunkt ist das Zeitalter der Aufklärung. Er, ein sunnitischer Muslim türkischer Herkunft, jedoch als syrischer Staatsbürger in arabischer Sprache schreibend, ist zu einer der umstrittensten Symbolfiguren der arabischen Moderne geworden. Kompromisslos wie sonst kein Muslim, der an einer Universität des Nahen Ostens lehrt, befürwortet er die Trennung von Religion und Politik. Ja, er fordert die Araber auf, die europäische Aufklärung zum Vorbild für eigene Reformen zu nehmen. Gerade al-Azm nähert sich Positionen an, die bei vielen orthodoxen Muslimen die Frage auslösen, ob solches Denken noch mit dem Islam vereinbar sei. Sein Leben steht exemplarisch für die zunehmenden Spannungen zwischen »säkularen« und orthodoxen Kräften innerhalb der islamischen Welt.

Sadik al-Azm wurde 1934 in Damaskus geboren. Bereits sein

Vater, ein erklärter Anhänger Atatürks, hatte die Schranken der konservativen Aristokratie überwunden und nahm bei religiös-dogmatischen wie politischen Themen radikal liberale Positionen ein. Den Sohn schickte er zunächst in eine katholische Volksschule in Damaskus, dann auf ein Gymnasium der Presbyterianer in Sidon (Libanon) und letztendlich an die amerikanische Universität in Beirut. Mit einer derartigen Wahl unterschied sich die Familie al-Azm allerdings nicht von vielen anderen Muslimen der Oberschicht, die ja seit Ende des 19. Jahrhunderts ihr Vertrauen in arabisch-islamische Schulen verloren hatten und eine solide wissenschaftliche Ausbildung nur von westlichen Institutionen erwarteten. Dass diese Schulen auch gerade die Muslime herausforderten, selbstkritisch die eigene Kultur zu reflektieren, habe ich bereits erwähnt.

Ein Studienaufenthalt in den USA folgte, wo Sadik al-Azm an der Universität von Yale promovierte und seine erste Lehrverpflichtung erhielt. Danach wirkte er als Assistenzprofessor in New York, dann in Damaskus und schließlich an der amerikanischen Universität von Beirut. Mit seiner Rückkehr nach Beirut im Jahr 1963 begann für den Neunundzwanzigjährigen der unruhigste Teil seines Lebens. Es war die Zeit großer politischer Umbrüche. 1963 hatte sich in Syrien die Baath-Partei an die Macht geputscht, im Irak hatten die Baathisten bereits einen Teil der Macht erobert und in Ägypten stand Gamal Abd an-Nasser im Zenit seines Ruhms als unangefochtener Bannerträger eines panarabischen Nationalismus über alle Staatsgrenzen hinweg.

Der junge Professor al-Azm nahm am politischen Geschehen von vornherein regen Anteil. Er beschränkte sich in seinen Lehrveranstaltungen nicht auf die europäische Philosophie, sondern setzte sich darüber hinaus kritisch mit Religion und Politik der arabischen Gegenwart auseinander. Der Konflikt war unvermeidlich, als al-Azm zu der Einsicht kam, die panarabische Bewegung Nassers strebe nur materielle Reformen an, verharre geistig aber weiterhin im rein konservativen Denken. »Wissenschaftliche Kultur und die Armut religiösen Denkens«, so lautete der Titel seines aufsehenerregenden Essays, mit dem er Mitte der sechziger Jahre sowohl die »säkularen« Nationalisten als auch die orthodoxen Muslime herausforderte.[6] Al-Azm vertrat die These, die Muslime müssten wesentlich entschiedener als bisher moderne wissenschaftliche Methoden des Westens in ihre religiös geprägte Kultur integrieren. Jugendlich radikal forderte der Autor, die Muslime sollten endlich ohne Angst vor Denkverboten darüber diskutieren, welche religiösen Traditionen denn veraltet und fortschrittshemmend seien.

Weitere Essays mit ähnlich provokanten Thesen folgten und mit dem Ruhm wuchs auch die Zahl der Gegner. Nach der demütigenden Niederlage der arabischen Staaten im sogenannten Sechstagekrieg gegen Israel 1967 stellte al-Azm öffentlich fest: Die Araber seien technologisch wie kulturell unterentwickelt, deshalb würden sie trotz ihrer zahlenmäßigen Übermacht gegen das kleine Israel chancenlos bleiben. Das Buch trug den scheinbar harmlosen Titel »Selbstkritik nach der Niederlage«, aber es wurde kurz nach dem Erscheinen verboten und kostete al-Azm 1968 seine Professur. Was war so provozierend an der Selbstkritik? Der Tabubruch begann bereits mit dem Wort »Niederlage«. Offiziell durften Politiker wie Journalisten nur von »Rückschlag« sprechen, um das tatsächliche Ausmaß der Unterlegenheit zu verschleiern. Al-Azm dagegen betonte, eine derartige Flucht aus der Realität sei ein verhängnisvoller Selbstbetrug, der verschleiere, wie dringend notwendig Reformen doch seien.

Al-Azm ließ sich nicht einschüchtern. Ein Jahr später veröffentlichte er Essays und Vorlesungen unter dem Titel »Die Kritik des religiösen Denkens«. Darin führte er aus, die herkömmliche islamische Theologie und Rechtswissenschaft sei unvereinbar mit echtem wissenschaftlichem Denken. Man müsse endlich Abschied nehmen von der Behauptung, der Koran sei das »ungeschaffene Wort Gottes«, das Heilige Buch, das schon bei der Erschaffung der Welt in Gott geruht habe. Gehe man mit historischer Perspektive an den heiligen Text heran, zeige sich, dass Gott keinesfalls den Koran selbst im Wortlaut verfasst und auf ewig unveränderbar an die Menschheit gegeben habe. Mohammed sei der Autor und als solcher habe er ewige Wahrheiten des Koran nur in zeitgebundener Form verfassen können. Deshalb enthalte der Koran auch Widersprüchlichkeiten, die auf die damaligen politischen, kulturellen und sozialen Verhältnisse zurückzuführen seien. Was für den quellenkritischen Historiker ohnehin selbstverständlich sei, solle endlich auch für den Korangelehrten selbstverständlich werden: sich an der historischen Realität zu orientieren, anstatt an unprüfbaren und angeblich unabänderlichen Dogmen. Der Westen habe mit seiner wissenschaftlichen Kultur dieses Stadium längst erreicht und sei daher schon seit Jahrhunderten den islamischen Staaten an Dynamik, Originalität und schöpferischer Vielfalt überlegen.

»Die Kritik des religiösen Denkens« ... Der Titel erinnert nicht von ungefähr an Immanuel Kant, und die Parallele ist von al-Azm beabsichtigt. Die Beschäftigung mit diesem wegweisenden Philosophen der Aufklärung hatte sein eigenes Denken wesentlich beeinflusst. 1967 hatte al-Azm in New York ein Buch über die kantische Philosophie in Englisch veröffentlicht, 1972 in Oxford ein weiteres. Kants Philosophie führt für al-Azm den überzeugendsten Nachweis, dass die Weltgeschichte letztendlich zum Sieg der Vernunft führen müsse. Nach al-Azms Ansicht befindet sich die arabische Welt in einer Phase, die in ihrem Traditionskonflikt dem Europa des 18. und 19. Jahrhunderts ähnelt.[7]

Einen Philosophen wie Kant aber als Vorbild zu empfehlen, erscheint vielen Muslimen als »Ketzerei«. Schließlich hatte Kant mit seiner Erkenntniskritik, so hob al-Azm selber hervor, konsequent wie kein anderer Denker das traditionelle Verständnis religiöser Offenbarungswahrheiten erschüttert. Nicht genug damit. Al-Azm verband in seinem Buch, wie er rückblickend seine Position charakterisierte, »eine Religionskritik von radikal-aufklärerischem Zuschnitt« mit der »linken Position der Marxisten«.[8]

Al-Azms »Kritik des religiösen Denkens« löste 1969 bei zahlreichen arabischen Lesern Empörung aus. Aber dass es auch im multi-religiösen und damals relativ liberalen Libanon zu heftigen Reaktionen kam, habe ihn überrascht, so erklärte der Autor später. Der Mufti von Beirut erreichte, dass ein Haftbefehl ausgestellt wurde. Al-Azm floh in seine Heimatstadt Damaskus, wo er sich unter der Obhut der »säkularen« Baath-Regierung sicher fühlen konnte. Von Syrien aus verhandelte er mit den libanesischen Behörden: Er werde zum Prozess in Beirut erscheinen, falls man ihm garantiere, dass er nur kurze Zeit im Gefängnis bleiben müsse und auf Kaution entlassen werde. Der Prozess fand auch unter den vereinbarten Bedingungen statt. Vier der bekanntesten Anwälte des Libanon meldeten sich, um den »Ketzer« zu verteidigen. Etliche einflussreiche Persönlichkeiten bekundeten ihre Sympathie für den Angeklagten. Angesichts dieses Widerstands verzichtete der Staatsanwalt darauf, al-Azm »Gotteslästerung« vorzuwerfen, und begnügte sich mit der Anklage der »Aufhetzung zum Konfessionshader«. Damals gab es noch eine breite Schicht von Politikern, Journalisten und Literaten, die es wagen konnten, offen für eine »säkulare« Ideologie einzutreten. Es kam nicht zu einem Urteilsspruch, denn der Richter ließ unter dem Druck der »Säkularisten« das Verfahren einstellen.

In Lebensgefahr habe er sich damals nicht befunden, so kommentierte al-Azm später die bedrohliche Situation. Denn nach dem verlorenen Sechstagekrieg von 1967 hätten viele Muslime nicht nur ihre Illusionen, sondern auch ihr Vertrauen in religiöse Autoritäten verloren. Zu jenem Zeitpunkt seien die radikal-religiösen Bewegungen muslimischer Fundamentalisten noch relativ schwach gewesen.[9] Allerdings dauerte es mehr als zehn Jahre, bis der »Ketzer von Damaskus« wieder einen Lehrauftrag an einer arabischen Universität erhalten konnte.

Bei einem Interview brachte Sadik al-Azm 1994 in Wien dezidiert zum Ausdruck, was ihn aus der Sicht vieler orthodoxer Muslime zum »Ketzer« macht: »Auf alle Fälle geht der Trend auch in den islamischen Gesellschaften eindeutig in Richtung Privatisierung, Individualisierung und Verinnerlichung der Religion. Ich bin der Überzeugung, dass dieser Prozess irreversibel ist, und gerade dagegen rebellieren die Fundamentalisten so erbittert: dass der Islam hierzulande einst das sein werde, was das Christentum in Europa heute ist. Aber wir werden eine post-islamische Gesellschaft sein, genau wie Europa eine post-christliche. In dem Sinne, dass die Religion dem Individuum etwas bedeutet, für das öffentliche Leben jedoch bedeutungslos ist.«[10]

»Die Spielregeln unserer heutigen Welt«, so formuliert al-Azm bei anderer Gelegenheit, »werden in Europa, Nordamerika oder Japan festgelegt. Entweder orientiert man sich an dieser Realität, oder man landet im Mülleimer der Geschichte. [...] Letztlich werden sich auch die Fundamentalisten damit abfinden müssen, dass Religion eine Frage der inneren Beziehung zu Gott ist, im weiteren Sinne der politischen Sinnstiftung, aber nicht eine Frage der politischen Praxis und der staatlichen Ordnung.«[11]

1979 kehrte al-Azm in seine Heimatstadt Damaskus zurück, wo ihm die Universität einen Lehrstuhl für europäische Philosophie angeboten hatte. Seitdem wird der Heimkehrer nicht müde zu betonen, es gebe »einen säkularen Sektor in der islamischen Welt« und dieser Sektor müsse mit allen Mitteln gegen die immer stärker werdenden radikal-islamischen Bewegungen verteidigt werden. Das Leben des »normalen Muslim« sei ohnehin schon stark von säkularen Tendenzen geprägt, äußerte er vor westlichen Journalisten. Der Muslim gehorche weitgehend Zivil- und Strafgesetzen westlicher Provenienz, er sei eingebunden in ein komplexes Netz ökonomischer und sozialer Transaktionen und könne nie sicher sein, wie weit diese mit seinem islamischen Glauben übereinstimmten oder ihm widersprächen. Der heutige Muslim lebe in einer säkularen Umgebung, jedoch ohne säkulare Ideologie, und diesen Widerspruch auszusprechen sei in vielen islamischen Ländern noch immer tabu.[12]

In Syrien argumentiert al-Azm unter dem Schutz der Baath-Regierung. Aber zeitweise hat al-Azm auch in Syrien gefährlich gelebt. Das zeigte sich besonders zu Beginn seiner Lehrtätigkeit. Mitte der siebziger Jahre hatten radikal-islamische Gruppen begonnen, Polizeistationen zu überfallen, Politiker zu erschießen und vor öffentlichen Gebäuden Autobomben zu zünden. Ohne Angst vor Attentaten leben konnte al-Azm erst, nachdem 1982 Regierungstruppen unter aufständischen Muslim-Brüdern in Hama ein Massaker angerichtet hatten und erfolgreich jede weitere Unruhe im Keim erstickten.

Anfang der neunziger Jahre meldete sich al-Azm erneut zu Wort. Anlass bot das religiöse Rechtsgutachten, mit dem Khomeini 1989 das Todesurteil über den britisch-indischen Muslim Salman Rushdie wegen »Gotteslästerung« verhängt hatte. Al-Azm war einer der wenigen prominenten arabischen Muslime, die öffentlich Salman Rushdies angefeindetes Buch »Satanische Verse« verteidigten. Hierbei ging er weit über die Haltung der meisten liberalen Muslime hinaus. Viele empfanden das Todesurteil zwar als Skandal, lehnten aber trotzdem das Buch ab. Al-Azm dagegen wagte es, dem Buch in einem öffentlichen Bekenntnis literarischen Wert zuzuerkennen.

1992 verfasste al-Azm eine Streitschrift zur Verteidigung Salman Rushdies, die 1993 auch in Deutsch in dem Sammelband »Unbehagen in der Moderne« erschienen ist. Dort betonte er, Salman Rushdie spiele als literarischer Kritiker erstarrter religiöser Orthodoxie für den Islam eine ähnlich wichtige Rolle wie einst Rabelais, Voltaire oder James Joyce im Hinblick auf erstarrte christliche Traditionen. Rushdie trage nicht böswillig Widersprüche und Paradoxien in das islamische Glaubensleben hinein, sondern verwandle nur in dichterischer Form, was er dort vorfinde.[13] Dieser Analyse schloss al-Azm »im gleichen Geist der Offenheit« ein persönliches »Geständnis« an: »In meinen jugendlichen Jahren trug ich mich mit Gedanken, stellte Fragen, hegte Zweifel und erhob Einspruch auf ähnliche Weise, wie sich Rushdie damit in den Satanischen Versen befasst. [...] Tatsächlich wiederholt, verwendet und betont Rushdie die gleichen allseits bekannten Paradoxien, Unvereinbarkeiten, Unwahrscheinlichkeiten, Widersprüche und Abweichungen, die in den heiligen Geschichten des Islam vorkommen. Die gleichen Dinge haben nachdenkliche Muslime immer wieder nachdenklich gemacht und sie umgetrieben, beinahe vom Anfang der Mission des Propheten an.«[14]

Die Abhandlung über Rushdies »Satanische Verse« hatte al-Azm allerdings an der Princeton University in den USA verfasst. Zwischen 1988 und 1992 hatte er dort als Gastprofessor Vorlesungen und Seminare zum Thema »Arabisches Denken der Gegenwart« veranstaltet. Entsprechend war sein englisch geschriebener Essay an westliche Leser gerichtet, denen der Vergleich zwischen Rushdie, Rabelais, Voltaire und James Joyce näher liegt als einem arabischen Publikum.

Im selben Jahr 1992, in dem sein Essay über Rushdie erschien, kehrte al-Azm nach Damaskus zurück. Dort schützt ihn die Baath-Partei nach wie vor. Sie braucht ihn. Der international renommierte Philosoph und Querdenker ist ein intellektuelles Aushängeschild, und deshalb erlaubt ihm das Regime auch, Monate oder gar Jahre im Ausland als Gastprofessor zu lehren. Umgekehrt braucht al-Azm die Baath-Partei. Denn nur unter ihrem Schutz kann er an einer arabischen Universität lehren, kann er in arabischer Sprache direkt auf Muslime einwirken.

Ein Leben im westlichen Exil würde ihn gerade von jenen abschneiden, die er beeinflussen will. Für dieses Privileg muss er allerdings die Baath-Regierung in Syrien unter der Führung von Assad anerkennen. Mehr noch: Er muss zum Terror der »fortschrittlichen« Erziehungsdiktatur schweigen.

Welche Zukunftsaussichten hat ein Denker wie al-Azm mit seiner Lehre?

Syrien scheint gegenwärtig der einzige arabische Staat zu sein, in dem die Islamisten keinerlei Einfluss auf das öffentliche Leben ausüben. Trotzdem bleibt die Gesetzgebung in Teilen durch die Scharia bestimmt, weil die Baath-Regierung das Risiko scheut, die konservative Orthodoxie herauszufordern. Al-Azm bewegt sich deshalb auch in seinem Heimatland Syrien auf brüchigem Boden, wenn er beispielsweise die Muslime auffordert: Sie müssten ihre Kultur und Gesellschaft nach dem Vorbild des Westens säkularisieren, andernfalls würden sie im »Mülleimer der Geschichte« landen.

Die Situation für al-Azm ist diffus. Viele seiner arabisch geschriebenen Bücher ernten kurz nach ihrem Erscheinen wütende Kritik konservativer Muslime, worauf die Buchhändler es nicht wagen, die Werke offen zum Verkauf anzubieten. Aber die Bücher sind trotzdem quasi »unter dem Ladentisch« zu bekommen für jeden, der sie haben will. Al-Azm muss ständig mit Widerstand gegen seine Vorlesungen rechnen. Besonders pikant ist, dass der Botschafter der »befreundeten« Islamischen Republik Iran mehrmals schon einen Beschwerdegang zum Rektor der Universität angetreten hat. Aber al-Azm kann ungehindert weiterhin seine Vorlesungen halten, er behält weiterhin seine Stelle als Institutsvorstand.[15] Die Baath-Regierung scheint es immer noch für vorteilhafter zu halten, den »Ketzer« zu schützen, als den Protesten orthodoxer und ultraorthodoxer Muslime nachzugeben.

Dabei ist in der arabischen Welt seit den sechziger Jahren die Zahl jener Politiker und Intellektuellen dramatisch zurückgegangen, die noch offen für eine klare Trennung von Religion und Politik eintreten. Inzwischen verfechten fast nur noch arabische Christen mit Nachdruck die Ideale eines »säkularen« Staates. Sie sorgen sich, die eigene Minderheit könne bei zunehmender »Islamisierung« bisherige Freiräume verlieren. So charakterisierte der Politologe Bassam Tibi die Situation zu Beginn der neunziger Jahre.[16]

Der in Deutschland lebende Bassam Tibi ist selber Syrer; er ist 1944 in Damaskus geboren und aufgewachsen. Wie al-Azm tritt Tibi entschieden für eine historisch-quellenkritische Interpretation des Koran ein, ebenso für das Ideal eines säkularen Staates. Tibi lehnt allerdings die Diktatur des Baath-Regimes strikt ab und befürwortet eine pluralistische Demokratie nach westlichem Vorbild. In Syrien hat er daher keine Chance. Er lehrte von 1973 bis 2009 als Professor für internationale Politik in Göttingen und schreibt auf Deutsch.

Wie wird sich Syrien entwickeln? Von der künftigen Antwort auf diese Frage hängt es ab, ob nicht auch al-Azm einmal daran denken muss, ins Exil zu gehen.

Hat der politische Islam Zukunft?

Ein Denker wie al-Azm würde es Ende der neunziger Jahre noch schwerer haben, im Nahen Osten außerhalb Syriens an einer Universität lehren zu können. Nach wie vor sind zwar viele Intellektuelle, auch viele Politiker der Ansicht, kein islamischer Staat könne sich auf Dauer dem Modernisierungsdruck entziehen, wie er gegenwärtig vom wirtschaftlich und kulturell überlegenen Westen ausgeht. Aber die meisten plädieren dafür, diese Modernisierung müsse mehr als bisher »islamische Werte« berücksichtigen.

»Die Menschen sind durch den Islam stärker geführt und berührt als durch etwas anderes.« So brachte der Ägypter Mohammed Hasseinan Heikal, einer der prominentesten Intellektuellen der sogenannten arabischen Moderne, diese neue Stimmung unter »Säkularisten« bereits 1982 auf den Punkt. »Wir müssen einen säkularen Staat finden, in den wir die islamischen Werte einbauen. [...] Ich glaube, dass im Islam mehr steckt als in jeder anderen Religion.«[17]

Heikal, einst ein glühender Anhänger Gamal Abd an-Nassers und bis 1974 Chefredakteur der halbamtlichen Kairoer Tageszeitung Al Ahram, äußerte sich in einem Interview mit einem westlichen Journalisten kritisch über Nasserismus und Baath-Sozialismus: »Es war immer einer der Fehler weltlicher Revolutionen in der arabischen Welt, dass sie die religiöse Komponente verkannten. Sie dachten immer, dass sie die Frage der Religion am besten vermeiden sollten.« Über seine Einstellung zum Westen sagte der Modernist Heikal: »Zuerst einmal weigere ich mich, das, was der Westen liebt, als allgemeingültige Regel anzusehen. Europa und der Westen sind wichtig, aber sie verkörpern nicht die ganze Welt.«[18]

Heikal hält zwar am Ziel eines »säkularen« Staates fest. Aber letztlich meint er damit etwas anderes als al-Azm, der »Ketzer von Damaskus«. Heikal würde niemals von der Utopie einer »post-islamischen Gesellschaft« sprechen und wohl kaum die Ansicht äußern, die Religion solle wie im Westen Privatsache des Einzelnen werden. Im Gegenteil, er betont die Überlegenheit des Islam über alle anderen Religionen und verweist auf die »Fehler weltlicher Revolutionen«. Im Gegensatz zu den Islamisten tritt er allerdings naturgemäß für eine erheblich größere Unabhängigkeit der Politiker und Wirtschaftsfachleute gegenüber der Geistlichkeit ein, ebenso für ein liberaleres Kulturleben, für eine weitreichende Toleranz gegenüber anderen Glaubensrichtungen. Trotzdem soll die Staatsverfassung an »islamische Werte« gebunden bleiben, soll die Auseinandersetzung mit dem Koran an den Schulen, an den Universitäten, im Kulturleben insgesamt große Bedeutung haben, soll es keine Freiräume für atheistische Ideologien geben.

Diese Form einer »säkularen« Ideologie findet im Nahen Osten vorerst – und wohl noch lange Zeit – eine größere Anhängerschaft als die Konzeption des syrischen Philosophen al-Azm. So sehr sich die Vordenker eines solch kompromissbereiten »Säkularismus« weiterhin gegen radikal-islamische Strömungen abgrenzen, nähern sie sich in einer Hinsicht zumindest den kompromissbereiten Islamisten an: Auch sie wollen die islamische Religion und Kultur verstärkt vor geistigen Einflüssen des Westens »schützen«.

Gibt es aber kompromissbereite Islamisten? Gibt es sie in ausreichender Zahl, sodass sie zukünftig vielleicht sogar eine wichtigere Rolle als die Radikalen spielen?

In der westlichen Medienberichterstattung dominiert der kompromisslose Fanatiker: geistig unbeweglich, unfähig zum Dialog, bereit, zur Durchsetzung seiner Ziele Menschenleben zu opfern. Die Exzesse der Islamischen Heilsfront in Algerien sowie der Hamas im Westjordanland und in Israel, der Hizbollah im Libanon und der Mullah-Diktatur im Iran scheinen Beleg genug. Bei näherem Betrachten jedoch fächern sich diese Bewegungen in eine Vielzahl unterschiedlicher Strömungen auf, spalten sich teilweise in rivalisierende Flügel, wie ich bereits am Beispiel der Muslim-Bruderschaft erörterte. Islamisten unterscheiden sich in dieser Hinsicht nicht von ihren Gegnern, den »Säkularisten« (etwa den Baathisten, die sich ja im Streit um die »richtige« Politik in eine syrische und eine irakische Richtung gespalten haben und darüber hinaus noch in syrische Alt-Baathisten und Neu-Baathisten).

Auch die Islamisten, durch Misserfolge irritiert, propagieren innerhalb der eigenen Reihen unterschiedliche Strategien, ja ringen teilweise um ein neues Selbstverständnis. Viel hat sich geändert, seit Khomeini 1979 durch die »Islamische Revolution« den »verwestlichten« Iran in einen »Gottesstaat« umwandeln konnte. Ausgerechnet die Islamisten im Iran, die als Erste die Welt mit einem erfolgreichen Umsturz überraschen konnten, haben nun offensichtlich mit einer Krise im Selbstverständnis ihrer Ideologie zu kämpfen.

Die radikal-islamischen Revolutionäre unter Khomeini waren ja besonders nachdrücklich mit dem Anspruch aufgetreten, sie könnten mit ihrem Konzept einer »islamischen Moderne« die großen sozialen Probleme besser bewältigen als die »verwestlichten Modernisten«: das rapide Wachstum der Großstadtslums, die grassierende Arbeitslosigkeit, die Bevölkerungsexplosion. Je entschiedener sich die Muslime von »westlichen Einflüssen« lösen würden und sich in der politischen Praxis wieder auf die »ewigen«, »irrtumsfreien« Richtlinien des Koran und der Scharia besännen, desto rascher ließen sich Massenelend und Unterentwicklung beseitigen. Doch den Beweis für die Behauptung ist das Mullah-Regime schuldig geblieben, im Gegenteil: Das Resultat von nahezu 20 Jahren islamistischer Reformarbeit ist niederschmetternd. Nach wie vor wachsen im Iran die Großstadtslums beängstigend schnell, wachsen Elend und Massenarbeitslosigkeit unter dem Druck der Bevölkerungsexplosion. Die angeblich »von Gott geleitete« Regierung kann mit den Problemen keineswegs besser umgehen als viele der angefeindeten »ungläubigen«, »gottlosen« Regierungen. Im Iran mussten die Islamisten bereits erste Hungerunruhen enttäuschter Volksmassen unter Einsatz von Militär niederschlagen. Ähnlich kündigte sich einst das erste politische Beben gegen den Schah an.

Zwar lassen sich keine zuverlässigen Prognosen über die allgemeine Entwicklung des Islamismus geben, denn zu unterschiedlich sind die Rahmenbedingungen in den einzelnen Staaten. Aber eines scheint sicher: Islamisten werden Volksmassen mit der Heilsverheißung eines totalitären »islamischen« Staates nur so lange ansprechen können, wie Politiker der gegenwärtigen »säkularen« Führungsschichten korrupt und hilflos auf Krisen reagieren. Doch sobald radikal-orthodoxe Machthaber den modernen Umbrüchen ebenso ratlos gegenüberstehen und sich ähnlich anfällig für Korruption zeigen wie ihre ideologischen Gegner, schwindet ihre Glaubwürdigkeit schnell. Und der Mythos verblasst, dass »Islamisierung« die drückenden sozialen Probleme löst.

Was bleibt dann noch von den Islamisten?

Verstärkter Terror allein kann nicht auf Dauer Herrschaft stabilisieren. Um politisch zu überleben, werden Islamisten gezwungen sein, flexibel ihre Herrschaftspraxis zu ändern. Konkret heißt das: Sie werden den Fachleuten in Politik und Wirtschaft größere Freiräume auf Kosten der »islamischen« Ideologen zubilligen müssen. Sie müssten in diesem Zusammenhang auch das kulturelle Leben schrittweise liberalisieren. Dies wird in der nüchtern pragmatischen Erkenntnis geschehen, dass eine »islamische« Industriegesellschaft ohne solche Freiräume geistig nicht wendig genug auf die Herausforderung des Westens reagieren kann. Denn genau an diesem Problem werden alle Regierungen, ob nun »säkularistisch« oder islamistisch, kritisch gemessen werden. Der praktische Erfolg allein entscheidet, in welcher Form eine Ideologie überleben kann.

Gerade im Iran werden derartige Auseinandersetzungen zwischen einem radikal-dogmatischen und einem pragmatisch-reformistischen Flügel längst geführt. Bereits unmittelbar nach Khomeinis Tod 1989 entbrannte der Machtkampf zwischen den orthodoxen »Khomeinisten«, an ihrer Spitze der geistliche Führer Ali Khamenei, und der pragmatisch orientierten Reformgruppe um Staatspräsident Rafsandjani. Der Machtkampf verschärfte sich, als im Mai 1997 überraschend der (relativ) liberale Ayatollah Mohammed Khatami als Nachfolger Rafsandjanis die Wahl zum neuen Staatspräsidenten mit 69 Prozent der Stimmen gewann – gewählt vor allem von jüngeren Leuten und Frauen in demonstrativer Opposition zum konservativen, reformunwilligen Flügel des Klerus. Khatami, der 1991 als Kulturminister unter Rafsandjani durch radikal-orthodoxe Gegner verdrängt worden war, kehrte nun triumphal in die Politik zurück. Er trat offen für einen verstärkten Dialog mit Andersdenkenden ein, für eine selbstkritische Auseinandersetzung mit den eigenen Idealen der »Islamischen Revolution« und warnte vor dem Dünkel der Unfehlbarkeit.

Mehr noch: Khatami ernannte zu einem seiner fünf Stellvertreter eine Frau, die promovierte Chemikerin und Universitätsprofessorin Massoumeh Ebtekar, gerade um der breiten Wählerschicht reformbereiter Frauen Rechnung zu tragen. Eine solche Ernennung wäre noch wenige Jahre zuvor undenkbar gewesen. Die Vizepräsidentin Ebtekar betonte in einem Interview mit westlichen Journalisten, dass der Koran nach den Prinzipien des »Igtihad«, zeitgemäß also, ausgelegt werden müsse. In diesem Zusammenhang sprach sie offen davon, dass sich unter den geistlichen Richtern des Iran bereits viele dafür einsetzten, Frauen als Richterinnen zu akzeptieren.[19] Ein solcher Vorgang bedeutet nicht nur für viele Islamisten, sondern auch für traditionalistisch orthodoxe Muslime eine Provokation. Zwar spricht aus solchen Worten nicht schon Distanz zu den Zielen der »Islamischen Revolution«, aber doch Distanz zu dem starr konservativen Flügel des Mullah-Regimes.

Derartige Entwicklungen sind nur möglich, weil eben die islamische Welt ohnehin in eine Vielzahl unterschiedlicher religiöser, kultureller und politischer Strömungen aufgefächert ist. Es sind Strömungen, die sich unter dem Druck der Verhältnisse gegenseitig beeinflussen, ja relativieren – und die Vorherrschaft einer einzigen Ideologie über einen längeren Zeitraum unmöglich machen.

Aufgefächert in verschiedenartige Strömungen sind selbst viele der einzelnen Staaten. Gerade Syrien bietet hier, wie ich zu zeigen versuchte, ein exemplarisches Beispiel über mehr als ein Jahrtausend hinweg. Syrien ist geradezu ein Mikrokosmos solcher entgegengesetzt verlaufender Entwicklungen.

Was bleibt dann noch von der bei uns so verbreiteten Meinung, der Islam sei ein geschlossener weltanschaulicher Block? Und was vom Feindbild Islam? So wenig es *den* Muslim oder *den* Araber gibt, so wenig existiert eine geeinte Front Islam gegen Abendland. Die Furcht vor einer »islamischen Gefahr« ist genauso realitätsfremd wie die umgekehrte Schreckensvision, der Westen rüste zu einem neuen Kreuzzug, um den Islam zu »vernichten«.

Im Verlauf der Jahrhunderte haben sich gerade die bedeutendsten muslimischen Philosophen und Wissenschaftler differenziert mit fremden Kulturen auseinandergesetzt; viele von ihnen haben, wie ich zu zeigen versuchte, einem vereinfachenden Freund-Feind-Schema entgegengewirkt. Ebenso hat es in der islamischen Politik kaum einmal eine geschlossene Frontbildung gegen den Westen gegeben. Nicht einmal im Zeitalter der Kreuzzüge, als sich manche muslimische Fürsten mit den christlichen Eroberern gegen andere muslimische Fürsten verbündeten. Bei den Muslimen ist die Realpolitik – wie auch bei uns im Westen – zuallererst auf die Konflikte innerhalb des eigenen Kulturraums konzentriert. Denn die Gegner von innen gefährden die Macht der Herrschenden oft bedrohlicher als Feinde von außen.

Wenn sich nun trotzdem im Westen wie im islamischen Orient beharrlich die traditionellen Feindbilder behaupten, so hat auch das eine politische Funktion. Je geballter von außen der geschlossene Block einer feindlichen Macht zu drohen scheint, desto eher verleitet dies dazu, die eigenen Reihen dicht zu schließen. Und desto eher ist es möglich, konstruktive Kritik am eigenen System als »zersetzend« zu diffamieren. Umso schwerer ist es aber auch, Interessengegensätze innerhalb einer Gesellschaft rational zu diskutieren und zu einem Ausgleich zu bringen.

Wir stehen erst am Anfang, dieses Problem aufzuarbeiten, wir im Westen ebenso wie die Muslime.

Ein Umbruch
mit unabsehbaren Folgen

Baschar al-Assad, der scheinbare Hoffnungsträger

Am 10. Juni 2000 starb Hafis al-Assad nach dreißigjähriger Herrschaft am Herzinfarkt in Damaskus. Er war 69 Jahre alt geworden. Der kritische Moment war eingetreten, dem viele Syrer mit banger Erwartung entgegengesehen hatten. Würde nach dem Tod des dominanten Machtpolitikers ein politisches Vakuum entstehen? Könnte nun bald ein Militärputsch drohen, wie es Syrien immer wieder in instabilen Situationen erleben musste?

Präsident Hafis al-Assad hatte sich in den letzten Jahren seines Lebens intensiv damit befasst, einen Nachfolger innerhalb seiner Familie aufzubauen, sozusagen die Dynastie Assad weiterzuführen. Es war ein schwieriges Problem. Basil al-Assad, der älteste Sohn und ursprünglich vorgesehene »Thronfolger«, war 1994 bei einem Autounfall gestorben, und Rifaat, der machtbewusste jüngere Bruder des Präsidenten, war 1998 nach jahrelangen Rivalitäten gestürzt und ins Exil getrieben worden. Der Präsident wählte unter den Söhnen Baschar al-Assad aus, der im Gegensatz zu dem ursprünglich designierten Nachfolger eher als politisch uninteressiert und führungsschwach galt. Aber seine Brüder schienen noch weniger geeignet als er. Majid war krank, Maher galt als viel zu impulsiv und unberechenbar.

Bereits 1995, als ich Syrien das zweite Mal bereiste, sah ich auf Propagandaplakaten neben dem Porträt von Hafis al-Assad das von Baschar al-Assad in gleicher Größe abgebildet. Der Gegensatz zwischen Vater und Sohn war schon optisch sehr auffällig: Der Vater mit kantigem Kopf, energisch vorgeschobenem Kinn und strengem, durchdringendem Blick – der Sohn dagegen mit melancholisch blickenden Augen, weichem Gesicht, fliehendem Kinn, sanft und schüchtern wirkend.

Der bis dahin weitgehend unbekannt gebliebene Baschar al-Assad, 1965 geboren, war 35 Jahre alt, als Hafis al-Assad starb. Da er aus der Sicht seines Vaters ursprünglich nicht für eine Führungsposition in Frage kam, hatte er als Einziger unter seinen Brüdern keine nennenswerte militärische Ausbildung durchlaufen, dagegen hatte er als Einziger die Chance, längere Zeit im westlichen Ausland zu leben. Er studierte zunächst in Damaskus, dann in London Medizin und promovierte als Augenarzt.

In London lernte er auch seine spätere Ehefrau Asma Fauaz al-Akhraz kennen. Sie ist 1975 in London geboren und die Tochter eines berühmten syrischen Arztes. Asma studierte Computerwissenschaften und französische Literatur. Die Zuneigung zwischen beiden entwickelte sich außerhalb der in Syrien herrschenden Konventionen. Baschar gehört bekanntlich zur Glaubensgemeinschaft der Alawiten, Asma dagegen ist sunnitische Muslima. Alawiten werden von Sunniten als »ketzerisch«, wenn nicht gar als »vom Islam abgefallen« eingestuft. Mehr noch: Sunniten respektieren Alawiten oft weniger als Christen und Juden. Für das junge Paar spielte der religiöse Gegensatz offensichtlich keine Rolle, die beiden lebten in der religiös-pluralistischen Atmosphäre der Weltstadt London und planten zunächst keine Rückkehr nach Syrien.

Die Situation änderte sich allerdings jäh, als der ursprünglich vorgesehene Nachfolger Basil al-Assad 1994 starb und an seiner Stelle Baschar als zukünftiger Präsident aufgebaut wurde. Noch im selben Jahr machte er eine Ausbildung zum Panzerkommandanten durch, aber dieser Schnellkurs auf militärischer Ebene war eher symbolischer Natur. Er musste sich später (und seither beständig), anders als sein Vater, der Luftwaffengeneral, stark auf militärische Berater stützen.

Baschar heiratete im Dezember 2000, ein halbes Jahr im Amt, seine langjährige Freundin Asma. Die Ehe über tiefe religiöse Gräben hinweg bedeutete eine Provokation in Syriens weitgehend traditionell religiöser Gesellschaft. Andererseits bot eine solche Ehe für den jungen Präsidenten aber auch eine strategische Chance. Baschar konnte sich als liberaler Gegner herrschender Konventionen präsentieren durch die Ehe mit einer selbstbewussten Frau, die eine Karriere als Investmentbankerin absolviert hatte – und einer anderen Konfession als ihr Gatte angehört, was eine Korrektur religiöser Vorurteile signalisierte.

Hinzu kam, dass Asma aus einem der einflussreichsten sunnitischen Klans in Syrien stammt, und dies bot für das alawitisch geprägte Assad-Regime die Gelegenheit, die religiöse Isolation durch dieses weitere politisch wirksame Bündnis mit Sunniten zu durchbrechen. Zum Image einer modernen, unkonventionellen Ehe trug außerdem die Tatsache bei, dass die junge, auffallend hübsche Präsidentengattin Anfang 2001 im Outfit von Blue Jeans, T-Shirt und offenem Haar allein Syrien bereiste und mit Menschen aller sozialen Schichten sprach.

Ein Militärputsch drohte nicht. Der junge Präsident war bei seinem Amtsantritt nicht nur durch 15 straff organisierte Geheimdienste abgesichert, sondern er verstand es auch – für viele eine Überraschung – sich zunächst als Reformer in verschiedenen Sektoren zu präsentieren. Baschar al-Assad inszenierte Anfang 2001 (nahezu zeitgleich mit der Reise seiner jungen Gattin durch Syrien) werbewirksam den »Damaszener Frühling«. Er erlaubte Rede- und Pressefreiheit, wie es sie bis dahin noch nie in Syrien gegeben hatte, ordnete die Freilassung einer Reihe politischer Gefangener an, ließ zu, dass erstmals private »unabhängige« Medien und frei diskutierende Bürgerforen gegründet wurden. Baschar und seine Frau präsentierten sich perfekt als volksnahes, modernes, aufgeschlossenes Ehepaar.[1]

In dieses Erscheinungsbild fügte sich gut der Syrien-Besuch des Papstes Johannes Paul II. Anfang Mai 2001 ein. Einen Prestigegewinn für den jungen Präsidenten bedeutete es, dass der Papst am 6. Mai 2001 die Omayaden-Moschee von Damaskus besuchte, dort gemeinsam mit dem Großmufti von Damaskus am Grab Johannes' des Täufers betete und anschließend die religiöse Toleranz in Syrien lobte. Baschar al-Assad konnte sich zusammen mit dem Papst effektvoll als Partner im Dialog der Religionen profilieren.

Aber dieses Image eines liberalen, weltoffenen Reformers blieb kaum ein Jahr lang bestehen. In der syrischen Bildungsschicht wurden vehement Stimmen laut, die eine konsequente und nicht nur halbherzige Meinungsfreiheit forderten und vermehrt auch die Korruption ranghoher Parteifunktionäre kritisierten – was die absolute Macht der Regierung in Frage stellte. Assad ließ eine Reihe syrischer Intellektueller verhaften und in Gefängnissen verschwinden, er kehrte damit schrittweise zu den Praktiken seines Vaters zurück. Auf den »Damaszener Frühling« folgte der »Damaszener Winter«.[2]

Weiterhin setzte Baschar al-Assad aber auf Reformen in der Wirtschaft. Er lockerte die Prinzipien staatlicher Planwirtschaft, billigte kleinen Privatbetrieben mehr Entfaltungsspielraum zu und propagierte einen Wechsel von der »Staatswirtschaft« zur »Marktwirtschaft«. In den folgenden sechs Jahren seiner Amtszeit stieg das Wirtschaftswachstum auf sechs bis sieben Prozent (im Jahr 2000 hatte es noch bei null Prozent stagniert).[3] Aber der neue Präsident tastete die Privilegien der herrschenden Cliquen im Wirtschaftsleben nicht an, weder die seines eigenen Klans, noch die der Großfamilien, die mit der Regierung verbündet waren. Bei ihnen ballten sich die meisten

Vermögenswerte, während die Mehrheit des Volkes in eher dürftigen Verhältnissen lebte. Eine tiefgreifende Wirtschaftsreform kam also nicht zustande.

Allerdings war die soziale Situation nicht explosiv. In Syrien klaffte bei Weitem keine derartige Kluft zwischen Reich und Arm wie etwa in Ägypten, der rivalisierenden Schlüsselmacht der arabischen Welt. Es gab in Syrien weder die weit ausgedehnten Elendssiedlungen aus Bretter- und Wellblechhütten am Rand der Großstädte noch auffallend viele Bettler im Straßenbild. Bei allen offenkundigen sozialen Spannungen erschien Syrien stabiler als Ägypten.

Assad unterschied sich mit seiner halbherzigen Reformpolitik jedoch kaum von den meisten anderen Machthabern der Region. Er bot zunächst sogar eine Parallele zu zwei anderen jungen Regenten, die 1999 nach dem Tod ihrer Väter die Nachfolge angetreten hatten. In Jordanien folgte auf König Hussein der Sohn Abdullah II., in Marokko auf Sultan Hassan II. der Sohn Mohammed VI. Auch diese beiden Söhne traten als Reformer an, zeigten sogar bemerkenswerte Ansätze, ließen es aber an Bereitschaft zu tiefgreifender sozialer Neuordnung fehlen, sobald durch die Maßnahmen ein grundsätzlicher Wandel der bisherigen Machtverhältnisse drohte.

Wie der syrische Diktator Baschar al-Assad genossen auch die jungen Monarchen im Volk eine gewisse Popularität. Baschar al-Assad konnte es trotz seiner halbherzigen Reformpolitik gelingen, in den ersten zehn Jahren seiner Präsidentschaft sowohl im Volk als auch im Ausland Ansehen zu gewinnen. Denn Assad garantierte, was in etlichen der Nachbarstaaten, wie im Libanon, Irak und dem israelisch besetzten Westjordanland nicht im selben Maß vorhanden war: nämlich soziale und politische Stabilität.

Besonders die Situation im Irak bot für den syrischen Diktator eine Chance, sich kontrastreich als Bewahrer von »Ruhe und Ordnung« zu profilieren. Denn der Nachbarstaat schlitterte zunehmend in ein politisches Chaos, ja der Irak drohte an bürgerkriegsähnlichen Unruhen zu zerbrechen.

Den Anstoß für diese bedrohliche Entwicklung im Irak hatten die wachsenden Spannungen der gesamten Nahost-Region gegeben. Es begann damit, dass die Terror-Organisation Al Qaida (»Die Basis«) unter Führung von Osama bin Laden am 11. September 2001 das Attentat auf das World Trade Center in New York und das Pentagon nahe Washington verübte. Besonders der Irak rückte nun ins Visier westlicher Mächte, weil vor allem Saddam Hussein Sympathie für den Terroranschlag äußerte.

Im März 2003 hatten der US-Präsident George W. Bush und der britische Premierminister Tony Blair gegen Saddam Hussein den dritten Golfkrieg begonnen. Offizieller Anlass war der Verdacht, dass der irakische Diktator Massenvernichtungswaffen besitze und sie bald gegen etliche Staaten der Region, vor allem gegen Israel, einsetzen könnte. Die Verdächtigungen etlicher politischer Gruppierungen in den USA gingen sogar noch weiter: Saddam Hussein sei insgeheim mit Osama bin Laden verbündet, der irakische Diktator habe bei dem Attentat vom 11. September organisatorisch mitgewirkt; auch aus diesem Grund müsse Krieg gegen ihn geführt werden. Ein absurder Verdacht. Denn die radikal-islamische Al Qaida und das säkulare Baath-Regime im Irak waren aufgrund ihrer ideologischen Gegensätze zutiefst verfeindet. Al Qaida hielt auch gegen das Baath-Regime in Syrien allein den »Heiligen Krieg« für angemessen.

Aber auch der Verdacht, Saddam Hussein besitze Massenvernichtungswaffen ließ sich nicht beweisen – ja, mehr noch, später sollte sich die Anschuldigung als eine bewusste Propagandalüge entpuppen. Den USA wie Großbritannien ging es vorrangig darum, einen brutalen Diktator zu beseitigen, der nicht mehr ihren politischen Bedürfnissen entsprach – anders als das noch 1980 bei dem Angriffskrieg Saddam Husseins gegen den Gottesstaat Iran der Fall gewesen war. Saddam Hussein widersetzte sich mit seiner Politik in Fragen Erdöl zunehmend den Interessen der USA und Großbritanniens, und dies war der eigentliche Anlass für den Krieg.

Amerikanische und britische Truppen benötigten 20 Kriegstage, bis sie am 9. April 2003 in Bagdad einmarschierten. Damit endete die Gewaltherrschaft Saddam Husseins nach 24 Jahren. Dem Diktator wurde von der nachfolgenden Regierung der Prozess gemacht; er wurde am 30. Dezember 2006 hingerichtet.

Die amerikanischen und britischen Besatzer verboten sofort nach ihrem Einmarsch die Baath-Partei, die seit 1968, also 35 Jahre lang, den Irak regiert hatte, und entmachteten in der Armee einen Großteil des bisherigen Offizierskorps. Was im ersten Moment wie ein Befreiungsschlag anmutete, entpuppte sich jedoch sehr bald als eine strategische Fehlentscheidung mit verheerenden Folgen für die bisherige Stabilität in der gesamten Region des Nahen Ostens – gerade auch für Syrien. Es war verhängnisvoll, die Struktur einer Diktatur völlig aufzulösen, ohne ein klares Konzept für eine alternative Ordnung zu haben. Nun fehlte die Klammer, die den multi-kulturellen, multi-religiösen und multi-ethnischen Staat Irak bisher zusammengehalten hatte. Eine ähnliche Gefahr drohte Syrien. Bashar al-Assad wurde nicht müde, die völlige Entmachtung der Baath-Partei im Irak zu kritisieren. Er pries in geschickter Propaganda Syrien als alternatives Beispiel, dort sei die Baath-Partei der Garant, rebellische Gruppen, die religiös radikalisiert seien, zu bekämpfen und die Bürger unter einer Herrschaft mit »modernem« Gepräge zu einigen.

Die Besatzungsmächte im Irak waren nicht in der Lage, nach der rigorosen Entmachtung der Baath-Partei einen Interessenausgleich zwischen den gegensätzlichen Gruppierungen herbeizuführen. Im Gegenteil. Die Amerikaner und Briten begünstigten nun einseitig die bisher unterdrückten Schiiten wie auch die Kurden. Außerdem installierten sie 2003 eine schiitisch dominierte Regierung unter der Führung von Nuri al-Maliki, und diese Regierung unterdrückte nun umgekehrt die bisher privilegierten Sunniten. Der Irak spaltete sich daraufhin zunehmend in heftig sich bekämpfende Gruppierungen, deren Frontlinien entlang religiöser und ethnischer Grenzen verliefen: schiitisch, sunnitisch, kurdisch. Hinzu kam noch der sich verschärfende Gegensatz zwischen Anhängern säkularer und islamistischer Ideologien.

Mitte Oktober 2006 verkündeten vermummte Gestalten in einer Video-Botschaft die Gründung der Organisation »Islamischer Staat im Irak«, aus der später die grenzüberschreitende Jihad-Organisation »Islamischer Staat im Irak und Syrien« hervorgegangen ist – heute unter der Abkürzung ISIS oder IS bekannt und berüchtigt. Zahlreiche Terroranschläge, ja schließlich heftige Kämpfe zwischen den einzelnen Gruppierungen signalisierten den Weg in einen lang andauernden Bürgerkrieg. Es entstand im Irak eine Situation, wie sie sich ein Jahrzehnt später mit ähnlich verheerender Dynamik auch in Syrien entfalten sollte.

»Syrien ein Pulverfass?« Mit dieser Frage hatte ich mein 1998 veröffentlichtes Buch eingeleitet. Ich hatte zwar damals schon die vielen untergründigen Spannungen wahrgenommen, die eine dauerhafte Stabilität in Syrien gefährden könnten. Aber wie viele andere westliche Beobachter neigte ich damals zu dem Optimismus, es würde niemals zum Zerfall des Nationalstaates Syrien kommen und erst recht nicht zu einem Umbruch für die ganze Nahost-Region mit unabsehbaren Folgen. Erst recht erschien es im ersten Jahrzehnt des 21. Jahrhunderts schwer vorstellbar, dass ausgerechnet der anfängliche Hoffnungsträger Baschar al-Assad sich in einen bedenkenlosen Massenmörder verwandeln könnte.

Der Weg in den Bürgerkrieg

Das Jahr 2011 brachte die tiefgreifende Änderung. Dieses Jahr geht mit dem ambivalenten Schlagwort »Arabischer Frühling« in die Geschichte ein – ein Schlagwort, das später viele westliche Beobachter und erst recht Muslime ironisch bitter in »Arabischer Winter« umwandelten. In jenem Jahr erschütterten Massenproteste gegen die Diktatoren die gesamte Region von Nordafrika bis weit in den Nahen Osten. Die Folge war, dass in Tunesien Ben Ali, in Ägypten Hosni Mubarak und in Libyen Muammar al-Gaddafi nach jahrzehntelanger despotischer Herrschaft gestürzt wurden – um letztendlich doch nur Platz für neue Despoten zu schaffen.

Ursprünglich waren die Massenproteste von 2011 lediglich gegen Korruption, Misswirtschaft und skrupellose Ausbeutung ärmerer Volksschichten gerichtet. Es gab Hungerunruhen, es gab Revolten, aber eine Revolution mit konkreten Vorstellungen einer alternativen, demokratischen Gesellschaftsordnung zeichnete sich nirgendwo ab. Jene Demonstranten einer Bildungsschicht, die im westlichen Sinn Meinungsfreiheit forderten, blieben überall mehr oder weniger eine Minderheit. Im Vordergrund stand der Wunsch nach ausreichend Nahrung und menschenwürdiger Arbeit. Zunächst nahmen auch keine Demonstranten mit religiös-politischer Motivation an den Protestmärschen teil. Islamisten oder gar radikal-islamisch gesinnte Terroristen mischten sich erst nach längerem Zögern ein, um dann aber umso entschlossener die Unzufriedenheit der Volksmassen für ihre Ziele zu instrumentalisieren. Erst in der Übergangsphase vom »Arabischen Frühling« zum »Arabischen Winter« nahmen die Auseinandersetzungen eine bedrohliche religiös-politische Dimension an. Erst dann gelang es Islamisten, sich als die entschlossensten Kämpfer zu präsentieren.

Eine solche Entwicklung bahnte sich in Syrien mit Verspätung an. Ende Februar und Anfang März 2011, nahezu zwei bis drei Monate nach den ersten Unruhen in Tunesien und Ägypten, formierten sich erste Demonstrationen in syrischen Städten, zuerst in Deraa und Homs. Zu dieser Zeit waren die Diktatoren in Tunesien und Ägypten bereits gestürzt. Syrien schien tatsächlich stabiler, seine Regierung flexibler zu sein. Assad hatte sich am 31. Januar noch in einem Interview mit westlichen Medien zu den Protestmärschen in Ägypten geäußert und ein Umdenken unter den arabischen Machthabern hin zu »mehr Liberalität« gefordert.[4] Solche Äußerungen ließen Assad äußerst konziliant erscheinen. Der Zorn der Volksmassen richtete sich daher zunächst nicht gegen Assad selbst, sondern gegen untergeordnete Provinzgouverneure und Politiker. Erst als die Regierungstruppen außergewöhnlich brutal in Deraa und Homs gegen die Demonstranten vorgingen und Assad keine Bereitschaft zu Verhandlungen zeigte, forderten die Demonstranten immer öfter den Sturz der gesamten Regierung.

Westliche wie auch muslimische Beobachter haben sich anfangs darüber gestritten, ob nun Assad aus eigenem Antrieb die Befehle zum brutalen Durchgreifen gab und vor Massenmord nicht zurückschreckte – oder ob der eher sanft und führungsschwach wirkende Präsident unter dem Druck machtbewusster Hintermänner seines Klans stand und steht. Bis heute ist die Diskussion angesichts eines immer skrupelloseren Vorgehens nicht verstummt. Aber solche Diskussionen sind müßig. Viel wichtiger ist in diesem Zusammenhang die Frage, weshalb ausgerechnet in Syrien die Unruhen des »Arabischen Frühlings« in einen verheerenden Bürgerkrieg mündeten, der nicht nur den Nationalstaat Syrien zu zerstören droht, sondern – wie zuvor auch schon der Bürgerkrieg im Nachbarstaat Irak – den ganzen Nahen Osten mit in diese Krise hineinzieht.

Hier zeigt sich das Dilemma des Regimes. Assad trat mit dem Anspruch auf, eine Politik des säkularen Fortschritts zu praktizieren, dabei wusste er sehr wohl, dass Syrien dringend Reformen seiner ökonomischen und politischen Strukturen brauchte. Aber er fürchtete: Würde die Wirtschaft konsequent liberalisiert und erhielten die Bürger mehr soziale und politische Rechte, könnte dies den Anspruch des Assad-Regimes auf alleinige Macht gefährden, ja könnte auf lange Sicht den Verlust der Macht überhaupt bedeuten. Darüber hinaus war besonders verhängnisvoll, dass Assad und seine Ratgeber die Intensität des Aufstands von Anfang an unterschätzten. Die Vertreter des Regimes glaubten, durch einige Zugeständnisse könnten sie die Demonstranten besänftigen – und sollte das nichts nützen, könnte das Militär notfalls mit Brutalität die Ordnung wiederherstellen.

Dieses Problem hat Assad allerdings mit vielen anderen Diktatoren der Region gemeinsam: Es war und ist für sie nahezu unvorstellbar, mit politischen Gegnern Kompromisse zu schließen und die Macht zu teilen. Selbst dort, wo durch die Umbrüche des »Arabischen Frühlings« demokratische Wahlen zustande gekommen sind, neigten die Wahlsieger sehr schnell dazu, die eigene Position möglichst wieder zu einer diktatorischen Machtfülle auszubauen. So war es 2012 in Ägypten nach dem Wahlsieg der Muslim-Bruderschaft geschehen, so 2003 nach dem Machtwechsel im Irak von einer sunnitisch geprägten Diktatur zu einer schiitisch dominierten »Demokratie«. Eine Ausnahme sollten 2014 nur die Wahlen in Tunesien bilden, Tunesien erwies sich bisher als das einzige Land, das angesichts der politischen Umbrüche eine halbwegs funktionierende Demokratie entwickeln konnte.

In Syrien aber kam für das Scheitern einer demokratischen Lösung noch ein weiteres – und viel explosiveres – Problem hinzu. Anders als in den meisten arabischen Ländern gehören in Syrien Regierende und Opposition nicht derselben Konfession an. Syrien ist tief gespalten in unterschiedliche Religionen und Konfessionen – wie auch der Irak und der Libanon –, entsprechend spielen religiöse Gegensätze in den politischen Interessenkonflikte eine zusätzliche Rolle. Religion sollte bei den Kämpfen in Syrien – nicht anders als im Irak und im Libanon – immer bedeutsamer werden.

Kampf entlang der religiös-politischen Grenzlinien

Syriens Diktator Baschar al-Assad ist Alawit. Viele der Regierungsmitglieder, der ranghohen Offiziere und Verwaltungsbeamten in Schlüsselpositionen sind es auch. Und im Volk rekrutieren sich die maßgeblichen Sympathisanten und Unterstützer des Regimes ebenfalls aus den Reihen der Alawiten. Wenn sich aber Macht und die Zugehörigkeit zu einer spezifischen Religion derart verflechten, sind politische Auseinandersetzungen von Anfang an religiös akzentuiert. Besonders kritisch wird die Situation, wenn die Macht dann auch noch bei einer religiösen Minderheit liegt.

Die Alawiten bilden, wie schon mehrmals erwähnt, in Syrien eine Minderheit von nur ungefähr elf Prozent der Bevölkerung. Dagegen sind ungefähr 60 Prozent Sunniten, 18 bis 20 Prozent Schiiten und zehn bis elf Prozent Christen, rund drei Prozent Drusen. Die Sunniten sind mehrheitlich gegen die Alawiten abweisend eingestellt, ein Teil feindselig. Wie bereits ebenfalls dargestellt, war es Anfang der 1980er-Jahre mehrmals zu überaus blutigen Terroraktionen sunnitischer Islamisten gegen Alawiten gekommen, so in Aleppo, so in Homs, so in Hama, schließlich zu einem Aufstand, den Präsident Hafis al-Assad durch das berüchtigte »Massaker von Hama« brutal niederschlagen ließ. Hama, eine Hochburg sunnitischer Islamisten, wurde von der Armee bombardiert, nahezu 30 000 Einwohner starben innerhalb einer Woche. Dieser Aufstand sunnitischer Islamisten war zwar auch ein Protest gegen politische und soziale Ungerechtigkeit gewesen, aber der wichtigste Impuls war der Kampf gegen die Herrschaft der Alawiten, der »Ketzer« und »Ungläubigen«.[5]

Das Regime von Hafis al-Assad kämpfte 1982 mit äußerster Härte nicht nur um das politische Überleben, sondern sah im Hintergrund eine noch viel größere Gefahr: Würde die Regierung stürzen, gerieten die Alawiten fast zwangsläufig wieder in den Zustand der Rechtlosigkeit und Armut, wie das jahrhundertelang unter sunnitischer Herrschaft gewesen war. Die Alawiten wären dann wieder weit mehr benachteiligt als die zahlenmäßig nahezu gleich starke Minderheit der Christen. Die Erinnerung an die Sunniten-Aufstände in den 1980er-Jahren war unter dem Regime von Baschar al-Assad noch 2011 traumatisch präsent. Assad und seine Ratgeber folgerten daraus, dass die Wiederholung eines solch religiös aufgeladenen Konflikts sich nur verhindern ließe, wenn das Militär ebenso entschlossen – und brutal – gegen die Rebellen vorging wie 1982 bei dem Massaker von Hama.

War die Angst des Assad-Regimes begründet? Könnte der Aufstand von 2011 die fanatisch religiös-politische Dimension des Jahres 1982 bekommen?

Manche Symptome wiesen von Anfang an in diese Richtung. Eine Reihe Videos und Internet-Botschaften sunnitischer Rebellen hatten ein kämpferisch »islamisches« Pathos mit dem Aufruf zum Jihad, dem »Heiligen Krieg«. In Homs, einem der geistigen Zentren sunnitischer Islamisten, skandierten demonstrierende Gegner des Assad-Regimes: »Christen nach Beirut – Alawiten in den Sarg!« (was sich im Arabischen reimt).[6] Es ist überaus bezeichnend, dass religiös intolerante Islamisten den Christen immerhin »tolerant« nahelegen, in christlich dominierte Regionen zu übersiedeln, den Alawiten aber ausnahmslos den Tod wünschen. Einer fremden glaubensverwandten Religion wird also eher Duldung zugestanden als einer Konfession innerhalb des Islam, die vom »wahren Glauben« abweicht. Streng orthodoxe Sunniten richten ihre Abwehr sogar wesentlich stärker gegen die Alawiten als gegen die »ketzerischen« Schiiten. Dass sich die Aggression von Sunniten in milderer Form auch gegen Christen wendet, rührt aus der Einschätzung her, Christen sympathisierten überwiegend mit dem Assad-Regime als einer Schutzmacht.

Der Nationalstaat Syrien ist offiziell »säkular« und die Regierenden werden nicht müde, dies zu betonen. Gerade das Assad-Regime hat ein Interesse daran, dass im Selbstverständnis des Volkes die Zugehörigkeit zur Nation »Syrien« wichtiger ist als zu einer Religion – denn damit sind die religiösen Minderheiten aus ihrer bisher untergeordneten Stellung befreit. Tatsächlich ist aber dieses Verständnis von »säkularer« Gleichheit nur im Bewusstsein einer schmalen Bildungsschicht der Sunniten, Schiiten, Alawiten, Christen und Drusen verankert. Die Mehrheit der Syrer ist nach wie vor in religiös-politischen Kategorien, in konfessionell abgrenzendem Denken befangen.

Baschar al-Assad und seine Ratgeber wussten auf eine derartige Bedrohung nur eine Antwort: Es galt, die Alawiten zusammen mit den Schiiten, Christen und Drusen zu einem Bündnis gegen die »radikalen« Sunniten zusammenzuschweißen, schließlich hatte sich der alawitische Diktator schon bisher als Schutzherr aller religiösen Minderheiten Syriens gegen die sunnitische Mehrheit präsentiert. Assad ließ gezielt Nachrichten über Drohungen der Sunniten gegen Schiiten, Christen und Drusen verbreiten, kurz nachdem die Protestmärsche von Regierungsgegnern in ganz Syrien stattgefunden hatten. Eine Taktik mit ambivalenten Folgen! Zwar konnte so Assad Christen, Schiiten und Drusen noch mehr als bisher an sein Regime binden – aber unfreiwillig trug er auf diese Weise dazu bei, dass die Konflikte zwischen Anhängern der Regierung und Aufständischen immer stärker entlang religiöser und konfessioneller Trennlinien verliefen und sich vertieften.

In diesem Zusammenhang droht den religiösen Minderheiten Syriens eine besondere Gefahr, sollte das Assad-Regime gestürzt werden. Die siegreichen Kämpfer zumindest aus den Reihen radikalisierter Sunniten könnten Massaker an Alawiten, Schiiten, Christen und Drusen verüben – aus Rache für die begangenen Verbrechen des Regimes an Sunniten. Der Schwerpunkt der Rache könnte sich auf die Alawiten konzentrieren. Denn Alawiten besetzen schließlich die Schaltstellen der rigoros überwachenden Geheimdienste und der Staatspolizei sowie der Armee, aus ihren Reihen rekrutieren sich vorrangig auch Milizen, die in Dörfern der Sunniten Häuser anzünden und die Bewohner niedermetzeln, um sich für Gräueltaten der Sunniten zu rächen. Zwar sympathisieren bei Weitem nicht alle Alawiten mit dem Assad-Regime und begehen erst recht nicht Kriegsverbrechen, aber es droht ihnen doch in einem zunehmend religiös-konfessionellen Bürgerkrieg immer mehr ein Massenmord besonders durch die Sunniten. Seither fliehen Christen, Drusen und erst recht Alawiten aus Syrien, in der Angst vor der Apokalypse, die sie beim Sieg der Gegenseite erwarten könnte.

Aber auch sunnitische Klans geraten zunehmend ins Schussfeld sunnitischer Rebellen. Es sind jene Klans, die schon seit Jahrzehnten mit dem alawitischen Regime verbündet sind und politisch wie ökonomisch davon profitieren. Zu diesen Klans gehört auch jener, aus dem Assads sunnitische Ehefrau Asma stammt. Diese Klans müssen als Verbündete »ungläubiger« Alawiten die Rache von Sunniten befürchten.

Welche Rolle spielen Syriens Christen in dieser wachsenden, konfessionell bestimmten Aggressivität des Bürgerkriegs? Viele der syrischen Christen unterscheiden sich in ihrer sozialen und kulturellen Haltung nicht grundsätzlich von den Sunniten, Schiiten, Alawiten und Drusen. Ich habe solche Eindrücke bei meinen Besuchen in den Christenvierteln von Damaskus und Aleppo bereits geschildert.[7]

An diese Eindrücke von 1994 musste ich zehn Jahre später denken, als ich 2004 den im deutschen Sprachraum erfolgreichen Roman *Die dunkle Seite der Liebe* des deutsch-syrischen Autors Rafik Schami las. Der Autor beschreibt das Schicksal zweier syrischer Klans, die durch Heirat miteinander verbunden sind – in denen aber der Einzelne nicht sein Leben selbst bestimmen und gestalten darf, sondern sich der despotischen Bevormundung durch die Sippe beugen muss. Mord an Frauen aus verletzter Ehre gehört ebenso selbstverständlich zum Ehrenkodex wie auch das strikte Verbot der Heirat über religiöse Grenzen hinweg, ebenso Blutrache aus verletzter Ehre. Die Mitglieder beider Klans sind aber nicht Muslime – sondern Christen syrisch-katholischer Konfession wie der Autor Rafik Schami selbst.

Auf den ersten Seiten dieses Romans findet sich bereits eine schockierende Szene, wie wir sie aus den Medien meist nur als »islamische Tragödie« kennen: Ein junger syrischer Christ erschießt auf offener Straße in Damaskus seine Tante und ruft den Passanten zu, die ihn festhalten: »Ich habe die Ehre meiner christlichen Familie gerettet, weil meine Tante sie durch die Ehe mit einem Muslim in den Schmutz gezogen hat.« Die Passanten, Muslime wie Christen, klatschen Beifall. Der Mörder kann nach nur einem Jahr Haft (in islamischen Ländern die oft übliche milde Strafe für einen »Ehrenmord«) zu seinem christlichen Klan zurückkehren. Dort wird der Mörder als Held gefeiert, weil er seine Familie »von Schande reingewaschen« hat.[8]

Unterwegs in Syrien verblüffte mich immer wieder, wie gastfreundlich Muslime mir als dem Nichtmuslim begegneten und wie respektvoll sie sich über die Christen als die Angehörigen einer geistig verwandten Religion äußerten. Umgekehrt redeten syrische Christen oft mit dem gleichen Respekt über Muslime. Dagegen zeigen sich viele von ihnen, ob nun Muslime oder syrische Christen, als völlig intolerant gegen Menschen, welche die traditionellen Regeln ihrer eigenen religiösen Gruppe durch individuell abweichendes Verhalten übertreten und verletzen.

Vor dem Hintergrund solcher Eindrücke lässt sich besser verstehen, weshalb die Unruhen 2011 mit ihren Protesten sich nur anfänglich ausschließlich gegen soziale Unterdrückung und Korruption richteten, dann aber rasch eine religiös-politische Dimension bekamen. Die feindlichen Gruppierungen fühlten sich letztendlich weniger als »Syrer« im nationalen Sinn, viel stärker als Angehörige unterschiedlicher Religionen und Klans. Gerade diese Grundhaltung sollte nachhaltige Folgen für den Bürgerkrieg haben.

»Islamischer Staat« gegen »säkulare Republik«

»Ad-daula al-Islamiyya«. Die arabischen Worte sind mit »Islamischer Staat« zu übersetzen. Für viele Muslime ist dieser Begriff emotional stark aufgeladen, besonders, wenn sie einer Republik mit säkularer Ideologie distanziert oder gar ablehnend gegenüberstehen. Aber was genau soll man unter »Islamischer Staat«, unter einem »islamisch« regierten Staat verstehen?

Diese Frage gewann eine neue Brisanz, als im grenzüberschreitenden Bürgerkrieg von Syrien und Irak eine Organisation mit exakt diesem Namen den Blick der Weltöffentlichkeit auf sich lenkte. Es war eine Organisation, die nicht nur mit besonders auffälliger Propaganda die Gründung eines »Kalifats« gegen angeblich hinfällig gewordene Strukturen einer »säkular« orientierten Republik verkündete, sie war auch militärisch erfolgreicher als viele andere der islamistisch ausgerichteten Gruppierungen.

Die Mehrheit der sunnitischen Muslime Syriens neigt nicht zu religiösem Fanatismus. Im Gegenteil. Die meisten sind vorrangig an mehr sozialer und politischer Gerechtigkeit interessiert, nicht an einem islamistisch strukturierten »Gottesstaat«. Trotzdem gelang es islamistischen Organisationen, innerhalb der sunnitischen Gruppierungen von Aufständischen die Führung zu übernehmen. Dies geschah bereits in der ersten Phase der Rebellion, lange bevor die Terror-Organisation »Islamischer Staat« verstärkt in Erscheinung trat. Wie konnte das geschehen? Rebellen mit islamistischer Ideologie verfügen meistens über straff organisierte Verbände mit paramilitärischen Strukturen – und daher meistens auch über militärisch trainierte Männer, die nicht selten schon Kampferfahrung in anderen Krisenregionen wie etwa dem Irak oder Afghanistan gesammelt haben.

Diese islamistischen Organisationen fußten zwar alle mehr oder weniger auf der Ideologie, wie sie die Muslim-Bruderschaft seit 1928 entfaltet hat. Aber sie alle lehnten weitgehend Muslim-Brüder ab, die im politischen Tagesgeschäft pragmatisch zu Verhandlungen, ja zu Bündnissen mit säkular orientierten Parteien bereit sind. Erst recht distanzierten sie sich von Recep Tayyip Erdogan, dem »gemäßigten« Islamisten, der sich als türkischer Ministerpräsident unter dem Druck einer vielfältigen Opposition zur säkularen Staatsverfassung Atatürks bekannte.[9] In der Ideologie der islamistischen Organisationen Syriens hatte dagegen das Ideal des »Jihad« vorrangige Bedeutung. Diese Ideologie ist als »Jihadismus« in den internationalen Sprachgebrauch eingegangen.

Weltweit hat sich für das arabische Wort Jihad (auch Dschihad geschrieben) die Übersetzung »Heiliger Krieg« eingebürgert. Doch wenn wir »Jihad« allein auf diese Bedeutung verengen, muss dies bei Muslimen auf Unverständnis stoßen. »Jihad« ist wörtlich mit »Anstrengung« zu übersetzen, gemeint ist »Anstrengung im Glauben«. Die Muslime unterscheiden zwischen dem großen und dem kleinen Jihad. Der große Jihad bezieht sich auf die Anstrengung, den Islam in friedlicher Mission zu verbreiten und andererseits die eigene Religion von Missbrauch fernzuhalten. Allein der kleine Jihad bezieht sich auf den »Heiligen Krieg«, dieser Jihad darf aber nur praktiziert werden, wenn Gläubige von »Ungläubigen« angegriffen werden und der Islam dadurch bedroht ist.[10] Die Rangordnung von groß und klein zeigt, welche Art von Jihad für den Gläubigen im Vordergrund zu stehen hat.

Was aber sind die Ursachen, dass der kleine Jihad im Sinn von »Heiliger Krieg« – und damit die Ideologie des Jihadismus – derart an Bedeutung gewinnen konnte?

Das Ideal »Heiliger Krieg« hat in der Geschichte der islamischen Welt nur in Zeiten großer politischer Bedrängnis eine Rolle gespielt, etwa wenn Eroberer mit einer fremden Religion und Kultur die Muslime bedrohten. Dies geschah vor allem in der Epoche der Kreuzzüge Ende des 11. bis zum 13. Jahrhundert und dann wieder, als westliche Großmächte seit Ende des 19. Jahrhunderts islamisch geprägte Staaten als »Kolonien« oder »Protektorate« in ihre Abhängigkeit zwangen. Aber die große Dynamik gewann der sogenannte Jihadismus erst 70 bis 80 Jahre später.

Der Juni 1967 markierte den Umbruch. Damals hatten die säkular orientierten Regierungen Syriens, des Irak, Jordaniens und Ägyptens im sogenannten Sechstagekrieg gegen Israel eine verheerende Niederlage erlitten. Diese Niederlage löste quer durch die arabische, ja die ganze islamische Welt eine tiefe Vertrauenskrise gegen die Fortschrittsverheißungen säkular-nationalistischer Regierungen aus – und gab, wie im Abschnitt *Der späte Erfolg der Islamisten* bereits dargestellt – der islamistischen Muslim-Bruderschaft starken Auftrieb. Aber parallel dazu bildeten sich auch schon radikalere islamistische Bewegungen.

Unmittelbar nach dem Ende des Sechstagekriegs entstand im Herbst 1967 die palästinensische Widerstandsbewegung mit dem Namen Hamas (»Eifer«, »Glaubenseifer«), die sunnitisch jihadistische Bewegung verstand sich als einen Zweig der Muslim-Bruderschaft und hatte sich von Jassir Arafats säkular orientierter Kampfgruppe Al Fatah (»Sieg«) abgespalten. Im Libanon formierte sich 1982 die schiitisch-jihadistische Kampfgruppe Hizbollah (»Partei Allahs«), sie war eng mit dem Gottesstaat Iran verbunden. Diese Organisationen treiben im Bewusstsein ihrer Ohnmacht gegenüber militärisch weit überlegenen Gegnern – und im Gefühl, von den regulären Regierungen der arabischen Welt im Stich gelassen zu sein – das Ideal des kriegerischen Jihad zu einer neuen Konsequenz: Sie treten als Selbstmordattentäter in Erscheinung, sprengen sich inmitten belebter Plätze in die Luft und reißen eine möglichst große Zahl von »Ungläubigen« mit in den Tod. Ihre Feinde sind nicht nur Europäer und Amerikaner, nicht nur Angehörige der »imperialistischen« Großmächte, sondern genauso Muslime, die mit den säkularen Ideologien des Westens sympathisieren und damit die Ideale des »wahren Islam« gefährden.

Die ersten spektakulären Erfolge einer solchen Kriegsführung errangen die Märtyrer-Brigaden der Hizbollah 1983 im Libanon, ihnen folgte die Hamas. Der Schock dieser neuen Form des »Heiligen Kriegs« hat dann quer durch die ganze islamische Welt »Gotteskrieger« zur Nachahmung aufgestachelt. Wenn auch der Selbstmord bei Muslimen mit einem Tabu belegt ist, so hat doch nach Ansicht radikal-islamischer Ideologen der »Opfertod« im Freiheitskampf gegen »ungläubige Tyrannen« als ein »heiliges Martyrium« zu gelten, unabhängig davon, ob nun der Kämpfer auf dem Schlachtfeld fällt oder beim Selbstmordattentat stirbt.

Für Europäer in einer saturierten Wohlstandsgesellschaft ist eine derart fanatische Bereitschaft zum Märtyrertod nur schwer nachvollziehbar. Aber viele dieser zum Tod Entschlossenen kamen und kommen aus sozial desolaten Verhältnissen, aus den Slums von Ballungszentren oder aus Flüchtlingslagern, wo die Menschen ohne Zukunftsperspektive dahinvegetieren, verzweifelt, von untergründigen Aggressionen erfüllt gegen einen nur vage vorstellbaren Verursacher ihrer Misere. Wenn dann Armut auch noch mit massiver Unterdrückung gepaart ist, erscheint das Dasein vollends unerträglich, dann steigt die Neigung zur Depression, ja zum Selbstmord. Ideologen brauchen dem verschwommenen Feindbild nur scharfe Konturen zu geben, und schon vermag sich der angestaute Groll gegen ein präzises Ziel hin zu entladen. Je intensiver sich die Bewohner von Slums oder Flüchtlingslagern in einer Atmosphäre ständiger Bedrohung und Gewalttätigkeit verstrickt fühlen – desto anfälliger werden sie für Parolen, als »Gotteskrieger« und »Märtyrer des Jihad« ihrem bisher sinnlos erscheinenden Dasein endlich einen Sinn abzugewinnen. Es wäre allerdings ein Irrtum zu glauben, naturgemäß würden sich vor allem ungebildete Muslime in den Aktionismus des Jihad drängen. Es gibt auffällige Abweichungen von dieser Struktur. In den palästinensischen Elendsgebieten von Gaza beispielsweise besitzen unter den »Gotteskriegern«, die im bewaffneten Kampf oder bei Terroranschlägen ihr Leben opfern, rund 50 Prozent einen akademischen Abschluss. Dies belegen Daten aus dem Jahr 2001.[11]

Die Terror-Organisation Al Qaida (»Die Basis«) wurde nach ihrer Gründung durch Osama bin Laden 1989 zur wichtigsten Jihad-Bewegung, die auf solchen Voraussetzungen fußt. Ihre Führer, nach Bin Laden seit 2011 sein Nachfolger Aiman az-Zawahiri, kamen aus der Oberschicht, der erstere war Bauingenieur und vielfacher Millionär, der letztere Arzt. Beide fühlten sich zunächst zur Muslim-Bruderschaft Ägyptens hingezogen, bevor sie sich aus Protest gegen deren kompromissbereite Politik von ihr abspalteten, um in einer alternativen islamistischen Bewegung die Ideale des »wahren Islam« zu verwirklichen. In ihrer Gefolgschaft findet sich eine Reihe Akademiker sowie hochspezialisierte Techniker, aber andererseits zahlreiche sozial Entwurzelte aus ärmeren Volksschichten. Die Al Qaida sollte schließlich auch im syrischen Bürgerkrieg eine wichtige Rolle spielen – bis sie in Konkurrenz mit anderen islamistisch-jihadistischen Organisationen ihre herausragende Rolle verlor.

Die sunnitischen Kämpfer mit der Ideologie des Jihadismus wiesen in Syrien allerdings von vornherein keine organisatorische Geschlossenheit auf, sondern fächerten sich von Anfang an in sehr unterschiedliche Gruppierungen auf. Zwar lehnen sie alle mehr oder weniger den herkömmlichen Nationalstaat Syrien mit seiner säkularen Verfassung ab, aber ihre Zielvorstellungen, wie denn nun ein »islamischer Staat« beschaffen sein soll, weichen erheblich voneinander ab.

Der früheste Widerstand bewaffneter Rebellen gegen das Assad-Regime organisierte sich im Sommer 2011 in der »Freien Syrischen Armee« (FSA). Damit mündeten die immer heftiger werdenden Volksunruhen in einen militärisch ausgerichteten Widerstand und damit nahm der Kampf gegen den »Tyrannen« erst den Charakter eines Bürgerkriegs an. In der Truppe der Rebellen sammelten sich überwiegend Soldaten, die aus der regulären Armee desertiert waren, Sunniten, die nicht mehr unter der Führung alawitischer Offiziere gegen Aufständische ihrer eigenen sunnitischen Konfession kämpfen wollten. Sie sahen sich zwar als »Islamisten«, aber sie wünschten einen konservativ islamischen Staat, wie ihn die Türkei unter Erdogan präsentiert, letzten Endes also mit säkularer Komponente. Entsprechend wahrten sie Distanz zu allen radikal-islamischen Gruppierungen.

In Konkurrenz zu dieser militärisch organisierten Rebellentruppe rückten sehr bald verschiedene islamistische Fraktionen, die sich in einem Dachverband mit dem Namen »Islamische Front« zusammenschlossen. Sie streben eine radikalere Form des »Islamischen Staates« mit strikter Gegnerschaft zu Alawiten und Schiiten an. Eine weitere eigene Gruppierung bildet seit Januar 2012 die »Jabhat al-Nusra«, was »Unterstützungsfront für das syrische Volk« bedeutet. Sie gilt als syrischer Ableger und die offizielle Vertretung der Terror-Organisation Al Qaida, pflegt aber auch Kontakte zur ideologisch ähnlich ausgerichteten »Islamischen Front.«[12]

Schließlich erregte eine islamistische Organisation Aufsehen, die bisher im Widerstand gegen Assad nur eine untergeordnete Rolle gespielt hatte – aber dann mehr als alle anderen

Rebellengruppen die Schlagzeilen beherrschen sollte. Im März 2013 eroberten diese »Glaubenskämpfer« Teile Nordsyriens und drangen fast bis zu Syriens zweitgrößter Stadt Aleppo vor. Die Organisation trug den Namen »Islamischer Staat im Irak«. Ihr Name signalisierte, dass sie ihren Ursprung im Irak hatte und aus dem Nachbarstaat auf syrisches Territorium vorgedrungen war. Sie richtete in der nordsyrischen Stadt Raqqa ihr Hauptquartier ein und nahm im Sommer desselben Jahres den Namen »Islamischer Staat im Irak und Syrien« (abgekürzt: ISIS) an. Diese Umbenennung demonstrierte den Anspruch, den Irak und Syrien unter der Herrschaft eines »Gottesstaates« zu vereinen. Im Frühjahr und Sommer 2013 brachte der ISIS große Teile des nördlichen Irak unter seine Herrschaft, Anfang Juli schließlich Mossul, die nach Bagdad zweitgrößte Stadt des Irak. Zu diesem Zeitpunkt wechselte die Organisation wiederum ihren Namen und nannte sich »Islamischer Staat« (abgekürzt: IS) – nun mit dem Anspruch, nicht mehr nur auf die Eroberung von zwei Staaten konzentriert zu sein, sondern große Teile Asiens, Nordafrikas und Europas dem »wahren Islam« zu unterwerfen.

Im Bewusstsein dieser neuen Mission proklamierte der IS am 29. Juni 2014 das »Kalifat«. Mit dieser Proklamation ist der höchste Anspruch verbunden. Das arabische Wort »Kalif« bedeutet »Stellvertreter« wie auch »Nachfolger«. Der Titel bezieht sich im religiös-historischen Kontext auf jene Herrscher, die sich nach dem Tod Mohammeds als Stellvertreter des Propheten bezeichneten und in ihrer Person die religiöse wie politische Oberhoheit als »Befehlshaber der Gläubigen« vereinigten. Für Muslime verbinden sich mit diesem Titel nostalgische Erinnerungen, denn unter der Herrschaft der Kalifen von Damaskus, dann unter den Kalifen von Bagdad hatte sich der Islam vom 7. bis zum 9. Jahrhundert von Vorderasien bis ins maurische Spanien im Westen und im Osten bis nach Indien ausgebreitet. Der Titel »Kalif« hat zwar in späteren Jahrhunderten stark an politischer Bedeutung verloren, aber er übte weiterhin als spiritueller Titel Strahlkraft aus und signalisierte den Anspruch von Regenten, zumindest geistiges Oberhaupt aller Gläubigen zu sein. Zuletzt haben diesen Titel die Sultane der Osmanen getragen. Als jedoch 1922 die Dynastie der Osmanen gestürzt wurde, schaffte Atatürk 1924 das »Kalifat« offiziell ab und führte an seiner Stelle das Prinzip der »säkularen«, religiös wertneutralen »Republik« nach westlichem Vorbild ein – für traditionell denkende Muslime eine Provokation. Seither hat es kein Politiker eines islamisch geprägten Staates mehr vermocht, diesen Titel unangefochten zu führen. Ein solcher Versuch blieb dann eher Führern radikal-islamischer Gruppierungen vorbehalten, die aber isoliert blieben und sich damit der Lächerlichkeit preisgaben.

Der Führer der Organisation »Islamischer Staat« trat nun erneut mit diesem Anspruch auf, »Kalif« zu sein. Die Inszenierung wirkte perfekt. Ein Videofilm, Ende Juli 2014 in der Hauptmoschee von Mossul gedreht und zu Propagandazwecken ins Internet gestellt, zeigt den selbsternannten Kalifen: Ein bärtiger Mann mit schwarzem Turban und Kaftan steigt würdevoll die Stufen zu einer Kanzel hinauf und predigt dann, ihm zu Füßen sitzen bewaffnete und vermummte Männer. Die schwarze Farbe seines Turbans soll ihn als einen direkten Nachkommen des Propheten Mohammed ausweisen. Und die schwarze Flagge seitlich mit weißen arabischen Schriftzeichen ist der Fahne der Abbasiden nachgebildet, jener Dynastie der Kalifen von Bagdad, unter denen der Islam die größte politische Ausdehnung und kulturelle Bedeutung erreicht hat. Diese Flagge ist nicht zufällig das Markenzeichen der Organisation »Islamischer Staat« (IS) geworden.

Der neue Kalif in der angemaßten Nachfolge der Abbasiden hat den Namen Ibrahim angenommen. Abu Bakr al-Baghdadi ist sein Name als politischer Führer des IS. Aber auch diesen Namen hat er sich zugelegt. »Abu Bakr« bezieht sich auf die

Person des ersten Kalifen nach dem Tod Mohammeds und »al-Baghdadi« auf die Kalifen von Bagdad. Sein eigentlicher Name ist Ibrahim Awad al-Badi. Er ist Iraker, wurde 1971 in Samarra geboren und studierte in Bagdad islamisches Recht und Koranwissenschaft.

Im Februar 2004, wenige Monate nach dem Sturz Saddam Husseins, verhafteten ihn amerikanische Soldaten. Die Verhaftung war willkürlich. Bis dahin hatte sich bei dem jungen Studenten keine Verbindung zu islamistischen Ideologen nachweisen lassen, vor allem nicht Verbrechen im Namen einer religiösen Doktrin. Der Student kam erst im irakisch-amerikanischen Gefangenenlager Camp Bucca mit radikal-islamischem Gedankengut in Berührung, dort, wo sich auf engstem Raum 24 000 Häftlinge, die teilweise gefoltert wurden, unter erbärmlichen Bedingungen drängten. Nahezu die gesamte spätere Führungsspitze des IS war im dortigen amerikanischen Camp interniert.[13] Es ist als Provokation gedacht, dass später alle Gefangenen des IS, deren Hinrichtung auf Videos festgehalten wurde, orangefarbene Overalls trugen – in Parallele zur Sträflingskleidung politisch verdächtiger Muslime in amerikanischen Gefangenenlagern.

Ein Video vom Oktober 2006 zeigt, wie von anonymen, vermummten Männern die Gründungserklärung jener Organisation verlesen wird, die bald weltweit Aufsehen erregen sollte. Die »Gotteskrieger« sahen sich aber zunächst in lockerer Verbindung als ein Zweig der Terror-Organisation Al Qaida im Kampf gegen die amerikanische Besatzung und später gegen die schiitische Regierung des Irak. Gemeinsam mit Al Qaida wollten sie den religiös und politisch zersplitterten Nationalstaat Irak in einen »Gottesstaat« mit strikt sunnitischer Prägung verwandeln. Zum Bruch mit Al Qaida kam es, als Al-Baghdadi seine Truppen in den religiös und politisch zersplitterten Nachbarstaat Syrien führte und dort in Raqqa sein Hauptquartier errichtete. Der »Islamische Staat« und die Al

Qaida, die beiden miteinander immer stärker rivalisierenden Organisationen, dulden keine Bevormundung durch Bündnispartner in militärischen und religiösen Fragen. Al-Baghdadi beanspruchte schließlich gegenüber Osama bin Laden und später seinem Nachfolger Aiman az-Zawahiri die höchste Autorität, denn er hatte im Gegensatz zu den Führern der Al Qaida islamisches Recht und Theologie studiert. Er glaubte so, als Einziger nicht nur die politische, sondern auch die spirituelle Leitung einfordern zu können.

Von arabischen Gegnern wie auch westlichen Beobachtern war diese neu aufstrebende islamistische Bewegung zunächst unterschätzt worden. Daher war es vorerst unklar, weshalb diese Organisation um so viel effizienter handeln konnte, militärisch schlagkräftiger und im Aufbau staatlicher Strukturen viel nachhaltiger war als alle konkurrierenden Kampfgruppen. Eine zuverlässige Antwort ergab sich erst, als im Verlauf des Jahres 2014 immer mehr Dokumente des IS an die Öffentlichkeit gelangten, die von rivalisierenden Rebellengruppen erbeutet worden waren. Der IS hatte wertvolle logistische Unterstützung durch entmachtete Funktionäre, Geheimdienstagenten und Offiziere Saddam Husseins erhalten. Wieso aber paktierten ausgerechnet Baath-Sozialisten, die doch säkular orientiert waren, mit radikalen Islamisten?

Die amerikanische und britische Besatzungsmacht hatte den Fehler gemacht, sämtliche wichtigen Beamten und höheren Offiziere des gestürzten Diktators zu entlassen und zu völliger Untätigkeit zu verdammen. Es wäre taktisch klüger gewesen, zumindest jene strategisch bedeutsamen Mitglieder der Baath-Partei, die nicht unmittelbar an den Verbrechen Saddam Husseins mitgewirkt hatten, in die Verwaltung des neuen Staates zu integrieren. Amerikaner und Briten installierten stattdessen im Irak eine Regierung, die sich vorwiegend aus Schiiten rekrutierte. Und diese Regierung unter dem Ministerpräsidenten Nuri al-Maliki tat alles, um die Sunniten möglichst von allen Schaltstellen des politischen wie wirtschaftlichen Lebens fernzuhalten. Die Schiiten unterdrückten nun die Sunniten ebenso rigoros, wie es zuvor der sunnitische Diktator Saddam Hussein mit den Schiiten praktiziert hatte. Diesem demokratischen Defizit des Nationalstaates Irak verdankte der IS die unschätzbare Hilfe entmachteter Baath-Funktionäre. Die Entmachteten, weltanschaulich zwar säkular orientiert, scheuten sich angesichts ihrer demütigenden Notlage nicht, ein Bündnis mit radikal-sunnitischen Muslimen zu schließen.[14]

Indem nun der »Islamische Staat« 2014 ein straff organisiertes politisches Gebilde im Norden Syriens und des Irak errichtete, kam in den Großraum des Nahen Ostens etwas völlig Neues. Das über ein Jahrhundert bestehende Modell von Nationalstaaten war grundlegend erschüttert. Es soll für die Einwohner nicht mehr entscheidend sein, sich als Syrer oder Iraker zu verstehen, maßgebend ist allein, sich als Muslim zu fühlen – und hierbei können nur die Sunniten als »Gläubige« gelten, während Schiiten und erst recht Alawiten als »Ketzer« geächtet, ja strikt verfolgt werden. Es gilt, wie es in der Propaganda des IS (aber auch vieler anderer islamistischer Organisationen) heißt, »die künstlichen Gebilde des Kolonialismus« westlicher Mächte zu beseitigen und zur politischen Ordnung nach dem Vorbild der Kalifen in der Frühzeit des Islam zurückzukehren. Einst seien Damaskus und Bagdad, die großen kulturellen Zentren, in einem Herrschaftsgebiet ohne politische Grenzen vereint gewesen. Dagegen sei der Nationalismus mit seiner Abgrenzung in Nationalstaaten ein geistiger Import aus dem »ungläubigen« Europa.

Der IS zielt mit einer solchen Kritik einerseits auf die Politik der imperialen Mächte Großbritannien und Frankreich, die nach dem Ersten Weltkrieg die Voraussetzungen für die »künstlichen Gebilde« Syrien und Irak erst schufen – andererseits wird damit aber auch der säkulare Nationalismus verurteilt, wie ihn die Baath-Sozialisten als gelehrige Schüler des »westlichen Unglaubens« praktizieren.

Der IS proklamiert sein »Kalifat« als die einzig konsequente Fortsetzung der einstigen Kalifate von Damaskus und Bagdad. Anspruch und Realität aber klaffen seit Beginn unüberbrückbar auseinander. Nicht nur, dass im 21. Jahrhundert die machtpolitischen Rahmenbedingungen von vornherein grundsätzlich anders sind als in der Frühzeit des Islam. Der IS widerlegt durch seine religiös-politische Praxis – nämlich den Umgang mit Andersgläubigen und die Auseinandersetzung mit fremden Kulturen – radikal die Parallele zum sogenannten Goldenen Zeitalter des Islam, die sich der IS selbst anmaßt.

Die Muslime unter der Herrschaft der Kalifen von einst gewährten Christen und Juden nicht nur Religionsfreiheit und ließen ihre Kultstätten weitgehend unangetastet, sie übernahmen im geistigen Austausch viel von den geistig verwandten Kulturen. Sie gewährten auch den Yesiden, Angehörigen einer weiteren geistesverwandten Religion, Freiheit im Glauben, wenngleich sie deren Dogmen mit größerem Misstrauen betrachteten. Völlig anders dagegen die »modernen« Nachfolger der einstigen Kalifate. Der IS stellt in den eroberten Gebieten Christen und Juden vor die Wahl, entweder auszuwandern oder zum Islam überzutreten, andernfalls werden sie hingerichtet. Kirchen und Synagogen werden weitgehend zerstört oder in Moscheen umgewandelt. Die Yesiden dagegen gelten aus der Sicht der IS-Fanatiker von vornherein als »Teufelsanbeter« und »heidnisch«, ihnen bleibt nur die Wahl zwischen Islam oder Tod. Schiiten und Alawiten müssen ebenfalls mit ihrer Hinrichtung rechnen, falls sie nicht zum »wahren Islam«, dem der Sunniten – in der strengen dogmatischen Auslegung des IS – übertreten. Was die Konflikte zwischen Sunniten, Schiiten und Alawiten angeht, so hat es auch schon in früheren Jahrhunderten blutige Auseinandersetzungen und Verfolgungen gegeben, aber die Ausgrenzung war selten so rigoros wie unter der Terror-Organisation des IS.

In der Rechtsprechung fällt der IS ebenfalls durch eine besondere Strenge und Intoleranz auf. Die Todesstrafe steht ausnahmslos auf »Abwendung vom Islam«. Hier sind aber nicht nur Muslime betroffen, die zu einer anderen Religion wechselten oder gar Atheisten geworden sind. Hingerichtet werden auch Muslime, die sich zum schiitischen oder alawitischen Glauben bekennen oder die zum Sufismus, der islamischen Mystik, neigen. Mehr noch: In Lebensgefahr begeben sich selbst jene Muslime, die innerhalb des sunnitischen Islam eine freiere Interpretation, einen größeren geistigen Pluralismus fordern. Todesstrafe steht auch auf Homosexualität, ebenso auf Ehebruch. Sex vor der Ehe wird mit Peitschenhieben bestraft, Diebstahl mit der Amputation der rechten Hand. Eine solch rigorose Praxis der Rechtsprechung findet sich nahezu gleich in etlichen anderen radikal-islamischen Organisationen, so etwa bei den Taliban in Afghanistan – aber auch in der offiziellen, staatlichen Rechtsprechung des Königreichs Saudi-Arabien.

Das ist kein Zufall. Das Verbindungselement ist für sie der Islam der Wahhabiten, einer auf der arabischen Halbinsel im 18. Jahrhundert entstandenen islamistischen Sekte. Ihr Begründer war der 1703 in Mekka geborene Korangelehrte Mohammed Abd al-Wahhab, auf den der Name dieser Bewegung zurückgeht. Der wahhabitische Islam, bis heute Staatsreligion in Saudi-Arabien, schnürt stärker als alle anderen islamischen Rechtsschulen das Leben von Muslimen durch rigide Dogmen und drakonische Strafen ein. Es ist daher auch kein Zufall, dass Saudi-Arabien den IS im Bewusstsein geistiger Verwandtschaft jahrelang finanziell unterstützt hat, ebenso die Taliban.

Der IS findet mit seiner dogmatischen Radikalität in der islamischen Welt nur bei Minderheiten Zustimmung. Das gilt auch für die brutale Entschlossenheit des IS, Kulturdenkmäler aus vorislamischen Epochen zu vernichten. Im Februar und März 2015 zerstörten die Fanatiker im Museum von Mossul zahlreiche Statuen aus assyrischer Zeit, ebenso vorislamische Monumente des nördlichen Irak in den antiken Ausgrabungsstätten Nimrud und Hatra. Im August und September desselben Jahres setzten sie ihr Zerstörungswerk in der eroberten syrischen Oasenstadt Palmyra fort. Diese kulturelle Barbarei löste nicht nur in der westlichen Öffentlichkeit Entsetzen aus, sondern eben auch bei der Mehrheit der Muslime. Ja, sogar eine Reihe von Islamisten zeigte wenig Verständnis für einen derartigen Fanatismus.

Bisher findet sich nur eine einzige Parallele zum Verhalten des IS: Die Taliban haben Anfang März 2001 in Afghanistan die berühmten Buddha-Statuen von Bamiyan aus dem 3. und 4. Jahrhundert vernichtet. Dagegen bleibt im islamistisch regierten Gottesstaat Iran die vorislamische Ruinenstätte Persepolis ein ungefährdetes Ziel für Touristen aus aller Welt. Und in Ägypten lehnt selbst die Mehrheit der Muslim-Brüder die Zerstörung altägyptischer Tempel ab.

Die Frage stellt sich, ob eine derart radikalisierte Terror-Organisation wie der IS sich noch weitere Jahre unangefochten halten kann. Dasselbe gilt für Islamisten mit ähnlich radikaler Tendenz.

Ein nachhaltiger Erfolg für radikale Islamisten?

Die rigorose Strenge und dogmatische Intoleranz des IS hat zur Folge, dass sogar eine Reihe islamistischer Gruppierungen eindeutig Distanz zu den »Gotteskriegern« des »Kalifats« wahrt. Am ehesten kommt noch die wahhabitisch geprägte Al Qaida dem Denken des IS nahe, es trennt letztlich nur der Streit um die Führungshierarchie beide Organisationen.

Groß ist der ideologische Unterschied zwischen dem IS und den weit verzweigten Organisationen der Muslim-Bruderschaft. Die Muslim-Brüder halten sich überwiegend an die vom Koran vorgeschriebene Toleranz gegen Christen und Juden, wehren sich allerdings gegen eine rechtliche Gleichstellung von Muslimen und Andersgläubigen, wie es ein konsequent säkularer Staat vorsieht. Nur Vertreter radikaler Flügel sympathisieren vage mit dem IS. Beträchtlich ist der ideologische Unterschied auch zur »Freien Syrischen Armee«. Deren Kämpfer gegen das Assad-Regime wünschen sich ja, wie schon erwähnt, einen konservativ islamischen Staat nach dem Vorbild der Türkei, entsprechend bejahen sie auch Toleranz gegen Christen und Juden. Solche Gegensätze trugen dazu bei, dass bisher ein Bündnis zwischen dem IS und vielen islamistischen Gruppierungen unmöglich war. Es konnte nicht lange dauern, dass die ideologisch miteinander verwandten, aber rivalisierenden Islamisten sich gegenseitig bekämpften. Die Gefechte zwischen Verbänden des IS und der »Freien Syrischen Armee«, ja sogar zwischen IS und Al Qaida tobten schließlich heftiger als gegen das Assad-Regime, dem eigentlich gemeinsamen Feind. Dies war umgekehrt ein Grund für Baschar al-Assad, den IS mit Angriffen zu schonen, weil dessen Radikalität den Zwist unter den Rebellen anstachelte.

Angesichts einer derartigen Zerrissenheit unter den Rebellen bedeutet es eine große Überraschung, dass ausgerechnet der IS, auf den sich die Feindschaft vieler Gruppen konzentriert, weiterhin am erfolgreichsten ist. So ist der Informationsstand zumindest im Oktober 2015. Die Zahl der »Gotteskrieger« in der IS-Armee wurde laut Einschätzung der CIA im Juni 2015 auf 20 000 bis 31 000 geschätzt, syrische Beobachter gehen gar von 50 000 aus. Rund 15 000 Kämpfer kommen aus dem Ausland von Marokko bis zum Mittleren Osten, über 5000 aus westeuropäischen Staaten.[15] Wie aber kommt es, dass es der IS schafft, derart viele ausländische Kämpfer unter der Fahne des Jihad zu scharen?

Das »Kalifat« des IS konnte nach seinen militärischen Siegen ein Staatswesen mit nahezu 10 Millionen Einwohnern errichten, das – allen gegenteiligen Behauptungen zum Trotz – vorerst stabil bleibt, so jedenfalls die Lage im Herbst 2015. Mehr noch: »Der Islamische Staat« ist ein straff organisierter Sozialstaat mit Krankenversicherung, Kindergeld und Witwenpension. Ein solcher Erfolg war bisher noch keiner islamistischen Terror-Organisation beschieden, auch der Al Qaida nicht. Wie ist das möglich? Die Strategen des IS hatten sehr rasch begriffen, dass ihr Staat für eine größere Anhängerschaft nur attraktiv sein konnte, wenn es ihnen gelang, ein soziales Netzwerk aufzubauen, das an Qualität die Errungenschaften der Nachbarstaaten übertraf. Aber wie konnte ihnen das gelingen? Sie konnten auf die Hilfe entmachteter Baath-Politiker und Verwaltungsspezialisten aus dem Regime Saddam Husseins zurückgreifen. Zu finanzieren vermochten sie den Sozialstaat, nachdem sie ergiebige Erdölfelder im nördlichen Irak erobert hatten. Außerdem pressten sie hohe Steuergelder von den reichen Klans ab. Und sie konnten das Königreich Saudi-Arabien dazu bewegen, beträchtliche Finanzhilfe für einen Staat zu leisten, der ebenfalls vom wahhabitischen Islam geleitet war. (Dieses Bündnis sollte allerdings nur bis 2014 dauern, denn der IS wurde bald auch für Saudi-Arabien zur Gefahr.)

Ein dogmatisch äußerst strenger Islam und ein funktionierender Sozialstaat – diese Kombination bescherte dem IS weit über Syrien und den Irak hinaus einen Propagandaerfolg. Mehr noch: Muslime von Nordafrika bis Afghanistan fühlten sich angezogen von diesem Modell und folgten dem Aufruf, Bürger dieses »Kalifats« zu werden. Aber auch Muslime aus Europa, vor allem aus Frankreich, Deutschland, Österreich. Die Muslime aus Nordafrika und Vorderasien kommen aus Staaten, in denen ein funktionierendes Sozialsystem nur rudimentär vorhanden ist oder weitgehend fehlt. Diese Sympathisanten des IS fühlen sich in ihrer Heimat sozial an den Rand gedrängt, fristen oft als Tagelöhner oder Arbeitslose ein Leben am Rand des Existenzminimums. Aber – und dies ist wesentlich explosiver – in das »Kalifat« strömen auch hoch spezialisierte Techniker, Ärzte, Lehrer, die in Marokko, Algerien, Tunesien, Ägypten, Jordanien aufgrund der dort herrschenden Wirtschaftskrisen arbeitslos geworden sind. In ihren Heimatstaaten empfindet sich diese proletarisierte Intelligenzschicht als überflüssig und sehnt sich im »Kalifat« nach einer neuen Aufgabe wie auch nach sozialer Sicherheit. Hinzu kommt, dass viele dieser Zuwanderer in ihren Herkunftsländern unter der Spannung von religiöser Tradition und säkularer Moderne leiden, zutiefst verunsichert sind, ja sich kulturell entwurzelt fühlen. Die dogmatische Strenge, unbeirrbare Glaubensgewissheit und Intoleranz des IS bieten scheinbar physische wie auch psychische Sicherheit gerade für solche Muslime.

Bei muslimischen Zuwanderern aus Europa hat die Anziehungskraft des IS ähnliche Gründe. Dabei sind dort die Rahmenbedingungen völlig anders. Aber einer Minderheit unter den muslimischen Jugendlichen konnte es dort nicht gelingen, sich in die Gesellschaft zu integrieren. Es würde zu weit führen, hier die komplexen Ursachen näher zu erläutern. Nur so viel: Entscheidend ist, dass auch solche Jugendliche angesichts der Spannung von Tradition und Moderne ihre religiöse und kulturelle Orientierung weitgehend verloren haben und sich an den Rand der Gesellschaft gedrängt fühlen. Auch ihnen bietet die dogmatische Strenge des IS einen Ausweg aus einer tiefgehenden Sinnkrise. Ob nun aus dem islamischen Ausland oder aus Europa zugewandert: Die kulturell Entwurzelten hoffen, im »Kalifat« des IS einen neuen Sinn zu finden. Es sind vor allem Zuwanderer aus dem Ausland, nicht Einheimische, die mit besonderer Entschlossenheit zum Kampf bereit sind. Bei ihnen finden sich auch die meisten Selbstmordattentäter mit der Sehnsucht, als »heiliger Märtyrer« das Leben »für Gott zu opfern«.

Diese Erfolge des IS schüchtern auf den ersten Blick ein. Aber es stellt sich bei näherem Hinsehen die Frage, ob der IS in der brüchigen politischen Landschaft des Nahen Ostens auf längere Sicht seine herausragende Stellung behaupten kann. Der IS wird drastisch an Macht verlieren, wenn es den zerstrittenen Gegnern gelingt, eine geschlossene militärische Front gegen ihn zu bilden. Militärisch geschwächt wäre der IS nicht mehr in der Lage, seinen Anhängern die bisher so attraktiven Sozialleistungen zu bieten, wodurch ein wichtiger Aspekt seiner Anziehungskraft für sozial benachteiligte Muslime entfallen würde. Aber das »Kalifat« wird trotzdem nicht von der politischen Landkarte verschwinden, es wird nur erheblich schrumpfen und neben vielen anderen Rumpfstaaten in jenem Flickenteppich bestehen bleiben, auf dem sich einst die Nationalstaaten Syrien und Irak erstreckten.

Angesichts der starken Präsenz des IS in den internationalen Medien rückt die Tatsache zeitweise in den Hintergrund, dass diese islamistische Organisation nur eine unter vielen ist, die das Assad-Regime bekämpfen. Mehr noch: dass diese Gruppierungen auch in heftiger Rivalität gegeneinander kämpfen und so die Front gegen Assad schwächen. Vollends kompliziert wird das Miteinander und Gegeneinander von Rebellentruppen, weil sich auch im Norden Syriens unter den Kurden eine Widerstandsbewegung gebildet hat. Sie war und ist die einzige militärisch operierende Opposition mit strikt säkularer Haltung. Aber die Kurden kämpfen an zwei Fronten. Einerseits möchten sie zum Sturz des Assad-Regimes beitragen, um endlich aus der Bevormundung des arabischen Nationalismus befreit zu sein und in autonomer kurdischer Verwaltung zu leben. Andererseits kämpfen die Kurden ebenso heftig gegen die islamistische Bevormundung durch den IS, ja sie zählen zu den härtesten und gefährlichsten Gegnern des »Kalifats«.

Bei dieser Vielfalt unterschiedlicher Frontlinien ist es schwierig, in Syriens Bürgerkrieg den Überblick zu behalten. Deutlich wird nur, dass der Nationalstaat Syrien seit 2014 keine festen Strukturen mehr besitzt und sich immer mehr in Einflusszonen verschiedener rivalisierender Parteien auflöst. Hier stellt sich die Frage: Wie geht der Bürgerkrieg trotz der heillosen Zersplitterung immer weiter und weiter? Woher hat das Assad-Regime, woher haben die untereinander zerstrittenen Rebellen das Geld und die Waffen, um noch immer zu kämpfen? Die Antwort deutet auf einen zynischen Sachverhalt hin. Benachbarte Regionalmächte möchten ihren Einfluss in Syrien festigen oder gar vergrößern, in einer Region, die auch heute noch eine Schlüsselrolle für das gesamte Gefüge des Nahen Ostens besitzt. Diese Regionalmächte versorgen jeweils ihre Klientel mit dem nötigen Nachschub an Geld und Waffen. Würde dies nicht geschehen, so wären das Assad-Regime wie auch seine vielen Gegner militärisch wie politisch rasch am Ende.

Das Assad-Regime erhält seine wichtigste Hilfe durch den Iran. Das hat Tradition, schließlich ist der schiitische Gottesstaat seit 1980 mit dem säkularen Regime der Alawiten – über alle religiösen und weltanschaulichen Gegensätze hinweg – verbündet. Für den Iran bleibt dieses Bündnis weiterhin wichtig, denn die Führung in Teheran kann so über Syrien enge Kontakte mit der schiitischen Hizbollah im Libanon pflegen – und seine Interessen im arabischen Raum intensiver vertreten. Schlagkräftig kämpfen die Milizen der iranischen Revolutionsgarde sowie der Hizbollah an der Seite von Assads Truppen, Islamisten also neben Säkularisten. Aber die politischen und religiösen Frontlinien zwischen islamistischen und säkular orientierten Gruppierungen verwischen sich noch weiter. Der schiitische Gottesstaat Iran verbündete sich auch mit den sunnitischen, säkularen Kurden in Syrien wie dem Irak, denn die Kurden kämpfen gegen den radikal-sunnitischen IS, dem gefährlichsten Feind aller Schiiten. Der Iran ist darüber hinaus mit dem schiitischen Regime im Irak verbündet, um eine Rückkehr von Sunniten an die Regierung zu verhindern.

Neben dem Iran ist Russland ein wichtiger Bündnispartner für das Assad-Regime. Denn Syrien ist für Moskau das einzige verbliebene Land, durch das Russland seinen Einfluss in der arabischen Welt behalten oder gar intensivieren kann. Moskau unterhält seit 1971, dem ersten Jahr des Assad-Regimes, einen Flottenstützpunkt in Tartus, seinen einzigen im ganzen Mittelmeerraum und daher unverzichtbar. Im Oktober 2015 verstärkte Russland seine militärische Hilfe, indem russische Flugzeuge Stellungen verschiedener Organisationen islamistischer Rebellen bombardierten, der IS war hierbei nicht das hauptsächliche Ziel. Aber auch Nordkorea – von den westlichen Medien weniger beachtet – zählt zu den Verbündeten. Seit Ende der 1970er-Jahre liefert die radikal-kommunistische Diktatur Raketen an das Assad-Regime. Dass bis in die unmittelbare Gegenwart Kontakte zwischen dem syrischen und dem nordkoreanischen Regime bestehen, belegt ein skurriles Ereignis: Mitte September 2015 wurde in Damaskus ein Park eröffnet, der nach Kim-Il-Sung, dem Begründer der kommunistischen Partei Nordkoreas, benannt ist.[16]

Bei einem derart vielschichtigen Geflecht unterschiedlicher Bündnispartner wird eines deutlich: Letztendlich ist doch nicht die Religion, nicht die Konfession, nicht die Zugehörigkeit zum islamistischen oder säkularen Lager entscheidend – sondern schlicht und einfach das strategische Machtinteresse.

Das Gleiche gilt für das Bündnisgeflecht bei den Gegnern des Assad-Regimes. Die hauptsächliche Unterstützung erhalten die Islamisten aus dem wahhabitisch regierten Saudi-Arabien und den Golf-Scheichtümern. Auch hier zeigen sich so manche Ungereimtheiten. Die Nusra-Front, der Al Qaida nahestehend, war und ist der bevorzugte Partner. Eine Zeit lang war es jedoch auch der wahhabitisch geprägte IS, bevor er seit 2014 für das Regime in Saudi-Arabien politisch zum Risiko wurde. Die Türkei unter Führung der »konservativ islamischen« AKP unterstützt vorrangig die »Freie Syrische Armee«. Aber zeitweilig galt ihr Interesse auch der Nusra-Front. Mehr noch: Ministerpräsident Erdogan ließ sogar den IS ungehindert nahe der türkischen Grenze operieren und hielt für die radikalste aller Organisationen sogar die Nachschubwege über türkisches Staatsgebiet offen. Der strategische Hintersinn dieser zynischen Taktik war, dass Erdogan zwar im IS einen Feind sah, aber die viel größere Bedrohung schien ihm von den Kurden auszugehen, die an der Grenze der Türkei auf syrischem Gebiet einen eigenen Staat errichten könnten. Daher erblickte Erdogan im IS einen nützlichen Helfer und schwächte dessen gefährlichste Gegner, die Kurden.

So undurchsichtig, vielfältig schillernd und ambivalent diese ineinander verschachtelten Bündnissysteme auch sind, eines zeichnet sich immer deutlicher ab: Der Bürgerkrieg in Syrien kann nur beendet werden, wenn die islamischen Regionalmächte Iran, Saudi-Arabien und die Türkei untereinander zu einem Interessenausgleich finden. Und auch Russland muss in die Verhandlungen einbezogen werden. Die Parteien in Syrien selbst können angesichts ihrer Zersplitterung die Kraft für eine Neuordnung längst nicht mehr aufbringen. Aber die benachbarten Regionalmächte sind in ihren Interessen ebenfalls zutiefst uneinig. Und dies lässt die Situation in Syrien – vorerst – weiterhin unlösbar erscheinen.

Ein Flüchtlingsstrom verändert Europa

Keine Polizei, kein Zaun, keine Mauer konnte sie aufhalten, diese Tausenden Menschen, die sich auf der sogenannten »Balkanroute« über Serbien, Kroatien und Ungarn der österreichischen Grenze näherten. Zeitweise reisten bis zu 20000 Menschen an einem einzigen Tag in Österreich ein; die meisten wollten weiter nach Deutschland. In manchen Wochen waren es bis zu 150000. Kaum jemand von ihnen wollte in den Balkan-Staaten bleiben, weil sie dort schikaniert wurden und sich eindeutig unerwünscht fühlten. Es waren Flüchtlinge aus Ländern des Nahen und Mittleren Ostens wie auch Schwarzafrikas, überall hatten Krieg und Terror sie gezwungen, ihre Heimat zu verlassen. Mehr als die Hälfte kam aus Syrien.

So war die Situation im September 2015. Die Zahl der Vertriebenen hatte zu diesem Zeitpunkt eine bisher unvorstellbare Dimension erreicht. In Syrien hatte sich nach vier Jahren Bürgerkrieg die Bevölkerungsstruktur radikal verändert. Von den ursprünglich rund 22 Millionen Einwohnern waren rund elf Millionen auf der Flucht, nahezu die Hälfte der Syrer. 7,6 Millionen zogen innerhalb des Landes von ihren zerstörten Heimatorten zu scheinbar noch sicheren Plätzen, die aber nach und nach ihre Schutzfunktion verloren. Etwa vier Millionen Syrer flohen in die Nachbarländer und lebten dort teilweise in heillos überfüllten Massenlagern, rund zwei Millionen von ihnen in der Türkei, mehr als eine Million im Libanon, rund 620 000 in Jordanien, rund 250 000 im Irak, etwa 150 000 in Ägypten. Syrien hatte also innerhalb von knapp vier Jahren seine Einwohnerzahl allein durch Flüchtlinge ins Ausland um drei bis vier Millionen verringert. Angesichts solcher Zahlen wird deutlich, dass bisher nur ein Bruchteil der Syrer den islamischen Raum verlassen hat. Man schätzt den Anteil jener, die weiter nach Europa flüchten und Deutschland sowie andere westeuropäische Länder erreichen, auf 15 bis 20 Prozent.[17]

Viele dieser Menschen sind traumatisiert. Ich hatte bisher keine Gelegenheit, mit Syrern dieser Flüchtlingswelle zu sprechen, aber ich konnte in Kontakten mit Irakern erleben, was es bedeutet, durch Krieg und Verfolgung seelisch belastet zu sein. In Wien kam ich mit einem Taxifahrer ins Gespräch, der vor drei Jahren aus dem Irak geflohen war und nun österreichischer Staatsbürger ist. Ich fragte ihn, wie ihm Wien gefalle. – Sehr gut. – Was ihm am besten gefalle? – In Wien könne er unterwegs sein, ohne Angst vor einem Attentäter und einer explodierenden Bombe zu haben. Ich war wenig später Gast bei einem österreichischen Freund, der zu sich nach Hause eine irakische Familie eingeladen hatte. Als er, um die Atmosphäre »romantischer« zu gestalten, Kerzen anzündete und das elektrische Licht ausschaltete, wehrten die Iraker heftig ab. Bitte nein, das erinnere sie an den häufigen Stromausfall in Bagdad und an die Angriffe feindlicher Hubschrauber, bei denen man rasch das Licht habe ausschalten müssen.

Weshalb konnte es aber zu derartigen Flüchtlingsströmen kommen wie im September 2015?

Die Fotos der in Syrien zerstörten Städte erinnern an Bilder aus den letzten Tagen des Zweiten Weltkriegs in Deutschland: kilometerweit nur noch Ruinen, Schutt und Bombentrichter. Entsprechend die Lebensbedingungen: In vielen der größeren Städte ist die Versorgung nahezu zusammengebrochen, die Menschen hungern, sterben an Unterernährung oder an Seuchen. Seit Beginn des syrischen Bürgerkriegs 2011 ist die durchschnittliche Lebenserwartung von 76 auf 56 Jahre gesunken, um zwei volle Jahrzehnte also. Dies war im März 2015 einem Bericht der UNO zu entnehmen.[18]

Die Ursachen für diesen erschreckenden Tatbestand sind auf die rasch wachsende Massenarmut und das zusammengebrochene Gesundheitssystem zurückzuführen, aber auch auf die direkten Folgen der überaus blutigen Kämpfe. Viele der staatlichen Dienstleistungen funktionieren nicht mehr.

2014 ging ungefähr die Hälfte von Syriens schulpflichtigen Kindern nicht mehr zur Schule, die meisten von ihnen haben im Krieg bereits drei Schuljahre verloren und könnten noch weitere verlieren. Hinzu kommt, dass viele dieser Kinder Zeugen ungeheuren Blutvergießens waren und Gewalt zur dominierenden Erfahrung geworden ist. Eine ganze Generation gerät in Gefahr, durch Krieg und Chaos traumatisiert zu sein und ohne jede Bildung aufzuwachsen – eine immer größer werdende Barriere für den Versuch, später das kriegszerstörte Land wieder aufzubauen.

Die Stromerzeugung ging von März 2011, dem Beginn des Bürgerkriegs, bis zum Februar 2014 um rund 80 Prozent zurück. Manche Städte, so auch die Dreimillionen-Metropole Aleppo, waren bei Nacht komplett ohne Licht. Die offizielle Arbeitslosenrate lag seit 2011 bei 15 Prozent und stieg bis 2015 auf fast 58 Prozent. Zwei Drittel der Syrer vegetieren laut dem UN-Bericht »in extremer Armut« und schaffen es kaum noch, sich auch nur die nötigsten Dinge des Lebens zu beschaffen.[19]

Die Mehrheit der Syrer flieht aber nicht vor dem Terror des radikal-islamischen IS, sondern vor dem Terror des Assad-Regimes. Wie lässt sich das erklären und verstehen? Der IS kontrolliert vor allem Regionen in der Steppe und Wüste, wo vergleichsweise wenige Menschen leben. Die Soldaten des Assad-Regimes dagegen konzentrieren ihre Angriffe auf dicht besiedelte Ballungsräume. Ihre Flugzeuge mit verheerend wirkenden Fassbomben treffen erheblich mehr Menschen, und zwar nicht nur Kämpfer der Rebellentruppen, sondern die unbeteiligte Zivilbevölkerung. Zeitweise ist Giftgas zum Einsatz gekommen, vor allem in Ghuta am 21. August 2013, was die Zahl der Toten und Schwerverletzten weiter erhöhte. Laut Protokollen des Syrian Network for Human Rights haben Assads Soldaten zwischen Januar und August 2015 insgesamt ungefähr 11 500 Menschen getötet, der IS dagegen etwa 1800. Durch Bombenangriffe des Assad-Regimes starben siebzehnmal so viele Zivilisten wie durch die Attacken des IS.[20] Welch eine erschütternde Bilanz für eine Regierung, die Anfang der 1970er-Jahre in Syrien beträchtliche Impulse einer Modernisierung gesetzt hatte: indem sie die allgemeine Schulpflicht eingeführt und den Frauen erhebliche Rechte für eine Emanzipation gewährt hatte.

In den ersten zwei bis drei Jahren des Bürgerkriegs strömten die Flüchtlinge aus Syrien aber überwiegend nur in die Nachbarländer, weil sie darauf hofften, bald wieder in die Heimat zurückzukehren. Die wenigsten dachten daran, in Staaten der EU, vor allem in Deutschland, um Asyl nachzusuchen. Wie aber konnte es dazu kommen, dass der Flüchtlingsstrom von Syrern nach Europa, vor allem in die EU, plötzlich unvorstellbare Ausmaße angenommen hat? Was hat sich in den islamischen Nachbarländern verändert, dass immer mehr Syrer eine Zukunft nur noch fern ihrer vertrauten Kultur und Umwelt für möglich halten?

Syriens Nachbarstaaten gerieten unter dem Druck immer neuer Flüchtlingswellen in eine immer schwierigere Situation, sie sahen sich zunehmend überfordert, die Zuwanderer in großen Massenlagern und überfüllten Notquartieren der Städte zu versorgen. Manche der Zelt- und Hüttensiedlungen, oft mitten in baumloser Steppe gelegen, hatten bis zu 80 000 Bewohner. Viele der Flüchtlinge litten an Unterernährung und Krankheiten, da sowohl die Versorgung mit Lebensmitteln als auch Medizin immer karger wurde. Anfang September 2015 gab die Organisation »Welternährungsprogramm der Vereinten Nationen« bekannt, dass die ohnehin schon knapp bemessenen Lebensmittelrationen um die Hälfte gekürzt werden müssten, weil das Geld ausgehe.[21] Und die Krise verschärfte sich noch dadurch, dass die Gastländer wie der Libanon, Jordanien, Ägypten und die Türkei, die anfangs bereitwillig Flüchtlinge aufgenommen hatten, nun noch mehr als zuvor unter wirtschaftlichen Problemen litten.

Ein radikaler Niedergang der Wirtschaft und ein Zusammenbruch sozialer Ordnung drohten vor allem dem Libanon. Der Libanon zählt rund vier Millionen Einwohner, er beherbergte aber im Sommer und Herbst 2015 rund 1,5 Millionen Flüchtlinge, die meisten aus Syrien. Würde man diesen prozentualen Anteil auf Deutschland mit seinen 81 Millionen Einwohnern übertragen, dann müsste Deutschland innerhalb von zwei bis drei Jahren mehr als 20 Millionen Flüchtlinge aufnehmen. Selbst hoch entwickelten Industriestaaten mit großen finanziellen Ressourcen würden die entsprechenden Voraussetzungen fehlen, einen derartigen Ansturm von Zuwanderern zu verkraften. Erst recht war und ist der Libanon mit seinen labilen politischen, wirtschaftlichen und religiösen Strukturen nicht auf derart viele Flüchtlinge vorbereitet.

Eine weitere spezielle Barriere bedeutet die Vielfalt an Religionsgemeinschaften: Der Libanon ist religiös ja so aufgefächert wie Syrien. Ein verheerender Bürgerkrieg hat in den 1970er- und 1980er-Jahren die »Schweiz des Nahen Ostens« in Schutt und Asche gelegt, und der Konflikt verlief damals – wie in Syrien – entlang der religiösen Grenzlinien. Viele Libanesen fürchten nun, der Zustrom vor allem syrischer Muslime könnte das mühsam austarierte Gleichgewicht zwischen Christen, Sunniten, Schiiten und Drusen erschüttern. Aus demselben Grund haben sich die Libanesen 70 Jahre zuvor, 1948 und auch nach dem Sechstagekrieg 1967, schwergetan, geflüchtete Palästinenser aus Israel aufzunehmen. Die meisten dieser Palästinenser leben bis heute in trostlosen Flüchtlingslagern, ohne Chance, integriert zu werden. Seit 2011 droht syrischen Flüchtlingen dasselbe Schicksal. Sie erhalten keine dauerhafte Aufenthaltserlaubnis und keine Arbeitsgenehmigung. Den Kindern wird eine vom Staat finanzierte Schulausbildung verweigert. Finanzielle Hilfe bekommen die Flüchtlinge nicht vom Staat, sondern nur von internationalen Hilfsorganisationen – eine Hilfe, die aber aus Geldmangel nachlässt.[22]

In Jordanien ist die Situation nicht viel besser. Allerdings ist das Zahlenverhältnis dort nicht so extrem wie im Libanon. Jordanien mit seinen 6,5 Millionen Einwohnern beherbergt rund 620 000 Flüchtlinge. Die Mehrheit der geflüchteten Syrer wohnt nicht in Lagern, sondern in überfüllten städtischen Wohnquartieren, aber ihre soziale Lage hat sich dramatisch verschlechtert, seit die internationalen Hilfsorganisationen ihre Leistungen auch aus Geldmangel reduzierten. 86 Prozent der syrischen Flüchtlinge leben unter dem Existenzminimum.

Verschärfend kommt hinzu, dass der Staat im Sommer 2015 eine seiner wenigen Hilfsleistungen, eine kostenlose Gesundheitsversorgung, einstellte.[23]

Problematisch ist die Situation für Flüchtlinge auch in der Türkei. Die Türkei mit über 75 Millionen Einwohnern (fast so viele wie Deutschland) hat mehr Flüchtlinge aufgenommen als ganz Europa. Nirgendwo sonst leben so viele geflüchtete Syrer wie hier: etwa zwei Millionen. Eine Viertelmillion ist in 25 Lagern untergebracht, die Mehrheit dagegen in Städten, wohnt in Billighotels oder übernachtet in Parks und auf der Straße. Die Flüchtlinge sind sich selbst überlassen. Zwar bekommen sie eine kostenlose Behandlung in Krankenhäusern – im Gegensatz zum Libanon und Jordanien –, aber sie erhalten keine Sozialleistungen, keine kostenlosen Lebensmittel. Die Hoffnung, dass Syrer einen freien Zugang zum Arbeitsmarkt bekommen könnten, hat sich bisher, so der Stand vom September 2015, nicht erfüllt. Bisher arbeiten die meisten illegal, und dies teilweise finanziell erfolgreich. Aber gerade dies führt zu Spannungen mit den Einheimischen. Türken protestieren zunehmend gegen tüchtige syrische Geschäftsleute sowie gegen illegale Billiglohnarbeiter und rasch steigende Mietpreise in Städten nahe der syrischen Grenze. Und weil auch in der Türkei den internationalen Hilfsorganisationen das Geld auszugehen droht, werden hier ebenfalls die Lebensmittelrationen für Flüchtlinge drastisch gekürzt.[24]

Die Zuspitzung der Flüchtlingskrise in den Nachbarländern Syriens wurde bis in das Jahr 2015 hinein weder von der EU noch von den USA in ihrer wahren Dimension wahrgenommen und erkannt. Deshalb reagierte im Frühjahr und Sommer 2015 noch keine Regierung westlicher Industriestaaten auf die Forderung von Hilfsorganisationen, möglichst rasch Gelder in Milliardenhöhe für die Flüchtlinge der Not leidenden Regionen rings um Syrien zu investieren. Noch konnte sich kaum jemand vorstellen, dass sich angesichts der immer hoffnungsloseren Situation ein Strom verzweifelter Menschen in Richtung Europa bewegen könnte.

Im September 2015 vollzog sich dann aber vor den Augen der Weltöffentlichkeit das bisher Undenkbare. Erst, als die Syrer tatsächlich massenhaft nach Deutschland und andere EU-Staaten strömten, beschlossen Ende September die Regierungschefs bei einem Gipfeltreffen in Brüssel, die Nachbarländer Syriens bei der Betreuung der Flüchtlinge mit einer Milliarde Euro zu unterstützen – eine verhältnismäßig bescheidene Summe im Vergleich zu den Beträgen, die zur Rettung von Banken in der Finanzkrise bereitgestellt wurden.

Was aber wird aus den Flüchtlingen, die in immer größerer Zahl nach Westeuropa kommen?

Beeindruckend sind die Szenen, wenn auf österreichischen und deutschen Bahnhöfen Hunderte freiwilliger, ehrenamtlicher Helfer die eintreffenden Flüchtlinge mit Spenden an Nahrungsmitteln, Decken und Bekleidung aus der Bevölkerung versorgen, wenn Dutzende Ärzte und Sozialhelfer ihre Freizeit für unbezahlte Hilfsdienste opfern, wenn auch Politiker unterschiedlicher Parteien solche Aktionen unterstützen. Es ist ebenfalls beeindruckend, wenn in deutschen wie österreichischen Städten große Demonstrationen stattfinden, um das Flüchtlingsrecht auf Asyl zu verteidigen. Ein Beispiel unter vielen, das ich selbst erlebt habe: Am 3. Oktober 2015 fanden sich auf dem Heldenplatz in Wien rund 100 000 Menschen anlässlich eines Solidaritätskonzerts für Flüchtlinge ein.

Aber wie lange kann eine derartige Willkommenskultur ohne Probleme funktionieren?

In der ersten Welle der Zuwanderer erreichten Deutschland und Österreich vor allem Syrer der Ober- und Mittelschicht. Diese konnten sich nicht nur den weiten Fluchtweg mit Hilfe von Schleppern finanziell leisten, sondern sie haben teilweise auch schon früher westliche Länder bereist. Ihnen wird es am ehesten möglich sein, sich rasch in neue Lebensbedingungen

einer fremden Kultur einzugewöhnen. Zunehmend sind aber –
angesichts der immer trostloseren Situation im Nahen Osten –
auch Syrer nach Europa unterwegs, die sich emotional viel
weniger aus ihren traditionellen Bindungen gelöst haben und
lösen können. Diesen Zuwanderern wird es wesentlich schwerer fallen, sich in eine fremde Kultur zu integrieren, die strikt
säkular ist und für die eine pluralistische Meinungsfreiheit
zu den Grundlagen des gesellschaftlichen Zusammenlebens
gehört. Sie sind mit einer Gesellschaft konfrontiert, in der
die Zugehörigkeit zu einer Religion und einem Klan nicht die
maßgebliche Rolle spielt. Sie müssen sich mit einer säkularen
Wertewelt auseinandersetzen, in der sich alle Religionen und
Weltanschauungen gleichberechtigt nebeneinander entfalten
können.

Hinzu kommt ein weiteres Problem, das sich erst nach und
nach abzeichnet. Eine Anfang Oktober 2015 veröffentlichte
Studie des deutschen Instituts für Arbeitsmarkt- und Berufs-
forschung dämpfte die Erwartung, dass viele Flüchtlinge aus
Kriegs- und Bürgerkriegsländern eine gute berufliche Quali-
fikation mitbringen. 87 Prozent der neu Ankommenden, die
bei der Arbeitsagentur gemeldet sind, haben keine abgeschlossene Berufsausbildung. Das Problem verschärft sich dadurch,
dass im Herbst 2015 noch unklar ist, wie viele Flüchtlinge bis
Ende 2015 tatsächlich nach Deutschland kommen werden: rund
800 000 (wie ursprünglich geschätzt) oder eine Million oder gar
1,5 Millionen. Es sind Menschen, die jetzt erst aus überfüllten
Massenlagern in Richtung Westeuropa strömen.[25]

Westeuropäische Gesellschaften sind nun vor das Problem
gestellt, auch solchen Flüchtlingen zu helfen, die nicht die
gleichen Voraussetzungen für eine Integration mitbringen wie
jene Syrer der Ober- und Mittelschicht. Es müssen die politischen Voraussetzungen für eine solche Integration geschaffen werden. Ein vorsichtiger Optimismus ist angesagt, denn
trotz aller Propagandaerfolge rechtspopulistischer Parteien ist

der Großteil der deutschen wie österreichischen Bevölkerung bereit, den Flüchtlingen zu helfen. Misslingt aber eine breitenwirksame Integration, könnte die Stimmung allerdings umschlagen. Radikal-islamische Muslime könnten sich – und dafür gibt es erste Anzeichen – im westeuropäischen Raum darauf vorbereiten, sozial und kulturell nicht integrierte Syrer zu umwerben, falls diese vom verheißenen »Paradies Europa« enttäuscht sind.

Die Krise ist beträchtlich. Unter dem Druck immer neuer Flüchtlingsströme ist das Problem Syrien endgültig im westeuropäischen Bewusstsein angekommen und lässt sich nicht mehr verdrängen. Und weil Syrien längst nicht mehr nur ein Krisensymptom des Nahen Ostens ist, sondern immer weitere Kreise zieht, sind die Politiker international gezwungen, eine Lösung zu finden. Aber bisher sind Europas Politiker oft noch in nationalistisch egoistischen Streitigkeiten befangen, wie denn die Quoten der Flüchtlinge gerecht auf alle Länder der EU verteilt werden sollen.

Was bleibt von Syrien?

Der Bürgerkrieg in Syrien führt aber nicht nur zu einer immer größeren menschlichen Katastrophe. Die Kämpfe vernichten zunehmend auch das überaus reichhaltige Kulturerbe des Landes.

Besonders augenfällig sind die Zerstörungen in Aleppo. Diese vor dem Krieg rund drei Millionen Einwohner zählende Stadt gilt neben Damaskus als die bedeutendste Metropole Syriens mit architektonischen und künstlerischen Schätzen aus dem islamischen Mittelalter sowie der Antike. Ein besonderes Juwel war der Basar, der zu den größten, schönsten und architektonisch bedeutsamsten der islamischen Welt gehörte. Bei meinen Besuchen in den 1990er-Jahren durchwanderte ich Ladenstraßen, die in ihrer gesamten Verästelung zwölf Kilometer lang sind, viele der Gassen überdacht mit Kreuzgrat- und Kuppelgewölben. Ich hatte in Höfen der einstigen Karawansereien immer neue Ausblicke auf ornamentverzierte Wände von Palästen und Moscheen. Nur einige wenige Kuppeln in den Gassen waren damals eingebrochen und mit Bretter zugenagelt. Das alles werde in den nächsten Jahren sorgfältig restauriert, erklärten mir etliche der Händler. Und sie sagten: Wenn ich in den nächsten zehn Jahren noch einmal käme, würde ich die Gassen hier nicht wiedererkennen. Es war eine Prophezeiung, die aus heutiger Sicht wie ein böser Scherz anmutet. Als 2012 und 2013 die Regierungstruppen und Aufständische in der historisch gewachsenen Altstadt erbittert gegeneinander kämpften, brachen die meisten Kuppeln unter Geschützfeuer zusammen, die Marktgeschäfte mit ihren reichhaltig verzierten Holztüren brannten aus. Fotos aus dem Jahr 2014, in westlichen Zeitungen veröffentlicht, zeigen eine Trümmerwüste.

Zerstört ist in Aleppo aber nicht nur das »Weltkulturerbe« Basar, sondern auch ein Teil der Omayaden-Moschee. Sie ist ein Baudenkmal aus dem 11. Jahrhundert, dem Vorbild der gleichnamigen Moschee in Damaskus nachempfunden. Das Antiken-Museum von Aleppo mit Fundstücken, die teilweise 4000 Jahre alt sind, soll nach aktuellen Informationen noch erhalten sein, aber es ist nicht bekannt, wie viele der unersetzbaren Kulturgüter noch vorhanden sind oder vielleicht schon geraubt und zu hohen Schwarzmarktpreisen verkauft wurden.

Die Fotos der zerstörten Omayaden-Moschee in Aleppo erinnerten mich an den Zustand der gleichnamige Moschee in Hama. Die rund 250 000 Einwohner zählende Stadt Hama galt bis 1982 als eine der historisch besterhalten Ortschaften Syriens mit einem besonders »orientalischen« Charme seiner Architektur; dann aber legten die Soldaten von Hafis al-Assad die prächtigen Bauten in Schutt und Asche, um einen Aufstand dort verschanzter Sunniten niederzuschlagen. Als ich

1994 Hama besuchte, lag die Omayaden-Moschee noch immer in Trümmern, es wurde gerade erst mit dem Aufbau begonnen. Hama war nach den Bombenangriffen und dem zögerlichen Wiederaufbau auf weite Strecken architektonisch eine sterile Stadt geworden, die sich nur schwer von den bürgerkriegsähnlichen Unruhen des Jahres 1982 erholte. Wie lange wird Aleppo brauchen, um wieder etwas vom Charme vergangener Epochen erahnen zu lassen?

Von Zerstörungen weitgehend verschont geblieben ist bisher die historisch gewachsene Altstadt von Damaskus mit ihren Moscheen und Basaren, dies aber nur, weil die Truppen des Assad-Regimes große Teile der Hauptstadt kontrollieren. Der Einsatz von Bombenflugzeugen gegen Aufständische hat bisher in den ausufernden Vororten der Viermillionen-Metropole verheerende Auswirkungen.

Extrem bedroht sind zunehmend auch Syriens vorislamische Kulturdenkmäler. Das spektakulärste Beispiel bietet hier die Oasenstadt Palmyra, die im Mai 2015 von Truppen des IS erobert wurde. Das antike Palmyra, an der Schnittstelle syrischer, phönizischer, persischer und römischer Kultur gelegen, war einst eine wichtige wirtschaftliche und kulturelle Drehscheibe an der Seidenstraße. Sie hat zahlreiche gut erhaltene Marktstraßen, gesäumt von hoch aufragenden Säulen, aufzuweisen, dazu ein antikes Theater und etliche Tempel verschiedener vorderasiatischer Religionen aus dem 1. bis 3. Jahrhundert. Palmyra war bis zum Ausbruch des syrischen Bürgerkriegs eines der meistbesuchten Ziele für Touristen gewesen. Im August 2015 sprengten die Fanatiker des IS den Baal-Shamin-Tempel und etliche andere Monumente, die sie als ehemalige Kultstätten eines verabscheuungswürdigen »Götzendienstes« ansahen. Das gut erhaltene römisch-antike Theater, 1952 von Archäologen freigelegt, tasteten die »Gotteskrieger« zwar nicht an, benutzten es aber als Stätte, um gefangene Soldaten des Assad-Regimes öffentlich hinzurichten. Meist waren die Opfer

Alawiten, die von radikal-islamischen Sunniten ohnehin als so »ungläubig« wie »Heiden« galten. Am 18. August 2015 wurde auch Khaled Asaad, der pensionierte 82-jährige Leiter der archäologischen Behörde von Palmyra, den die Fanatiker »Direktor von Palmyras Götzenbilder« nannten, hingerichtet. Anfang Oktober 2015 sprengte der IS den 2000 Jahre alten Triumphbogen von Palmyra. Man braucht nicht viel Fantasie, um sich vorzustellen, welches Schicksal das Antiken- Museum in Damaskus erleiden würde, wo Fundstücke mit einem Alter bis zu 3000 Jahren lagern. Die Fanatiker des IS hatten ja im Frühjahr 2015 im Antiken-Museum von Mossul Statuen aus assyrischer Zeit entweder zerschlagen oder auf dem Schwarzmarkt an »ungläubige« Kunstsammler verkauft.

Was bleibt von Syrien? Diese Frage stellt sich auch, was die politische Zukunft des Nationalstaates betrifft. Das Gebiet des Nationalstaates Syrien ist – so der Informationsstand vom Oktober 2015 – bereits in vier Einheiten zerfallen, die von sehr unterschiedlichen Kampfgruppen jeweils wie ein Staat im Staat regiert werden: So beherrschen die Alawiten des Assad-Regimes eine Region an der Küste des Mittelmeers, die von den Städten Lattakia bis Tartus reicht; ein syrisch-kurdischer Ministaat erstreckt sich im Nordosten des Landes; sunnitische Rebellen kontrollieren die Gegend von Homs bis Aleppo; im Osten hat sich das »Kalifat« des IS etabliert und breitet sich von Raqqa nahe Aleppo bis in den Irak hinein aus. Syrien könnte sich aber, so die Befürchtungen, noch weiter fragmentieren, sodass zusätzlich noch eine »Republik« Damaskus und eine autonome Zone Aleppo entstehen.[26]

Eine solche Zersplitterung ist schwer rückgängig zu machen, denn keine der kämpfenden Gruppierungen kann bisher die Rivalen militärisch besiegen und eine staatliche Einheit erzwingen. Verfestigen sich die jetzigen religiös-politischen Gebilde, könnte man ihnen mit bitterer Ironie die Staatsnamen *Alawitistan, Sunnitistan, Kurdistan* und *Kalifat Islamischer Staat* geben. Die Christen würden sich, so das düstere Szenario, überwiegend in die mehrheitlich christlich besiedelten Teile des Libanon zurückziehen. Eine religiöse wie ethnische »Säuberung« großen Stils könnte damit die letzten Spuren der bisherigen Vielfalt Syriens tilgen.

Im Herbst 2015 mehren sich die Anzeichen, dass Syrien in seiner konfessionell-politischen Aufsplitterung noch um eine Variante reicher wird. Immer mehr hat Assads Bündnispartner Iran seinen Einfluss auch in religiöser Hinsicht deutlich gemacht, und so hat sich, erstmals sichtbar, auch eine Kluft zwischen dem schiitisch-orthodoxen Bekenntnis des Gottesstaates Iran und dem Glauben der schiitisch unorthodoxen Sekte der Alawiten aufgetan. Im Abschnitt *Die »Ketzerei« der Alawiten* habe ich ja bereits darauf hingewiesen, dass orthodoxe Schiiten und unorthodoxe Alawiten Kalif Ali gleichermaßen als den ersten Imam der schiitischen Konfession verehren – aber es bedeutet nicht nur den Sunniten, sondern auch den Schiiten eine schwere Ketzerei, wenn Alawiten Kalif Ali für den eigentlichen Vollender des Islam halten und ihn in seinem Rang über den Propheten Mohammed stellen. Der Gegensatz zwischen orthodoxen Schiiten und »ketzerischen« Alawiten war in dem seit 1980 bestehenden Bündnis zwischen dem Gottesstaat Iran und dem Assad-Regime aus politisch pragmatischen Erwägungen stets heruntergespielt, ja vertuscht worden. Im Herbst 2015 jedoch, da sich die politische und religiöse Situation in Syrien drastisch verändert hat, ändert auch der Gottesstaat Iran seine Strategie.

Der Iran ließ im Machtbereich des Assad-Regimes zahlreiche schiitische Lehranstalten errichten. Offiziell diente dies nur dazu, um syrische Schiiten, die etwa 18 bis 20 Prozent der Bevölkerung ausmachen, intensiver als bisher religiös und kulturell zu unterstützen. Aber von diesen Lehranstalten begannen Missionare auszuschwärmen mit dem Ziel, nicht nur Sunniten zum »allein wahren« Glauben der Schiiten zu bekehren – sondern auch, um aus Alawiten »richtige Schiiten« zu machen. Schwerpunkte dieser Missionierung sind Damaskus und Lattakia, die geistige Hochburg der Alawiten. In Damaskus kauften Iraner, direkt oder über syrische Mittelsmänner, Land und Gebäude, darunter fast das gesamte ehemals jüdische Viertel, um dort Schiiten aus anderen Ländern anzusiedeln.[27] Bei den Alawiten stößt eine derart aggressive Missionstätigkeit und Unterwanderung durch »rechtgläubige« Schiiten auf heftige Abwehr. Doch dem Assad-Regime sind die Hände gebunden. Zu stark ist der Iran militärisch in Syrien präsent: Ohne die iranischen Revolutionsgarden und ohne die Milizen der schiitischen Hizbollah, die einen verlängerten militärischen Arm iranischer Interessen bilden, wäre Assad längst gestürzt. Der Iran arbeitet auch zielstrebig daran, den Einfluss der Hizbollah nicht nur im Libanon, sondern grenzüberschreitend in den Küstenregionen Syriens wesentlich zu verstärken. Sarkastisch ließe sich sagen: Zur Enklave *Alawitistan* gesellt sich noch ein *Schiitistan*.

Syrien ist mit einer derartigen Entwicklung allerdings kein Einzelfall. Im Gegenteil. Im Nachbarstaat Irak lassen sich nahezu gleiche Tendenzen beobachten. Der Irak ist religiös-politisch aufgesplittert in einen südlichen Teil, wo die Schiiten von Bagdad bis Basra regieren, und in einen nördlichen Teil, der in vielerlei Herrschaftsgebiete zerfallen ist: Dort herrschen über eine jeweils autonome Region verschiedene sunnitische Stämme, daneben kurdische Stämme, daneben das radikal-sunnitische »Kalifat« des IS. Weder in Syrien noch im Irak blieb die einigende Klammer eines Nationalstaates erhalten, entscheidend ist nicht mehr, »Syrer« oder »Iraker« zu sein, die Einwohner definieren sich inzwischen mehrheitlich über ihre Religion und Stammeszugehörigkeit.

Diese Situation ähnelt jener, die in der gesamten Region, ja im Nahen Osten überhaupt bestanden hat, bevor die Idee des Nationalstaates – importiert aus Europa – zu Beginn des

20. Jahrhunderts von Ideologen eines arabischen, syrischen oder irakischen Nationalismus übernommen wurde. Schon in der Antike hat es den Namen »Syria« für eine römische Provinz gegeben, unter osmanischer Herrschaft hieß die Provinz »Surya«, aber deren Grenzen haben sich in keiner Weise mit denen des heutigen Nationalstaates gedeckt. Die Bewohner definierten sich vorrangig über ihre Zugehörigkeit zu einer Religion, einem Klan, einem Stamm, einer Stadt, wie ich bereits in den Abschnitten *Das Besondere an Syrien* sowie *Imperialismus und Nationalismus* dargestellt habe. Erst als Großbritannien und Frankreich 1917 die Regionen nach ihren kolonialen Interessen aufteilten, entstanden schrittweise die Nationalstaaten Syrien und Irak – allerdings ohne jede Mitwirkung breiter Volksschichten. Entsprechend oberflächlich hat sich dort eine nationale Identität entwickelt.

Fast ein Jahrhundert, nachdem der englische Diplomat Mark Sikes und sein französischer Kollege François Picot 1917 das sogenannte Sikes-Picot-Abkommen schlossen, zerbricht diese Ordnung wieder. In den Strudel dieser Ereignisse werden zunehmend auch der Libanon, Jordanien und die Region Palästina hineingerissen, denn auch deren Grenzen sind erst von den Kolonialmächten Großbritannien und Frankreich gezogen worden. Ohnehin stellen viele Muslime den Staat Israel grundsätzlich in Frage, der 1948 ebenfalls erst durch massiven Einfluss westlicher Großmächte entstanden ist.

Ähnlich instabil sind die Staaten Saudi-Arabien, die Golfscheichtümer, Jemen, Libyen, Afghanistan, Pakistan, Usbekistan, Turkmenistan. Denn auch dort ist durch militärischen und politischen Zwang fremdländischer oder einheimischer Despoten eine nationale Identität verordnet worden; in weiten Teilen der Bevölkerung ist jedoch das traditionelle Religions- und Stammesbewusstsein dominant geblieben. Andere islamisch geprägte Staaten wie der Iran, Ägypten und die Länder des Maghreb sind dagegen »nur« mit der Aufspaltung in religiös traditionelle und säkular orientierte Richtungen konfrontiert. Doch wie auch immer: Große Teile der islamischen Welt sind von einer Unruhe erfasst, deren Auswirkungen schwer abzuschätzen sind.

In eine besonders brisante Lage droht der Nationalstaat Türkei – in unmittelbarer Nachbarschaft zum Bürgerkriegsland Syrien – zu geraten. Die Republik, 1923 ausdrücklich als ein Staat der »Türken« gegründet, hat bis heute mit Identitätsproblemen zu kämpfen, da der Konflikt zwischen Türken und Kurden sich wieder zuspitzt. Explosiv ist, dass Kurden nicht nur in der Türkei, sondern auch in Syrien wie im Irak leben und immer wieder Ansprüche auf einen eigenen Staat oder zumindest eine autonom verwaltete Region geltend machen. Seit Jahrzehnten versuchen türkische Regierungen derartige Bestrebungen der Kurden zu verhindern, ja unterdrücken selbst bescheidene Ansprüche auf Selbstverwaltung. Deshalb unterstützte der türkische Ministerpräsident und spätere Staatspräsident Erdogan im syrischen Bürgerkrieg nur sehr halbherzig die syrischen Kurden im Kampf gegen den IS, den gemeinsamen Feind. Explosiv wurde dieser schwelende Konflikt im wahrsten Sinn des Wortes am 10. Oktober 2015. An diesem Tag sprengte sich in Ankara inmitten einer friedlichen Protestdemonstration der Kurden ein Selbstmordattentäter in die Luft und riss über 100 Kurden mit in den Tod. Was bedeutete dieses Attentat? Wer steckte dahinter?

Rasch erhärtete sich der Verdacht, dass der Mörder aus den Reihen des IS kam und der Bruder jenes Attentäters war, der am 20. Juli 2015 in der türkischen Stadt Suruc nahe der syrischen Grenze 30 Kurden getötet hat. Der IS bekämpft nun auf türkischem Boden Kurden und will mit den Attentaten Sympathisanten jener Kurden treffen, die in Syrien und im Irak zu den gefährlichsten Gegnern des IS geworden sind. Beide Attentate haben ambivalente und möglicherweise verheerende Folgen. Zum einen verschärfen sich damit die untergründig schwelenden Konflikte zwischen Türken und Kurden erheblich, zum anderen droht die Türkei nun immer stärker in den Strudel des syrischen Bürgerkriegs gerissen zu werden. Das politische Erdbeben, das von den Unruheherden Syrien und Irak ausgeht, könnte damit einen Staat erfassen, der über längere Zeit – gerade unter den ersten zehn Jahren der Regierung Erdogan – als stabil gegolten hat.

Was aber bleibt von Syrien? Was wird aus Syrien?

Dass der religiös-politische Konflikt nicht so rasch zu beenden sein wird, liegt zwar auch an Politikern, die kurzsichtig ihre eigenen Machtinteressen verfolgen – mehr aber noch an den religiösen und kulturellen Traditionen, die über Jahrhunderte gewachsen sind und sich verfestigt, ja verhärtet haben. Die Idee einer »säkularen« Gesellschaftsordnung befürwortet in islamisch geprägten Ländern nur eine schmale Bildungsschicht. Und so werden unter dem dünnen Firnis einer säkularen Moderne rasch wieder traditionelle, antimodernistische Kräfte wirksam, sobald säkulare Reformer mit Krisen konfrontiert sind und daran zu scheitern drohen.

Wir Westeuropäer haben keinen Grund, eine derartige Situation herablassend zu beurteilen. Die zugespitzte Krisensituation der islamischen Welt erinnert schließlich an eine ähnlich tief reichende Krise des christlichen Abendlands in der Epoche der Glaubenskriege. Im 17. Jahrhundert gab es auch in Europa, und besonders im deutschen Sprachraum, zahlreiche Kleinstaaten, die sich in katholischen und verschiedenen protestantischen Konfessionen schroff gegeneinander abgrenzten. Eine derartige Zerrissenheit mündete unter den Christen Europas in den schrecklichsten aller Glaubenskriege, den Dreißigjährigen Krieg. Allerdings haben die Verwüstungen dieses Kriegs in Europa zu der Einsicht geführt, eine Staatsordnung jenseits aller religiös-politischen Abgrenzungen zu errichten, die auf neuer Ebene Konflikte zwischen den Religionen regeln kann: Europäische Staaten sind säkulare Staaten. »Säkular« bedeutet hierbei nicht, Religionen zu verdrängen – wie dies oft aus muslimischer Sicht missverstanden wird –, vielmehr sollen unter der Obhut eines religiös wertneutralen Staates alle Religionen gleichermaßen Schutz genießen, gerade auch die religiösen Minderheiten. Ohne die Exzesse des Dreißigjährigen Krieges, welche die Absurdität konfessioneller Konflikte zur höchsten Steigerung führten, hätte sich in Europa die Alternative des säkularen Denkens vermutlich nicht durchgesetzt.

Ohnehin dauerte es nahezu zwei Jahrhunderte, bis sich das Modell eines säkularen Staates in Europa, und hier nachhaltig nur in Westeuropa, verankern konnte. Aber eben nur in Westeuropa. Im europäischen Südosten haben sich säkulares Denken und pluralistische Demokratie bis heute nicht nachhaltig durchgesetzt. Ein beklemmendes Beispiel bietet hier der Bürgerkrieg, der zum Zerfall des Nationalstaates Jugoslawien im letzten Jahrzehnt des 20. Jahrhunderts geführt hat. Diese überaus blutige Auseinandersetzung zeigt erschreckende Parallelen zu Syrien: Auch die Gegner dort kämpften entlang religiöser und ethnischer Grenzlinien, und die Konflikte sind bis heute nicht aufgearbeitet.

Was kann man vom islamischen Kulturraum erwarten? Man kann nur hoffen, dass die immer radikaler geführten Religionskriege auf lange Sicht zumindest in einem Bezug einen ähnlichen Effekt haben wie einst der Dreißigjährige Krieg: Es sollte unter den zerstrittenen Parteien Ernüchterung einkehren, und in diesem Zusammenhang könnte die Ordnung einer säkular orientierten Gesellschaft – mit dem Respekt für alle Religionen und Weltanschauungen – eine neue und nachhaltige Chance erhalten.

Anhang

Anmerkungen

Erste Eindrücke: Syrien ein Pulverfass?

1 Ende/Steinbach: Der Islam in der Gegenwart, S. 156.
2 Weiss/Westermann: Syrien, S. 53 u. 145.

Das Besondere an Syrien

1 1. Mose 17:1–6.
2 Apostelgeschichte 11:26.
3 Aufschlussreiche Details hierzu in: Ruprechtsberger: Syrien, S. 29 ff.
4 So etwa im Kleinen Brockhaus von 1928 und in Meyers Lexikon von 1934.
5 Vgl. Wohlfahrt: Die arabische Halbinsel, S. 576; Kohlmeyer/Strommenger: Land des Baal, S. 7; Bardorf: Syrien, S. 78.
6 Frankfurter Allgemeine Zeitung, 1. 6. 1995, S. 9 f.
7 Lukas 2:2.
8 Apostelgeschichte 9.

Toleranz im Namen Allahs

1 Weiss/Westermann: Syrien, S. 183.
2 So etwa der Hinweis im Psalm 2:7. Vgl. dazu auch die Interpretation in: Die Gute Nachricht. Hrsg. v. d. Deutschen Bibelgesellschaft (Stuttgart 1982), S. 427.
3 Vgl. hierzu Küng/Ess: Islam, S. 162–180; E. P. Sanders: Sohn Gottes. Eine historische Biographie Jesu (Stuttgart 1996), S. 243, 350–362; Ruprechtsberger: Syrien, S. 15–18, 25–33.
4 Vgl. hierzu Zirker: Islam, S. 21 f. Dort sind einige repräsentative muslimische Theologen zitiert, die diese Ansicht vertreten.

5 Wellhausen: Das arabische Reich und sein Sturz, S. 84.

6 Koran 9:6.

7 Koran 29:47.

8 Vgl. dazu meine Darstellung in: Iran. Drehscheibe zwischen Ost und West, S. 23–53.

9 Vgl. dazu meine Darstellung in: Indien. Ein Kontinent im Umbruch (Stuttgart 1985).

10 Hourani: Die Geschichte der arabischen Völker, S. 45 f.

11 Durant: Das Zeitalter des Glaubens, S. 246 f.

12 Koran 9:29.

13 Koran 48:29.

14 Koran 5:6.

15 Goethe: Maximen und Reflexionen Nr. 875.

16 Cahen: Islam, S. 41 u. 50 f.; Wimmer/Melzer: Lexikon der Namen und Heiligen (Innsbruck 1982), S. 431.

17 Offenbarung des Johannes 19:20.

18 Reinhold Bernhardt: Fundamentalistische Strömungen im Christentum. In: Gehl: Fundamentalismus contra Weltfriede, S. 34 f.

19 Ibn Ishaq: Das Leben des Propheten, S. 34–36.

20 Ebd.

21 Vgl. Khoury u. a.: Islam-Lexikon, S. 147 f.

22 Küng/Ess: Islam, S. 181.

23 Khoury u. a.: Islam-Lexikon, S. 148.

Eine verborgene Achse: Jerusalem – Damaskus

1 Koran 17:2.

2 Matthäus 21:1–2.

3 Wolffsohn: Wem gehört das Heilige Land, S. 102.

4 Kollek/Pearlman: Jerusalem, S. 155.

5 Thubron: Jerusalem, S. 118.

6 Hourani: Die Geschichte der arabischen Völker, S. 53.

7 Thubron: Jerusalem, S. 117 f.

8 Wellhausen: Das arabische Reich, S. 87.

9 Ibn Jubair: Tagebuch eines Mekkapilgers. Der Muslim aus Spanien, der Ende des 12. Jahrhunderts Syrien besuchte, verarbeitete ältere Quellen in seinen Aufzeichnungen. Vgl. Rotter: Syrien, S. 119.

10 Ruprechtsberger: Syrien, S. 147 u. 149.

11 Wimmer/Melzer: Lexikon der Namen und Heiligen, S. 445 ff.
12 Thubron: Jerusalem, S. 137.
13 Ruprechtsberger: Syrien, S. 146. Vgl. auch Durant: Das Zeitalter des Glaubens, S. 260.
14 Odenthal: Syrien, S. 71.

Sunniten und Schiiten

1 Vgl. Hughes: Lexikon des Islam, S. 640.
2 Peter Heine in Khoury: Islam-Lexikon, S. 366.
3 Vgl. hierzu: Religion und Politik im Iran. Redaktion Kurt Greussing. Hrsg. v. Berliner Institut für vergleichende Sozialforschung (Frankfurt 1981). Vor allem S. 243–249. Vgl. auch meine Darstellung in: Iran. Drehscheibe zwischen Ost und West, S. 292–356.
4 Rainer Werle/Renate Kreile: Renaissance des Islam. Das Beispiel Türkei (Hamburg 1987), S. 36.
5 Neue Züricher Zeitung, 5. 5. 1996, S. 59.

Der Islam und die Frauen

1 Wohlfahrt: Die arabische Halbinsel, S. 468 u. 493.
2 Koran 33:59. Zitiert nach Hofmann: Der Islam als Alternative, S. 179.
3 Koran 24:59. Zitiert nach der Koranübersetzung von L. Ullmann und L. W. Winter.
4 So bei Minai: Schwestern unterm Halbmond, S. 39.
5 Koran 4:35.
6 Ebd.
7 Koran 4:11, 4:176.
8 Koran 4:4.
9 Koran 4:127–128.
10 Koran 4:124, 16:97, 40:40.
11 Zitiert nach Hughes: Lexikon des Islam, S. 149.
12 Ebd., S. 203.
13 Vgl. hierzu Hourani: Die Geschichte der arabischen Völker, S. 101–103.
14 Cahen: Islam, S. 18.
15 Johannes 8:7–9.
16 Epheser 5:21–28. Ähnlich auch im Paulus-Brief an die Kolosser 3:18.

17 1. Korinther 14:34.

18 1. Timotheus 2:11–14.

19 Zitiert nach Hughes: Lexikon des Islam, S. 141.

20 Koran 17:32.

21 Koran 7:81; 27:55.

22 Koran 24:2–5.

23 Vgl. Hofmann: Der Islam als Alternative, S. 187 u. 190.

24 Weiss/Westermann: Syrien, S. 183.

25 Saadawi: Tschador, S. 164.

26 Ebd., S. 159.

27 Bardorf: Syrien, S. 82.

28 Saadawi: Tschador, S. 164.

29 Frankfurter Allgemeine Zeitung, 7. 7. 1995, S. 3.

30 Der Spiegel 35/1980, S. 128 f.

Islam und modernes Denken

1 Dieter Weiss: Weshalb sind die Muslime zurückgeblieben?
   In: Die Zeit, 13. 5. 1994, S. 38.

2 Tibi: Der Islam und das Problem der kulturellen Bewältigung
   sozialen Wandels, S. 111 ff. Vgl. hierzu auch Sabine Kebir:
   Zwischen Traum und Alptraum. Algerische Erfahrungen
   (Düsseldorf 1993), S. 160 ff.

3 Zitiert nach Hunke: Allahs Sonne über dem Abendland, S. 140.

4 Ebd., S. 142.

5 Zitiert nach Jacques Le Goff: Die Intellektuellen im Mittelalter
   (Stuttgart 1991), S. 60.

6 Ruprechtsberger: Syrien, S. 313.

7 Zitiert nach Hofmann: Der Islam als Alternative, S. 54.

8 Le Goff: Die Intellektuellen im Mittelalter, S. 16.

9 Hunke: Allahs Sonne über dem Abendland, S. 225 f.

10 Tibi: Der wahre Imam, S. 208.

11 Tibi: Der Islam, S. 108.

12 Zitiert nach Durant: Das Zeitalter des Glaubens, S. 296 f.

13 Zitiert nach Rotter: Syrien, S. 280.

14 Zitiert nach Durant: Das Zeitalter des Glaubens, S. 297.

»Ketzer« und der Sieg der Orthodoxie

1 Zitiert nach Hottinger: Die Araber, S. 108.
2 Al-Ghasali: Das Elixier der Glückseligkeit (Hrsg. v. Helmut Ritter, Düsseldorf, Köln 1959), S. 10 f.
3 Zitiert nach Shah: Die Sufis, S. 141.
4 Ebd.
5 Vgl. hierzu Tibi: Der Islam, S. 44 u. 79 ff.
6 Angaben in der Einleitung zu Ibn al-Arabi: Die Reise zum Herrn der Macht, S. 20 f.
7 Rotter: Syrien, S. 143.
8 Hourani: Die Geschichte der arabischen Völker, S. 228.
9 Zitiert nach Shah: Die Sufis, S. 132.
10 Zitiert nach Pascal Bruckner: Das Schluchzen des weißen Mannes. Europa und die Dritte Welt (Berlin 1984), S. 184.
11 Vgl. hierzu Annemarie Schimmel: Rumi. Ich bin Wind und du bist Feuer. Leben und Werk des großen Mystikers (Düsseldorf, Köln 1978), S. 16 f., 30, 38.
12 Ein Gedicht Rumis aus dem »Diwan des Sams aus Täbris«. Zitiert nach Shah: Die Sufis, S. 125.
13 Zitiert nach Azzam: Der Islam, S. 16 f.
14 Shah: Die Sufis, S. 46.
15 In: Udana VI, 4. Der Titel »Udana« ist mit »Ekstatische Worte« zu übersetzen; das Buch bildet neben vielen anderen einen Teil des Pali Kanon, einer maßgeblichen Sammlung buddhistischer Schriften. Vgl. dazu auch meine Darstellung in: Ungläubig sind immer die anderen. Weltreligionen zwischen Toleranz und Fanatismus (Stuttgart 1990), S. 261–264.
16 Schimmel: Rumi, S. 32.
17 Tibi: Der Islam, S. 132 f.
18 Ebd., S. 136.
19 Tibi: Der wahre Imam, S. 168.
20 Tibi: Der Islam, S. 58.
21 Lewis: Die Welt der Ungläubigen, S. 75 f., 263 f., 291.

Das Trauma der Kreuzzüge

1 Stuttgarter Zeitung, 4. 3. 1995, S. 6.
2 Benedict: Kalter Friede in Nahost, S. 48.
3 Vgl. Maalouf: Der Heilige Krieg der Barbaren, S. 283.

4 Zitiert nach Hartmut Sippel: Die Templer. Geschichte und Geheimnis (Wien 1996), S. 58 u. 60.

5 Koran 8:66.

6 Koran 8:13.

7 Koran 61:5 u. 13.

8 Ahmad Kamil Darwish: Was ist Islam? (München 1978), S. 19.

9 Zitiert nach L. Zimmermann: Der Imperialismus (Stuttgart 1966), S. 28.

10 Ebd., S. 25.

11 Zitiert nach Peter Adler: Der Imperialismus (Stuttgart 1979), S. 18.

Imperialismus und Nationalismus

1 Meyer-Ranke: Die arabischen Staaten Vorderasiens, S. 59.

2 Frankfurter Allgemeine Zeitung, 22. 4. 1996, S. 6.

3 Ebd., 1. 6. 1995, S. 9 f.

4 Der Spiegel 32/1996, S. 119.

Toleranzkrisen im 20. Jahrhundert

1 Frankfurter Allgemeine Zeitung, 3. 8. 1995, S. 3.

2 Vgl. hierzu Der Spiegel 39/1994, S. 174 f. u. Oberösterreichische Nachrichten, 10. 12. 1994, S. 5.

3 Ebd.

Baath und Islam

1 Meyer-Ranke: Die arabischen Staaten Vorderasiens, S. 65–71; Ende/ Steinbach: Der Islam in der Gegenwart, S. 358–364.

2 Ende/Steinbach: Der Islam in der Gegenwart, S. 361.

3 Ebd., S. 360.

4 Ebd., S. 362.

5 Dietl: Heiliger Krieg für Allah, S. 191.

6 Ende/Steinbach: Der Islam in der Gegenwart, S. 368.

7 Ebd., S. 364.

8 Der Spiegel 27/1979, S. 101.

Die Ideologie der Muslim-Brüder

1 Zitiert nach Dietl: Heiliger Krieg für Allah, S. 61.

2 Tibi: Die fundamentalistische Herausforderung, S. 25.

3 Azm: Unbehagen in der Moderne, S. 93.

4 Zitiert nach Dietl: Heiliger Krieg für Allah, S. 52.

5 Tibi: Die fundamentalistische Herausforderung, S. 36.

6 Kepel: Die Rache Gottes, S. 55 f.

7 Tibi: Der Islam, S. 176 f.

Ein kurzer »Heiliger Krieg« in Syrien

1 Bardorf: Syrien, S. 81 f.

2 Weiss/Westermann: Syrien, S. 105.

3 Dieter Nohlen: Lexikon der Dritten Welt (Reinbek b. Hamburg 1984), S. 547.

4 Vgl. hierzu meine ausführliche Darstellung in: Zeitbombe Stadt. Die weltweite Krise der Ballungszentren (Stuttgart 1987).

5 Der Spiegel 8/1982, S. 117.

6 Vgl. Samuel Huntington: Kampf der Kulturen (München 1997), S. 177, 286.

7 Dietl: Heiliger Krieg für Allah, S. 179.

8 Vgl. Islamistische Extremisten. Vom Gebet zum Gottesstaat. Hrsg. vom Verfassungsschutz Rheinland-Pfalz. 4. Aufl. (Mainz 1997), S. 20 f.

9 Vgl. dazu die Darstellung von Norbert Mattes in: Der Arabische Almanach. Zeitschrift für orientalische Kultur (Ausgabe 1996/97), S. 50–53.

10 Zitiert nach ebd., S. 53.

11 Frankfurter Allgemeine Zeitung, 17.7.1995, S. 3.

12 Profil, 6.10.1997, S. 93.

Auch Feindbilder wandeln sich

1 Frankfurter Allgemeine Zeitung, 16.4.1996, S. 3.

2 Weiss/Westermann: Syrien, S. 83.

3 Neue Züricher Zeitung, 10.2.1997, S. 4.

4 Profil, 4.8.1997, S. 12.

5 Frankfurter Allgemeine Zeitung, 16.8.1997, S. 5; Huntington: Kampf der Kulturen, S. 277, 286.

6 Vgl. dazu Gudrun Harrer: Der Fall al-Azm. In: Der Standard, 25.11.1994, S. 2.

7 Azm: Unbehagen in der Moderne, S. 139.

8 Ebd., S. 40.

9 Harrer: Der Fall al-Azm, s. o.

10 Ebd.

11 Das Zitat ist im Nachwort enthalten bei Azm: Unbehagen in der Moderne, S. 142.

12 Vgl. Harrer, s. o.

13 Azm: Unbehagen in der Moderne, S. 11–19.

14 Ebd., S. 50 u. 52.

15 Gudrun Harrer: Der Ketzer von Damaskus. In: Südwind. Magazin für Entwicklungspolitik. Nr. 11. Nov. 1997, S. 8.

16 Tibi: Die fundamentalistische Herausforderung, S. 88.

17 Zitiert nach Dietl: Heiliger Krieg für Allah, S. 418 u. 421.

18 Ebd.

19 Profil, 6. 10. 1997, S. 93.

Ein Umbruch mit unabsehbaren Folgen

1 Martin Staudinger: Zum Diktator verdammt. In: Profil: 20. 6. 2011, S. 98.

2 Baschar al-Assad, Wikipedia, 7. 9. 2015.

3 Stärkung Assads für schwierige Reformen. In: Neue Zürcher Zeitung, 30. 5. 2007, S. 3.

4 Baschar al-Assad, Wikipedia, 7. 9. 2015.

5 Vgl. hierzu das Kapitel *Ein kurzer »Heiliger Krieg« in Syrien,* S. 353–377.

6 Monika Bolliger: Die Fiktion des Alawiten-Regimes. In: Neue Zürcher Zeitung, 21. 7. 2011, S. 6.

7 Siehe den Abschnitt *Gespräche mit Christen über Muslime.*

8 Rafik Schami: Die dunkle Seite der Liebe, S. 10 f.

9 Vgl. hierzu die ausführliche Darstellung bei Gerhard Schweizer: Die Türkei. Zerreißprobe zwischen Islam und Nationalismus, S. 239–255.

10 Darwisch, Ahmad Kamil: Was ist Islam? (München 1978), S. 19.

11 Die Zeit, 20. 9. 2001, S. 39.

12 Wieland Schneider: Ein Bürgerkrieg ohne Ausweg. In: Die Presse, 29. 8. 2015, S. 5 / Souad Mekhenet u. a.: Die Fahne des Propheten. In: Der Spiegel 33/2012, S. 75.

13 Marlies Kastenhofer: Das geheime Leben des »unsichtbaren Kalifen«. In: Die Presse, 20. 2. 2015, S. 5.

14 Christoph Reuter: Der Stratege des Terrors. In: Der Spiegel, 17/2015, S. 78–85.

15 Die blutige Bilanz der Terrormiliz. In: Die Presse, 10. 6. 2015, S. 1.

16 Fabian Kretschmer: Ein Park für den Führer. In: Wiener Zeitung, 12. 9. 2015, S. 13.

17 Anna Fink u. Robert Treichler: Flucht nach Europa. In: Profil, 7. 9. 2015 / Wolfgang Böhm: UNO warnt vor neuer Flüchtlingswelle. In: Die Presse, 3. 9. 2015, S. 1.

18 Karim al-Gawhary: Der syrische Horror in nackten Zahlen. In: Die Presse, 13. 3. 2015, S. 7.

19 Ebd. S. 7.

20 Christoph Reuter: Ein Land leert sich. In: Der Spiegel, 38/2015, S. 78.

21 Robert Treichler: Hungerkarawane. In: Profil, 21. 9. 2015, S. 22.

22 Almania, inshallah. In: Der Spiegel, 40/2015, S. 101 f.

23 Ebd. S. 101 f.

24 Ebd. S. 102.

25 Christian Höller: Schlechte Jobchancen für Flüchtlinge. In: Die Presse, 8. 10. 2015; siehe auch: http://diepresse.com/home/politik/aussenpolitik/4838235/Integration_Schlechte-Jobchancen-fur-Fluchtlinge.

26 Perthes: Das Ende des Nahen Ostens, wie wir ihn kennen, S. 125.

27 Christoph Reuter: Das iranische Projekt. In: Der Spiegel, 41/2015, S. 87.

Zeittafel

3. und 2. Jahrtausend vor unserer Zeitrechnung: Im syrischen Großraum entstehen erste Stadtstaaten, am bedeutendsten werden Ebla und Mari. Mesopotamien und Ägypten mit den damals höchst entwickelten Stadtzivilisationen üben kulturell starken Einfluss aus.

Zwischen 2000 und 1800: Abraham durchwandert mit seinem Stamm den syrischen Großraum. Er stirbt in Hebron.

Um 1400: In den syrischen Küstenstädten Biblos und Ugarit entsteht die erste Buchstabenschrift der Menschheit und beginnt die bisher gebräuchliche Keilschrift der Sumerer zu ersetzen. Aus dieser Buchstabenschrift entwickeln sich nicht nur alle neueren semitischen Alphabete, sondern auch die europäischen.

Um 1250: Die semitischen Aramäer, aus dem Inneren der arabischen Halbinsel kommend, bilden um die städtischen Zentren von Damaskus, Aleppo und Hama Kleinstaaten. Die indogermanischen Philister dringen in Syrien ein.

Um 1200: Israelitische Stämme erobern Kanaan, das »Gelobte Land«.

Um 1000: König David, bisher in Hebron residierend, erobert Jerusalem. Er macht Jerusalem zur Hauptstadt des israelitischen Reiches, das er erfolgreich gegen die Aramäer und Philister verteidigt. Jerusalem wird religiöses und kulturelles Zentrum des Judentums.

Um 950: Davids Sohn Salomo lässt in Jerusalem den ersten großen Tempel als zentrales Heiligtum der Juden bauen.

Um 850: Die Assyrer, aus Mesopotamien kommend, erobern die aramäischen und phönizischen Kleinstaaten in Syrien.

Um 800: Die Aramäer durchziehen als Händler den gesamten Vorderen Orient und machen das Aramäische zur wichtigsten Verkehrssprache zwischen den Völkern. (Erst 1500 Jahre später wird das Aramäische als überregionale Sprache durch das Arabisch der Muslime schrittweise verdrängt.)

Um 750: Das assyrische Reich erreicht den Höhepunkt seiner Macht.

639 – 609: Die Babylonier zerschlagen das assyrische Reich. Syrien wird babylonische Provinz.

587: Nebukadnezar von Babylon zerstört Jerusalem und führt einen Großteil der Juden in die sogenannte »Babylonische Gefangenschaft«. Unter den Babyloniern übernehmen die Juden das Aramäische als Umgangssprache; das bisherige Hebräisch wird nur noch von den Priestern als Sakralsprache gebraucht.

538: Der Perserkönig Kyros erobert das Babylonische Reich. Syrien wird persische Provinz. Relative Autonomie erhalten die Juden unter persischer Herrschaft. In Jerusalem wird der jüdische Tempel wieder aufgebaut.

333: In der Schlacht von Issos besiegt Alexander der Große die Perser. Während der folgenden Jahre unterwirft er das persische Reich. Die Hellenisierung Vorderasiens beginnt, die erst mit der Islamisierung rund 900 Jahre später endet.

323: Nach dem Tod Alexanders in Babylon entstehen Diadochenreiche unter griechischer Herrschaft. Griechisch wird zur Sprache einer schmalen Oberschicht, Aramäisch bleibt die Alltagssprache im Vorderen Orient.

301: Seleukos, ein Feldherr Alexanders, gründet Antiochia. Die Stadt wird Hauptstadt des griechisch regierten Syrien, sie ist später auch Hauptstadt unter den Römern.

64: Syrien wird römische Provinz. Das jüdische Königreich Palästina steht unter syrisch-römischer Oberhoheit.

7: Jesus wird geboren. Unsere Zeitrechnung »nach Christi Geburt« basiert auf den ungenauen Berechnungen des Abtes Dionysos 525 n. Chr.

Um 33: Jesus wird in Jerusalem gekreuzigt.

Um 34: Saulus bekehrt sich vor Damaskus zum Christentum und wandelt sich zum Apostel Paulus.

Um 45: Syriens Hauptstadt Antiochia wird zum Zentrum der christlichen Bewegung. Dort entwickelt Paulus seine Theologie, dort werden die Anhänger Jesu auch erstmals Christen genannt.

Um 67: Paulus stirbt als Märtyrer in Rom.

70: Der römische Kaiser Titus unterwirft die aufständischen Juden und lässt ihren Tempel in Jerusalem zerstören. Die Juden werden vertrieben und zerstreuen sich in alle Teile des Imperiums.

Um 70 bis um 100: Die vier Evangelien werden im Umkreis von Antiochia verfasst.

Um 150: Die erste kirchliche Organisation der Christenheit entwickelt sich in Antiochia, zur selben Zeit entstehen dort die ersten Christus-Bildnisse und Kreuzsymbole. Syrien wird Hochburg des (noch verfolgten) Christentums.

272: Das Fürstentum Palmyra wird von den Römern zerstört.

284–305: Während der Regierungszeit des Kaisers Diokletian erlebt Syrien seine letzte Blütezeit unter römischer Herrschaft.

313: Kaiser Konstantin erlässt das Toleranzedikt von Mailand. Seither kann sich das Christentum im Römischen Reich frei entfalten.

323–324: Erstes Konzil von Nicaea. Die Glaubensstreitigkeiten unter den Christen haben damals schon die Spaltung in feindliche Konfessionen unabwendbar gemacht. Katholiken und Arianer sind die größten unter den rivalisierenden Gruppen.

330: Kaiser Konstantin erhebt Byzanz unter dem Namen Konstantinopel zur Hauptstadt des Römischen Reiches. Rom wird damit zur zweitwichtigsten Stadt degradiert. Zunehmend entwickeln sich die westliche und die östliche Reichshälfte auseinander. Der politische Schwerpunkt des Imperiums verlagert sich in den Osten.

337: Konstantin lässt sich auf dem Sterbebett als erster römischer Kaiser taufen, aber nicht katholisch, sondern arianisch.

379: Die Christen erbauen in Damaskus die Johannes-Basilika auf den Fundamenten des zerstörten Jupiter-Tempels.

379–392: Kaiser Theodosius (379–395) erklärt das Christentum katholischer Prägung zur Staatsreligion (391) und bekräftigt die Verurteilung der rivalisierenden Arianer als Ketzer. 392 lässt er alle heidnischen Kulte verbieten.

395: Nach dem Tod des Kaisers Theodosius wird das Römische Reich endgültig geteilt. Seither gehört Syrien zum Oströmischen (Byzantinischen) Reich, dessen Hauptstadt Konstantinopel (Byzanz) ist.

Um 480: Das Simeon-Kloster bei Aleppo wird gebaut.

496: Das Weströmische Reich bricht zusammen.

527–565: Während der Regierungszeit des Kaisers Justinian, des Bauherrn der Hagia Sophia, werden in Syrien zahlreiche Kirchen und Klöster errichtet. Aber Konstantinopel hat sich nun endgültig als das prägende christliche Zentrum gegenüber Antiochia durchgesetzt.

Um 570: Mohammed wird in Mekka geboren.

604–630: In verlustreichen Kriegen schwächen sich das Ost-römische Reich und das Perserreich der Sassaniden gegenseitig. Im Friedensschluss von 630 ist die byzantinische Herrschaft über Syrien nur noch unzureichend gesichert.

610: Mohammed beginnt in Mekka zu predigen.

622: Mohammed muss mit seinen Anhängern von Mekka nach Medina fliehen. Die »Hedschra« (Auswanderung) markiert den Beginn der islamischen Zeitrechnung.

632: Mohammed stirbt in Mekka. Arabien ist dem Islam unterworfen, Medina ist die Hauptstadt des entstehenden islamischen Reiches.

632–634: Kalif Abu Bekr unternimmt erste Feldzüge in syrische und persische Randgebiete.

634–644: Unter Kalif Omar erobern die Araber Syrien und Palästina (Damaskus 635, Jerusalem 638), Mesopotamien (641), Ägypten (642) und Persien (644). Viele der »Ketzerchristen«, die vom byzantinischen Kaiser und der Staatskirche unterdrückt werden, begrüßen die Muslime als Befreier und werden zu einer Stütze der islamischen Herrschaft.

644–656: Unter der Leitung von Kalif Othman wird 653 die erste schriftliche Fassung des Koran abgeschlossen.

656–661: Unter Kalif Ali bahnt sich die Spaltung in Sunniten und Schiiten an. Ali wird zum Ahnherrn der Schiiten.

661–680: Nach der Ermordung des Kalifen Ali wird Muawija, sein bedeutendster Gegner, Kalif. Er verlegt die Residenz von Medina nach Damaskus und begründet die Dynastie der Omayaden. Die Araber dringen im Westen weit nach Nordafrika, im Osten bis Baktra (Afghanistan) vor.

680: Nach Muawijas Tod meldet Hussein, der Enkel Mohammeds und Sohn des Kalifen Ali, seinen Anspruch auf die Nachfolge an. Muawijas Sohn Yesid lässt Hussein in der Schlacht von Kerbela töten. Die Schiiten bleiben während der folgenden Jahrzehnte von den Sunniten unterdrückt und entwickeln um ihre Leitfiguren Ali und Hussein einen Märtyrerkult.

688–691: Der Omayaden-Kalif Abd al-Malik lässt in Jerusalem den Felsendom errichten.

705–715: Der Omayaden-Kalif al-Walid I. lässt in Damaskus die Johannes-Basilika abreißen und an ihrer Stelle die Omayaden-

Moschee erbauen. Während seiner Regierungszeit erobern die Araber Andalusien, Samarkand und Buchara.

Um 710: Johannes Damascenus, ein hoher Beamter im Dienst der Omayaden, wird nach seiner Entlassung zum ersten bedeutenden christlichen Theologen, der sich analytisch mit der »Irrlehre« des Islam auseinandersetzt.

743: Der Omayaden-Kalif al-Walid II. übernimmt als erster muslimischer Herrscher den Brauch des Harems aus Persien. Streng abgeschlossene Haremsgemächer waren zuvor im Islam unbekannt.

749–750: Sturz der Omayaden-Dynastie. Die arabische Dynastie der Abbasiden kommt an die Macht, bekennt sich aber wie die der Omayaden zum sunnitischen Glauben und bekämpft die Schiiten.

754–775: Der Abbasiden-Kalif al-Mansur macht 762 Bagdad zur Residenz. Der arabische Einfluss geht während der folgenden Jahrzehnte zurück, Perser bestimmen zunehmend die Entwicklung des Islam. Damaskus sinkt zur Provinzstadt ab.

754–1031: In Andalusien entsteht unter einem Seitenzweig der Omayaden das kulturell blühende Kalifat von Cordoba, wird aber nicht zu einer ernsthaften politischen Bedrohung für das Abbasiden-Kalifat von Bagdad.

762: Ismail, der umstrittene siebte Imam der Schiiten, stirbt. Die Bewegung der Siebener-Schiiten entsteht.

773: Kalif al-Mansur lässt das indische Zahlensystem in Bagdad einführen. Die Zahlen werden während des 13. Jahrhunderts in Europa als »arabische Zahlen« bekannt.

786–805: Der Abbasiden-Kalif Harun ar-Rashid, Zeitgenosse Karls des Großen, macht Bagdad zur prächtigsten Stadt der Welt.

793: Die um das Jahr 100 in China erfundene Papierherstellung gelangt über Samarkand nach Bagdad. Um 1280 entsteht die erste Papierfabrik im christlichen Abendland (Italien). 1390 wird erstmals in Deutschland Papier hergestellt (Nürnberg).

813–833: Kalif al-Mamun, der Sohn Harun ar-Rashids, führt das Abbasiden-Reich zur höchsten Blüte. Muslimische Wissenschaftler studieren nun systematisch griechische und persische Werke. Aristoteles wird zum viel gelesenen Autor, zwei Jahrhunderte bevor ihn das christliche Abendland zur Kenntnis nimmt.

Seit 833: Unter Kalif al-Mutasim beginnt der politische Zerfall des Abbasiden-Reiches. Türkische Gardeführer schwächen die Macht des Kalifen.

Um 860: Ibn Nusair begründet in Nordsyrien die schiitische Sekte der Alawiten. Sie breitet sich während der folgenden Jahrhunderte bis nach Anatolien aus.

874: Mohammed al-Muntasar, der zwölfte Imam der Schiiten, wird unter ungeklärten Umständen entführt und ermordet. Jahrzehnte nach seinem Verschwinden bildet sich die Lehre vom »Verborgenen Imam«. Die Bewegung der Zwölfer-Schiiten entsteht.

936: Die Abbasiden-Kalifen verlieren vollends die politische Macht. Von 936 bis 1258 besitzt das Kalifat von Bagdad für die Sunniten nur noch religiöse Bedeutung. Bagdad bleibt aber das kulturell überragende Zentrum der islamischen Welt. Anstelle des Kalifen regieren nun in raschem Wechsel fremde Dynastien meist türkischer Herkunft.

969–1171: Die schiitischen Fatimiden (aus Tunesien kommend) regieren in Ägypten und im südlichen Syrien. Ihr Kalifat ist gegen das sunnitische Kalifat von Bagdad gerichtet.

Um 1010: Die schiitische Sekte der Drusen entsteht unter fatimidischem Einfluss in Ägypten. 1021 weichen die Drusen vor zunehmender Verfolgung in den Libanon zurück.

1037: Ibn Sina (Avicenna), einer der größten Philosophen und Ärzte der islamischen Welt, stirbt in Persien.

1037–1055: Das Turkvolk der Seldschuken erobert Persien und den Irak. Ihr Führer Togrul wird als Sultan »Schutzherr« des Kalifen von Bagdad.

1058: Ma'arri, einer der bedeutendsten arabischen Dichter, stirbt bei Aleppo. Er gilt als einer der großen Kritiker engstirniger Orthodoxie.

1071–1080: Die Seldschuken erobern Anatolien und begründen das Sultanat von Rum mit Konya als Hauptstadt. Das Byzantinische Reich ist entscheidend geschwächt.

1094–1117: Die Seldschuken regieren in Syrien, können sich aber in Palästina nicht gegen die Fatimiden durchsetzen, und schließlich zerfällt ihre Macht durch inneren Zwist.

1095: Ghasali, einer der berühmtesten Theologen des Islam, kommt nach Damaskus.

1096–1099: Erster Kreuzzug. 1099 blutige Eroberung von Jerusalem durch die Kreuzritter. Im Großraum Syrien entstehen mehrere Kreuzritterstaaten.

1127: Zangi, türkischer Atabeg von Mossul und einstiger Vasall der Seldschuken, erobert das Emirat von Aleppo und macht die syrische Stadt zu seiner Residenz.

1140: Der Emir von Damaskus schließt ein Bündnis mit dem christlichen König von Jerusalem gegen den mächtig gewordenen Fürsten Zangi.

1144: Zangi erobert den Kreuzritterstaat Edessa (Urfa) und bietet damit den Anlass zum zweiten Kreuzzug.

1146: Zangi wird ermordet, Nachfolger wird sein Sohn Nuraddin.

1147–1149: Zweiter Kreuzzug. Die Kreuzritter versuchen vergeblich, Damaskus und Aleppo zu erobern.

1154: Nuraddin unterwirft das Emirat Damaskus, verlegt seine Residenz von Aleppo nach Damaskus und organisiert dort den Kampf gegen die Kreuzritter. Im selben Jahr entsteht auf Veranlassung Nuraddins der Bimaristan Nuri, damals eines der modernsten Spitäler der Welt. Unter Nuraddin beginnt nach langer Stagnation eine neue Blütezeit Syriens.

1163–1169: Nuraddins Feldherr Shirkuh erobert Ägypten. Nach Shirkuhs Tod 1169 wird sein Neffe Saladin Nachfolger in Ägypten.

1171: Saladin proklamiert das Ende des schiitischen Fatimiden-Kalifats und wird sunnitischer Alleinherrscher in Ägypten, nun ein Rivale Nuraddins.

1174–1183: Nach dem Tod Nuraddins 1174 unterwirft Saladin Damaskus seiner Herrschaft. 1183 gliedert er auch Aleppo seinem Reich ein. Damit sind Ägypten und Syrien unter Saladins kurdischer Dynastie der Ayyubiden vereinigt. Auch er wird zu einem wegweisenden Kulturförderer.

1187: Saladin besiegt in der Schlacht von Hattin die Kreuzritter entscheidend und erobert noch im selben Jahr Jerusalem. Den Kreuzrittern bleibt nur Tyros, Tripoli und Antiochia. Saladins Sieg bietet den Anlass zum dritten Kreuzzug.

1189–1192: Dritter Kreuzzug. Die Kreuzritter können nur Akko erobern und den Küstenstreifen behaupten.

1193: Saladin stirbt in Damaskus. Unter seinen Nachfolgern zerfällt die Macht der Ayyubiden.

1202–1204: Vierter Kreuzzug. Die katholischen Kreuzritter plündern das griechisch-orthodoxe Konstantinopel und verzichten nach reicher Beute auf die Fortsetzung des Feldzugs ins Heilige Land.

1220: Die Mongolen unter Dschingis Khan erobern Persien.

1223–1240: Ibn ai-Arabi, der große und umstrittene Mystiker, lebt bis zu seinem Tod in Damaskus.

1228–1229: Fünfter Kreuzzug. Der Staufer Friedrich II. gewinnt durch Verhandlungen Jerusalem für die Christen, aber der Felsendom und die Al-Aqsa-Moschee bleiben den Muslimen.

Um 1240–1288: Ibn an-Nafis, Arzt im Bimaristan Nuri von Damaskus und später in Kairo tätig, analysiert als erster Mediziner das System des Blutkreislaufs.

1244: Die Kreuzritter verlieren Jerusalem endgültig.

1248–1254: Sechster Kreuzzug. Die Kreuzritter greifen vergeblich Ägypten an.

1250: In Ägypten wird die kurdische Dynastie der Ayyubiden gestürzt, ihr folgt die türkische Mamluken-Dynastie.

1258: Die Mongolen unter Hülägü, einem Enkel Dschingis Khans, zerstören Bagdad. Ende des Abbasiden-Kalifats. Nach der Vernichtung dieses überragenden Kulturzentrums hört das Arabische auf, die Völker verbindende Kultursprache aller Muslime zu sein. Das Persische und später das Türkische werden zur Konkurrenz.

1260: Die Mongolen erobern Damaskus und Aleppo, werden aber von den Mamluken vertrieben. Der Mamluken-Sultan Baibar vereinigt nach dem Ende des kurdisch-syrischen Zweigs der Ayyubiden-Dynastie Syrien und Ägypten.

1268–1271: Baibar erobert Antiochia und die Kreuzritterburg Craq des Chevaliers.

1270: Siebter und letzter Kreuzzug. Vergeblich belagern die Kreuzritter Tunis.

1273: Der große Mystiker Dschelaleddin Rumi stirbt in Konya.

1277: Baibar wird ermordet.

1291: Unter dem Druck der Mamluken räumen die Kreuzritter ihre letzten Besitzungen an der syrischen Küste.

1301: Die Kreuzritter verlassen auch die der Küste vorgelagerte Insel Arwad bei Tartus. Die Epoche der Kreuzzüge ist zu Ende.

1326: Bursa wird Residenz der Osmanen. Der Aufstieg des Osmanischen Reiches beginnt.

1328: Ibn Taimiya stirbt in Damaskus. Die Lehre des syrischen Korangelehrten wird später zum Vorbild für islamische Fundamentalisten.

1400: Das Mongolenheer des Khans Timur verwüstet Damaskus und Aleppo. Für Syrien folgt ein Jahrhundert des wirtschaftlichen und kulturellen Niedergangs.

1406: Ibn Khaldun, der große Universalhistoriker, stirbt in Kairo.

1453: Der Osmanen-Sultan Mehmet II. erobert Konstantinopel und macht die Stadt unter dem Namen Istanbul zu seiner Residenz. Ende des Byzantinischen Reiches.

1501–1524: Ismail I. einigt den politisch und religiös zersplitterten Iran und führt die Zwölfer-Schia als Staatsreligion ein. Der Iran ist heute der einzige schiitisch regierte Staat.

1516–1517: Der Osmanen-Sultan Selim I. erobert Syrien und Ägypten. Ende der Mamluken-Dynastie. Die Provinz Surya (die das heutige Syrien, den Libanon und Palästina einschließt) erlebt unter den Osmanen mehr als zwei Jahrhunderte eine wirtschaftliche Blüte, wird zur Handelsdrehscheibe.

1520–1566: Unter der Regierung des Sultans Suleiman des Prächtigen erreicht das Osmanische Reich politisch, wirtschaftlich und kulturell einen Höhepunkt.

1529: Erste Belagerung Wiens durch die Türken.

1683: Zweite Belagerung Wiens durch die Türken. Nach der türkischen Niederlage beschleunigt sich der Zerfall des Osmanischen Reiches.

Um 1750: Großbritannien beginnt als erster europäischer Staat mit der Industrialisierung.

Nach 1760: Abd al-Wahhab begründet in Arabien die fundamentalistische Bewegung der Wahhabiten, die sich während des 19. Jahrhunderts über halb Nordafrika ausbreitet. Er knüpft an die Lehre von Ibn Taimiya an.

1789–1794: Die Französische Revolution. In der Folge wird der Nationalismus in Europa zu einer starken politischen Kraft.

1798–1799: Französische Truppen unter Napoleon I. versuchen, Ägypten und Syrien unter Kontrolle zu bringen. Ihre Absicht scheitert, aber die Schwäche des Osmanischen Reiches ist offenkundig. Während der folgenden Jahre können sich die osmanischen Statthalter in Ägypten größere Handlungsfreiheit gegenüber der Zentralregierung in Istanbul sichern.

1820: Die Briten beginnen mit ihrer Expansion am persisch-arabischen Golf.

1830: Die Franzosen erobern Algerien. Erstmals gerät ein islamisches Land unter westliche Kolonialherrschaft.

1831: Franzosen errichten in Beirut erste westliche Schulen. Sie verstärken ihren Einfluss im Libanon.

Um 1850: In Damaskus entstehen erste westliche Schulen.

1859–1869: Bau des Suez-Kanals unter britischer und französischer Leitung.

1860: Große Massaker an Christen im Libanon und in Damaskus durch Muslime. Französische Truppen landen in Beirut. Durch ihre Intervention erzwingen sie vom politisch geschwächten Osmanen-Sultan einen Sonderstatus für den Verwaltungsbezirk Libanon innerhalb der Provinz Surya. Im Libanon regiert seit 1864 ein maronitischer Christ als Gouverneur. Franzosen und Maroniten (die im Libanon die stärkste christliche Konfession stellen) bilden eine enge Interessengemeinschaft.

1875: Staatsbankrott des Osmanischen Reiches. Verkauf der Suez-Kanal-Aktien an Großbritannien.

1882: Britische Truppen besetzen Ägypten. Das Land ist damit vollends aus osmanischer Oberhoheit gelöst und wird britisches Protektorat.

1885: Die ersten arabisch-nationalistischen Gesellschaften entstehen in Syrien und im Libanon.

1897: Auf dem 1. Zionistischen Weltkongress in Basel gründet Theodor Herzl die Zionistische Weltbewegung mit dem Ziel, in Palästina den Juden einen eigenen Staat zu schaffen.

1909: Tel Aviv wird als erste rein jüdische Siedlung in Palästina gegründet.

1910: Michel Aflak, der Gründer der Baath-Partei, wird in Damaskus geboren.

1911: Gründung des ersten Kibbuz in Palästina.

1913: Unter der Führung syrisch-arabischer Nationalisten findet in Paris der erste Panarabische Kongress statt. Zur damaligen Zeit richtet sich der arabische Nationalismus vorwiegend gegen die Fremdherrschaft der Osmanen. Im Iran beginnen die Briten, Erdöl zu fördern; der Iran wird damit zum ersten Ölstaat des Vorderen Orients.

1914–1918: Der Erste Weltkrieg. Im Nahen Osten kämpfen Großbritannien und Frankreich gegen das Osmanische Reich.

1915: Die Briten benötigen die Araber als Verbündete gegen die

Türken. Aus taktischen Gründen sichert der britische Hochkommissar in Kairo dem Sherifen Hussein von Mekka die Errichtung eines großarabischen Reiches unter seiner Führung zu.

1916: Geheimer Abschluss des Sykes-Picot-Abkommens zwischen Großbritannien und Frankreich: Nach dem voraussichtlichen Sieg über die Türken soll Frankreich das »Mandat« über den Nordteil der Osmanenprovinz Surya (Syrien, Libanon) erhalten, Großbritannien über den Südteil (Palästina) und den Irak. Dies steht in krassem Widerspruch zum Versprechen der arabischen Unabhängigkeit. Die Briten entdecken im Irak große Erdölvorkommen.

1917: Mit der Balfour-Deklaration sichern die Briten den Zionisten eine jüdische Heimstätte in Palästina zu – dies wiederum im Widerspruch zur Zusage an die Araber, dass sie ein großarabisches Reich gründen können. Die Briten besetzen Palästina.

1918: Am Ende des Ersten Weltkrieges bricht das Osmanische Reich zusammen, übrig bleibt vom einstigen Großreich als Staat das türkische Kerngebiet. Arabische Nationalisten fordern die versprochene Unabhängigkeit. Britische und französische Truppen halten jedoch weiterhin die ehemalige Provinz Surya besetzt.

1920: Das türkische Parlament verzichtet im Januar offiziell auf alle nichttürkischen Gebiete. Im März erklärt die syrische Nationalversammlung Syrien zu einem unabhängigen Königreich unter König Faisal, einem Sohn des Sherifen von Mekka. Dieses »Königreich Syrien« soll den Libanon und Palästina einbeziehen. Aber auf der Konferenz von San Remo im April wird das Sykes-Picot-Abkommen legalisiert. Im Juli vertreiben französische Truppen König Faisal. Im August wird durch den Friedensvertrag von Sèvres offiziell Großbritannien das Mandat über Palästina und den Irak zugesprochen, Frankreich das Mandat über den »autonomen Staat Syrien«. Der Libanon ist als integrierter Bestandteil Syriens deklariert.

1921: Frankreich gliedert sein Mandatsgebiet »Syrien« in vier Teilgebiete auf, darunter »Groß-Libanon«. Großbritannien proklamiert König Faisal, der von den Franzosen aus Syrien vertrieben wurde, zum König des Irak.

1922: Frankreich erklärt das Teilgebiet Groß-Libanon zum autonomen Staat (unter französischer Vorherrschaft). Ägypten wird unabhängiges Königreich, bleibt aber weiterhin unter starkem

Einfluss der Briten. Atatürk kann den Angriff des griechischen Heeres auf die Türkei abwehren. Er ist nun mächtig genug, um den nominell noch immer regierenden Osmanen-Sultan Mehmet VI. abzusetzen.

1923: Die Türkische Republik wird ausgerufen. Atatürk ist Staatspräsident.

1924: Atatürk schafft das Kalifat ab, unterbindet den Einfluss der islamischen Rechtsgelehrten auf die Politik und lässt die Koranschulen schließen.

1925: Ali Abd ar-Raziq, ein prominenter Kleriker der Al-Azhar-Universität, befürwortet die Abschaffung des Kalifats und die Trennung von Religion und Politik. Er muss nach heftigen Reaktionen orthodoxer Muslime seinen Posten räumen.

1925–1926: Der Aufstand der Drusen in Syrien gegen die Franzosen wird brutal niedergeschlagen.

1925–1940: Die großen Erdölvorkommen in Arabien werden entdeckt. Westliche Firmen sichern sich die Bohrkonzessionen.

1926: Der Libanon erhält eine eigene Verfassung (auf die Vorherrschaft der maronitischen Christen zugeschnitten) und wird Republik, bleibt aber unter französischem Mandat. Atatürk stellt als erster Politiker eines islamischen Staates Mann und Frau rechtlich gleich.

1927: Im Irak beginnt die kommerzielle Erdölförderung durch ausländische Firmen.

1928: Atatürk vermeidet sämtliche religiösen Formeln in der neuen Verfassung. Er erklärt die Türkei zum säkularen Staat nach westlichem Vorbild, mit strikter Trennung von Religion und Politik. In Kairo gründet Hassan al-Banna als Reaktion auf Atatürks neue Verfassung die ägyptische Muslim-Bruderschaft. Damit beginnt die Entwicklung der modernen radikal-islamischen Bewegungen.

1929–1934: Michel Aflak studiert in Paris.

1930: Der Libanese Shakib Arslan veröffentlicht sein Buch »Warum sind die Muslime rückständig, während andere über den Fortschritt verfügen?«. Er liefert wesentliche Argumente für die Islamisten, eine »islamische Moderne« zu propagieren. Hafis al-Assad wird nahe Lattakia geboren.

1932: Der Irak wird unabhängiges Königreich, bleibt aber unter britischem Einfluss.

1934: Atatürk führt für Frauen das aktive und passive Wahlrecht ein.

1938: Atatürk stirbt. Nachfolger wird Ismet Inönü.

1939: Die Mandatsmacht Frankreich tritt die syrische Provinz Alexandrette (mit Iskenderun und Antakya) an die Türkei ab.

1941: Nach anfänglicher Niederlage Frankreichs im Zweiten Weltkrieg gegen Deutschland gerät in Syrien die französische Mandatsregierung unter Druck. Syriens Nationalisten bekommen wieder Aufwind und rufen die unabhängige Republik Syrien aus.

1943: Unterzeichnung eines Unabhängigkeitsabkommens in Damaskus, Syrien ist damit autonom. Aber die Franzosen übertragen dem Libanon gesondert die Selbstverwaltung. Damit ist der Libanon ebenfalls als eigener Staat in die Unabhängigkeit entlassen. Michel Aflak gründet in Damaskus unter Mithilfe von Salah ad-Din al-Bitar die Baath-Partei.

1944: Am 1. Januar wird Syrien formell unabhängig, am selben Tag wird Syriens erste Verfassung verabschiedet.

1946: Abzug der letzten französischen Truppen aus Syrien und dem Libanon. Mustafa as-Sibai gründet in Homs die syrische Muslim-Bruderschaft. Beendigung des britischen Mandats über Palästina, Ausrufung des Königreichs Transjordanien. Ismet Inönü führt in der Türkei das Mehrparteiensystem ein.

1947: Die UN-Vollversammlung beschließt, dass nach Beendigung des britischen Mandats in Palästina 1948 zwei unabhängige Staaten, ein jordanischer und ein jüdischer, entstehen sollen.

1948: Die Gründung des Staates Israel im westlichen Teilgebiet von Palästina führt zum ersten Nahostkrieg zwischen Arabern und Israelis. Die Palästinenser leben seither als Flüchtlinge über den ganzen Nahen Osten verstreut. David Ben Gurion, Führer der Arbeiterpartei, wird Israels erster Ministerpräsident (und regiert bis 1963).

1949: Nach der Niederlage der arabischen Staaten kann sich Israel behaupten. Jordanien erhält das Land westlich und östlich des Jordan sowie die Altstadt von Jerusalem zugesprochen. Hassan al-Banna wird ermordet.

1950: In Syrien führt der Streit um eine neue Verfassung zu heftigen Konflikten zwischen Verfechtern einer säkularen Staatsidee und orthodoxen Muslimen. Es kommt zum Kompromiss, wobei die Scharia in Teilen Einfluss auf die Gesetzgebung behält.

1951: Der jordanische König Abdullah wird wegen seiner Geheimkontakte zu Israel von arabischen Nationalisten ermordet.

1952: Der Militärputsch der »Freien Offiziere« unter General Naguib und Oberst Gamal Abd an-Nasser beendet die ägyptische Monarchie. In Jordanien wird nach der Abdankung König Talals sein Sohn Hussein König.

1954: Nasser entmachtet Naguib und wird Staatspräsident mit diktatorischer Macht. Er lässt die Muslim-Bruderschaft hart verfolgen und etliche Führungsmitglieder hinrichten.

1955: In Syrien werden bescheidene Erdölvorkommen entdeckt.

1956: Nasser setzt das aktive und passive Wahlrecht für Frauen durch. Im Juli kündigt Nasser die Verstaatlichung des Suez-Kanals an, was zu einer schweren Krise mit Großbritannien und Frankreich führt. Israel greift im Oktober Ägypten an. Zweiter Nahostkrieg ohne nennenswerte Kräfteverschiebung.

1958: Militärputsch arabischer Nationalisten im Irak. König Faisal II. wird ermordet. Ende der Monarchie.

1958–1961: Zusammenschluss Syriens und Ägyptens zur Vereinigten Arabischen Republik. Nasser wird Präsident. Aber die anfängliche Begeisterung der Syrer schlägt bald in Unzufriedenheit über die ägyptische Bevormundung um. Die syrische Baath-Partei, die sich zuerst für die Union engagiert hat, wird zum Gegner Nassers. 1961 zerbricht die Union unter maßgeblicher Mitwirkung der Baath-Partei.

1963: Im Februar kann der irakische Flügel der Baath-Partei nach einem Militärputsch in Bagdad eine Koalitionsregierung mit arabischen Nationalisten bilden. Im März übernimmt die syrische Baath-Partei nach einem Militärputsch in Damaskus die unumschränkte Macht. Aflak ist Generalsekretär, Ministerpräsident ist Bitar, aber bald verringert sich ihre Macht nach heftigen Flügelkämpfen innerhalb der Partei. Eine Union zwischen Syrien und dem Irak scheitert, als im November der irakische Präsident Aref die mit ihm verbündete Baath-Partei entmachtet. Im Juni kommt es im Iran unter Führung von Khomeini zu schweren Unruhen gegen Schah Mohammed Reza Pahlevi. Erstmals tritt Khomeini politisch hervor.

1964: Die Palästinensische Befreiungsfront (PLO) wird gegründet. Mustafa as-Sibai stirbt in Damaskus.

1966: Im Februar putscht der radikale Flügel der syrischen

Baath-Partei gegen die gemäßigten Baathisten. Die Alawiten gewinnen stärkeren Einfluss. Der Alawitenführer Hafis al-Assad wird Verteidigungsminister. In der Folge entzweien sich die syrische und die irakische Baath-Partei über ideologische Fragen wie über den Führungsanspruch. Sayed Qutb, der Führer der ägyptischen Muslim-Bruderschaft, wird auf Befehl Nassers hingerichtet.

1967: Der dritte Nahostkrieg, der sogenannte »Sechstagekrieg«, beschert im Juni den arabischen Staaten eine verheerende Niederlage. Jordanien verliert die Altstadt von Jerusalem und das Westjordanland an Israel, Ägypten den Sinai, Syrien die Golanhöhen. Die arabischen Nationalisten, Nasseristen wie Baathisten, erleben einen starken Vertrauensschwund. Damit gewinnen radikal-islamische Bewegungen erstmals beträchtlichen Zulauf, allen voran die ägyptische und syrische Muslim-Bruderschaft.

1968: Im Irak erringt die Baath-Partei durch einen Militärputsch die unumschränkte Macht. Stellvertreter des Partei- und Regierungschefs Hassan al-Bakr wird Saddam Hussein. Michel Aflak emigriert nach Bagdad und wird Generalsekretär der irakischen Baath-Partei. Der syrische Philosoph Sadik al-Azm verliert seine Professur in Beirut, nachdem er sich kritisch über die Niederlage der Araber im Sechstagekrieg geäußert hat.

1969: Sadik al-Azms Buch »Die Kritik des religiösen Denkens« entfacht einen Skandal. Der Autor flieht von Beirut nach Damaskus. Jassir Arafat wird Führer der PLO.

1970: Im September lässt König Hussein in Jordanien ein Blutbad unter Palästinensern anrichten, die bereits die Hälfte der Bevölkerung ausmachen und ihm politisch gefährlich geworden sind. Die Kommandozentrale der PLO weicht in den Libanon aus. Im selben Monat stirbt Nasser. Nachfolger wird der bisherige Vizepräsident Anwar as-Sadat. Im November putscht Assad in Damaskus gegen die eigene Parteiführung. Innerhalb der Baath-Partei erringen die Alawiten die führende Position.

1971: Im März wird Assad Staatspräsident. Er führt in Syrien die allgemeine Schulpflicht und das aktive und passive Wahlrecht für Frauen ein. Sadat lässt die wichtigsten Anhänger Nassers innerhalb des Parteiapparats verhaften und leitet damit eine Abkehr vom Nasserismus ein.

1972: Im Irak wird das Amt des Partei- und Regierungschefs Hassan al-Bakr immer mehr auf Repräsentationsfunktionen beschränkt. Eigentlicher Regent wird sein Stellvertreter Saddam Hussein (der zumindest während der ersten Jahre das Bildungswesen ausbaut und die Emanzipation der Frauen fördert).

1973: In vielen syrischen Städten kommt es unter Führung der Muslim-Bruderschaft zu Unruhen, nachdem Assad die neue Verfassung der »Sozialistischen Republik Syrien« proklamiert hat. Assad muss einlenken und die »säkularistischen« Passagen streichen. Im Oktober bricht der vierte Nahostkrieg mit Israel aus. Syrien gelingt nicht die Rückeroberung der Golanhöhen.

1975: Im Libanon beginnt der Bürgerkrieg zwischen den verfeindeten Religionsparteien; er dauert bis 1990. Muslime lehnen sich gegen die Vorherrschaft maronitischer Christen auf, schließlich bekämpfen sich aber auch Sunniten, Schiiten und Drusen untereinander.

1976: Syrische Truppen marschieren im Libanon ein. Sie fungieren als »Ordnungsmacht« – im Auftrag der Arabischen Liga und mit stillschweigender Duldung der Westmächte. Die syrische Besatzung wird zu einem Dauerzustand.

1977: Bei den israelischen Wahlen im Mai gewinnt der konservative Likud-Block und löst nach 29 Jahren erstmals die Arbeiterpartei in der Regierung ab. Sadat bietet Israel den Frieden an und reist im November nach Jerusalem – der erste Besuch eines arabischen Politikers in Israel.

1978: Im Iran bedrohen Unruhen unter Führung Khomeinis ernsthaft die Macht des Schahs Mohammed Reza Pahlevi. Im September finden zwischen Ägypten und Israel Friedensgespräche in Camp David (USA) statt.

1979: Im Iran siegt die Islamische Revolution des Ayatollah Khomeini, der Schah verlässt Ende Januar das Land. Nach einer Volksabstimmung im Februar wird die »Islamische Republik Iran« ausgerufen. Im März schließen Ägypten und Israel einen Separatfrieden, Ägypten erhält den Sinai zurück. Im Juni wird Saddam Hussein unumschränkter Diktator im Irak. Im Juli ermorden Muslim-Brüder in Aleppo rund 200 regimetreue, überwiegend alawitische Soldaten. Assad lässt Tausende mutmaßlicher Muslim-Brüder einkerkern, viele hinrichten. Die Terroraktionen auf beiden Seiten führen zu einer bürgerkriegsartigen Situation. Der umstrittene Philosoph Sadik al-Azm erhält an der Universität von Damaskus einen Lehrstuhl für westliche Philosophie.

1980: Im Juli wird Bitar, der Mitbegründer der Baath-Partei, im Pariser Exil von Geheimagenten Assads ermordet. Im August erschießt eine Polizeitruppe in Aleppo über 300 Demonstranten. Im September beginnt Saddam Hussein den Golfkrieg gegen den Iran wegen strittiger Grenzfragen. Das Baath-Regime Syriens und der Gottesstaat Iran schließen ein Zweckbündnis gegen das Baath-Regime im Irak. Sadat macht den Muslim-Brüdern das entscheidende Zugeständnis, Teile der Scharia in der ägyptischen Verfassung zu verankern; Muslim-Brüder wirken im Beratungsausschuss mit. Israels Likud-Regierung unter Menachem Begin annektiert den arabischen Osten von Jerusalem und erklärt Jerusalem zur »ewig ungeteilten Hauptstadt Israels«. Friedensgespräche mit weiteren arabischen Nachbarstaaten sind damit erschwert.

1981: Im April und Dezember verüben Assads Polizeitruppen in Hama Massaker an mutmaßlichen Muslim-Brüdern und ihren Sympathisanten. Sadat wird im Oktober von einer radikalen Zweigorganisation der Muslim-Brüder wegen seines Friedensvertrags mit Israel erschossen. Nachfolger wird Hosni Mubarak.

1982: In Hama, der Hochburg der syrischen Muslim-Bruderschaft, sterben im Februar während einer zweiwöchigen Belagerung durch Regierungstruppen rund 30 000 Menschen. Israel besetzt vorübergehend den Südlibanon, um Terroraktionen von Guerillagruppen der Palästinenser zu unterbinden. Die Kommandozentrale der PLO verlässt den Libanon und siedelt nach Tunesien über. Im September metzeln Verbände maronitischer Christen in Flüchtlingslagern der Palästinenser Hunderte Familien nieder; die Besatzungsmacht Israel greift nicht ein. Im Libanon entsteht die radikal-schiitische Hizbollah-Miliz, die sowohl vom Iran als auch von Syrien aus machtpolitischem Kalkül gefördert wird.

1987: Die Muslim-Bruderschaft »Hamas« (Eifer) wird im Westjordanland gegründet. Sie entwickelt sich während der nächsten Jahre zu einer radikalen Alternative und Bedrohung für die PLO. Im Dezember beginnt die Intifada, der Aufstand der Palästinenser gegen die Besatzungsmacht Israel im Westjordanland.

1988: Im September endet der Golfkrieg zwischen Irak und Iran. Der drohende wirtschaftliche Ruin zwingt beide Staaten zum »Waffenstillstand«.

1989: Khomeini verkündet im Februar das Todesurteil gegen

Salman Rushdie. Khomeini stirbt im Juni. Nachfolger als religiöser Führer wird Ali Khamenei, als Staatspräsident Rafsandjani. Michel Aflak stirbt in einer Pariser Klinik. Auf Veranlassung Saddam Husseins erhält er ein Staatsbegräbnis in Bagdad. Osama bin Laden gründet im afghanisch-pakistanischen Grenzbereich die Organisation »Al Qaida«, »Die Basis«, die in den folgenden zwei Jahrzehnten zur führenden international vernetzten jihadistischen Organisation wird (bevor der »Islamische Staat« seit 2014 diese Funktion übernimmt)

1990: Im Libanon geht der Bürgerkrieg zwischen den verfeindeten Religionsparteien zu Ende. Das geschwächte Land ist völlig von der »Ordnungsmacht« Syrien abhängig. Saddam Hussein besetzt im August Kuwait. Die Westmächte fordern ihn ultimativ zur Räumung auf.

1991: Das Ultimatum der Westmächte an Saddam Hussein verstreicht ergebnislos. Im Januar eröffnen die Westmächte mit arabischen Verbündeten den zweiten Golfkrieg. Ende Februar muss der besiegte Irak Kuwait räumen. Syrien lässt sich sein Bündnis mit den Westmächten durch beträchtliche Wirtschaftshilfen honorieren. Im März bricht gegen Saddam Hussein der Aufstand irakischer Kurden wie auch der Schiiten los, der Diktator schlägt die Unruhen blutig nieder. Nach dem Zusammenbruch der Sowjetunion gibt Syrien seine Politik der militärischen Stärke auf und zeigt sich zu Friedensverhandlungen mit Israel bereit. Syrien verlangt als Grundvoraussetzung für einen Friedensvertrag die Rückgabe des Golan.

1991–1992: Im Dezember 1991 finden in Algerien die ersten freien Wahlen seiner Geschichte statt. Die Islamische Heilsfront erhält die meisten Stimmen. Daraufhin verhindert das Militär den zweiten Wahlgang im Januar 1992 und errichtet eine Diktatur. Ein jahrelanger Bürgerkrieg zwischen »Säkularisten« und Islamisten ist die Folge.

1992: Bei den israelischen Wahlen im Frühjahr siegt die Arbeiterpartei über den Likud-Block. Ministerpräsident wird Yitzhak Rabin. Der Friedensprozess im Nahen Osten erhält neuen Auftrieb.

1993: In Sivas (Türkei) töten sunnitische Islamisten bei einem Brandattentat 37 türkische Aleviten. Arafat erkennt das Existenzrecht des Staates Israel an. Die Intifada gegen die Besatzungsmacht Israel endet. Im September unterzeichnet die Regierung

Rabin mit der PLO ein Grundsatzabkommen, das den Palästinensern in den von Israel besetzten Gebieten begrenzte Autonomie einräumt. (1994 tritt das Abkommen in Kraft.) Im November schließen Israel und Jordanien einen Friedensvertrag (der aber mit Rücksicht auf Syrien noch nicht ratifiziert wird).

1994: Im Januar stellt Assad einen Separatfrieden mit Israel in Aussicht, Bedingung ist der vollständige Abzug Israels aus dem Golan. Die Verhandlungen mit der Regierung Rabin entwickeln sich konstruktiv. Im selben Monat stirbt Basil al-Assad, der älteste Sohn Assads und potenzieller Nachfolger, durch einen Autounfall. Im selben Jahr beginnt Hafis al-Assad, den zweitältesten Sohn Baschar al-Assad als Nachfolger aufzubauen. In Wartestellung für eine Nachfolge steht seither auch Rifaat al-Assad, der jüngere Bruder des Präsidenten. Im Oktober unterzeichnen Israel und Jordanien den Friedensvertrag.

1995: Im März entfachen türkische Islamisten in Istanbul Unruhen gegen die »ketzerischen« Aleviten und versetzen die Türkei wochenlang in einen explosiven Spannungszustand. Im November wird Israels Ministerpräsident Rabin wegen seiner Friedensbereitschaft mit arabischen Nachbarstaaten von einem rechtsradikalen Israeli erschossen. Nachfolger wird der bisherige Außenminister Shimon Peres. Im Dezember wird in der Türkei die gemäßigt islamistische Refah-Partei durch demokratische Wahlen stärkste Kraft. (1996 können die Islamisten mit Necmettin Erbakan den Ministerpräsidenten stellen, 1997 muss Erbakan auf Druck des Militärs zurücktreten.)

1996: Im Juni gewinnt in Israel der Likud-Block die Wahl. Der rechtsradikale Kandidat Benjamin Netanjahu wird Ministerpräsident. Damit kommt der Friedensprozess im Nahen Osten wieder ins Stocken.

1997: Im Mai gewinnt im Iran überraschend der (relativ) liberale Kandidat Mohammed Khatami die Wahl zum Staatspräsidenten gegen den Kandidaten des konservativen Klerus, er wird Nachfolger von Rafsandjani. Die syrische und die irakische Baath-Partei versöhnen sich im Juli nach drei Jahrzehnten ideologischer Feindschaft, um ein Zweckbündnis gegen die militärische Zusammenarbeit von Israel und der Türkei zu bilden.

1998: Im Januar verbietet das türkische Verfassungsgericht auf Druck des Militärs die islamistische Refah-Partei. Im Februar entmachtet Hafis al-Assad seinen jüngeren Bruder Rifaat al-Assad nach jahrelangem Konflikt um Führungskompetenzen. Damit ist die Nachfolgefrage in Syrien wieder völlig ungeklärt.

1999: Am 13. Februar stirbt König Hussein von Jordanien mit 69 Jahren an Krebs. Er regierte seit 1952. Nachfolger wird sein Sohn unter dem Namen Abdullah II. In Israel verliert die Likud-Partei unter Netanjahu im Juli die Macht an die Arbeiterpartei, Ministerpräsident wird Ehud Barak. Ende Juli stirbt Marokkos König Hassan II. im Alter von 70 Jahren, Nachfolger wird sein Sohn unter dem Namen Mohammed VI.

2000: Hafis al-Assad stirbt am 10. Juni, 69-jährig, nach 30-jähriger Herrschaft am Herzinfarkt in Damaskus. Sein Sohn Baschar al-Assad, 1965 geboren, folgt im Amt des syrischen Präsidenten. Im Dezember heiratet Baschar al-Assad seine langjährige Freundin Asma Fauaz al-Akhras, die er beim Studium zum Augenarzt in London kennengelernt hat. Sie stammt aus einem einflussreichen sunnitischen Klan in Syrien. Durch diese Ehe eines Alawiten mit einer Sunnitin kann der Präsident eine verstärkte Verbindung zu Sunniten schaffen. Israel: Am 28. September kommt der Likud-Führer Ariel Scharon zu einer »Inspektion« auf den Tempelberg in Jerusalem und löst mit diesem ungebetenen Besuch schwere Unruhen bei den Palästinensern aus. Es entstehen in der sogenannten Al-Aqsa-Intifada zu bürgerkriegsähnlichen Unruhen, die mehr als zwei Jahre dauern.

2001: Anfang Januar inszeniert Baschar al-Assad den »Damaszener Frühling« und gestattet eine bisher unbekannte Redefreiheit. Aber die Forderung der Bevölkerung nach demokratischen Reformen, vor allem sozialer Gerechtigkeit, sind derart massiv, dass Assad im Januar 2002 die neuen Freiheiten wieder drastisch einschränkt, es folgt der »Damaszener Winter«. Bei vorgezogenen Parlamentswahlen in Israel erringt der Likud-Führer Ariel Scharon Ende Januar mit 62,3 Prozent der Wählerstimmen einen Erdrutschsieg über Ehud Barak. Die israelische Politik gegen die arabischen Nachbarstaaten radikalisiert sich. Anfang März vernichten die radikal-islamischen Taliban die Buddha-Statuen von Bamiyan in Afghanistan. Papst Johannes Paul II. besucht auf seiner Reise durch Syrien am 6. Mai die Omayaden-Moschee in Damaskus und betet dort gemeinsam mit muslimischen Geistlichen. Er hat als erster Papst überhaupt – zum Zeichen des »Dialogs« – eine Moschee betreten. Im Iran gewinnt Staatspräsident Khatami am 8. Juni die Wahlen für eine zweite Amtszeit mit 77 Prozent der Stimmen (noch um sieben Prozent mehr als 1997). Aber die religiöse Führung unter Ali Khamenei blockiert weiterhin viele Reformen. 11. September: Die Organisation Al Qaida verübt unter der Führung von Osama bin Laden den Terroranschlag auf das World Trade Center in New York und das Pentagon nahe Washington, über 3000 Menschen sterben. Dieses für die Amerikaner traumatische Ereignis radikalisiert die Politik des seit Januar 2001 amtierenden Präsidenten George W. Bush.

2002: Am 28. September, dem zweiten Jahrestag der Al-Aqsa-Intifada in Israel, bietet sich eine blutige Bilanz: rund 2000 getötete Palästinenser und rund 600 getötete Israelis, 35 000 Menschen haben ihren Arbeitsplatz verloren. 3. November: Bei den vorgezogenen Neuwahlen in der Türkei gewinnt die Partei »Gerechtigkeit und Entwicklung« (AKP) unter Führung von Recep Tayyip Erdogan die absolute Mehrheit. Nur die »Republikanische Volkspartei« (CHP), gegründet von Atatürk, kann sich gegen die »gemäßigt islamische« AKP als Opposition behaupten.

2003: Ende Januar gewinnt Ariel Scharon bei vorgezogenen Neuwahlen in Israel die absolute Mehrheit. Am 20. März beginnt der dritte Golfkrieg. Amerikanische und britische Truppen benötigen 20 Kriegstage, bis sie am 9. April Bagdad besetzen. Damit ist das Regime Saddam Husseins nach 24-jähriger Gewaltherrschaft gestürzt. Am 13. Dezember wird der geflüchtete Diktator gefasst. Die Baath-Partei des Irak wird aufgelöst, damit endet ihre seit 1968 im Irak während Einparteiendiktatur. Aber den amerikanischen und britischen Besatzern gelingt es in den folgenden Jahren nicht, eine stabile Ordnung zu schaffen.

2004: In der Türkei beginnt die Wirtschaft unter der Regierung Erdogan zu boomen, dies nahezu ein Jahrzehnt lang.

2005: Mahmud Ahmadinejad gewinnt im Juni die Wahlen für das Amt des iranischen Staatspräsidenten.

2006: Anfang Januar erleidet Ariel Scharon einen Schlaganfall, fällt ins Koma und stirbt acht Jahre später, im Januar 2014. Ehud Olmert wird Ministerpräsident. Mitte Oktober wird im Irak mit einer Videobotschaft die Gründung der islamistischen Organisation »Islamischer Staat im Irak« verkündet. Diese Organisation ist als Widerstandsgruppe gegen die amerikanische Besatzung vorerst noch der Al Qaida untergeordnet. Am 30. Dezember wird Saddam Hussein in Bagdad hingerichtet.

2007: Am 27. Mai wird Assad bei einem Referendum ohne Gegenkandidaten mit 97,2 Prozent der Stimmen für eine weitere siebenjährige Amtszeit gewählt. In der Türkei erringt Erdogans AKP am 22. Juli bei vorgezogenen Neuwahlen einen Erdrutschsieg.

2009: In Israel wird Netanjahu bei den Parlamentswahlen erneut Ministerpräsident (nach seiner Wahlniederlage 1999).

2010: Mitte Mai wird Abu Bakr al-Baghdadi neuer Anführer des »Islamischen Staates im Irak«. Am 17. Dezember beginnen die Unruhen des »Arabischen Frühlings«. Ausgangspunkt der Massenproteste gegen Korruption, Misswirtschaft und Ausbeutung ist Tunesien, als sich dort ein verzweifelter Gemüsehändler öffentlich verbrennt.

2011: Im Januar verlässt Diktator Ben Ali unter dem Druck der Volksunruhen Tunesien. Am 25. Januar beginnt in Ägypten der Aufstand gegen Diktator Hosni Mubarak. Am 11. Februar tritt Mubarak zurück. Nach Mubaraks Sturz gründen die Muslim-Brüder die Partei »Freiheit und Gerechtigkeit« und wählen Mohammed Mursi zum Vorsitzenden der neuen Partei. In Libyen nehmen die Unruhen gegen den Diktator Muammar al-Gaddafi ihren Anfang. Im Februar und März beginnen die Proteste in der syrischen Stadt Deraa gegen Korruption des Assad-Regimes, die Unruhen greifen auf andere Städte über. Am 2. Mai wird Osama bin Laden durch eine Spezialeinheit der US-Armee in seinem pakistanischen Versteck erschossen. Nachfolger in der Führung der Terrororganisation Al Qaida wird der Ägypter Aiman az-Zawahiri. In Syrien bilden desertierende Soldaten im Verlauf des Sommers die Organisation »Freie syrische Armee«. Damit beginnt die militärische Auseinandersetzung zwischen dem Assad-Regime und den Rebellen. Gaddafi wird im Oktober von Aufständischen getötet. Damit endet eine Diktatur, die 1969 begann. Libyen versinkt in den folgenden Monaten im Chaos. Im Dezember ziehen die amerikanischen und britischen Besatzungstruppen aus dem Irak ab. Die sunnitische Bevölkerungsminderheit fühlt sich vom schiitischen Regierungschef Nuri al-Maliki unterdrückt, was den Vormarsch radikal-sunnitischer Gruppierungen begünstigt.

2012: Im Januar finden die ersten freien Wahlen in der Geschichte Ägyptens statt. Die islamistische Partei der Muslim-Bruderschaft erringt 47 Prozent der Stimmen. Die islamistisch radikalere Partei der Salafisten kommt auf rund 25 Prozent. Damit haben Islamisten rund 72 Prozent aller Stimmen gewonnen. Ihren Erfolg verdanken beide Gruppierungen den zahlreichen Sozialprojekten, die sie für die ärmere Bevölkerung verwirklichten (im Gegensatz zur Passivität der »säkular« orientierten Regierungspartei). Aber die Feindschaft zwischen Muslim-Brüdern und Salafisten wächst, weil die Muslim-Brüder ein Regierungsbündnis mit säkularen Parteien anstreben. Im Juni wird Mursi zum Staatspräsidenten Ägyptens gewählt.

2013: Im März erobert die Organisation »Islamischer Staat im Irak« Teile Nordsyriens und macht die Stadt Raqqa zum strategischen Zentrum für weitere Eroberungen. Es ist der erste spektakuläre Erfolg der Terrororganisation unter Führung von Abu Bakr al-Baghdadi. Seine Kämpfer rücken bis nahe Aleppo vor. Im April eskaliert der Bürgerkrieg in Syrien. Erste Berichte über den Einsatz von Chemiewaffen durch Assads Regierungstruppen wie auch durch Rebellen kursieren. Im Iran wird Mitte Juni Hassan Rohani zum neuen Staatspräsidenten gewählt. Ende Juni verstärken sich in Ägypten die Proteste gegen die Regierung Mursi aufgrund der chaotischen Wirtschaftspolitik, protestiert wird auch gegen Mursis Versuch, Ägyptens Justiz zu »islamisieren«. Am 3. Juli putscht das Militär unter Führung von General Abd al-Fattah as-Sisi und setzt Mursi ab. Im August sterben beim Einsatz von Chemiewaffen durch Assads Truppen nahe Damaskus mehr als 1400 Menschen. Im Sommer nimmt die Organisation »Islamischer Staat im Irak« den Namen »Islamischer Staat im Irak und Syrien« (ISIS) an, weil sie über die Staatsgrenzen des Irak hinaus die Eroberung ganz Syriens anstrebt. Sie bestreitet den Führungsanspruch der Al Qaida, bricht mit ihr und wird zunehmend zur konkurrierenden Organisation.

2014: In der ersten Jahreshälfte erobert der ISIS große Teile des nördlichen Irak, Anfang Juni schließlich Mossul, die zweitgrößte irakische Stadt. Ende Juni nennt sich der ISIS nur noch »Islamischer Staat« (IS), mit dem Anspruch, die ganze islamische Welt seiner Führung zu unterwerfen. Am 29. Juni wird in Mossul das »Kalifat« ausgerufen. Abu Bakr al-Baghdadi wird unter dem Namen Ibrahim zum ersten selbsternannten Kalifen. Im Juni gewinnt Assad nach offiziellen Angaben mit 88,7 Prozent die Präsidentenwahl in Syrien. Aus westlicher Sicht gelten diese Wahlen angesichts des heftigen Bürgerkriegs als Farce. Im August kämpfen rund 50 000 Mann des IS in Syrien gegen das Assad-Regime, konkurrierend und zerstritten mit anderen islamistischen Gruppierungen. In der ägyptischen Stadt Minja werden im April Hunderte Muslim-Brüder in einem umstrittenen Schnellverfahren zum Tod verurteilt. Am 8. Juli wird As-Sisi als neuer Staatspräsident Ägyptens vereidigt. Im August tritt im Irak der umstrittene Ministerpräsident Nuri al-Maliki zurück, der mit seiner einseitigen Begünstigung der Schiiten den Widerstand der Sunniten gestärkt hat. Am 28. August wird Erdogan in das Amt des Staatspräsidenten der Türkei gewählt. Ins Amt des Ministerpräsidenten folgt Ahmet Davutoglu. Am 26. Oktober wird bei den Parlamentswahlen in Tunesien die säkulare Partei Nida Tounes stärkste Kraft und löst damit die gemäßigt islamistische Partei Ennada in der Regierung ab. Tunesien erweist sich damit als das einzige Land, das mit einer relativ funktionierenden Demokratie aus dem »Arabischen Frühling« hervorgegangen ist.

Das Jahr 2014 wird im syrischen Bürgerkrieg mit rund 70 000 Toten das bisher blutigste. Ein Ende des Bürgerkriegs ist nicht abzusehen, weil rivalisierende Regionalmächte die verfeindeten Gruppierungen in Syrien unterstützen. Das Assad-Regime wird massiv durch den Iran und die schiitische Hizbollah im Libanon sowie auch durch Russland unterstützt, dagegen die islamistischen Rebellen maßgeblich durch Saudi-Arabien, die Golfstaaten wie auch die Türkei, anfangs genießt eine solche Unterstützung auch der IS. Es zeichnet sich ab, dass der syrische Bürgerkrieg zu einem lang andauernden »Stellvertreterkrieg« rivalisierender Regionalmächte wird.

2015: Im Februar und März zerstört der IS im Museum von Mossul zahlreiche Statuen aus assyrischer Zeit, ebenso vorislamische Monumente in den antiken Ausgrabungsstätten Nimrud und Hatra. Im März wird Netanjahu durch Parlamentswahlen als israelischer Ministerpräsident bestätigt. Am 20. Mai erobert der IS die syrische Oasenstadt Palmyra und beginnt im August mit der Zerstörung von musealen Tempeln aus spätantiker Zeit. Der entmachtete Staatspräsident Mursi wird in Kairo im Mai mit 100 Mitangeklagten zum Tod verurteilt. In der Türkei büßt Erdogans AKP bei Parlamentswahlen am 7. Juni die absolute Mehrheit ein, weil die Kurdenpartei HDP massiv an Stimmen gewinnt. Neuwahlen werden für den 1. November ausgeschrieben. Die Türkei verliert immer mehr an politischer Stabilität. Das Atomabkommen mit dem Iran wird am 14. Juli in Wien abgeschlossen. Mit dem Iran verhandelten Monate lang die USA, die fünf UN-Vetomächte und Deutschland. Am 20. Juli tötet ein Selbstmordattentäter des IS 30 Kurden in der südosttürkischen Stadt Suruc. Damit hat der syrische Bürgerkrieg erstmals Auswirkungen auch auf türkischem Boden. Am 10. Oktober tötet ein Selbstmordattentäter des IS in Ankara rund 100 demonstrierende Kurden. Die Türkei droht nun immer mehr in den Strudel des syrischen Bürgerkriegs zu geraten.

Eine verheerende Bilanz des syrischen Bürgerkriegs von 2011 bis September 2015: Etwa 250 000 Tote. 2,6 Millionen Kinder können nicht zur Schule gehen, die offizielle Arbeitslosenquote liegt bei 58 Prozent. Die durchschnittliche Lebenserwartung liegt bei 55 Jahren, vor dem Krieg waren es 76 Jahre. Nahezu 11 der 22 Millionen Einwohner sind auf der Flucht, rund 7 Millionen sind Binnenflüchtlinge, rund 4 Millionen leben in Flüchtlingslagern der Länder rund um Syrien. Die Masse der Syrer flieht vor dem Bombenterror des Assad-Regimes, der Terror des IS hat nicht dieselbe verheerende Wirkung. Im August und September wächst der Flüchtlingsstrom von Syrern nach Europa, vor allem in die EU, rapide. Mitte September überqueren pro Tag bis zu 20 000 Flüchtlinge die Grenze von Ungarn und den Balkanstaaten nach Österreich und weiter nach Deutschland.

Literaturhinweise

Azm, Sadik al-: Unbehagen in der Moderne. Aufklärung im Islam. Frankfurt/M. 1993.

Azzam, Hamdy Mahmoud: Der Islam. Plädoyer eines Moslem. München 1983.

Bardorf, U. u. W.: Syrien und Jordanien. 4. Aufl. München 1993.

Benedict, Hans: Kalter Friede in Nahost. Ende oder Neubeginn des längsten Krieges? Wien 1993.

Cahen, Claude: Der Islam. I. Von den Ursprüngen bis zu den Anfängen des Osmanenreiches. (Fischer Weltgeschichte Bd. 14) Frankfurt/M. 1968.

Clasmann, Anne-Béatrice: Der arabische (Alb-)Traum. Aufstand ohne Ziel. Wien 2015.

Dietl, Wilhelm: Heiliger Krieg für Allah. Als Augenzeuge bei den geheimen Kommandos des Islam. München 1983.

Durant, Will: Das Zeitalter des Glaubens. Bern 1965.

Ende, Werner / Udo Steinbach (Hrsg.): Der Islam in der Gegenwart. München 1984.

Frank, Hannes: Syrien. Schauplatz der Geschichte. Bonn 1989.

Gehl, Günter (Hrsg.): Fundamentalismus contra Weltfriede? Weimar 1996.

Gellner, Ernest: Leben im Islam. Religion als Gesellschaftsordnung. Stuttgart 1985.

Grunebaum, Gustave Edmund v. (Hrsg.): Der Islam II. Die islamischen Reiche nach dem Fall von Konstantinopel. (Fischer Weltgeschichte Bd. 15) Frankfurt/M. 1971.

Haarmann, Maria (Hrsg.): Der Islam. Ein Lesebuch. München 1992.

Hofmann, Murad: Der Islam als Alternative. 2. Aufl. München 1993.

Hottinger, Arnold: Die Araber. Werden, Wesen, Wandel und Krise des Arabertums. Zürich 1960.

Hourani, Albert: Die Geschichte der arabischen Völker. Frankfurt/M. 1992.

Hughes, Thomas Patrick: Lexikon des Islam. Wiesbaden 1995.

Hunke, Sigrid: Allahs Sonne über dem Abendland. Unser arabisches Erbe. Stuttgart 1984.

Ibn al-Arabi, Muhyiddin: Die Reise zum Herrn der Macht. Ein Sufi-Lehrbuch über die Übung der Einsamkeit. Freiburg 1984.

Ibn Ishaq: Das Leben des Propheten. Tübingen, Basel 1976.

Italiaander, Rolf (Hrsg.): Die Herausforderung des Islam. Ein ökumenisches Lesebuch. Göttingen 1987.

Kepel, Gilles: Die Rache Gottes. Radikale Moslems, Christen und Juden auf dem Vormarsch. München 1991.

Khoury, Adel Theodor / Ludwig Hagemann / Peter Heine: Islam-Lexikon. Geschichte – Ideen – Gestalten. 3 Bde. Freiburg, Basel, Wien 1991.

Kohlmeyer, Kay / Eva Strammenger (Hrsg.): Land des Baal. Syrien – Forum der Völker und Kulturen. Mainz 1982.

Kollek, Teddy / Moshe Pearlman: Jerusalem. Seine Geschichte in vier Jahrtausenden. Jerusalem o. J.

Küng, Hans / Josef van Ess: Christentum und Weltreligionen. I. Islam. Gütersloh 1987.

Lewis, Bernard: Die Welt der Ungläubigen. Wie der Islam Europa entdeckte. Frankfurt/M., Berlin 1983.

Lewis, Bernard: Welt des Islam. Geschichte und Kultur im Zeichen des Propheten. Braunschweig 1976.

Maalouf, Amin: Der Heilige Krieg der Barbaren. Die Kreuzzüge aus der Sicht der Araber. München 1996.

Meyer-Ranke, Peter: Die arabischen Staaten Vorderasiens. Hannover 1970.

Minai, Naila: Schwestern unterm Halbmond. Muslimische Frauen zwischen Tradition und Anpassung. Stuttgart 1984.

Odenthal, Johannes: Syrien. Hochkulturen zwischen Mittelmeer und Arabischer Wüste. Köln 1982.

Perthes, Volker: Das Ende des Nahen Ostens, wie wir ihn kennen. Ein Essay. Berlin 2015.

Prittie, Terence: Wem gehört Jerusalem? Stuttgart 1982.

Rasoul, Fadil: Kultureller Dialog und Gewalt. Aufsätze zu Ethnizität, Religion und Staat im Orient. Wien 1991.

Renz, Alfred: Syrien. München 1988.

Reuter, Christoph: Die schwarze Macht. Der »Islamische Staat« und die Strategie des Terrors. München 2015.

Rotter, Gernot: Syrien. Nürnberg 1995.

Ruprechtsberger, Erwin (Hrsg.): Syrien. Von den Aposteln zu
den Kalifen. Linz 1993.

Saadawi, Nawal el: Tschador. Frauen im Islam. Bremen 1980.

Schami, Rafik: Die dunkle Seite der Liebe. München 2004.

Schimmel, Annemarie: Mystische Dimensionen des Islam.
Die Geschichte des Sufismus. Köln 1985.

Schweizer, Gerhard: Die Derwische. Heilige und Ketzer des
Islam. 2. Aufl. Salzburg 1984.

Schweizer, Gerhard: Iran. Drehscheibe zwischen Ost und West.
3. Aufl. Stuttgart 1996.

Schweizer, Gerhard: Islam und Abendland. Geschichte eines
Dauerkonflikts. 2., erw. u. aktual. Aufl. Stuttgart 2003.

Schweizer, Gerhard: Die Türkei. Zerreißprobe zwischen Islam
und Nationalismus. Stuttgart 2008.

Shah, Idries: Die Sufis. Düsseldorf, Köln 1976.

Thubron, Colin: Jerusalem. Amsterdam 1976.

Tibi, Bassam: Die fundamentalistische Herausforderung.
Der Islam und die Weltpolitik. München 1992.

Tibi, Bassam: Der Islam und das Problem der kulturellen Bewältigung sozialen Wandels. Frankfurt/M. 1985.

Tibi, Bassam: Die Verschwörung. Das Trauma arabischer Politik.
Hamburg 1993.

Tibi, Bassam: Der wahre Imam. Der Islam von Mohammed bis
zur Gegenwart. München 1996.

Weiss, Walter/Kurt-Michael Westermann: Syrien. Land der
Begegnungen. Wien 1995.

Wellhausen, Julius: Das arabische Reich und sein Sturz.
Berlin 1960.

Wohlfahrt, Eberhard: Die Arabische Halbinsel. Länder zwischen
Rotem Meer und Persischem Golf. Berlin, Frankfurt/M.,
Wien 1980.

Wolffsohn, Michael: Wem gehört das Heilige Land? Die Wurzeln
des Streits zwischen Juden und Arabern. München 1992.

Zirker, Hans: Islam. Theologische und gesellschaftliche Herausforderungen. Düsseldorf 1993.

www.klett-cotta.de

Sie möchten mehr über das Programm vom Klett-Cotta erfahren?

Noch mehr Bücher mit Leseproben,
Rezensionen, Terminen u. v. m. finden
Sie auf unserer Homepage
www.klett-cotta.de

Erhalten Sie per E-Mail regelmäßig aktuelle
Informationen zu Ihren Interessengebieten:
www.klett-cotta.de/newsletter

Hier finden Sie einen Überblick unserer
Online- Auftritte:
www.klett-cotta.de/im-netz

Schauen Sie vorbei!

Klett-Cotta